김대중
평전

김대중 평전 I

지은이 ∣ 김삼웅
펴낸이 ∣ 김성실
편집기획 ∣ 최인수 · 여미숙 · 한계영
사진 협조 ∣ 연세대 김대중도서관
마케팅 ∣ 곽홍규 · 김남숙 · 이유진
편집디자인 ∣ 하람 커뮤니케이션(02-322-5405)
제작 ∣ 한영문화사
펴낸곳 ∣ 시대의창
출판등록 ∣ 제10-1756호(1999. 5. 11.)

초판 1쇄 펴냄 ∣ 2010년 8월 18일
초판 3쇄 펴냄 ∣ 2010년 10월 5일

주소 ∣ 121-816 서울시 마포구 동교동 113-81 (4층)
전화 ∣ 편집부 (02) 335-6125, 영업부 (02) 335-6121
팩스 ∣ (02) 325-5607
이메일 ∣ sidaebooks@hanmail.net

ISBN 978-89-5940-186-4 (03990)
       978-89-5940-187-1 (세트)

김대중 평전 I

행동하는 양심으로

김삼웅 지음

시대의창

아직 어둠 가득한 이 시대
그대, 별과 달로 속히 돌아오소서.

혁명가적 삶, 민주적 실천가

200자 원고지 4천여 매에 달하는 이 평전을 쓰면서 다시 한번 김대중 전 대통령의 인물됨을 확인했습니다. 그리고 나의 둔한 붓과 부족한 자료로는 완벽에 가까운 '김대중'을 그리기에 너무 모자라다는 사실도 절감했습니다.

실제로 김대중은 큰 인물입니다. 거목입니다. 가까이 있는 작은 산이 멀리 있는 큰 산을 가린다는 말이 있듯이, 김대중은 한국현대사의 복합적인 구조와 요인들, 즉 각종 '가건물'에 가려지고 '붓장난'에 크게 왜곡되었지만, 큰 인물임에는 틀림없습니다.

머지않아 반드시 김대중의 진면목이 드러나고 평가될 것을 믿습니다. 역사는 가장 귀중한 것을 그냥 흘려보내지 않습니다. 역사는 인물과 사물의 진위 곡직을 가려주고 정화의 작용까지 합니다. 김 전 대통령은 역사를 통해 자신의 삶과 가치관을 정립하고, 역사에서 자신이 서야 할 자리를 아는 사람이었습니다.

이 평전을 준비하면서 지난해 초 김 전 대통령과 한 번 만났습니다. 궁금하거나 확인해야 할 것들 때문에 나중에 몇 번 더 뵙기로 했습니다. 그런데 그처럼 갑자기, 홀연히 떠나실 줄은 정말 미처 몰랐습니다. 솔직히 입원하고 중환자실로 옮기셨을 때만 해도 다시 훌훌 털고 일어나실 줄로만 알았습니다. 수차례 죽음의 고비를 넘기신 분이라 이번에도 다시 일어나 퇴행하는 민주주의·서민경제·남북관계를 바로잡아 주시리라 기대했습니다.

김 전 대통령은 동시대 사람들에게 적잖이 사랑도 받고 미움도 샀습니다. 그를 사랑한 사람들은 의롭고 양심적으로 살고자 했던 이 땅의 민초들이고, 그를 미워한 사람들은 그의 존재로 인해 분단과 독재 체제에서 얻은 기득권을 빼앗길까 봐 두려워하거나 굴절된 프리즘으로 그를 바라본 부류들이었습니다.

후자들은 지금 그가 무덤에 누웠는데도, 그의 정신과 유지가 이어질까 봐 불안하여 틈만 나면 온갖 날조된 언어로 여전히 덧칠을 합니다. 이들 중에는 김 전 대통령 묘역에 불을 지른 자들도 있습니다. 불이 일어난 지 여러 달이 지났는데도 경찰은 방화범을 안 잡는지 못 잡는지 소식이 없습니다. 김 전 대통령이 100억 원 상당의 비자금을 감추고 있다고 집권당 국회의원이 폭로한 사건이 있었습니다. 검찰은 그 사건이 김 전 대통령과 무관함을 밝혔습니다. 그런데 그 사건이 서울 중앙지검으로 넘어간 후 지지부진해졌습니다. 하루속히 진실을 밝혀 고인의 명예를 회복시켜야 할 것입니다.

김대중 전 대통령은 한국현대사에서 흔치 않은 인물입니다. 공간적으로는 남북한·일본·미국과 유럽이 활동과 연구 영역이었고, 시간적으로는 1950년대 이승만 정권에서부터 이명박 정권에 이르는 50여년에 걸쳐 등장합니다. 그 시기에 그는 늘 정치의 중심에 있었고, 적어도 1970년대 이후에는 독재세력이 가장 증오, 멸살하고 싶어하는 대상이었습니다.

그는 군사독재와 백색독재시대 '멸균실' 수준의 반공 논리와 광기·맹신이 소용돌이치는 상황에서 민주주의와 남북화해·협력의 기치를 내걸고 '사람다운 사회'를 만들고자 싸웠습니다. 항상 '면도날 위에 선' 처지에서도 자신의 신념과 철학을 지키며 정치활동을 했습니다. 그 대가로 망명·연금생활이 거듭되었고, 납치·투옥되었으며, 종내 사형선고까지 받았습니다. 또 용공분자로 붉게 덧칠되었고, 부패 혐의까지 받았습니다. 그때마다 그런 악의 사슬들을 끊고 용케 그는 살아남았습니다. 한국 사회의 민주화를 진일보시켰고, IMF체제를 극복했으며, 6·15남북공동선언으로 대변되는 햇볕정책을 통해 노벨평화상을 수상하는 등 큰일을 해냈습니다. 앞으로도 김 전 대통령만큼 국제무대에서 인권·평화·통일운동을 펼 인물을 만나기는 쉽지 않을 것 같습니다.

철학자 비트겐슈타인은 "자기 자신을 혁명할 수 있는 사람만이 혁명적이 아니겠느냐"고 반문했습니다. 김 전 대통령은 자기 자신을 혁명하면서 혁명가적인 삶을 살았습니다. 그러나 그는 혁명적인 가치를 민주주의 방법으로 이루고자 했던, 대단히 온건하고 합리적이며 실용주의적인 인물이었습니다. 과격성 등 흔히 알려진 그의 품성은 덧칠되고 왜곡된 것이었습니다.

그의 이름 앞에 하나의 수식어만 가능하다면 '민주주의와 민족화해의 선구자'일 것입니다. 이와 더불어 제가 평전을 쓰면서 찾은 가치를 토대로 그의 삶을 정리한다면 "혁명가적인 삶을 산 민주적 실천가"라 하겠습니다. 그는 격동의 시대에 '혁명'을 꿈꾸며 혁명가의 삶을 살았습니다. 그래서 기득권 세력에게 제거 대상이었습니다. 위장된 교통사고, 납치·살해, 사형선고 등은 '음모'가 아닌 '구조'였습니다. 그는 '구조악'과 싸웠고 마침내 승리했습니다. 그리고 그들을 용서했습니다. 하지만 '구조악'의 뿌리와 줄기는 왕성하여 다시 화해와 용서의 가치를 매장하고 앙시앵레짐을 불러왔습니다. 프랑스대혁명이 '테르미도르반동'을 거치면서 자유·평등·박애정신을 전 세계에 파급시켰듯이 '김대중의 가치관' 역시 반드시 이 땅에 뿌리내릴 것을 확신합니다. 역사는 진보하기 때문입니다.

민주주의가 퇴행하고 한반도 정세가 심히 불안정한 상황에서 김전 대통령이 추구해온 가치는 현재진행형입니다. 그의 유지를 잇고 지키는 일이 '나라 사랑'의 정신일 것입니다. '면도날 위에 섰던 사람' 김대중은 서거하고, 이제 그는 역사의 인물이 되었습니다. 생전에 모지락스럽게 대했던 세력이나 수구언론도 이제 그를 정당히 평가하고 대접했으면 합니다. 아울러 그가 추구해온 가치를 잇겠다는 세력은 빈말이 아니라면 좀더 분발했으면 합니다.

이 책을 쓰면서 필자는 1950년대 무명 시절 김대중이 《인물계》《신태양》《사상계》 등에 쓴 글을 적잖이 발굴했습니다. '좌경' 흔적과 젊은 날의 사유의 편린을 찾기 위해서였습니다. 그런데 그는 철저한 반공주의자였습니다. 공산당을 이기려면 민주주의와 노동자들의 복지가 중요하다는 논지를 펼 정도였습니다. 이런 김대중이 좌경분자로 잘못 알려진 데에는 독재권력, 정보정치의 탓이 크지만, 언론·지식인들의 책임도 간과할 순 없습니다. 정치지도자의 사상적 궤적을 좇으려면 무명 시절의 행적을 찾는 것이 무엇보다 중요한데도 그런 수고는 하지 않고 정보기관이 생산한 자료에만 의존해왔기 때문입니다. 헌책방을 뒤져가며 잘 알려지지 않은 자료들까지 구해 이 책을 썼지만 집필하는 매순간 나의 역량이 크게 모자람을 느꼈습니다. 자칫 호랑이를 그리려다 고양이를 그리지 않았는가 하는 두려움이 듭니다.

특히 '국민의 정부' 5년의 업적을 평가한 데에서는 많이 부족했음을 인정합니다.

앞으로 여러 사람이 거듭 새로운 시각과 자료를 통해 써도 될 만큼 김대중이란 광맥은 넓고 깊습니다. 누군가 미켈란젤로에게 〈다비드〉 제작 과정을 묻자 그는 이렇게 대답했다고 합니다. "커다란 대리석에서 잡석을 제거하니 다비드가 나오더군요." 이 책이 김대중에게 덧씌워진 과격한 용공분자, 선동가 등 온갖 '잡석'을 제거하는 데 일조하길 바랍니다. 그보다 더한 보람은 없을 것입니다.

출판계 사정이 대단히 어려운 시기에 이 책을 출간해주신 김성실 '시대의창' 사장님과 직원 여러분 그리고 평전을 연재해준 〈오마이뉴스〉 측에 감사의 말씀드립니다.

2010년 8월 김삼웅

차례

3부 고난의 십자가

4부 죽음의 끝에서

2권

7부 마침내 피어오른 인동초

1부. 하의도의 전설

1장

행동하는 양심으로

무수한 '총구' 앞에서 살아남아

베트남 민족해방운동의 지도자로서 제2차 세계대전 뒤 아시아의 반식민지운동을 이끈 호찌민胡志明이 1969년 9월 2일 79세로 사망하자 미국의 시사주간지 《타임》은 "민족지도자 가운데 그만큼 꿋꿋하게 오랫동안 적의 총구 앞에서 버틴 사람은 아무도 없었다."는 헌사를 썼다.

한국현대사에서 김대중 전 대통령(이하 경칭 생략)은 개인이나 지역, 계층 간의 호오好惡와 상관없이 거대한 족적을 남긴 역사적 인물이다. 그를 빼놓고는 한국현대사, 특히 정치사를 말하기가 어렵다. 1970년대부터 현재에 이르기까지 40여 년 동안 정치사에서 그의 존재는 적어도 하나의 동심원同心圓이 되었다. 엄혹했던 독재 시절 그는 민주화를 이끌었고, 한국 최초로 수평적인 정권교체도 이루었다.

김대중, 질풍노도의 한국현대사에서 그의 이름은 고유명사이기보다 보통명사이고 동사였다. 때로 이름을 잃어버린 '재야'라는 추상명사로, '동교동'이라는 마을 이름으로도 불렸다. 그를 열렬히 지지하는 이들이 있는가 하면 극렬하게 반대하던 사람들도 있다. 반대세력은 기회만 있으면 그를 죽이려 하고, 투옥·연금했으며, 용공분자로 낙인찍기를 일삼았다. 이런 의미에서 한국에서 김대중만큼 "오랫동안 적의 총구 앞에서 버틴" 사람도 흔치 않을 것이다.

조선왕조 시대에 송시열처럼 극단적으로 애증이 갈린 사람도 없다. 《조선왕조실록》에 3천 번 이상 나오는 사람은 송시열이 유일하다고 한다. 어느 군왕보다 많이 나올 만큼 그는 정치·사회의 중심인물이었다. 그래서 그를 존경하는 사람들은 '송자宋子'라고 높여 불렀고, 반대하는 이들은 '송자宋者'라며 낮추어 불렀다. 당시엔 공자·장자·노자 등 높임을 받는 이들에게는 '子'자를, 하인들을 비롯해 낮잡아 보는 이들에게는 '者'자를 붙여 썼다.

김대중에 대한 인식과 평가도 이와 별반 다르지 않다. 김대중·노무현 정권 시절 극단적인 보수·수구인사들 술좌석에서는 "박정희와 전두환이 다 잘했는데 딱 한 가지 잘못한 일이 있다."는 술안줏감 험담이 나돌았다고 한다. 바로 "김대중을 죽이지 않았다."는 것이다. 그 바람에 정권을 빼앗겼고, 자신들이 '찬밥' 신세가 되었다고 증오와 푸념을 내뱉었다고 한다. 그만큼 김대중은 한국의 보수, 수구세력에게 증오·멸살의 대상이었다. 이런 '정서'로 인해 투옥, 연금이 자행되었고, 납치·살해도 기도되었다. 언론의 왜곡 보도도 숱했을 뿐만 아니라 사법살인도 시도되었다. 이처럼 그를 향한 '총구'는 멈추지 않았다. 김대중 죽이기는 '음모'가 아니라 '구조'였다. 그러나 그는 버텨냈고, 마침내 대통령에 당선되었다.

2009년 5월 노무현 전 대통령 영결식장에서 김대중은 권양숙 여사의 손을 잡고 애도하면서 오열했다. "김 전 대통령이 공개석상에서 이토록 오열한 것은 거의 전례 없는 일이다. 건호 씨도 어머니 옆에서 흐느끼며 김 전 대통령에게 마음을 기댔다."[1] 노 전 대통령의 부엉이 바위 투신 서거 소식을 전해들은 김대중은 "내 몸의 반쪽이 무너진 것 같다."고 비통한 심경을 토로했다.

그 후 6월 11일 서울 여의도 63빌딩에서 열린 6·15남북공동선언 9주년 기념행사 연설에서는 '농민의 아들' '상고 졸업' '반독재투쟁' '남북화해·협력' 등 노무현 전 대통령과 자신이 닮은 점이 너무 많다면서 "전생에 형제간이었을지도 모르겠다"며 애틋한 마음도 드러냈다. 김대중은 이날 연설에서 강한 어조로 이명박 대통령에게 '충고' 했다.

지금 우리나라 도처에서 이명박 정권에 대해서 민주주의를 역행시키고 있다, 이렇게 하고 있다. 노무현 대통령의 장례에 전국에서 500만이 문상을 하고, 이걸 보더라도 우리 국민의 심정이 어떤지 알 수 있다. 지금 국민이 걱정하는, 과거 50년 동안 피 흘려 쟁취한 민주주의가 위태위태하느냐, 이를 매우 걱정한다. 민주주의는 나라의 기본이다. 얼마나 많은 국민이 죽었나. 광주에서도 죽었다.

우리는 과거에 이승만, 박정희, 전두환 세 대통령을 국민의 힘으로 극복했다. [……] 우리는, 우리 국민은 독재자가 나왔을 때 반드시 이를 극복하고 민주주의를 회복했다, 이런 것을 명심해야 한다.

1 《경향신문》, 2009년 5월 30일.

나는 오랜 정치적 경험으로 감각으로, 만일 이명박 대통령 정부가 현재와 같은 길로 나간다면 국민도 불행하고 이명박 정부도 불행할 것이라는 것을 확신 갖고 말하면서, 이명박 대통령이 큰 결단을 내릴 것을 바란다.

마지막으로, 여러분께 간곡히 말하고 싶다. 이것은 내가 마음으로부터 피맺힌 심정으로 말하는 것이다. 행동하는 양심이 되자. 행동하지 않는 양심은, 악의 편이다. 독재자가 칼날을 휘두르면서 수십 수백 명을 죽이고, 그렇게 얼마나 많은 사람이 죽었나. 우리는 그분들 죽음에 보답하기 위해, 우리 국민이 피땀으로 이룬 민주주의를 위해 우리 할 일을 다해야 한다.

누구든지 사람들은 마음속에 양심이 있다. 그러나 행동하면, 그것이 옳은 줄 알면서도 무서우니까 시끄러우니까 손해 보니까, 이렇게 해서 양심을 외면한다. 그런 국민의 태도 때문에 의롭게 싸운 사람들이 죄 없이 이 세상을 뜨고, 여러 가지 수난을 받는다. 이것이 과연 우리의 양심에 합당한 일인가.

노무현 대통령이 돌아가셨는데, 노무현 대통령이 만일 그렇게 고초를 겪을 때 500만 문상객의 십분의 일이라도 그럴 수 없다, 전직 대통령에 대한 예우가 아니다, 증거도 없이 매일 신문에 발표해서 정신적 타격 주고 수치 주고…… 이렇게 할 순 없다. 50만만이라도 그렇게 소리를 냈다면 노무현 대통령은 죽지 않았을 것이다. 얼마나 더 부끄럽고, 얼마나 더 억울하고, 얼마나 더 이웃 사람들이 희생된 것에 대해 가슴 아파해야 하는가. 나는 여러분께 말씀드린다. 자유로운 나라가 되고 싶으면 양심을 지키라. 우리가 균등하게

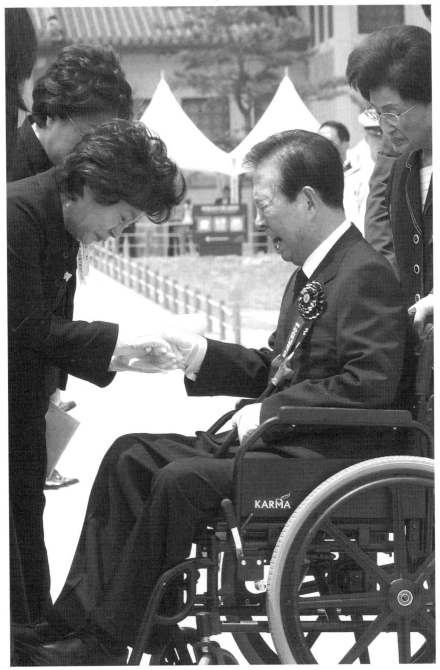

노무현 전 대통령 영결식장에서 권양숙 여사의 손을 잡고 오열하는 김대중. 사진은 노무현 대통령 공식 홈페이지 〈사람사는 세상〉 제공.

평화롭게 정의롭게 사는 나라를 만들려면 행동하는 양심이 돼야 한다. 안 하고 방관하는 것도 악의 편이다. 독재자에 고개를 숙이고 아부하고, 이런 것은 결코 바람직하지 않다. 우리나라가 자유롭게 확고한 민주주의 국가, 정의로운 경제, 남북간 화해·협력을 이룩할 그런 모든 조건은 우리가 마음에 있는 양심의 소리에 순종할 때 온다. 온 국민이 바른 생각 갖고, 생각만 갖는 게 아니라 행동을 해야 한다.[2]

이에 대해 청와대와 한나라당은 연일 연설 내용을 거두절미하거나 악의적으로 왜곡하여 비난을 퍼붓고, 동교동 자택에는 '노인 시위대'가 몰려와 소란을 피웠다. 민주언론시민연합이 6월 13일자로 발표한 논평 〈MB정권·조중동, 이번엔 'DJ 죽이기'인가〉의 요지를 싣는다.

이명박 정권과 조중동이 김대중 전 대통령의 '6·15남북공동선언 9돌 기념 특별연설'을 악의적으로 왜곡하며 벌떼처럼 달려들어 비난을 퍼붓고 있다.

12일 청와대 이동관 대변인은 "사회 갈등을 치유하고 화합을 유도해야 할 분이 오히려 선동을 조장하는 것 같다" "530만 표라는 사상 최대 표차로 합법적으로 선출된 정부를 마치 독재정권인 것처럼 비판하는 것은 부적절하다."며 김 전 대통령을 비난했다. 또 "북핵 개발은 6·15선언 이후 본격 시작된 일" "현 정부 들어 빈부 격

---

2 《서울신문(인터넷판)》, 2009년 6월 12일.

차가 완화되는 추세"라는 억지를 부리기도 했다.

한나라당 안상수 원내대표도 김 전 대통령이 "'독재자에 아부하지 말고 들고일어나야 한다'는 등 이명박 대통령 퇴진 운동을 부추기는 말을 노골적으로 했고, 북한 김정일 국방위원장에게는 '오늘날 북한이 많은 어려움을 당하는 것으로 안다'고 말했다."며 발언 내용을 거두절미 왜곡했다. 나아가 "김대중 씨는 말 없는 다수가 동의하지 않는 이런 발언을 그만두고 침묵해주기 바란다."며 전직 대통령을 '씨'라고 부르는 무례를 서슴지 않았다.

장광근 사무총장은 한술 더 떴다. "'독재자에게 아부하지 말고 들고일어나야 한다'는 발언에서는 내전이 발발하고 있는 아프리카 후진국의 반군 지도자의 선동을 듣고 있는 착각까지 들 정도"라고 비난했다. 박희태 대표는 "김 전 대통령이 수십 년 전에 있었던 일들을 생각하다가 환각을 일으킨 게 아닌가 여겨진다."며 인신공격성 발언까지 했다.

13일에는 조중동(조선일보·중앙일보·동아일보)이 들고일어났다.

조중동은 각각 〈김대중 전 대통령, 국가 원로다운 언행을〉(조선), 〈전직 대통령의 금도襟度가 아쉽다〉(중앙), 〈'민주' 탈 쓰고 反민주 부추긴 DJ의 정권 타도 선동〉(동아)이라는 사설을 통해 김 전 대통령의 발언을 왜곡하고 비난했다.

조중동은 자신들의 특기인 '거두절미' '짜깁기' 실력을 발휘해 김 전 대통령이 국민들에게 "이명박 정권 타도"를 부추긴 것처럼 몰았다.

《동아일보》는 아예 제목부터 "정권 타도 선동"이라고 썼고, "폭
동이라도 부채질하려는 속셈"이냐고 질타했다. 《중앙일보》는 김 전
대통령이 "행동하는 양심이 돼서 모두 들고일어나야 한다."고 "몰
아쳤다"면서 "정부를 타도하자는 선동과 다름없다."고 강변했다.
《조선일보》도 김 전 대통령이 "'독재자에게 고개 숙이고 아부하지
말자. 이 땅에 독재가 다시 살아나고 있고 빈부 격차가 사상 최악으
로 심해졌다'며 '우리 모두 행동하는 양심으로 들고일어나야 한다'
고 말했다."면서 "반反정부 투쟁을 선동하는 듯한 발언"이라고 주
장했다.

그러나 김 전 대통령의 연설을 제정신으로 들었다면 이렇게 몰
아붙일 수 없는 일이다.

김 전 대통령은 이명박 정부 아래 벌어지는 민주주의 후퇴를 비
판하고, 국민들에게 "행동하는 양심"으로 민주주의 후퇴를 막아야
한다고 호소했다. 그러나 연설 어디에서도 조중동과 한나라당 인사
들이 주장하는 '이명박 정권 타도' 선동을 찾을 수 없다. 민주주의
후퇴에 맞서 양심에 따라 행동하라는 말이 "정권 타도" 선동이란
말인가?

김 전 대통령은 "양심에 따른 행동"을 강조하면서 이런 말을 했다.

"선거 때는 나쁜 정당 말고 좋은 정당 투표해야 하고, 여론 조사
도 그렇게 해야 합니다. 그래서 4700만 국민이 모두 양심을 갖고 서
로 충고하고 비판하고 격려한다면 어디서 이 땅에 독재가 다시 일
어나고, 어디서 소수 사람들만 영화를 누리고, 다수 사람들이 힘든

이런 사회가 되겠습니까."

투표 제대로 하고, 여론 조사에서 정확하게 의견을 표현하자는 것도 "정권 타도" 선동인가? 게다가 조중동과 한나라당 인사들이 집중 부각하는 "들고일어나야 한다"는 발언의 전후 맥락을 살펴보면 이들이 얼마나 악의적으로 김 전 대통령을 공격하는지 알 수 있다.

김 전 대통령은 연설 말미에 이렇게 말했다.

"우리 국민들은 핵실험과 미사일 반대입니다. 그렇지만 반대는 어디까지나 6자회담에서, 미국과의 회담에서 반대해야지, 절대로 전쟁의 길로 나가서는 안 된다고 생각합니다. 나는 말씀드립니다. 우리는 통일을 할 때 100년, 1000년 걸려도 전쟁으로 해서 하는 통일은 안 됩니다. 행동하는 양심이 되어서 자유를 지키고, 서민경제 지키고, 평화로운 남북관계 지키는 이 일에 모두 들고일어나서 안심하고 살 수 있는 나라, 희망 있는 나라를 만듭시다."

조중동과 한나라당 인사들은 이 대목을 "행동하는 양심이 되어 모두 들고일어나야 한다."고 거두절미하고 이를 다시 "정권 타도 선동" "반정부 투쟁 선동"이라고 몰아붙인 것이다. 특히 "빈부 격차 사상 최악" 운운한 《조선일보》는 도대체 누구의 말을 인용한 것인지 묻고 싶을 정도다.

[……]

《조선일보》는 김 전 대통령의 이명박 정부 비판이 "충격"과 "불만"에서 비롯된 것인 양 몰았다. "김 전 대통령이 노 전 대통령의 급작스런 죽음에 충격을 받고, 이 정부가 자신의 주장과 다른 정책을 추진하는 것이 불만스러울 수 있다."는 것이다. 그러면서 "전직 대통령도 정부 정책에 이견을 표시하고 반대할 수" 있지만 "국민의 투표로 선출된 정부를 자신의 마음에 들지 않는다고 '독재'라고 부르고 '들고일어나라'고 하는 것은 사리에 맞지 않는 일일 뿐더러 국가 원로가 취할 태도는 더욱 아니다"라며 점잖은 척 질책했다.

《조선일보》의 교활함을 거듭 확인하는 대목이다. 김 전 대통령의 연설은 자신과 다른 정책을 폈다는 이유로 이명박 정권을 깎아내린 게 아니다. 수십 년 민주화 역사를 환기시키면서 우리 사회 민주주의가 후퇴해서는 안 된다는 호소이자, 우리 민족의 안위를 위해 한반도 평화를 지켜야 한다는 호소였다. 그는 이명박 대통령을 향해서도 국민과 이명박 정부 모두를 위해 "이명박 대통령이 큰 결단 내리기를 바라 마지않는다."고 간곡하게 호소했다.

[……]

이 밖에 조중동의 비뚤어진 김 전 대통령 공격은 일일이 거론하기도 어렵다.

일례로 《동아일보》는 이번에도 색깔론을 들고 나왔다. 《동아일보》는 김 전 대통령의 북한 핵 문제 관련 발언을 거두절미해 "'북한이 억울한 일을 많이 당한 것을 알고 있다'고 북의 대변인처럼 말했다" "DJ가 '행동하지 않는 양심은 악의 편'이라고 하면서 북을 비호한 것은 자기모순의 극치다"라며 색깔 공세를 폈다.

이 역시 연설의 전체 내용을 본다면 얼마나 얼토당토않은 색깔 공격인지 알 수 있다. '핵 문제를 극단으로 끌고 가서는 절대 안 된다'는 것이 김 전 대통령 연설의 핵심 메시지였다. 그런데도 《동아일보》는 김 전 대통령이 북한을 감싸고 비호한 것처럼 왜곡해 누구보다 색깔론의 큰 피해자였던 원로 정치인에게 거듭 색깔 공격을 퍼부은 것이다.

또 《중앙일보》는 김 전 대통령이 노 전 대통령의 서거를 안타까워한 것에 대해 "전직 대통령은 죄가 있어도 수사하면 안 된다는 논리로 몰아가는 것은 곤란하다."고 몰아붙이기도 했다.

우리는 청와대와 한나라당, 조중동이 김 전 대통령을 향해 쏟아내는 비난과 막말, 왜곡을 접하며 역설적으로 이들이 얼마나 불안해하는가를 알게 됐다.

김 전 대통령은 정치 일선을 떠난 고령의 전직 대통령이다. 그의 연설이 설령 이명박 정권과 한나라당의 귀에 거슬린다 해도 '국가 원로의 충고로 받아들이겠다'고 품위 있게 반응했다면 국민들은 그 태도만큼은 '높은 점수'를 매겼을 것이다.[3]

한국사회여론연구소KSOI가 6월 17일 실시한 정기 여론 조사 결과에 따르면, 김대중 발언에 "공감이 간다"는 응답은 51.7퍼센트, "공감이 가지 않는다"는 35.5퍼센트, "잘 모르겠다"는 12.8퍼센트로 나타났다. 김대중이 현 시국에 대해 정치적 견해를 대외적으로 표명한 것에 대해서는 56퍼센트가 "문제없다"고 보았으며, "문제가 있다"는 38.2퍼센트에 그쳤다.

청와대와 한나라당의 날 선 공격은 정치적이라 치더라도 조중동의

---

3 (사)민주언론시민연합 홈페이지http://www.ccdm.or.kr '성명서 및 논평', 2009년 6월 13일.

이성을 잃은 듯한 공격은 다분히 정파적이다. 고질이라고 봐야 할 것 같다. 그것은 국민 뜻과도, 발언 내용과도 어긋나는 '김대중 죽이기'의 연장선 위에 있다.

한 평론가는 1995년 1월 "수십 년간 한국 정치와 관련하여 가장 두드러진 음모가 바로 '김대중 죽이기'"라면서 "집단적인 탐욕과 음모와 무지와 위선과 기만에 희생된, 앞으로도 희생될 수 있는 인물을 상징하고 있는 것이 바로 김대중이다."[4]라고 썼다. 그의 '예언'대로 그로부터 15년이 지난 뒤에도 보수권력과 언론의 '김대중 죽이기'는 계속되고 있다. 이렇게 해서 김대중은 이승만·박정희·전두환·노태우·김영삼·이명박 등 여섯 정권과 싸우고 핍박받은 이로 기록되었다. 김대중의 반세기 정치 역정의 신산함과 한국현대사의 파행성을 보여주는 대목이다.

서생적 문제의식과 상민적 현실 감각

김대중의 저작과 연설을 분석한 한 연구자는 '기독교적 소명의식, 도덕주의와 정의감, 실용주의, 이 세 가지가 김대중 철학의 핵심 기조이고, 여기에 정치인으로서 가진 권력의지가 기본 요소로 들어간다.'[5]고 정리했다. 이런 의미에서 김대중은 한국 정치판에서는 특이한 존재이다. 그는 제6대 국회의원 때부터 "서생적書生的 문제의식과 상인적商人的 현실감각을 아울러 갖추어야 한다."는 문제의식으로 현실정치에

---

4 강준만, 《김대중 죽이기》, 개마고원, 1995, 6쪽.
5 박명림, 김대중 전 대통령 인터뷰 〈민주적 시장경제와 평화공존에의 여정〉, 《역사비평》, 2008년 가을호, 32쪽.

접근하면서 이상주의와 실용주의의 가치관을 접목하고 활용해왔다. 이것이 그가 혹독한 권력의 탄압과 저주에 가까운 보수언론의 공격에서 살아남을 수 있었던 철학이고 비결이었다.

김대중은 분단과 정부 수립 반세기 만에 수평적으로 정권을 교체했고, 국제통화기금IMF의 경제식민통치를 조기에 종식시켰다. 북한 지도자와 만나 한반도 평화체제를 선언했으며, 이 일로 노벨평화상도 받았다. 정치적 민주주의 실현, 권위주의 해체, 정보화 강국 확립, 국가인권위원회 신설, 여성 권익 향상, 국민기초생활보장제 시행 등도 그의 업적으로 열거된다. 그리고 미국에 종속적이었던 우리와 미국의 관계 저울추를 약간 수평하게 옮겨놓은 일이나, 노벨평화상 수상으로 한국의 위상을 높였다는 평가도 따른다. '한류' 열풍도 그의 문화 정책에서부터 비롯되었다는 분석도 있다.

한국사에서 진보와 개혁의 기치를 든 지도자치고 보수의 '총구' 앞에서 온전히 버텨낸 사람은 거의 없었다. 신라 말기의 장보고, 고려 시대의 만적·묘청·신돈, 조선왕조의 정도전·조광조·홍경래·최제우·전봉준·김옥균, 현대의 여운형·김구·조봉암·장준하·노무현 등 진보 개혁주의자들은 대부분 참살되거나 자살하였다. 완고한 보수의 칼날 앞에서 제명에 죽은 이는 하나도 없었다. 그들은 역사의 수레바퀴를 굴렸으나 그 바퀴에 깔리고 말았다.

한국의 전통적인 수구, 보수세력은 외세에는 엎드려 예속 국가, 식민지의 적자가 되는 한이 있어도 기득권만은 잃지 않으려 하고, 외적과는 타협해도 동족 간의 화해와 협력, 내부의 개혁·혁신은 용납하지 않았다. 그 대가로 기득권을 보장받고 이것은 누대에 걸쳐 지속되었다.

왕조 시대에는 신진사류, 산림학파들이 개혁의 뜻을 품고 힘차게 나섰다가 보수의 반격에 침몰되었던 사례가 적지 않았고, 공화정 시대에도 개혁·민주화의 기치를 들었다가 독재에 부역하거나 굴복한 정치인·지식인들이 적지 않다.

개혁 진보가 용납되지 않는 역사 풍토에서 김대중이 살아남아 집권한 것은 특이할 만한 현상이다. 그가 과연 투철한 개혁 진보주의자인가 하는 문제와는 별개로, 민중의 힘과 국민의 역량이 그만큼 성숙해졌다는 시대의 변화도 이것을 가능하게 했을 것이다. 덧붙여 말하면 김대중은 대단히 이상적인 실용주의자라는 점이다. 이명박 대통령이 '실용주의'를 들고 나오면서 이 말뜻이 크게 변질되고 말았지만, 여기서 실용주의는 미국의 고유한 사회철학이라고 할 수 있는 프래그머티즘pragmatism을 말한다.

역사적으로 진보 개혁주의자들은 이상주의적인 측면이 강했다. 그런데 김대중은 이상과 실용 양면을 모두 갖추었다. 군사독재 시절 극심한 탄압을 받으면서도 비반미·비용공·비폭력 즉, 이른바 '삼비三非 정책'을 표방했다. 그는 비반미적 민족자주, 비용공적 평화통일, 비폭력적 민주회복론을 제시하고 이를 실천했다. 북한 김정일 국방위원장과 정상회담을 하는 자리에서 주한미군 주둔의 필요성을 강조할 만큼 '비반미적 민족주의자'인 셈이다. 문정인 교수(연세대 정치외교학과) 표현을 빌리면, 그는 "미국과 맺은 의존적 동맹 안에서 자율성을 찾고자 한" 것이다.

김대중은 "나는 스스로 철저한 민족주의자라고 나를 믿고 있다."고 말하고, "그러나 나는 결코 국수주의자는 아니다. 나는 민주주의를 신봉하며 국제주의를 지지한다. 진정한 민족주의자는 당연히 이와 같은 입장에 서야 하고 이것이야말로 우리의 민족주의를 승화·발전시키는 길이 되는 것이다."[6]라고 주장한다. 1980년대 초에 〈김대중 씨의 정치사상〉을 쓴 가지무라 히데키梶村秀樹는 "김대중 씨는 보편적인 가치를 지향하면서도 독자성을 믿는 '개화된 민족주의자'"[7]라고 평가했다.

김대중이 1970년대 초부터 4대국보장론과 남북 유엔UN 동시가입론 등 한반도 문제를 해결하기 위해 여러 방안을 제시했으면서도, 일본에서 납치된 절체절명의 위기에 미국의 도움으로 살아날 수 있었던 것은 그의 노선이 '반미'가 아니었기 때문에 가능했을 것이다. 백범 김구의 암살과 죽산 조봉암 처형의 배경을 살펴보면 이해가 된다. 김대중이 이른바 '내란음모사건'으로 사형을 선고받았을 때에도 살아남게 된 배경은, 어디에서도 '내란음모'의 빌미를 주지 않았던 그의 비용공, 비폭력주의에 있다. 1973년 납치당하기 전 미국 망명 시절, 재미 교포인 최석남 예비역 장군 등이 미국에 '망명정부'를 세우자고 주장했을 때도 김대중은 그 제안을 단호히 거절했다. 그는 교포 지도자들에게 '선先민주화 후後통일'의 원칙을 분명히 하며, '대한민국 수호·독재정권 반대'를 다짐했다.

김대중은 정치활동을 하는 동안 끊임없이 수구, 보수세력의 '용공좌경' 색깔론에 시달렸다. 아마 그만큼 매카시즘에 시달린 정치인도

●

6 김대중, 〈민족에의 경애와 신뢰〉, 《씨올의 소리》, 1975년 4월호, 34쪽.

7 가지무라 히데키, 〈김대중 씨의 정치사상〉, 김대중, 《행동하는 양심으로》(개정판), 금문당, 2009, 362~363쪽. 김대중, 《무궁화여 영원히》, 도쿄에서 발행, 1980, 219~248쪽에서 재인용.

없을 것이다. 그만큼 '반공주의' 또는 미국 중시의 외교정책을 제시한 정치인도 흔치 않은데, 가혹하게 붉은색이 덧칠된 셈이다. 1960년대 청년 시절에 쓴 각종 반공주의 내용의 기고문이나 민주당 장면 정권 대변인으로 발표한 성명을 비롯해 1970년 첫 대선후보에 나서면서 제시한 '4대국보장론(미국과 일본이 북한을 승인하고, 소련과 중국이 남한을 승인함으로써 한반도 평화를 보장하자는 것)'의 핵심만 봐도 그가 미국을 중시하는 것을 알 수 있다. 그의 외교안보정책인 '1동맹 3우호 체제'를 봐도 그렇다. 1동맹 3우호 체제는 미국과 동맹을 맺고 중국, 러시아, 일본과 우호 체제를 유지하는 것을 말한다. 이를 "자유주의적 외교철학"이라고 한 분석도 있다.[8]

우리도 다극화해야 한다. 우리는 미국과 군사동맹을 유지하면서 중·러·일과는 우호관계를 유지해야 한다. '1동맹 3우호' 체제가 우리가 나갈 길이다. 중·러 다 우리를 침략했고, 마침내 일본이 병탄하지 않았나? 미국이 일본의 식민지 침략을 지지해줬는데 만약 미국이 그때 반대했으면 일본이 못했다. 미국은 그렇게 중요하다. 미국이 안정자, 균형자 역할을 해주면 그 셋에 대한 견제가 된다. 그러나 동시에 이 세 나라와도 관계를 잘 유지해야 한다. 그래야 우리가 안정이 되는데, 그게 6자가 되면 동북아 안보 체제다.[9]

8   박건영·정욱식, 《북핵, 그리고 그 이후》, 풀빛, 2007.
9   《한겨레》 인터뷰, 2008년 5월 19일.

보수의 철벽을 깬 첫 생존자

해방 이후 한국현대사는 질풍노도의 시대였다. 봉건왕조 사회에서 일제강점기를 거쳐, 해방 → 분단 → 단독정부 수립 → 한국전쟁 → 이승만 백색독재 → 4月혁명 → 장면 정부 수립 → 박정희 군사쿠데타 → 냉전체제 → 유신독재 → 산업화 → 민주화운동 → 10·26사태 → 신군부 등장 → 5·18광주항쟁 → 전두환 폭압 통치 → 6월항쟁 → IMF지배체제 → 수평적 정권교체 → 남북화해·협력 → 노무현 참여정부 → 이명박 정부의 '제2냉전' 남북대결 시대에 이르기까지 그야말로 격변을 거듭했다. 선진 국가들에서 천 년 동안에 겪을까 말까 한 것들을 우리는 60여 년 만에 다 겪었거나 겪고 있다. 이런 와중에 산업화와 민주화를 압축적으로 성취하였다는 평가도 있다.

이 시기 동안 숱한 정치인이 정계에 나왔다가 사라졌고 대권의 꿈을 키웠다가 추락했다. 처음에는 큰 꿈을 품고 출발했다가 권력이나 돈뭉치에 팔려 보잘것없는 잡풀로 변해버린 정객들이 대부분이었다. 그러나 김대중은 한 포기 경초와 같은 존재로 자리를 지켰다. 경초勁草란 질풍에도 부러지지 않는 썩 강한 풀, 아무리 어려운 환경에서도 뜻을 꺾거나 굽히지 않는 굳센 기개를 가진 사람을 일컫는다. 80년대 이후 김대중은 정치인으로서 자신의 상징으로 '인동초'를 내걸었지만, 그의 입지와 투쟁, 고난과 재기의 과정을 보면 인동초보다는 한 포기 경초와 더 닮았다고 하겠다.

사실 이 평전은 김대중 생전에 이미 시작되었다. '민주 정부'의 동지이자 후임 대통령인 노무현의 '죽임당한 자결' 그리고 김대중이 이루고자 했던 꿈과 이룬 업적이 심각하게 도전받고 있던 시점이었다.

한나라당 어느 국회의원이 2008년 가을 국정감사장과 언론에서 'DJ의 100억 원짜리 양도성예금증서CD설'을 제기했고, 대검찰청 중앙수사부는 수사 결과 관련이 없다고 발표했다. 이에 대해 김대중 측은 허위사실유포와 명예훼손혐의로 그 의원을 고소했다. 김대중은 그때까지도 정치의 경계선상에서 음해를 받았고, 반대세력의 적대감도 변하지 않았다. 한나라당 어느 의원 후원회에서는 "노무현처럼 투신 자살해 죽으라."는 막말까지 나왔다.

2009년 5월에 김대중은 중국의 차기 국가주석으로 유력시되는 시진핑 국가 부주석(현 주석)과 만난 자리에서 그리고 베이징대 특별강연에서 "북핵 문제를 중국이 나서서 풀어야 한다."는 강한 메시지를 전달했다. 비슷한 시기 스티븐 보즈워스 미국 대북정책 특별대표가 동교동 김대중 사저를 방문해 6자회담 재개를 비롯한 한반도 문제를 심도 있게 논의했다. 힐러리 클린턴 미 국무장관을 포함해 미 고위 인사들이 방한할 때면 어김없이 동교동을 찾거나 전화로라도 김대중과 접촉할 정도로 그의 정치적 영향력은 컸다.

이런 시점에서 김대중의 인성과 생애를 비롯해, 그가 추진한 정책과 그의 실천, 집권 후 국가적 의제와 비전 그리고 그의 한계와 문제점 등을 점검하고 분석해보고자 평전을 쓰게 되었다.

김대중에 관한 책과 자료집, 보고서는 무수히 나와 있다. 보수신문들이 왜곡된 렌즈로 조명한 기사와 논평은 태평로와 광화문 거리를 켜켜이 뒤덮을 정도다. 1970년에 중앙정보부가 온갖 정보력을 동원해 그에 관한 방대한 조사보고서를 만든 이후 각종 정보기관에서 여러 차례에 걸쳐 그에 관한 출생 이래의 모든 것을 샅샅이 뒤지고 가공하여 만든 보고서도 여러 편 남아 있다.

　김대중이 1970년대 이래 야당과 재야 중심인물로 떠오르면서 보수 언론과 적대세력에서 활용한 공격 자료는 대부분 중앙정보부에서 만든 보고서에 기인한다. 김대중은 1992년 대선에서 패배한 뒤에 "공정한 언론의 평가를 받아보았으면 여한이 없겠다."고 술회한 적이 있을 정도다. 유신체제 이래 보수, 수구세력에 편입된 거대 언론 매체들은 '반DJ 노선'에는 항상 혼연일체가 되었으며, '이념적 색안경'을 끼고 온갖 음해를 일삼았다. 이들은 김대중이 평의원이거나 정계은퇴를 했을 때에는 보편적이거나 우호적인 입장을 취하다가도, 정권에 도전하거나 집권했을 때 그리고 자신들의 이해와 맞는 정권을 비판했을 때는 적대적이 되었다. 자신들의 기득권을 침해할 대상으로 여겼기 때문이다. 언론의 정도正道를 벗어난 타락한 모습이 아닐 수 없다.

보수언론의 무자비한 '필탄'

김대중 입장에서는 독재 권력의 '총구'에서 살아남기도 어려웠겠지만, 보수언론의 무자비한 '필탄筆彈'도 견디기 어려웠을 터이다. 그런 위태한 환경 속에서도 그는 살아남았고, 권력의 정상에까지 올랐다. 그것은 적어도 '한국 개혁 인물사'에서는 기적에 속하는 일이다.

　조선 중기의 대학자 남명 조식曺植의 시 〈우음(偶吟, 우연히 읊다)〉에 이런 시구가 있다. "살아 있을 때는 죽이려고 하다가/죽은 뒤에는 두루 아름답다고 칭찬한다네.(生則欲殺之 死後方稱美)" 노무현과 김대중 삶에 이보다 더 대입하기 좋은 시구도 없을 것 같다. 김대중이 1992년 대선에서 세 번째로 패배하고 정계를 은퇴, 영국으로 유학 갈 때 그에

게 적대적이었거나 비우호적인 신문들까지 최상의 헌사를 마다하지
않았다.

그는 암울했던 권위주의 시대를 온몸으로 저항했던 '행동하는 양
심'이었다. 그는 인간의 한계를 시험하는 것 같은 위협과 회유를 당
당하게 물리친 '불굴의 인간'이었다. 그러기에 그의 빛나는 정치적
퇴장은 '민주화의 사표'로 '자랑스런 정치인'으로 기록될 것이다.[10]

야당 지도자 김대중 씨의 궤적은 파란만장한 것이었다. 제1공화국
에서 지금에 이르기까지 그는 반독재투쟁의 상징이자 기수의 한 사
람이었다. 특히 제3공화국과 유신, 제5공화국 시기에 그는 박 대통
령과 전 대통령으로 상징되는 권위주의 탄압 체제의 가장 치열한
적수였다. 71년의 대통령 선거 때 그는 박 대통령으로 하여금 "더
이상 선거는 하지 않겠다."고 마음먹게 만들었다.[11]

이제는 모두가 그에 대해 따뜻한 박수를 보낼 시점이다. 그가 이 땅
의 민주화에 이바지한 공은 결코 과소평가될 수 없다. 또 그는 척박
한 정치풍토 속에서도 사회의 소외세력과 진보세력의 목소리를 제
도권 정치 속에 반영하는 데 그 누구보다도 큰 기여를 했다. 설사
정치적 견해를 달리하는 사람이라도 '다양성의 존중'이라는 민주적

---

10   《동아일보》(사설), 1992년 12월 21일.
11   《조선일보》(사설), 1992년 12월 20일.

김대중이 정계은퇴를 선언하자 갑자기 호의적인 태도를 보인 언론들.

가치를 인정한다면 그의 기여를 폄하해선 안 될 것이다.[12]

김대중의 정계은퇴에 특히 '기뻐 날뛴' 신문은 《조선일보》였다. 당시 《시사저널》의 언론인 김동선은 《조선일보》의 보도 태도를 다음과 같이 비판했다.

지난 수십 년간 김대중 씨에 대해서 사사건건 배타적 입장을 취해 온 한 신문은 은퇴 소식을 다루면서 사설, 기자수첩, 특집, 사회면 머리기사 등에서 기존의 배타적 입장을 버리고 대단히 우호적인 편

12 《중앙일보》(사설), 1992년 12월 20일.

집 태도를 보였다. 우선 이들 기사의 제목에서부터 태도 변화가 감지된다. 사설 제목은 '김대중 씨의 기여', 사회면 머리기사는 '당도 광주도 국민도 목멘 고별'이라는 부제 밑에 '거인 퇴장하다'였다. '김대중 선생님'이라는 기자수첩은 광주의 슬픈 분위기를 전하는 것이었고, 사설이나 사회면 머리기사 특집 등의 기사 내용은 구구절절 그의 파란 많은 정치 40년에 대한 애정이 듬뿍 담겨 있었다.

특히 사설에서는 다음과 같은 대목이 눈길을 끌었다. "앞으로 평당원으로 백의종군하면서나마 그의 경륜과 통찰은 집권당과 야당 모두의 지혜를 북돋우는 자양으로 활용돼야 할 일이다. 빌리 브란트 씨가 당수직을 떠난 후에도 많은 훌륭한 일을 했던 사실을 상기할 수 있듯이 말이다." 한마디로 김대중 씨에 대한 찬사가 놀랍다.[13]

《조선일보》의 이와 같은 보도·논평 행태는 '거인 퇴장'을 진정으로 아쉬워해서가 아니라 '김대중 확인사살'(강준만 교수)이었다. 정계 은퇴에 최상의 찬사를 보냄으로써 다시 복귀하지 못하도록 정치적으로 매장한 것이다. 그런 김대중이 정계에 복귀하고 집권하기에 이르렀으니, 그들의 '심기'가 어떠했겠는가. 그것은 이성도 양식도 없는 '김대중 죽이기'라는 막된 '필탄' 공격으로 나타났다. 특히 집권한 김대중이 신문사 세무조사를 할 때부터는 '언론'이라 부르기에 낯부끄러울 정도로 '적대적 지라시'로 변해버렸다. '공기公器'의 지면이 사주社主의 사유물로 참담하게 전락했다. 이때의 지면은 뒷날 언론학자

13   전인권, 《김대중을 계산하자》, 새날, 1997, 40쪽에서 재인용.

들의 연구 대상이 될 것이다. 독재정권과 보수정권에는 '순한 양'이었던 이들 신문들이 김대중 정부를 향해서는 '독한 사냥개'가 되어 사사건건 물어뜯었다. 이런 보수언론의 행태는 노무현 정부에서도 마찬가지였으며, 이들은 자신들과 이해가 맞는 이명박 정부에 이르러서야 다시 '순한 양'으로 바뀌었다.

1963년부터 1984년까지 《뉴스위크》 동경 특파원을 하면서 저우언라이·박정희·김일성·히로히토·전두환·김영삼·김대중 등 아시아 주요 인물을 인터뷰했던 아시아 문제 전문기자 버나드 크리셔B. Krisher는 "김대중 씨가 죽고 나면 한국인들은 그때 가서야 한국인들이 김대중 씨에게 정말로 큰 빚을 지고 있다는 사실을 깨닫게 될 것"[14] 이라고 쓴 적이 있다.

김대중은 몇 차례나 운명의 끝자락까지 다녀온 사람이다. 박정희 정권이 저지른 납치 사건과 전두환 정권이 내린 사형선고는 운명의 끝자락이었다. 그는 저승 문턱에서 기적적으로 살아 돌아와 다시 정치를 하고 마침내 수평적 정권교체를 이루었다. 조선왕조 개국 이래 600여 년간 줄곧 보수, 수구 세력이 지배해온 나라에서 1998년의 평화적 정권교체는 정치적 사건 이상의 민족사적·역사적 의미가 있다. 지역·국회·언론·금융·군·검찰·경찰·정보기관·대학 등 국가의 주요 재원을 대부분 장악하고 있는 골리앗 세력과 싸워서 왜소한 야당이 승리할 수 있었던 것은 김대중이라는 걸출한 인물이 중심에 있었기에 가능했다.

●
14 전인권, 앞의 책, 17~18쪽에서 재인용.

1998년의 수평적 정권교체는 한국현대사에서 최초로 지배 세력의 핵심이 교체되는 가히 혁명적인 사건이었다. 그것은 또 박정희 정권이 정치적으로 조장한 지역 차별이 생긴 이래 전두환·노태우·김영삼으로 이어진 30여 년간의 영남 집권에서 최초로 호남으로 집권세력이 바뀐 '지역평준화' 사건이기도 했다.

김대중이 집권하자 군사정권에서 인권탄압에 앞장섰거나 각종 비리에 깊숙이 관여했던 보수, 수구인사들은 납작 엎드렸다. 무서운 정치보복이 뒤따를 것 같고, 선거 과정에서 "김대중이 집권하면 피바람이 불 것"이라는 공포 분위기도 조성되었던 탓이다. 하지만 김대중은 사적인 보복의 칼을 뽑지 않았다. IMF사태라는 시급히 해결해야 할 미증유의 국난이 눈앞에 놓여 있기도 했지만, 그렇더라도 그런 위기 국면에서 정치보복이 훨씬 더 수월하다는 '정치공학'을 모르는 바도 아니었을 것이다. 그러나 김대중은 결코 보복의 칼을 뽑지 않겠다고 말했다.

"대통령 돼서 한 사람도 정치보복하지 않았다. 나한테 그렇게 모질게 대했지만. 나쁜 제도는 바꿨지만 사람은 다 용서했다."[15]

혹자는 일부 언론사의 세무조사를 들지 모른다. 언론사 세무조사는 김영삼 정부 때에 이미 마치고도 정략상 공개하지 않았던 사안이었다. 연 매출이 500억 원 이상인 기업은 5년마다 한 번씩 세무조사

---

15 《한겨레》, 2009년 5월 15일.

를 하도록 규정되어 있는데, 언론사들은 수십 년간 보수정권과 맺은 '권언유착' 관계로 한 번도 받지 않았으니 위법 상태였다. 조사 결과, 조사 대상 언론사 사주들의 횡령·탈세 등 온갖 불법 비리가 드러났다. 이들은 대법원에서 대부분 유죄판결을 받았는데, 이를 두고 정치 보복이라 하기는 어려울 것이다.

김대중 집권 초기 바짝 긴장하며 이리저리 눈치를 살피던 세력이 그의 다소 유약해보이는, 민주주의적인 국정 운영 방식을 보며 금세 '종이호랑이론'을 들고 나왔고, 얼마 뒤부터 보수, 수구세력은 일제히 보수, 수구언론의 조명을 받으면서 김대중 정권의 발목을 잡기 시작했다. 심지어 재직 시 노벨평화상 수상자로 알려지자 "돈을 주고 상을 받는다."면서 현지에 사람을 보내 수상자 반대 공작을 벌이기도 했다. 자국 지도자의 노벨평화상 수상을 저지하려고 한 사례는 노벨상 100년사에 처음 있는 일이었다. 세계의 웃음거리가 되었다.

"운명의 끝자락까지 다녀온 사람"

김대중의 정치 행로나 특히 집권기 정책을 살펴보면, 그의 본성이랄까, 운명의 끝자락까지 다녀온 사람으로서 체득한 '달관' 같은 것이 보인다. 그의 개혁정책이나 과거청산과 같은 '구조악'에 대한 정리 작업은 개혁 진보 세력의 입장에서는 상당히 무디고 온건한 방향이었다. 거기에는 국제통화기금 경제신탁통치 극복이라는 시대 상황, '보수 원조'라는 자민련과 세운 연립 정권의 한계, 보수언론과 거대 야당 등 막강한 반대세력의 '발목 잡기'도 크게 작용했겠지만, 이와 더불어 김대중 개인의 성격도 적지 않게 작용했을 터이다.

그는 밖으로 알려진 것과는 달리 성격이 본질적으로 대단히 온유하고, 온건하며 합리적이다. 뒤에서 상세히 검증하겠지만, 그는 야당과 국회에서 활동할 때도 온건파에 속했다. 정부를 향해 강력히 공격할 때는 반드시 대안도 제시했다. 그런데도 군사정권과 보수언론은 그를 '과격주의자'로 낙인찍고, 국민에게도 그렇게 각인시켰다.

10·26사태로 박정희 정권이 무너진 직후 오랜 연금에서 풀려나 한국신학대에서 강연할 때 김대중은 자신에게 덧씌워진 '과격성'에 대해 다음과 같이 피력했다.

내가 과격하다는 평이 있는데, 나는 악에 대해, 국민을 괴롭히는 자에 대해, 도덕을 짓밟은 자에 대해서는 철저히 과격하지만, 선에 대해, 국민을 위한 자에게는, 도덕을 중시하는 자에게는 양같이 온순하다.[16]

어떤 사람들은 나를 가리켜 과격하다고 말한다. 이런 사람들에 대해 나는 말하고 싶다. "만일 당신도 나처럼 당해보라. 굴복하지 않으려면 강해질 수밖에 없지 않은가?"라고. "용수철은 누르면 누를수록 강하게 튕겨 나오는 법이다. 누르지 않으면 튕겨 나올 리도 없다. 누르는데도 튕겨 나오지 않는다면 그것은 용수철이 아니다."[17]

●
16 《중앙일보》, 1980년 4월 16일.
17 이상우, 〈김대중과 4인의 대통령〉, 《월간중앙》, 1993년 8월호, 201쪽.

김대중은 세간에 알려진 '과격한 이미지'와 달리 대단히 겁이 많고 소심한 사람이다. 어려서는 겁이 많아 혼자서 변소(화장실)도 다니지 못했다고 한다. 한 연구자는 그의 리더십을 '완벽주의 리더십'이라고 진단한다.

> 김대중은 대지소심형大志小心型이다. 뜻이 크면서도 작은 일도 소홀히 하지 않는 완벽주의자라는 의미이다. 완벽주의자는 모든 일을 자기가 직접 해야 직성이 풀린다. 이것이 완벽주의자가 갖는 자기만족 심리이다. 김대중의 완벽주의는 국정 운영에 여과 없이 투사되어 모든 정책의 세밀한 부분까지 직접 챙기는 경향이 강했다. 시행착오는 어떤 경우에도 용납하지 않았다. [……] 그가 외환위기를 조기에 극복하고 햇볕정책을 일관되게 추진할 수 있었던 것은 이런 완벽주의 덕분이었다. 그러나 역기능도 있었다. 아랫사람이 하는 일이 미덥지가 않아 만기를 친람(모든 일을 직접 챙김)했고, 결국에는 본인이 과부하의 중압감에 시달려야 했다.[18]

언론사에서 가끔 역대 대통령 중에서 누구를 가장 좋아하는지 여론 조사를 하면 (노무현 서거 이전) 박정희가 압도적으로 1위를 차지하고 김대중이 2위를 차지한다. 그로서는 다소 억울할지도 모른다. 쿠데타와 계엄령, 유신체제와 긴급조치라는 강권통치로 18년 집권한 자와 민주헌정으로 집권한 5년 단임 대통령을 단순 기준으로 평가하

18 김호진, 《대통령과 리더십》(개정증보 2판), 청림출판, 2010, 421~422쪽.

는 것이 공정하지 못한 것은 틀림없다. 또한 군사정권 시대에 이루어진 경제발전의 시혜를 받은 사람들이 대부분 살아 있고, 한국적인 지역갈등 구조가 여전히 꿈틀대고 있는 상황에서 실시된 여론 조사가 얼마나 의미 있을지도 의문이다.

그런데 이런 현실에서도 2위에 오른 것은 그의 민주화투쟁 경력과 대통령으로서 업적이 오버랩되어 생긴 위상의 일면을 보여주는 대목이다. 50년이나 100년 뒤에 그를 어떻게 평가할지는 역사가의 몫이다. 미국 러시모어 산 '큰 바위 얼굴'에는 워싱턴, 제퍼슨, 링컨, 루스벨트 대통령의 얼굴이 새겨져 있는데, 많은 미국인이 이들을 존경하기 때문이다. 한국에서 이런 것을 만든다면 역사의 평가를 거쳐 누구의 얼굴이 새겨질지는 국민의 몫이다. 나는 개인적으로 봉하마을 부엉이바위나 사자바위에 국민이 존경하고 흠모하는 백범 김구와 노무현 그리고 국가에 공이 큰 지도자들의 얼굴을 '큰 바위 얼굴'처럼 새겨 넣으면 어떨까 제안하고 싶다.

"행동하지 않는 양심은 악의 편"

인류사에 큰 발자취를 남긴 사람들은 평생 추구해온 자신만의 가치를 담은 '개념어'나 자신을 대표하는 '말'을 가지고 있다. 링컨의 노예해방, 에디슨의 발명, 포드의 자동차, 쑨원의 삼민주의, 다윈의 사회진화론, 간디의 비폭력저항, 김구의 항일독립, 한용운의 님, 함석헌의 씨올, 박정희의 조국근대화, 장준하의 '사상계', 임종국의 친일파 청산, 최명희의 '혼불', 박경리의 '토지' 등을 떠올릴 수 있겠다.

김대중을 대표하는 말은 무엇일까. 평전 집필을 준비하면서 김대중을 만났을 때 그는 머뭇거리지 않고 '행동하는 양심'이라고 말했다. 6·15선언 9주년 기념행사 연설 주제도 '행동하는 양심'이었고, 연설할 때 "행동하지 않는 양심은 악의 편"이라고 강조했다. 실제로 그는 정치활동 기간 여러 차례의 연설에서 이 말을 강조하고, 망명 생활을 접고 귀국한 직후 출간한 저서[19]의 제목으로도 썼다. 1976년 3·1민주구국사건의 〈상고이유서〉제목도 '행동하지 않는 양심은 악의 편'이었다. 간디, 덩샤오핑 등 세계 평화에 기여한 102인과 함께 중국 뤼순 평화공원에 세워진 김대중 동상에는 "행동하는 양심으로"라는 그의 좌우명이 새겨져 있다.

'행동하는 양심'이란 말이 김대중을 상징하는 데 얼마나 적절하고, 많은 사람의 공감을 이끌어낼 수 있을지는 모르지만, 적어도 그 자신은 이를 전 생애의 가치로 삼고 추구하면서 살아왔다고 한다. 엄혹한 군사독재 시절에 그는 몸을 사리지 않고 '행동'했고, 양심에 충실했다. 그로 인해 고난과 음해에 시달렸으나 그는 이런 것들을 극복하고 반독재 민주화의 지도자로 추앙받았다.

김대중을 지켜본 이들은 그가 대단히 감성적이고 낙관적인 사람이라고 말한다. 다음은 정신과 전문의 정혜신의 평이다.

그는 그 나이 또래에 비해서가 아니라 남자로서는 흔치 않은 감성의 소유자다. 대통령이 된 후에야 알게 된 뛰어난 유머 감각도 바로 그의 진화된 감성에서 비롯된 것이라는 게 필자의 생각이다.

19 김대중, 《행동하는 양심으로》, 금문당, 1985.

문익환 목사 장례식장이나 투옥과 망명 뒤 처음 찾은 광주 망월동 묘역에서 통곡하고, 노무현의 영결식에서 유족을 붙들고 오열하는 등의 모습에서도 김대중의 감성적인 면을 엿볼 수 있다. 또한 그는 그토록 혹독한 고난을 겪으면서도 희망을 버리지 않았다. 타고난 성격 탓이기도 하겠지만, 역사와 신앙심에서 낙관론의 근거를 찾을 수도 있겠다. 일례로 1969년 박정희가 변칙으로 3선개헌을 통과시키는 과정을 지켜보면서도 좌절하기보다 역사에 대한 낙관을 버리지 않았다.

나는 정의와 국민 앞에 언제나 영광과 승리를 바쳐온 역사의 법칙을 굳게 믿는 사람이며 우리 민족의 의지와 가능성에 대해서 굳은 신앙을 가지고 있는 사람이다. 두려운 것은 오늘의 부조리와 고난이 아니라 자기에 대한 신념의 상실과 내일의 승리를 믿지 못한 패배주의다.[20]

김대중은 1973년 망명지 일본에서 한 월간지와 인터뷰하는 자리에서 다음과 같이 말했다.

나는 상당히 낙관주의자다. 캄캄한 어둠 속에서도 내일 아침이면 태양이 다시 떠오를 것을 의심치 않는다. 악마가 지배하는 지옥에 떨어지더라도 그래도 하나님이 있다는 것을 믿는다. 나에게 있어서의 신앙은 역사이다. 나는 역사에 있어서 정의의 불패不敗를 신앙한

20   김대중, 《내가 걷는 70년대》, 범우사, 1970.

다. 또한 나에게 있어서 유일한 영웅은 국민이다. 국민은 최후의 승리자이며 양심의 근원이다. 나는 이 같은 신념 아래 살고 있다.[21]

그는 군사독재 시절 험난한 재야·야당 활동을 하고, 거듭되는 투옥과 연금, 망명과 납치를 겪으면서도 민주주의에 대한 신념을 한 번도 포기하지 않았다고 술회한다. 박정희가 부통령직을 제안했을 때, 전두환이 5공화국에 협력해줄 것을 요청했을 때, 노태우가 3당합당을 제안했을 때도 그는 민주주의와 정의에 대한 신념에서, 생사와 정치적 진운이 갈릴 수도 있는 이 제안들을 모두 거부했다고 한다. 결국은 민주주의와 정의가 승리한다는 것과 역사가 진보한다는 법칙을 믿었다. 그동안 역사에서 독재자가 승리한 적이 없기 때문이다. 이승만은 4·19로, 박정희는 10·26으로, 전두환은 6월항쟁으로 넘어진 역사적 사실에서 김대중은 민주주의가 반드시 승리한다는 강한 신념과 자신감을 갖게 된 것이다.

김대중은 타협의 원칙은 지키지만 원칙의 타협은 결단코 배격했다고 한다. 이런 결연한 태도가 김대중 자신을 지키고 집권하게 만든 내적 동력이 되었을 것이다. 1980년 협력하면 살려주겠다는 신군부의 제안을 거부한 것을 두고 김대중은 뒷날 "나도 살고 싶었지만, 일시적으로 살지만 영원히 죽는 길이 아니라, 일시적으로 죽겠지만 영원히 사는 길을 택했다."고 밝혔다.

김대중의 사상 형성에 큰 영향을 끼친 사람은 목포공립상업학교에

---

21   일본 도쿄, 《세카이世界》, 1973년 9월호.

다닐 때 일본어를 가르쳤던 노구치 진로쿠 선생이었다. 그는 가끔 노구치 교사의 말을 기억했다.

인간답게 살기 위해 가장 중요한 것은 원칙을 중시하며 사는 일이다. 원칙을 지키면서 현실적으로 성공할 수 있도록 노력하지 않으면 안 된다. 그런데 원칙과 현실 중 하나를 선택해야 한다면 어떻게 할 것인가? 그럴 때는 원칙을 택해야 한다. 그것이 바로 역사를 생각하면서 살아가는 길이다. 그것이 역사를 바르게 배운 사람의 삶의 방식이다.[22]

보편적인 민주주의자

내가 알기로, 한국현대사에서 김대중을 읽어내는 일은 해방 후 진실의 편에 서고자 했던 한국사의 한 축을 읽어내는 일과 같다. 그러므로 김대중은 미움을 받았다. 이 나라에서 진실이 늘 반역으로 몰렸던 점을 떠올리면 그 이유는 자명해진다. 그만큼 우리 현대사는 오욕으로 점철되어왔다. 김대중은 언젠가 이렇게 말했다.

"나에게 있어서 또 다른 신앙은 역사다."

이 간명한 표현 속에서 우리는 그가 역사를 통해 자신의 가치관을

22   일본 NHK 취재반 구성, 김용운 편역, 《역사와 함께 시대와 함께 – 김대중 자서전 1》, 인동, 1999, 10쪽.

정립했음을 어렵지 않게 알 수 있다. 요컨대 김대중은 역사에서 자신이 서 있어야 할 자리를 아는 사람이었다. 단언컨대 만약 철학이나 사상, 역사의식, 신념 따위라 부를 수 있는 민주주의에 바탕을 둔 이념적 투철함이 단 한 치라도 부족했다면 김대중은 그 형극의 노정에서 오래전에 무릎을 꿇고야 말았을 것이다. 그러나 그는 해방 후 어떤 정치지도자보다 더 확고히 민주주의를 믿었다.

그는 시대에 따라 변할 줄도 알았다. 원칙은 지키되, 변화에는 항상 유연한 수단과 방법으로 대처했다. 만약 그가 완고하여 변하는 것을 두려워했다면, 그는 오래전에 낙오되거나 퇴화해 고루한 늙은이나 진부한 장로 정치인들의 동류가 되어버렸을 것이다. 아직도 해방 직후의 '반탁논리'에 얽매여 있는 동시대 정치인들이나, 1970~80년대의 정치의식에서 헤어나지 못하는 후배 정치인들에 비해 그는 확실히 변화를 주도하고 미래를 개척해나가는 진보적인 정치인이었다. 그렇지 않았다면 결코 그가 대통령 자리에 오르는 일은 없었을 것이다.

김대중은 박정희 정권 이래 줄기차게 용공 음해와 매카시즘에 시달려오면서도 한결같이 통일문제에 관심을 보여왔다. 흡수통일을 배제하고, 무력을 사용하지 않으며, 화해와 협력을 강조하는 햇볕정책 또는 대북정책은 어느 날 갑자기 참모나 학자들이 만들어준 시험 답안지가 아니었다. 《워싱턴포스트》 남아시아 지국장, 브루킹스연구소 선임연구원 등을 지냈으며, 미국 언론인으로서는 한국전쟁 이후 처음으로 북한에 들어가 김일성 주석과 3시간 동안 면담하는 등 한반도 문제 전문가인 셀리그 해리슨의 표현에 따르면 김대중의 대북정책은 '30여 년에 걸쳐 숙성된' 것이다.

김대중은 공적인 자리에서나 사적인 대화에서나 오랫동안 정치인으로서는 드물게 대북 접근에 있어 지적인 일관성을 보여왔다. '햇볕정책'은 30여 년에 걸쳐 숙성된 것이다. 1972년 나와 해리슨 솔즈베리가 한국전쟁 이후 미국인으로는 처음으로 평양을 방문했을 때부터, 그는 나와 북한 문제에 대해 대화해왔다. 이후 스물세 차례에 걸친 자유로운 의견 교환 과정에서 그는 나를 자신의 정책적 아이디어를 발전시키는 상담역으로 활용했다. 내가 북한을 다녀올 때마다 정보를 얻었고, 서로 초청해 의견을 주고받았다. 아마도 다른 쟁점에 대해서는 다른 이들을 그렇게 활용했을 것이다.[23]

김대중에게는 철학이 있다. 사상과 역사의식이 있으며, 신념 또한 있다. 그리고 그것은 막된 고집이나 파시즘을 실용주의라고 착각하는 여느 정치인들의 굴절된 가치 인식이 아니라 근대적 인간의 보편성에 깊게 뿌리를 내린, 한마디로 상식적인 것이었다. 요컨대 김대중은 근대적 상식의 참된 가치가 지닌 위대함을 깨달은 민주주의 신봉자이다.

대단히 미안한 표현이지만, 우리 사회는 한 번도 이런 '상식'에 도달하지 못했다. 수평적 정권교체는 거의 모든 나라에서 상식이지만, 우리나라에서는 김대중이 처음이었다는 것만 보더라도 알 수 있을 터이다. 사실 모든 위대함은 이 상식을 지키고자 하는 노력 속에서 탄생한다고 해도 과언이 아니다. 남아프리카공화국의 만델라가 평생을 바쳐 이뤄낸 흑백 차별 철폐는 너무도 지나치게 상식적이다. 그들은 '고

---

23   셀리그 해리슨, 《코리안 엔드게임》, 삼인, 2003, 158쪽.

작' 그것을 위해 수백 년 동안 피를 흘려야 했던 것이다. 김대중의 경우도 별반 다르지 않다. 그는 평생 이 땅의 민주주의를 위해 자신을 내던졌다. 한 번도 타협하지 않았다. 타협은 곧 '상식'을 포기하는 일이어서 그리했을 것이다.

'행동하는 양심'이라는 화두는 여기에서 비롯된 것이다. 상식이 무너지는 순간, 진실은 설 자리를 잃는다. 그가 진실을 갈구하는 많은 사람의 희망일 수 있었던 것도 그가 '상식'을 지켜냈기 때문이다. '위대함'이라는 말을 사용할 수 있게 허락한다면, 김대중의 위대함은 여기에 있다. 그를 경계하는 자들이야말로 이 점을 가장 잘 알고 있었다. 그래서 용공·적색분자라는 낙인 혹은 지역감정을 이용해 그에게 붉게 덧칠하고 날조하지 않으면 안 되었던 것이다. 그는 어떤 상황에서도 "진실하라, 진실을 지켜내기 위해서는 앉아서 불평만 하지 말고 행동하라."고 말하고, 누구보다 앞장서서 행동했다.

한 가지 여기서 주목할 점은 김대중의 행동이 지독할 정도로 보편적인 민주주의적 상식에 근거하고 있다는 사실이다. 이런 이유로 그는 언제든 감정적인 언행을 자제할 줄 알았고, 놀라울 정도로 비폭력적이었다. 사형선고를 받은 군법정에서 김대중은 "내가 죽더라도 다시는 이런 정치보복이 있어서는 안 된다는 것을 유언으로 남긴다."고 말한 적이 있는데, 이는 그가 얼마나 민주적 가치를 소중히 여기고 폭력을 증오했는지를 잘 보여준다.

앞에서도 잠깐 언급했듯이, 해방 이후 가장 시련이 많은 시대를 살았으면서도 김대중은 단 한 번도 보복에 관한 말을 입에 올린 적이 없다. 놀라움을 넘어 경외감마저 불러일으키는 모습이 아닐 수 없다. 박정희가 암살당했을 때 김대중은 "암살로 얻은 민주주의는 참된 민주주의가 아니다."라면서 "항간에서는 김재규 부장이야말로 이 나라에 민주주의의 길을 다시 연 영웅이라고들 하는데 당치 않은 말"이라고 단호하게 선을 그었다. 자신을 가혹하게 박해한 독재자의 비참한 최후에 환호할 법도 하지만, 그의 생각은 달랐던 것이다. 국민의 힘으로 독재자를 무너뜨리지 못해 결국 또 다른 군인들이 출현할지도 모른다고 그는 우려할 뿐이었다. 이것은 정치보복이나 폭력을 부정하는 김대중 신념의 일단을 보여준 예다. 그러면서도 김대중은 진실을 향한 행동만은 멈추지 않았다. 요컨대 행동하되, 비폭력을 지향한 것이다.

김대중이 1997년 12월 제15대 대통령으로 당선된 다음 날 《워싱턴포스트》는 다음과 같이 썼다.

한국의 민주화운동 세력을 대변해온 반체제의 목소리였던 김대중 씨는 군사독재자들이 자신을 암살할 방도를 모의했던 그 청와대에 들어가게 되었고, 또한 자신을 투옥·납치하거나 국외로 추방하거나 사형하려 했는가 하면 트럭으로 치어 죽이려 하고 또 바다에 내던지려 했던 바로 그 정부의 행정 수반이 된다.[24]

'원칙 없는 온정주의'라는 비판

대개 사람들은 김대중의 이러한 면모에 관해서는 어느 정도 알고 있다. 하지만 김대중의 진면목은 어쩌면 다른 데 있을지도 모른다. 그가

---

24 《워싱턴포스트》, 1997년 12월 18일.

베트남전 파병 때 정규군보다 의용군을 모집해 보내자는 대안을 제시한 것이나, 박정희의 굴욕적인 한일회담에는 반대하지만 한일회담 자체에 반대해서는 안 된다면서 기본법·청구권·어업·법적지위 등의 문제에 대안을 제시한 것, 박정희의 1972년 7·4남북공동성명에 찬의를 표한 것, 15대 대선에서 DJT연합을 이룬 것 등은, 그의 '과격성'만을 알고 있는 사람들에게는 고개를 갸우뚱하게 하는 사건들이 아닐 수 없다.

여기서 알 수 있는 것처럼 김대중은 추상적인 개혁이나 이상주의에 그치기보다는 대안을 제시하고 생생한 현실을 수용하는 실용주의자이다. 조광조나 전봉준 등 비실용주의자들의 조급성을 그는 이미 여러 번 아쉬워한 바 있다. 남한 정부 단독 수립에 불참한 김구의 행동에도 메스를 가한다. 남북협상을 통한 통일정부 수립이 좌절되었으면, 마땅히 단독정부에 참여하여 친일세력을 청산하고 힘을 모아 통일정부를 추진해나가는 것이 순서라는 것이다. 김대중은 김구의 애국심과 독립운동을 높이 평가하면서도 정치지도자로서 이런 문제점을 지적한다. 여기에서도 김대중의 현실 위주의 실용주의가 드러난다. 어떤 의미에서는 혁명가 김구와 정치인 김대중의 차이점이기도 하다.

김대중은 요컨대 '정의의 불패'를 믿는, 원칙을 사수하는 개혁적 명분주의자이면서 동시에 현실적인 실용주의자인 셈이다. 김대중이 즐겨 쓰는 휘호 '실사구시實事求是'에서도 실용주의 정신을 엿볼 수 있다. 다음과 같은 분석을 보면, 그렇다고 그가 현실주의나 실용주의에만 매몰된 것은 아니다.

중요한 것은 그의 정치적 특질이다. 결론적으로 그는 이상주의자와 지독한 현실주의자 두 측면을 모두 갖고 있다. 이상주의자 측면은 철학자의 경지에 올라 있고, 현실주의자 측면은 유대인 장사꾼 수준이라고 할 수 있다. 어떻게 한 인간에게 이렇게 정반대의 극단적인 양면이 공존할 수 있는 것인지 궁금할 때가 많다.[25]

자칫 극히 상투적인 것처럼 보이기까지 하는 이런 철학을 김대중이 거저 지켜낼 수 있었던 건 결코 아니었다. 자신만이 아니라 전 국민의 운명을 귀결 짓는 일과 맞닥뜨릴 때마다 현명한 판단을 내리기란 참으로 어려웠을 것이다. 이를 위해 끊임없는 공부와 '상식'을 지키려는 삶의 자세 그리고 역사를 통해 얻는 혜안이 절대적으로 필요했음은 물론이다.

한국 문제 분야에서 대표적인 권위자인 브루스 커밍스 미국 시카고대 석좌교수는 한국인은 김대중에게 '외환위기 극복'과 '햇볕정책'이라는 두 가지를 빚지고 있다고 말한 바 있다.[26] 이명박 집권 이후 처한 새로운 서민경제 위기와 파멸 상태에 빠진 남북관계를 보노라면, '시의성'과는 상관없이 커밍스의 주장 자체에 공감하는 사람이 적지 않을 것이다.

다시 말하지만 민주사회에서는 보편적 상식이야말로 위대한 것이다. 이런 상식을 관철해내는 일은 결코 범상한 것이 아니다. 예측 가

25   성한용, 《DJ는 왜 지역갈등 해소에 실패했는가》, 중심, 2001, 163쪽.
26   《경향신문》, 2007년 5월 22일.

능한 미래도 비로소 이 경우에라야 가능한 법이다. 나는 김대중이 상식과 민주주의 원칙에 입각해 정치활동을 해왔으며 그의 생애가 이 원칙에서 크게 벗어나지 않았다는 점을 중시한다.

김대중을 한마디로 말한다면, 그는 유능한 민주적 실용주의자다. 하지만 그가 언제나 옳기만 했던 것은 아니다. 그에게만 책임을 돌릴 수는 없지만, 1987년 야권 대통령후보 단일화를 이루지 못함으로써 군사정권 5년을 연장시킨 일이나, 잦은 정당 창당과 제왕적 정당 운영에 대한 비판도 뒤따른다. 또, 집권기에 민주주의를 짓밟고 인권을 유린하고 무고한 사람들을 용공분자로 몰아 고문하고, 전혀 반성하지 않는 전두환·노태우 등 '민주 반역자'들과 부패한 공직자·기업인들을 용서와 화해의 명분으로 사면하고 묻어버린, '원칙 없는 온정주의'에 대한 비판의 목소리도 적지 않았다.

지도자의 '정치적 관용'이 반민족·반민주세력의 뿌리를 온존시킴으로써 이들이 다시 민족정기와 사회정의를 짓밟고, 정의와 진리의 가치를 전도시키게 된다면 문제는 심각하다. 개인의 관용 정신은 높이 평가받아 마땅하지만, 공인의 관용 특히, 최고 지도자의 분별없는 관용은 자칫 역사와 현실의 진위眞僞, 정사正邪를 뒤바꿀 수 있다. 그뿐만 아니라 군사독재에 가담한 인사들과 냉전주의자들을 정부 요직에 기용한 일이나, 미온적인 독재 잔재 청산, 현직 대통령으로서 독재자 박정희 대통령 기념사업회 명예회장을 맡은 일로 김대중은 민주화운동 과정에서 고통을 겪었던 이들에게서 많은 비판을 받았다. 또한 자신이 그토록 피해를 당하고 아픔을 겪었던, 한국 사회의 고질인 지역갈등 문제 해결에서도 별로 성과를 얻지 못했다는 지적도 따른다.

아들들을 포함해 친인척을 엄격히 관리하지 못함으로써 생긴 비리로 수많은 국민의 희생을 치른 터전 위에서 이루어진 수평적 정권교체의 가치를 훼손시킨 일도 김대중 자신과 '국민의 정부' 도덕성에 심한 상처를 남겼다.

노동부장관을 지낸 김호진 고려대 명예교수는 이런 현상을 다음과 같이 진단한다.

김영삼의 비극을 목격했던 그가 이렇듯 주변 관리에 허점을 드러낸 까닭은 무엇인가. 그것은 아마 측근과 자식에 대한 지나친 온정주의 때문일 것이다. 온정주의라는 감성이 완벽주의라는 이성을 마비시킨 것이다. 이 대목에서 그의 리더십은 그만 한계를 드러내고 말았다.[27]

김대중은 한국전쟁 때 공산주의자들에게서 1번, 민주화운동 과정에서 4번, 모두 5번의 죽을 고비를 넘기고, 6년 반 동안 감옥에서 수인 생활을 했으며, 10여 년간 연금과 감시·망명 생활을 했다. 그는 고난의 상징이자 입지전적인 인물이다. 개인적인 세 가지 소원을 이루었다는 점에서도 이런 사실을 확인할 수 있는데, 그 '소원'은 하나같이 보통 사람들로서는 접근하기 어려운 '거대한' 것이었다. 직접 그의 말을 들어보자.

●
27   김호진, 앞의 책, 429쪽.

나는 개인적으로 세 가지 소원이 있었어요. 하나는 대통령이 되어 나랏일에 봉사하는 것이었고, 두 번째는 노벨평화상을 받는 것이었고, 세 번째는 정식 박사 학위를 받는 것이었는데, 모두 이루었습니다. 박사 학위는 러시아 외교부에 속한 외교아카데미에 정식으로 논문을 내고 구두시험을 통과해서 박사 수준 이상이라는 평가를 받으면서 정치학 박사 학위를 받았습니다. 내가 노벨평화상을 받은 주된 이유는 장구한 세월에 걸친 민주화투쟁과 헌신에 대한 평가가 첫 번째고, 분단국가에서 55년 만에 대화의 길을 열고 평화의 가능성을 발전시킨 남북정상회담에 대한 세계적인 지원과 노벨상위원회의 평가가 이유가 됐지요. 또 미얀마 민주화에 대한 지원과 동티모르 독립운동 지원으로 많은 사람의 목숨을 구하는 데 노력한 점이 있었고요.[28]

김대중은 민주화를 선도하고 정권교체를 이루고 남북관계를 화해·협력체제로 전환하는 등 한국현대사에 큰 족적을 남겼다. 그중 IMF체제 극복은 빼놓을 수 없다. 그러나 그 과정에서 받아들인 신자유주의 정책은 그가 평생의 화두로 삼고 정책에 방점을 찍어왔던 '서민과 중산층'의 생활이 나아지는 데에는 그리 기여하지 못했다. 극빈층 200만 명에 대해서는 국민기초생활보장제를 실시했지만, 차상위 계층의 생활은 노무현 정권까지 '민주화정권 10년' 동안 국부가 증가했음에도 크게 나아지지 않았다. 빈부 격차를 줄이지 못한 것은 '민주

---

28 박명림, 〈민주적 시장경제와 평화공존에의 여정〉, 《역사비평》, 2008년 가을호, 60~61쪽.

한국현대사에 큰 족적을 남긴 김대중.

화정권'의 한계였을까, 한국 기득 세력의 벽이 그만큼 두터워서였을까는 여전히 연구 과제로 남아 있다.

김대중은 비전과 철학을 갖고 고난을 극복한 입지전적인 인물임에 틀림없다. 한국현대사에서 그만한 '통합적'인 정치인을 만나기는 쉽지 않을 것이다. 이제 그의 출생과 성장, 사회활동과 반독재투쟁은 어떠했고, 정당 대표·재야 지도자·대통령·노벨평화상 수상자로서 역할은 어땠는지 냉정하게 점검하고 평가해보고자 한다.

2장

전라도 끝자락의 바다 소년

고난의 땅 하의도

한반도 서남쪽 끝자락에 자리한 하의도荷衣島는 해상국립공원 안에
있으며 목포에서 57킬로미터 정도 떨어진, 약 14만 평방킬로미터의
섬이다. '하의도'라는 지명은 1730년(영조 6년) 《조선왕조실록》에도 나
오는 오래된 이름이다.

신라 말기에 풍수지리설에 도통한 도사가 전국의 지형을 답사하다
가 이 섬에도 들렀는데 지형이 연꽃이 활짝 핀 모습이었다. 그래서 연
꽃 '하荷'를 머리에 쓰고 음양설에 의거해 음산(낮고 평탄함)하다는 뜻
으로 옷 '의衣' 자를 붙여 하의도라 부르게 되었다고 한다.

하의도는 유인도 9개와 무인도 47개로 이루어져 있다. 야산 지형
으로 물이 넉넉지 않으며, 주민들은 천일염 생산과 농업·수산업으로
생계를 이어간다.

하의도는 섬은 작지만 여러 섬이 간척 공사로 한데 이어지고 논밭

경작지로 개간되어 섬 같지 않은 섬이다. 농지 면적이 1만 6천여 평방 킬로미터에 달한다. 지금은 행정구역이 전라남도 신안군 하의면에 속하지만 조선 전기에는 나주목에 속하는 나주군도 중 하나였다. 고대 삼한시대에는 마한馬韓에, 삼국시대에는 백제에, 고려시대와 조선시대에는 나주목에, 일제강점기에는 무안군에 편입되었다. 1969년 행정구역 개편 때 무안군에서 분군된 신안군에 속하게 되고, 1983년 상태도와 하태도가 신의면으로 합쳐지면서 하의 3도가 하의면과 신의면으로 나뉘어 개편되었다. 인구는 현재 약 2천 명이다.

하의도 농민들의 항일투쟁

우리나라 남서해안 지역과 인근 섬들은 예로부터 유배지였다. 조선왕조 500년 동안 호남 지역은 함경도·평안도와 함께 대표적이었다. 특히 전라도 진도·완도·흑산도·부안·화순·강진 지역이 유명했다.

전라도에서 얼마나 많은 사람이 귀양살이를 하고 있었는지는 영조 38년 8월에 전라감사가 조정에 올린 장계狀啓에서도 잘 나타난다.

진도에 귀양살이하는 유배자들이 너무 많아 이대로 두면 장차 섬 주민이나 죄인이 다 같이 굶어죽어서 시체로 산 계곡을 메울 정도의 참변을 면치 못할 것이니, 일가의 범죄와 관련되어 노복이 된 자나 특별히 유배지를 본도로 정해놓고 보낸 자 외에는 모두 타지방으로 옮겨주어야 섬 주민이나 죄인들이 죽음을 면할 수 있겠다.[29]

---

29 김환태, 《호남죽이기 정면돌파》, 쟁기, 1993, 214쪽.

근대에는 설산雪山 장덕수 때문에 하의도가 '유명세'를 탔다. 그곳
에서 유배생활을 하던 장덕수가 1919년 도쿄회담에 참석하기 위해
일본에 가는 여운형의 통역으로 동행하게 되면서 풀려난 것이다.

유배자들뿐만이 아니었다. 동학농민혁명과 그 뒤를 이은 영학당[30]
등 조선 말기 농민저항운동에 나섰다가 관군과 일본군에 쫓기게 된
많은 농민운동가가 지리산이나 남서해안의 섬으로 도피하였다. 그러
므로 오래전부터 중앙 정계에서 정쟁으로 밀려난 유배자들과 농민혁
명가(와 그 후손)들이 모여 살게 된 섬사람들 혈통에는 저항 의식과 반
골 정신이 새겨지게 되었다. 아울러 사철 내내 불어대는 소금기 밴 세
찬 바닷바람 덕에 섬 바위 틈새에서 자라는 해송처럼 끈질긴 생명력
도 갖게 되었다.

하의도 역시 그런 섬 중 하나였다. 엄밀히 말하면, 다른 곳보다 고난
과 저항의 역사가 훨씬 깊은 곳이었다. "모든 사람은 유전적·환경적 요
소에 의해 나고, 필연적으로 이 두 요소에 의해 좌우되는 생물학적 실
체"[31]라는 분석처럼 '김대중'이란 거물은 우연히 출현한 것이 아니었다.

임진왜란 전후인 17~18세기에 육지에서 농토를 잃은 유랑민들이
자기 땅을 갖고 싶은 염원을 품고 무인도를 찾아 헤맸다. 그러다 하의
도에도 들어와 정착하게 되었다. 이들은 수만 년간 갯바람으로 척박
해진 땅을 옥토로 일구어놓았다. 그러자 그 땅을 노리는 이들이 늘어
갔다. 왕실, 권문세족 그리고 외세가 서로 바꾸어가면서 주인 행세를

●
30 동학 농민군의 잔여 세력이 모여 전라도 일부 지역에서 조직한 무장 농민 조직.
31 박아청, 《에릭슨의 인간이해》, 교육과학사, 1986년, 14쪽.

했다. 하의도 주민들의 고달프고 처절한 싸움이 시작되었다.

하의도 사람들은 오래전부터 지명대로 "연꽃은 흙탕물 속에서 핀다."는 말을 믿어왔다. 빈천한 집안에서 훌륭한 인물이 나와 세상을 정화시키리라 기대했다고 한다. 하의도는 땅이 기름지고 소출이 많아서 예로부터 주민들은 어업보다 농업에 더 힘을 쏟았다. 그만큼 주민들에게 토지는 삶의 원천이었다. 그런데 이것이 화근이었다. 섬 이름 그대로 '물 위에 뜬 연꽃'처럼 농업을 천직으로 알고 살아온 사람들에게 어느 날 '날벼락'이 떨어졌다. 시련의 뿌리는 멀리 선조 때까지 거슬러 올라간다. 살아생전 선조는 딸 정명공주와 결혼하는 부마에게 하의도를 4대손까지 무토사패(無土賜牌, 국가에서 거둘 세금을 왕족이 대신 받아서 생활하게 하거나 황무지의 경우 왕족이 직접 개간해 그 수확으로 생활하게 하는 것)하게 했다.

선조가 죽고, 정명공주는 인조 때 세도가인 홍주원과 결혼한다. 그후 하의도 결세권은 홍씨 집안으로 들어간다. 한말 개화기에 이르러 홍주원의 8대손 홍우록은 하의도 땅 전체를 빼앗고, 일제강점기 초기에 하의도 전체의 소유권을 일인들에게 넘긴다. 1920년 하의도는 도쿠다德田라는 악질 재벌의 손에 들어간다. 일제강점기에 한 신문은 그 과정을 이렇게 보도했다.

가련한 소도의 운명

홍씨 일가에서는 뒷날을 염려하여 토지 전부를 1만 2천 원에 조병택에게 팔았고, 조병택은 5만 7천 원에 정병조에게 팔고 정병조는 다시 11만 5천 원에 우근右近이라는 일본 사람에게 팔았으니, 이것

이 일본 사람의 손으로 넘어간 처음이었으며, 그 후 소송은 무리하게도 도민들이 지고 말았다.[32]

일제강점기에 하의도 주민들이 일제와 맞서 싸운 대목은 단순히 농지 탈환 수준을 넘어선 반제·반식민지 투쟁이었다. 하의도 주민들은 농민조합을 결성하는 등 서로 연대해 일제와 싸웠다. 이에 1928년 대표적인 친일파 박춘금이 하의도 농민조합을 해체하려고 무장경찰 20여 명을 대동하고 하의도에 나타났다. 박춘금 일행은 행패를 부리다 주민들에게 몰매를 맞았고, 이 일로 경찰은 조합원 63명을 검거했다.

다행히 조합 지도부는 검거를 피해 섬을 탈출했다. 이 사건을 조사하기 위해 서울에서 신간회·조선농민총동맹·경성변호사회·조선기자동맹에서 각각 대표를 보내고, 김병로·허헌 변호사와 일본인 변호사 2명이 농민 조합원들의 무료 변론에 나설 만큼 이 사건은 전국적인 규모의 농민저항운동으로 번져갔다.

목포로 피신해 검거를 면한 지도부는 1928년 4월 20일 일본 오사카에서 조직된 하의노동회를 통해 일본 농민조합 전국대회에 격문을 보내 연대 투쟁을 제의했다. 격문에서 당시 하의 농민조합의 항일투쟁 의지를 엿볼 수 있다.

전투적 전 일본 농민에게 호소함!
보라! 이 단말마적 폭압을!/ 조선은 일본의 식민지이다./ 우리들을

---

32 《동아일보》, 1924년 1월 31일.

지배하는 것은 극도로 반동화한 제국주의적 절대 전제정부의 출장소인 조선총독정치 그것이다./ 보라! 군벌 내각의 반동적 식민지 정책이 여하히 우리를 탄압하고 착취하고 있는가를./ 우리 민족은 이제 사회적 결정적 순간에 이르렀다./ 참절을 극한 조선 하의도 소작쟁의사건을 보라./ 연대는 수천의 육군을 지휘하고, 사법경찰은 수백의 경관을 총동원하여 무조건 불법으로 전 도민을 협박하였다./ 보라! 이 기만적 반동 수단을! 악덕지주 도쿠다 야시치는 반동적 단체 조선인 상애회의 대표를 매수하여 조선총독 관헌의 보호하에 용감히 싸우고 있는 우리 대표를 피스톨로 협박하였다./ 보라! 이 폭압을! 이에 반항한 우리 대표를 무조건 철창생활을 시키고 있지 않는가!

전투적 동지 제군!/ 현 단계에서는 조선전피압박민족의 해방 없이는 일본 무산계급의 해방도 있을 수 없다./ 특히 일·선 농민 대중은 저 악지주를 타도하지 않으면 안 된다./ 제군!! 하의소작쟁의의 상세한 것은 농민조합 본부 기관지 대조./ 우리는 전투적 의지를 가지고 성대한 귀 전국대회를 축하한다./ 동시에 하의소작쟁의에 대해서는 용감한 응원을 갈망하는 바이다.

일선노농대중 제휴 만세!!
타도 조선총독 폭압 정치!!
타도 악지주 덕전미칠德田彌七!![33]

---

33 《일본노동통신》 제67호, 1928년 4월 21일. 김학윤, 《하의도농민운동사》, 책과함께, 2006, 183~184쪽에서 재인용.

해방된 후에도 상황은 나아지지 않았다. 미군정기에는 신한공사에 소유권이 넘어가고 만 것이다. 1945년 11월 12일 미군정청은 과거 일본인 지주가 소유했던 농지를 관리할 목적으로 신한공사를 세웠고, 12월에는 이른바 '남조선 내 소재 일본인 재산권 취득에 관한 법'을 공포해 일본인 지주의 소유지와 기타 재산을 미군정에 귀속시켰다. 이때 신한공사가 차지한 농지는 남한 총 면적의 13퍼센트에 이르렀고, 호남의 비옥한 평야 지대가 많은 비중을 차지했다. 신한공사의 지배를 받는 소작 농가는 55만여 호로, 300만 명이 넘는 사람들이었다. 여기에 하의도 농민들도 포함되었다.

350여 년이라는 긴 세월 동안 하의도 주민들은 목숨을 걸고 싸웠고, 그 과정에서 수많은 이가 옥고를 치르거나 죽었다. 하의도 농민들의 삶은 이 땅의 농민들이 겪어온 고단한 삶 그 자체라고 해도 과언이 아니다. 이런 하의도 주민들의 저항운동은 암태도 소작쟁의[34]와 더불어 우리나라 대표적인 농민운동으로 손꼽힌다. 다만 다른 지역의 소작쟁의나 농민운동이 일제강점기의 악질 지주들과 맞선 싸움이었다면, 하의도의 경우는 조선왕조로까지 거슬러 올라가고 미군정기까지 이어진 긴 투쟁이었다는 점이 다르다.

350년에 걸쳐 전개된 하의도 주민들의 저항운동은 1950년 2월 제헌국회에서 하의도 땅을 농민들에게 유상몰수·유상분배하려는 결의를 하면서 주민들 손을 들어주는 것으로 끝났다. 하의도 주민들의 힘겨운 투쟁이 일궈낸 승리였지만, 자기 땅을 돈 주고 사야 하는 '반쪽짜리 승

---

34 1923년 9월부터 1924년 9월까지 전남 무안군 암태도의 소작인과 지주가 벌인 쟁의 사건.

리'였다.

후광리에서 태어나다

김대중은 1924년 1월 6일 전라남도 무안군(현재는 신안군) 하의면 후광리後廣里 97번지에서 아버지 김운식金云式과 어머니 장수금張守錦 사이 4남 1녀 중 둘째로 태어났다. 어머니 장수금은 초혼에 실패한 뒤 혼자 살다가 김운식을 만나 김대중을 비롯해 5남매를 낳았다. 《김해김씨 선원대동세보金海金氏 璿源大同世譜》(갑권 3)에 따르면, 김대중 조상은 안경공安敬公 위영진파謂永眞派로 7대조부터 하의도에 들어와 살기 시작했다. 그래서 마을에 친인척이 많았다.

김대중 아호는 후광後廣인데, 태어난 마을 이름에서 딴 것이다. 김대중 부모는 중농 정도로 섬에서는 어느 정도 여유 있게 살았다. 족보에 올라 있는 김대중의 본이름은 할아버지가 오행사상에 기초하여 지은 현중顯中이다.

아버지는 풍류를 아는 낙천적이고 활동적인 사람이었으며, 마을 구장(이장) 일도 맡아 보았다. 하의도 소작쟁의를 주도한 사람 중 하나이기도 하다. 이 일로 여러 차례 목포와 광주, 서울을 오가느라 무척 고생이 많았다. 재판소에 진정서를 올리고 관계자들을 만나 설명하다 보니 돈도 많이 들었다. 이 때문에 가세가 기울었지만 별로 개의치 않았다고 한다. 어머니는 절망을 모르는 끈질긴 생명력을 가진 생활인이었다고 김대중은 회고한다.

김대중은 암담한 식민지 시대에 태어났다. 태어나기 한 해 전 일본에서는 관동대지진이 일어나 조선인 6천여 명이 학살되고, 아나키스트 박열이 일본 태자 히로히토 결혼식 날 일왕과 태자를 암살하려던 계획이 적발되어 대역죄로 붙잡혔다. 또 하의도 인근 암태도에서 소작쟁의가 일어나 전국농민운동에 큰 영향을 끼쳤다.

조선총독부의 1910년대 토지조사사업과 1920년대 산미증식정책으로 일본인 지주는 늘어나는 반면 조선 농민들은 50할 이상의 소작료와 각종 부과금에 시달려 생활이 점점 더 어려워졌다. 이에 소작인조합, 소작인상조회, 농우회 등 여러 농민 단체가 조직되었고, 여기저기에서 소작쟁의도 일어났다.

암태도에 소작회가 결성된 것은 1923년 9월이다. 농민들은 지주 문재철에게 7~8할에 이른 소작료를 4할로 내려줄 것을 요구하고, 타결될 때까지 소작료를 내지 않기로 결의했다. 그러나 1924년 4월 일본 경찰과 결탁한 지주 문재철이 테러단을 조직해 소작회를 습격하면서 무력 충돌이 일어나 농민 10여 명이 목포경찰서에 수감되었다. 이에 암태도 소작회는 청년회·부녀회와 공동으로 이들의 석방을 요구하는 한편, 재판이 진행된 7월에는 농민 4백여 명이 목포재판소 앞에서 단식농성을 벌였다. 그 처절한 모습이 신문에 보도되면서 각지에서 지지 여론이 일어나자 일본 경찰과 지주도 더는 타협을 거부할 수 없었다. 결국 소작료는 4할로 결정되었고, 소작회 간부들은 보석으로 석방되었다.

암태도 사건은 1922년 황해도 재령군 북률면 동양척식주식회사 농장 농민쟁의와 더불어 1920년대 전반기에 일어난 대표적인 소작쟁의였다. 1925년 4월에는 조선공산당이 결성되고, 1927년 9월에는 조선노동총동맹이 결성되어 이른바 민족개량주의자들의 친일 변절 행동을 비판하고 나섰다. 그 무렵 조선총독부는 치안유지법을 제정하는 등 항일운동가들을 철저하게 탄압하는 법제를 만들었다.

김대중은 나라 안팎의 정세가 어수선한 시대에 '이중 식민지'의 섬 하의도에서 태어났다. 어렸을 때부터 아버지와 마을 어른들에게서 동학농민혁명 특히, 전봉준 장군 이야기를 들었고, 일제의 만행과 그들의 앞잡이가 되어 가난한 농민들을 괴롭히는 지주와 마름들의 행패를 보고 들으면서 자랐다. 그래서 뒷날 전봉준에 대해서는 각별한 존경심을 품어 야당 시절 정읍에서 열리는 동학제에 참석하기도 하고, 집권 후에는 동학농민혁명 기념사업에 관심과 지원을 아끼지 않았다.

김대중은 아홉 살 때 한학자 초암草庵 김련金鍊 선생이 마을에 세운 초암서당에서 한학을 배웠다. 그때까지도 하의도에는 공교육기관(학교)이 하나도 없었다. 초암은 어려운 가정형편 속에서도 서당에서 후학들을 가르치기 위해 국내는 물론 중국, 일본까지 다니면서 2천여 권의 고서(필사본)를 모았다고 한다. 그의 높은 학문을 배우기 위해 당시 나주, 신안 등 여러 지역에서 많은 제자가 모여들었다. 김대중은 이 서당에서 《천자문》《동몽선습》《소학》 등을 배웠다. 한번은 장원을 해서 관례대로 집에서 음식을 푸짐하게 준비해 스승과 학우들을 대접했다고 한다.

김대중은 1년여 동안 한학을 배우다가 하의도에 새로 생긴 4년제 하의공립보통학교(현재 하의초등학교)에 1934년 5월, 2학년에 편입했다. 지금도 하의초등학교에 남아 있는 2학년 '통신표'에 따르면 병으로 세 번, 사고로 한 번 결석을 하고, 열일곱 번 지각했다. 도덕과 국어(일본어) 성적을 보면 2학년 때는 9점, 3학년 때 10점이었고, 조선어는 10점과 9점이었다. 산수·국사·지리는 이과와 함께 모두 10점이다. 체조·음악·미술은 8점, 7점이었다. 2학년 때 학업우량상을 받았고, 3학년 때는 학업우량상과 정근상도 받았다. 4학년 때는 부조장과 2학급 부급장으로 뽑혔다.

집에서 학교까지는 왕복 10킬로미터가 넘는 거리였다. 어린 나이에 통학하기가 힘들었으나 몸을 단련하는 데는 큰 도움이 되었다. 공부는 비교적 잘한 편이었고, 역사를 특히 잘했다. 아버지가 마을 이장이어서 집에서 보던 신문을 1면부터 모두 읽는 등 어렸을 때부터 시사 문제에 남달리 관심이 많았다. 김대중은 뒷날 이 시기 몇 가지 추억을 '옥중서신'에 남겼다.

내가 신안군 하의면 후광리라는 마을에서 태어날 때는 몹시 난산이었더래요. 그래서 태어난 아이는 까무러쳐 있는 상태였더라고 합니다. 의사는 물론, 산파도 없는 시골에서 용케 목숨을 부지한 셈이지요. 어렸을 때 나는 몹시 동물을 좋아했어요. 집의 소를 따라다니다 뒷발에 차인 기억이 나요. 집에서 키운 개를 동네 사람들이 잡아먹을 때는 마구 울고 야단을 했는데, 나중에는 개고기를 받아먹은 기억이 나요. 내가 태어난 집 앞에는 바닷물이 수문을 통해서 들어와서 흘러가는 개울이 있어요. 나는 그 개울에서 고기도 낚고 뱃놀이도 했어요. 아버지가 깎아주신 배에다 돛대를 세우고 종이 돛대를 달리게 하고 놀아요.

[……] 아버지는 퍽 인자하셨지요. 아버지는 또 판소리나 춤이 참 능하셨는데 아마 그 길로 나가셨으면 크게 성공하셨을 거예요.

김대중이 어린 시절을 보낸 집.

　　그 당시 후광리 전체 50~60호 중 우리 집이 가장 생활이 나은 편이었는데, 지금부터 50년 전의 당시로서는 아주 귀한 축음기가 우리 집에만 있었지요. 그래서 임방울이니 이화중선이니 하는 당대 명창들의 레코드를 틀라치면 마을 사람들이 마당 가득히 모여서 듣곤 했지요. 많은 사람들이 혹시 축음기 안에 사람이 움츠려 들어가서 부르는 요술을 하는 것이 아닌가 생각들 했어요. 나의 현재의 판소리 취미는 그러한 영향일 것입니다.[35]

겁 많은 평범한 소년

어린 시절 김대중은 특별히 도드라진 점 없는, 평범한 섬마을 소년이

35　김대중, 《옥중서신 1》, 시대의창, 2009, 467~468쪽.

었다. 잡곡밥을 좋아해서 이웃집 아이들과 쌀밥을 바꾸어 먹었고, "겁이 많아서 도깨비를 아주 무서워했어요. 시골집은 변소가 마당 건너에 있는데 밤에는 누가 동행해주지 않으면 변소를 못 갔으니까요."[36]라는 회고담처럼 그는 겁 많은 소년이었다. 또 "개구쟁이 시절에도 친구들과 싸움 한번 제대로 해보지 못했습니다. 마음이 여리고 겁이 많아서 남을 때리지 못했습니다. 물론 남에게 맞는 것이 더 무서웠습니다. 이제껏 살아오는 동안 다른 사람을 때려본 기억도 전혀 없습니다."[37]라고 고백하기도 했다.

사람들은 김대중을 대단히 강하고 독한 성향의 인물로 인식한다. 군사독재정권과 보수언론이 그의 격렬한 반독재투쟁을 '과격'한 것으로 덧칠한 까닭일 것이다. 이에 대해 김대중은 뒷날 다음과 같이 술회하였다.

사실 예닐곱 번씩이나 감옥에 드나들고 죽을 고비를 여러 번 넘겼다는 것 때문에, 사람들은 나에게 무척 용감하다고 말합니다. 그러나 진실을 말하면 어릴 때나 지금이나 퍽 겁이 많습니다. 그만하면 이력이 날 만도 하건만, 감옥에 들어가야 할 때마다 두렵고 마음 조입니다.

긴 세월 동안 소신을 굽히지 않았던 것은 본래 겁이 없고 용감한 사람이어서가 아닙니다. 겁이 없고 두려움을 잘 타지 않는 사람이

36   김대중, 앞의 책, 468~469쪽.
37   김대중, 《새로운 시작을 위하여》, 김영사, 1993, 61쪽.

라고 해서 다 민주화투쟁을 하는 것은 아니지 않습니까? 그런 걸로 따지자면 나는 가장 자질이 모자라는 사람일 겁니다.[38]

이런 김대중을 잘 드러낸 어린 시절 한 '삽화'가 있다.

다섯 살 때쯤이라고 생각하는데 동네에 엿장수가 엿과 여러 가지 잡화를 가지고 왔는데 술이 잔뜩 취해가지고 길가에서 잠에 곯아떨어져 버렸어요. 그때 큰 아이들이 물건을 마구 훔치면서 내게도 담뱃대 하나를 주기에 아버지 드린다고 집에 가지고 갔지요. 그랬다가 어머니에게 야단맞고, 어머니와 같이 엿장수에게 돌려준 생각이 나요.[39]

소년 김대중은 마을 아이들과 함께 여름이면 바다나 개울에서 물놀이를 하고, 고기도 잡았으며, 가을에는 소를 끌고 뒷산에 올라가 꼴을 먹이고 콩 서리도 하면서 자랐다. 이런 정서 때문인지 뒷날 김대중은 우리나라 경치 가운데 목포 대반동 앞과 한산섬 바닷가 그리고 동해안 해변이 아름다웠다고 술회하였다. 그리고 사형선고를 받고 쓴 옥중서신에서 "한 가지 소원(물질적인)이 바다나 하다못해 강이라도 보이는 남향의 언덕에 한식 기와집을 짓고 살았으면 하는 것이지요. 나는 한식 기와집의 기와의 선, 용마루의 웅장함, 기와 줄 이은 담 등을

●
38 김대중, 앞의 책, 64쪽.
39 김대중, 《옥중서신 1》, 시대의창, 2009, 469쪽.

너무도 사랑한 것 같아요."[40]라고 썼다. 그가 산보다 바다나 강을 좋아한 것은 출생지와 성장한 곳이 섬이고 바닷가 도시인 목포였기 때문일 것이다.

1997년 네 번째로 대권에 도전하면서 쓴 자서전에서 김대중은 고향 하의도에 관해 다음과 같이 기술하였다.

최근 한 일간지에서 어떤 풍수지리가는 하의도의 형상을 달팽이가 양쪽 더듬이를 내밀고 물가로 나오는 모습과 흡사하다고 했다. 그리고 지금은 밭이 되어 주춧돌만 몇 개 남아 있는 형편이지만 내가 태어난 생가는 왼쪽 더듬이 중심부에 자리하고 있다고 한다. 나는 풍수를 특별히 신봉하는 편은 아니다. 그러나 곤충이나 기타 갑각류 동물에서 다른 부위가 아닌 더듬이의 위치에서 태어났다는 것은 내가 살아오고 겪어온 일생에 비추어보면 한편으로 그럴듯하다는 생각도 든다.[41]

또 김대중은 여러 곳에서 아버지에 관해 회고하고 있다. 자신이 판소리와 국악인들에게 애정을 갖게 된 것도 아버지 영향이라고 한다. 대통령 재직 당시에 쓴 다음 글 〈아버님의 선비춤〉을 보면 절절한 혈육이 정이 묻어나는 한편, 성장기에 아버지가 누구보다 정신적으로 큰 영향을 미친 존재란 사실을 알 수 있다.

●

40 김대중, 앞의 책, 470쪽.
41 김대중, 《나의 삶 나의 길》, 산하, 1997, 30~32쪽.

잊으려야 잊을 수 없는 이름 석 자, 김운식金云式. 제 아버지십니다.

아버지는 정과 예술적인 소양이 남달랐습니다. 춤도 잘 추셨고, 틈만 나면 언제 어느 자리에서나 남도 〈육자배기〉나 임방울의 〈쑥대머리〉를 불러제끼곤 했습니다. 그만큼 사람들이 아버지의 노래를 자주 청해 들었습니다. 지금도 제게는 아버지가 선착장을 걸어오며 "쑥대머리 귀신 형용 적막옥방에 찬 자리여, 생각난 것이 님뿐이라, 보고지고 보고지고 한양낭군 보고지고……" 하고 부르시던 가락이 기억에 선연히 남아 있습니다.

아버지가 만약 섬이라는 궁벽한 곳이 아닌 대처에서 살면서 소리 공부를 조금만이라도 더 하실 수 있었다면, 틀림없이 판소리 명창이 되고도 남았을 것이라고 믿습니다. 우리 사회의 이른바 예인藝人들, 국악인, 가수, 탤런트, 영화배우, 무용가 그리고 기악을 하는 이들 모두에 대한 저의 애정은 그렇게 아버지로부터 싹튼 셈입니다.

제가 아버지로부터 받은 영향은 자상함이라든가 예인적인 기질만이 아닙니다. 아버지는 당시 마을의 이장이셨는데, 정치에도 많은 관심을 가지고 계셨습니다. 제가 세상 물정을 알기 전에는 하의도 소작 반대 투쟁에 앞장선 지도자의 한 사람이셨습니다. 이런 아버지였기에 빼놓을 수 없는 일화가 하나 있습니다.

아버지는 일본 천황을 언급할 때면 언제나 반발심에 가득 찬 나머지 마치 자기 친구들 지칭하듯 '유인裕仁'이라고 말하곤 했습니다. 유인은 일왕 히로히토의 본명이었습니다. 당시 일본 천황이라면 '살아 있는 신'이라고까지 불리던 서슬 퍼런 시절이고 보면, 아버지의 민족의식이나 반일감정을 능히 읽을 수 있습니다. 당시로서는 불온서적이라고밖에 볼 수 없는 조선왕조의 계통도를 제게 처음 보여주신 분도 바로 아버지였습니다.

　제가 정치에 입문하게 된 계기는 비록 고향 앞바다 안개 속처럼 오리무중이었지만, 그렇게 하나하나 운명적으로 마련돼갔던 것입니다. 장차 얼마나 큰 시련들과 좌절감들을 맛보아야 될지도 몰랐던 정치, 그러나 내 기쁨과 행복의 전부이기도 했던 그 정치에 말입니다.

　오늘날의 아버지는 60~70년대를 허리띠 졸라매고 일한 경제부흥의 주역들입니다. 또한 민주화를 위해 많은 희생을 치른 분들입니다. 그런 분들이 경제가 어렵다는 이유로, 혹은 무능하다는 이유로 맥없이 밀려나고 있습니다. 청년도 언젠가는 중년이 되고, 노년이 됩니다. 제게 기회가 주어진다면 반드시 노·장·청 3자가 서로 보완하고 결합해나가는 이 시대의 가장 이상적인 사회를 만들 것입니다. 그렇게 해서 언젠가 아버지 무덤 앞에 섰을 때 떳떳한 자식이 되고 싶습니다. 그 앞에서 〈쑥대머리〉와 〈육자배기〉를 신명나게 부르며, 아버지가 잘 추시던 선비춤도 추어보고 싶습니다. 벌써부터 달고 흐뭇하게 웃으시는 아버지의 모습이 보이는 듯합니다.[42]

목포로 전학시킨 어머니

김대중은 열두 살 때인 1936년 고향을 떠나 목포로 이사했다. 하의공립보통학교는 4년제였으므로 상급학교에 진학하기 위해서는 대처로

42　김대중, 〈아버님의 선비춤〉, 《각계 명사들이 말하는 나의 아버지》, 문학사상사, 2000, 29~30쪽.

나가는 길밖에 없었다. 어머니는 어떻게 해서든지 명석한 둘째아들을 가르쳐야 한다는 생각에서 아버지를 설득해 고향의 논밭을 팔아 목포에 새로운 생활의 터를 잡았다.

아버지가 다소 '한량 끼'가 있는 저항인이었다면, 어머니는 생활력이 강한 여성으로 김대중에게 사리 분별력과 투지를 물려주었다. '맹모삼천'을 실천한 분도 어머니였다. 그때 어머니가 김대중을 목포로 전학시키지 않았다면 우리가 알고 있는 김대중을 기대하기는 어려웠을 것이다. 아버지의 소작쟁의 운동으로 집안이 어려워졌는데도 어머니가 농사일하는 틈틈이 장사에도 손을 대어 마을에서는 비교적 잘살게 되었다.

부모는 목포항 가까이에 있는 '영신여관'을 인수하여 목포 생활을 시작하였다. 주소는 목포시 목포대 1번지 2-3이었다. 여관업을 택한 것은 특별한 기술이나 경험이 없이도 가능한 일이었기 때문이다. 김대중은 목포제일공립보통학교 4학년에 편입했다. 이 학교는 6년제여서 졸업을 하면 중학교 진학이 가능했다.

당시 목포는 전국 6대 도시 중 하나로 번화한 항구 도시였다. 1914년 대전과 목포를 잇는 철도가 개통되면서 전라도 곳곳에서 생산된 쌀과 목화와 해산물이 목포로 모여, 대형 화물선에 실려 일본으로 옮겨졌다.

목포제일공립보통학교에 전학한 김대중은 열심히 공부해서 성적이 좋았다. 5학년 성적통신표를 보면 73명 중 2등이었고, 6학년 때는 72명 중 1등이었다. 1939년 졸업식에서는 품행방정과 학력우등으로 수석으로 졸업해 《목포신문사》 사장상을 받았다. 도지사상도 받을 것으로 알려졌지만 담임선생이 다른 학생을 편애해 받지 못했다.

5학년 때에 조선어가 정규과목에서 없어지고 학교에서는 조선어 사용이 일체 금지되었다. 이 때문에 어느 날 학교로 찾아온 아버지와 말 한마디도 나눌 수 없었던 일을 김대중은 뒷날에도 가슴 아파했다. 일본어를 쓰지 않는 아버지의 엄격성 때문이었다. 김대중은 이때부터 차츰 민족의식에 눈뜨게 되었다.

나는 새로 전학한 학교에서도 공부를 잘했다. 그래서 전교 수석으로 목포북교보통학교를 졸업했다. 누구라도 그러하듯이 나 역시 이루 다 셀 수 없는 추억들이 그 학교생활 속에 남아 있다. 두고 떠나온 하의도를 생각하며 자주 항구에 나가 바다를 바라보던 일이며 목포 앞바다에 수천수만의 기치旗幟 장검들처럼 우뚝 솟아 있던 돛대들까지.[43]

김대중은 1939년 4월, 5년제 목포공립상업학교(현 전남제일고등학교)에 수석으로 입학했다. 이 학교는 호남의 명문 중 하나였다. 일반 고등학교가 아닌 상업학교를 택한 것은 장차 실업가가 되겠다는 꿈이 있었기 때문이다. 입학 동기생은 모두 164명으로 한국과 일본인 학생이 반반 정도였다. 김대중은 1학년 때 급장에 임명되고, 2학년 때는 2조 급장이 되어 우등상과 품행방정상을 받았다. 2학년 때 일본인 교사 무쿠모토 이사부로木京夫尹三가 김대중의 우수함을 알아보고 교육자적 양식으로 지도하였다.

43 김대중, 《나의 삶 나의 길》, 산하, 1997, 43쪽.

1943년 목포공립상업학교 재학 시절 학예제를 마치고(뒷줄 오른쪽에서 세 번째). 김대중은 학창 시절 연극반 활동도 했다. 아래 사진 역시 상업학교 재학 시절(왼쪽에서 네 번째) 모습.

2학년에 올라가면서부터 김대중의 성적은 크게 떨어졌다. 일본군에 징집될 것으로 판단해 학업 의욕을 잃었고, 일인 학생들과 갈등한 것도 한 요인이었다.

일제는 1939년 7월 국민징용령을 선포했다. 1938년의 국가총동원법 공포에 이은 징용령은 징용·보국대·근로동원·정신대 등의 간판 아래 행해진 노동력 강제 수탈을 뒷받침하려는 조처였다. 일제는 강제 징용이 아니라고 선전하며, '모집' 형식의 노무 동원 계획을 실시했으나 실제로는 강제 연행과 강제 노역이 이루어졌다.

일제는 민족말살정책 일환으로 1940년 2월 창씨개명을 실시해 모든 한국인이 강제로 일본식으로 이름을 바꾸도록 강요했다. 김대중이 2학년 때 일이며, 김대중도 이름을 바꾸었다. 이 같은 일을 겪으면서 김대중은 민족의식을 품게 되었고 정치에도 관심을 갖게 되었다. 그럴수록 일인 학생들과 마찰이 잦아지고 성적은 떨어졌다. 한때 일본으로 건너가 대학에 진학할 생각도 했지만 태평양전쟁으로 미 해군이 해상을 봉쇄하고 있는 상황이어서 그럴 수도 없었다. 하여 대학도 가지 못할 처지에서 공부를 열심히 해서 무엇하느냐는 자포자기 심정에 빠졌고, 이로 인해 성적이 떨어졌다. 4학년 때는 맹자의 왕도정치와 일본 식민통치를 비교하는 리포트를 제출해 아버지가 교장에게 불려가 훈계를 받는 사건도 있었다. 이 무렵부터 대단히 저항적인 기질이 싹텄던 것으로 보인다.

'요주의' 학생으로 찍히다

1943년 7월, 김대중은 징병을 피하기 위해 출생 연월일을 1924년 1월

16일에서 1925년 12월 3일로 정정했다. 해방 뒤 원래대로 다시 바꾸려 했지만 이루어지지 않아 이것이 김대중의 공식적인 생년월일이 되었다.

김대중이 목포공립상업학교를 졸업한 것은 1943년 12월 23일이다. 원래는 1944년 초에 졸업할 예정이었지만 전시특별조치로 졸업이 앞당겨진 것이다. 성적은 164명 중 39등이었다. 5학년 때 생활기록란에는 "독서를 좋아하나 사물을 비판적으로 보니 주의가 필요함"이라고 기록돼 있다. 즉 '요주의' 학생이었다. 재학 중에 김대중은 시국에 관심이 많았다. 한 달에 한 번씩 열리는 시국강연회에 흥미를 보이고 국제 정세에 관한 책도 열심히 읽었다. 이 때문인지 학교에서 열린 강연회에서 현역 군사교관이 답변을 못하고 쩔쩔맬 정도로 날카로운 질문을 던진 일도 많았다. 장차 실업가가 되겠다던 꿈이 차츰 정치가로 바뀐 것도 이 무렵이다.

우선은 학교에서 아무런 이유도 없이 '문제가 있는' 또는 '요경계' 생도로 지목해서 곱지 않게 보았다는 사실이다. 나는 자신의 행동만큼은 항상 주의를 했기 때문에 학교 측으로부터 문제 삼을 만한 일은 사실 없었다. 그런데도 일본인 상급생들은 툭하면 나를 불러다가 뭇매를 가했던 것이다. 내가 사상이 나쁘다는 이유에서였다. 매번 억울하기 짝이 없었지만 별수 없는 노릇이었다. 그게 바로 나라 잃은 슬픔이었다. 당시는 조선 민족의 역사를 입에 담기만 해도 위험한 사상을 가진 것으로 여기던 시대였다. 그리고 한번 사상이 나쁘다고 눈총을 받게 되면 아무리 공부를 해도 좋은 성적을 받을

수 없었던 것이다.[44]

같은 학교 학우였던 김성남 씨는 당시의 김대중을 이렇게 회고한다.

"확실히 김대중 씨는 집념이 강했다. 게다가 수줍음이 많았다. 지금
도 생각나는 것은 그때 학생들이 방학을 이용해 잘 다녔던 무전여
행 얘기다. 몇 명이 광주까지 수십 km나 되는 길을 걸었다. 무전여
행이라 농촌에서 음식과 자리를 얻기도 하였다. 김대중 씨는 남들
에게 부탁하기 싫어서 소량의 음식으로 참으며 노숙을 하자고 하였
다. 부끄러움을 잘 타는 성격일 수도 있지만 남에게 신세를 지지 않
으려는 생각이었던 것 같다. 성적은 일본인을 누르고 언제나 1, 2등
을 지켰는데 고등학생이 되자 성적이 자꾸 떨어졌다."[45]

김대중의 저항정신은 고향 하의도의 풍토와 역사를 바탕으로 아버
지에게서 물려받은 혈통과 일본인 학생들의 학대에서 비롯된 듯하다.
일제는 1931년 만주를 침략해 1932년 3월 괴뢰 만주국을 세웠으
며, 청나라 마지막 황제 푸이溥儀를 허수아비 황제로 앉혔다. 졸업반
이었을 때 김대중은 이 만주국에서 세운 건국대학에 진학할 생각을
했다. 건국대학은 만주국 관료들을 육성하려고 만든 것인데, 이런 자
세한 내막을 몰랐던 김대중은 등록금이 면제된다는 이유로 진학을 생

44 김대중, 앞의 책, 48쪽.
45 일본 NHK 취재반 구성, 김용운 편역, 《역사와 함께 시대와 함께 – 김대중 자서전 1》,
    인동, 1999, 36쪽.

각했던 것이다.

목포상업 5학년 졸업반이 되었을 때, 나는 만주 건국대학에 진학할 생각을 했습니다. 당시 건국대학은 등록금이 전액 면제라, 우리나라 학생은 물론 일본에서도 유학을 하러 가는 학생이 많았습니다. 우리 집 형편이 어려워 나도 건국대학을 가면 집안에 부담을 주지 않고도 하고 싶은 공부를 할 수 있겠다고 생각한 것입니다.

결과부터 말한다면 그 꿈은 좌절되고 말았습니다. 그러나 지금 생각하면 그 '좌절'이 얼마나 다행스런 일인지 모릅니다. 만일 그때 내가 만주 건국대학에 갔더라면, 바로 몇 년 뒤 해방에 뒤이어 찾아온 38선 분단으로 다시는 이 땅을 밟지 못할 것은 뻔하지 않았겠습니까? 참, 세상일이란 새옹지마와 같음을 새삼 느끼게 하는 일입니다.[46]

목포공립상업학교가 김대중이 정규교육을 받은 마지막 학교였다. 최종 학교가 상업학교 즉 '상고'인 셈이다. '전라도 출신'과 '상고 출신'이란 것이 한국 주류 사회에서 그가 두고두고 배척되고 소외되는 족쇄가 되었다. 그는 가끔 정상적으로 대학생활을 해보지 못한 것이 한으로 남는다고 술회하였다. 어느 측면에서 그것이 콤플렉스이기도 하지만, 한편으로는 책을 많이 읽고, 모스크바대 외교대학원에서 정치학 박사 학위를 취득하는 등 학문 연구에 매진하는 계기도 되었을 것이다.

●
46 김삼웅 소장 자료.

3장

청년 사업가, 정치를 만나다

첫 결혼

목포공립상업학교를 졸업한 김대중은 만주 건국대 진학을 포기하고 해운회사에 들어간다. 징용을 피하기 위해 일본인 회사에 취직한 것이다. 여기서 1년 반쯤 근무하다가 1944년 여름 목포에 있는 일인이 경영하는 전남기선주식회사 경리사원으로 들어갔다. 역시 징용을 피하기 위한 선택이었다.

　김대중은 1945년 초에 본적지 하의도에서 징병검사를 받고, 이해 4월 9일 목포에서 큰 인쇄소를 경영하던 차보륜의 딸 차용애車容愛와 결혼했다. 김대중은 스물한 살, 신부는 두 살 아래인 열아홉이었다. 차용애는 목포공립상업학교 동기의 동생으로 일본 나가노 현 이나伊那여학교를 다니던 재원이었다. 미군의 일본 폭격으로 위험을 느낀 아버지가 딸의 안위를 걱정하여 고향으로 불러와서 요행히 죽음을 피할 수 있었다. 당시 이나여학교에 다니던 차용애 친구들은 나고야의 군수공장에 동원되었다가 미군의 폭격을 맞아 모두 사망했다고 한다. 김대중은 뒷날 차용애를 만나게 된 과정을 다음과 같이 술회한다.

운명이란 그렇게 놀랍고 또 아름다운 것이다. 그녀가 귀국한 지 얼마 되지 않았을 때 나는 길거리에서 우연히 그녀를 목격했다. 그 또한 운명이리라.

그녀는 하얀 원피스 차림에 꽃무늬가 있는 양산을 받쳐 들고는 마치 제 발걸음이라도 세고 가듯 다소곳이 고개를 숙인 채 길을 걷고 있었다. 나는 그 모습을 보고 나서 그냥 가장 단순한 표현으로 '한눈에 반해버리고' 말았다. 단정한 머릿결이며 하얀 피부색이 항구의 어수선하고 칙칙한 분위기 속에서 피어난 백합 같다는, 그 느낌 그대로였다.[47]

김대중은 '첫눈에 반한' 차용애를 보기 위해 친구를 만난다는 핑계로 매일 그녀의 집을 찾아갔다. 그러는 사이에 둘은 자주 만나게 되고 차츰 애정이 싹텄다. 차용애도 오빠 친구로 목포의 명문 학교를 수석으로 입학한 잘생긴 남학생의 소식을 익히 들어 쉽게 마음을 열었다. 둘은 연인 사이가 되었고, 결혼을 약속하기에 이르렀다.

하지만 차용애의 아버지가 반대하고 나섰다. 언제 전쟁터에 끌려가 죽을지도 모르는 사내에게 어떻게 딸을 줄 수 있느냐는 이유에서였다. 당시 수많은 청년이 일제의 침략 전쟁에 동원되었다가 사망통

47 김대중, 《나의 삶 나의 길》, 산하, 1997, 52~53쪽.

지서 한 장으로 끝나는 경우가 허다
했던 것이다. 차용애 아버지는 군대
에 끌려가지 않아도 되는 총각 하나
를 사위로 점찍어두고 있었다. 그러
던 차에 김대중이 나타난 것이다. 김
대중은 차용애를 만나기 직전에 징
병검사를 마친 터라 당장 며칠 뒤에
징집될지도 모르는 처지였다.

차용애와 두 아들 홍일, 홍업.

그러나 차용애 생각은 달랐다. 김대중과 결혼하겠다는 것이었다.
다행히 어머니도 딸의 편을 들어주어 둘은 결혼하게 된다. 목포공립
상업학교 졸업 무렵 사진을 보면 김대중은 훤칠한 키에 이목구비가
뚜렷한 미남이었다. 차용애도 대단히 세련된 미모의 여성이었다.

결혼 후 두 사람은 언제 징집영장이 나올지 모르는 불안한 나날을
보냈고, 공습 소개疏開 때문에 강제로 신혼집이 헐리면서 시골로 이사
하는 등 전쟁 말 혼란기 속에서 신혼생활을 보냈다. 그러던 중에 해방
을 맞았다. 김대중은 일왕의 항복 소식을 라디오로 직접 듣고 그 소식
을 알리는 포스터를 제작해 목포 시내 곳곳에 붙였다. 아직 일본 경찰
이 버티고 있는 상황이어서 다소 무모한 행동이었다.

1945년 8월 15일 이날은 우리나라가 해방된 날이다. 나는 아침부터
집에서 라디오에 귀를 기울이며 낮 열두 시에 있기로 된 일본 천황
의 소위 조칙詔勅 방송을 기다렸다. 나는 그때 군대에 들어가기 위
해 집에서 대기하고 있었는데, 설마하니 일본의 패전을 알리는 방

송일 줄은 꿈에도 생각지 못했다. 많은 일본인들과 마찬가지로 나는 전쟁에 대한 새로운 결의 표명을 하는 것으로 생각하고 있었다. 그러나 이른바 천황의 육성肉聲 방송은 일본의 항복을 알리는 것이었다. 나는 지금도 당시의 감격을 생생히 기억하고 있다.

일본인들이 엉엉 울고 있을 때, 나는 너무나도 기쁜 나머지 거리로 뛰어나갔다. 나는 우리나라가 해방되었다, 이제 곧 독립할 것이라는 글귀를 쓴 포스터를 만들어 거리거리에 붙이며 돌아다닌 기억을 지금도 잊을 수가 없다. 그때만 해도 일본 군인이 아직 주둔하고 있으면서 치안유지를 하고 있었는가 하면 경찰권도 일본인이 장악하고 있었기 때문에 그런 행동을 하는 것은 위험한 일이었다. 그러나 나는 나 혼자서 열심히 포스터를 붙이며 돌아다녔다.[48]

건준에서 정치활동 시작

해방 후 김대중은 다니던 회사에서 종업원대표로 추대되고, 종업원단체가 조직한 회사 경영위원회 위원장에 선출되었다. 회사 직원들이 두텁게 신망했던 것 같다. 한편 정치에 관심이 많았던 그는 이해 조선건국준비위원회(건준) 목포지부에 참여해 선전부원으로 활동했다. 처음으로 시작한 정치활동이었다.

건준은 조선총독 아베 노부유키阿部信行에게서 치안권과 행정권 등을 이양받은 여운형이 중심이 되어 치안 확보, 교통·통신·금융·식량 대책 강구 등을 목표로 반민족적 친일세력을 제외한 각계각층이 총망

48   김대중, 《행동하는 양심으로》(개정판), 금문당, 2009, 35~36쪽.

라된 좌우연합의 통일전선체였다. 여기에 불참한 것은 송진우를 비롯한 일부 우익 진영이었다. 일제강점기에 민족개량주의를 부르짖고 친일 경력이 있는 지주세력인 이들은 '임시정부 봉대奉戴'를 명분으로 내세우며 참여를 거부했지만, 막상 임시정부가 환국하자 이를 외면하고 한국민주당(이하 한민당)을 결성한다.

건준은 8월 말까지 전국에 지부 145개를 세웠으며, 당시 민중들이 지지한 유일한 전국 규모의 정치세력이었다. 그러나 점차 좌경화되어 미군이 진주하기 이틀 전인 9월 6일에는 서울 경기여고에서 전국인민 대표자회의를 열고, 국호를 조선인민공화국으로 결정했다. 건준이 좌경화되면서 안재홍 등 민족주의자들은 탈퇴했다. 우익 진영은 조선인민공화국 수립을 벽상조각壁上組閣이라고 비난했다. 인민공화국 수립과 함께 건준 조직은 해체되었다.

김대중은 건준 목포지부에서 활동하면서 8월경에 결성된 목포청년동맹에도 가입한다. 하지만 건준 일에 주력하고 청년동맹에는 거의 관여하지 않았다. 그즈음 동생 김대의와 건준 명의로 된 벽보를 붙이다가 미군정 경찰에게 포고령 위반으로 체포된다. 이 일로 이틀 밤을 지새운 뒤 석방되는데, 그것이 생애 첫 투옥이었다. 1946년 초에는 좌우합작 노선을 내세우는 조선신민당 목포시지부 조직부장이 된다. 그러나 소련을 추종하는 세력과 갈등을 빚으면서 당을 나온다.

김대중은 뒷날 자신이 건준과 조선신민당에 참여하게 된 과정 그리고 좌익세력에게 실망한 내용을 다음과 같이 회고하였다.

[……] 여운형이 활동을 시작하게 된 것인데, 열광한 민중들에 의해

눈 깜짝할 사이에 남북 전역에 145개의 지부가 결성되었다. 목포에도 그 같은 물결이 밀려온 것은 물론이다. 나는 솔직히 말해서 공산주의가 무엇인지, 그리고 민주주의가 무엇인지조차도 모르고 있었다. 다만 앞으로 조국을 건설할 희망과 의욕과 정열에 불타 있으면서 이 건국준비위원회에 참여했다. 건국준비위원회에는 처음에는 이데올로기와는 상관없이 우익과 좌익이 모두 참여하고 있었는데, 그 뒤 좌우로 분열되고 말았다. 나는 1946년 이른바 좌익이 지도하고 있던 인민위원회 또는 그 당시의 신민당 — 새로운 민주주의라는 뜻으로 이름 붙여진 것으로서 현재의 신민당과는 아무런 관계가 없다 — 등에 참여했었다. 나는 짧은 기간 동안에 여러 가지 조직에 들어갔다가는 기대와 실망만을 되풀이해서 겪었다. 그러다가 공산주의자들과도 회합을 가지게 되었는데, 나는 한때 공산주의에 깊은 관심을 기울인 적이 있었다. 공산주의가 참으로 우리나라의 독립과 국민의 행복을 위한 유익한 주의主義인가를 깊은 관심을 가지고 연구해본 것이다.

그러나 나는 이윽고 공산주의와는 깨끗이 결별하게 되었다. 그럴 수밖에 없었던 것이 나는 무엇보다도 민족의 독립을 가장 중요한 과제로 생각하고 있었던 것인데 당시 접촉하고 있었던 공산주의자들 가운데는 민족의 독립보다도 소련에 대해 충성을 다하는 쪽으로 기울어지고 있었던 것으로 생각되었기 때문이다. 확실히 8·15 광복 직후의 공산주의는 그런 면이 두드러졌다. 때때로 그들의 입에서 '우리의 조국 소비에트 만세' 또는 '붉은 깃발만이 우리의 진정한 깃발'이라고 하는 따위의 말을 했는데, 그럴 때마다 나의 민족주의적인 감정은 자극되었다. 나의 반발심이 자연히 표면에 나타나게 되자 그들의 미움을 사게 되었고, 급기야는 그들로부터 점차 떨어져 나가게 되었다. 나의 공산주의에 대한 의혹은 이처럼 소박한 곳에서부터 생겨나게 되었다. 그와 동시에 공산주의 조직 그 자체가 인간의 자유와 인간성을 무시한 강압적인 존재라는 것에 관해서도 반발심을 가지게 되었다. 나는 그때부터 인간의 행복이라는 것은 도대체 무엇에 의해 이루어지는 것인가 하는 점을 진심으로 골똘히 생각하게 되었다.[49]

시국에 관심이 많았던 청년 김대중은 해방 공간에서 유일한 자발적인 전국 조직인 건준에 참여해 2개월 정도 그리고 민족주의 성향의 중도좌파 정당인 조선신민당에서 8개월쯤 활동하다가 좌익세력의 반민족적인 성향에 크게 실망하고는 뛰쳐나왔다. 본인의 주장대로 공산주의가 무엇인지, 민주주의가 무엇인지도 모르는 상태에서 건준과 신민당에 참여했다가 실망을 안고 결별한 것이다.

한국전쟁 발발

김대중은 이 무렵 회사 관리 문제로 서울에 올라간다. 군정청 운수부 해사국을 방문해 회사관리권이 서울에 사는 강 모 씨에게 넘어간 사실을 확인하고는 강 씨를 만난다. 이때 강 씨는 모든 선원을 그대로 고용하겠다는 안을 내놓는다. 회사로 돌아온 김대중은 이 방안을 놓

●
49 김대중, 앞의 책, 36~37쪽.

고 사원들과 협의했으나 좌익동맹에 가입한 선원들이 반대하면서 자치를 주장해 1946년 말 회사 경영위원회에 더는 관여하지 않고 회사를 떠난다.

해방 공간은 어수선했다. 모스크바3상회의안을 둘러싸고 좌우익이 찬·반탁으로 갈리고, 우익도 이승만의 단독정부 수립론과 김구의 통일정부 수립론으로 나뉘어 갈등을 빚었다. 1946년 9월에는 조선노동조합 전국평의회가 주도하는 전국 총파업이 일어났고, 10월 1일 대구를 중심으로 대규모 시민항쟁도 일어났다. 대구항쟁 이후 목포에서는 파출소 습격사건이 일어났다. 누가 김대중을 밀고해 이 일로 20일간 경찰서 유치장에 갇혔으나 무혐의로 석방되었다. 투옥·연행·연금으로 점철된 김대중의 역사에서 두 번째 투옥이었다.

1947년 7월 김대중은 장인의 권고에 따라 한민당 목포지부에 입당해 운영위원으로 활동한다. 이처럼 김대중은 20대 초반에 건준과 조선신민당 활동에 이어 한민당에 입당하는 등 정치에 적극적인 태도를 보인다. 청소년기부터 정치에 남달리 관심이 많았던 데다, 해방 공간은 어수선하긴 해도 '정치가 만발한 시절'이라 더욱 그랬을 것이다. 36년간 일제의 압제를 받다가 해방된 한민족은 자유를 만끽하면서 너도나도 정치활동에 나서게 되었다. 좌와 우, 진보와 보수, 친미와 친소, 애국자와 친일파 등으로 갈려 좌충우돌하는 정치판은 부정적으로 보면 혼란 그 자체지만, 새 나라를 세우기 위한 '건강한' 진통이란 긍정적인 측면도 있었다.

김대중은 한민당에서 활동하면서 연안운행의 화물선 한 척을 구입해 해운업도 시작했다. 전에 선박회사에서 일했던 경험을 살린 것이다.

사업을 하면서 해안경비대 목포기지 사령부 장교들과 자주 만났는데, 이것이 한국전쟁이 터졌을 때 해상방위대에 입대한 계기가 되었다.

그동안 국내 정치 상황은 크게 변하고 있었다. 1947년 5월 제2차 미소공동위원회가 결렬되면서 이승만의 단독정부 수립 노선이 급속히 힘을 받고, 김구·김규식의 남북협상론은 위축되었다. 결국 1948년 5월 10일 남한 단독선거가 실시되고, 8월 15일 대한민국 정부가 수립되었다.

이즈음 김대중에게도 경사와 불상사가 겹쳤다. 경사는 결혼한 지 3년 만에 첫아들을 얻은 것이다. 1948년 1월 21일 태어난 장남 홍일은 젊은 부부에게 큰 기쁨이자 행복이었다. 반면 좌익에게 자금을 제공한 혐의로 경찰에 체포되는 일도 생긴다. 친구 형이 부탁해 상경 여비를 보태주었는데, 그 형이 좌익 활동으로 구속되자 조사 과정에서 김대중 이름을 거론한 것이다. 그러나 해군경비대 정보대장 오세동 중위와 헌병대장 박성철 소위의 신원보증으로 김대중은 며칠 만에 석방된다. 목포 지역이 정치적으로 얼마나 불안정했는지 보여주는 사건이었다. 오 중위는 한국전쟁 때 전사하고, 박 소위는 훗날 김대중 대통령후보 비서실 차장을 맡게 된다.

현재 천안 독립기념관에는 김대중과 관련된 오래된 자료 하나가 보존되어 있다. 1948년 5월 25일자로 된, 김대중이 서재필 박사에게 준 요청서다. 5·10 총선거가 실시되고 곧 대통령선거를 앞둔 시점이었다. "3천만의 우리 겨레가 가장 존경하는 노 혁명가이신 서재필 선생의 건강을 축복하옵고 량하야 선생에게 우리의 간곡한 요청을 드리나이다."로 시작된 요청서는 "근대 조국의 선각자로서 이제 조국 강

토가 분단되고 민족이 분열되었으며 민생이 절망에 빠져 있으니, 국
난극복을 위해 선생께서 민족의 최고 지도자로 나서달라."는 내용이
다. "오직 애국애족의 일념으로 선생을 추대하옵고 선생의 뒤를 따르
고저 맹세하나이다."로 끝맺고 있다. 그리고 '민주독립당 김대중'으
로 소속을 밝히고 있다. 요청서에 많은 인사들이 서명한 것으로 보아
서재필을 대통령으로 추대하기 위해 조직적인 움직임이 있었던 것 같
다. 이 일에 대해 김대중은 너무 오래전이라 잘 기억이 나지 않는다고
말해, 그가 정부 수립 과정에서 서재필 추대에 나섰는지 여부는 명확
하지 않다.

1950년에는 그해 초 조직된 대한청년단 목포해상단체에 부단장으
로 참여했다. 그 무렵 사업도 번창했는데, 전국 양곡을 연안으로 수송
하는 일을 도맡았던 서울에 있는 조선상선주식회사의 목포지구 수송
을 전담하는 하청을 받으면서였다. 한국전쟁 발발 열흘 전인 1950년
6월 15일 김대중은 회사 목포출장소장 한도원과 양곡 수송 운임료를
받기 위해 상경했다. 그런데 서울에 머물러 있는 동안 전쟁이 터져버
린 것이다. 김대중은 경기여고 뒤쪽에 있는 여관에 투숙했는데 공산
치하의 서울에서 인민재판 모습을 생생하게 지켜보았다.

발발 나흘째인 6월 28일 미명, 나는 여전히 서울의 여관방에서 잠
을 자다가 밖이 소란스러운 바람에 잠이 깼다. 서울 북쪽으로부터
내려온 피난민들이 길거리마다 장사진을 이루고 있었다. 여관 일대
는 삽시간에 혼잡스러운 소란에 뒤덮였다.

이윽고 날이 밝았다. 그리고 얼마 되지 않아 인민군이 내가 묵고

있던 여관 근방까지 나타났다. 나는 그제야 사태를 바르게 볼 수 있었다. 당장 서울을 떠나 피난을 해야 할 텐데 한강 다리는 이미 폭파되고 없었다. 나룻배라도 한 척 구해보면 어떨까 하는 궁리도 했지만 내 수중에는 이미 그럴 만한 돈도 남아 있지 않았다. 전선戰線은 나하고는 상관없이 형성되고 있었지만 군사 용어를 빌리자면, 말 그대로 진퇴양난이었다.

그런 어느 날, 나는 뜻하지 않게 여관 근처 한 학교 운동장에서 열린 '인민재판'을 목격했다.

사람들이 모여 웅성거리고 있는 한복판에 남자 하나가 끌려 나가 무릎을 꿇고 있었다. 공산당의 지도자로 보이는 남자가 그 앞에서 목청을 높였다.

"그러니 이 반동분자를 어떻게 하면 좋겠소?"

그러자 선소리에 맞춰 후렴이라도 합창하듯 거기 모여 선 사람들이 일제히 외쳤다.

"처형하시오!"

재판은 그걸로 끝이었다. 몇 명의 사람들이 나서서 그 남자를 어디론가 끌고 갔다. 나는 몰래 숨어서 그걸 지켜보다가 온몸에 소름이 돋는 것을 느꼈다.[50]

처형 직전에 살아나다

인민재판의 끔찍한 광경을 지켜본 김대중과 일행은 돈을 조금씩 모아

---

50 김대중, 《나의 삶 나의 길》, 산하, 1997, 66~67쪽.

작은 배를 얻어 타고 한강을 건넌다. 그리고 남쪽으로 걸어 내려가 충남 보령을 거쳐 며칠 만에 군산에 이르렀다. 그곳에서 이미 전라도까지 인민군이 들어왔다는 소식을 접한다. 그렇다고 다시 상경하기도 어려운 상황이었다. 서울에는 일가친척이 없어 살아남을 수 있는 어떤 보장도 없었기 때문이다. 그러던 중 유엔군이 금강 전투에서 이겼다는 소식을 듣고는 온양·보령·홍성·서천·고창·부안·영광·함평을 거치는 400킬로미터, 1천 리 남행길에 오른다. "그런 사이에 인민군의 공중 폭격을 당해 하마터면 목숨을 잃을 뻔하기도 했고, 또 유엔군의 기총 소사로 죽음을 당할 뻔하는 등 아슬아슬한 고비를 여러 차례 겪기도 했다."[51]

김대중은 8월 10일 무사히 목포에 도착했다. 집주인이 우익 반동분자이며 자본가라는 이유로 집은 이미 인민군이 접수한 상태였다. 가재도구까지 모두 몰수해가 집엔 아무것도 남아 있지 않았다.

내가 집 앞으로 갔을 때 언제 돌아올지도 모를 나를 기다리시느라고 어머님이 움츠린 자세로 서 계셨다. 그때의 어머님의 모습은 마치 미라와 같은 모습이었던 것을 나는 지금도 생생하게 기억하고 있다. 그리고 나의 바로 아래 동생이 한국군의 군속軍屬으로 몸을 담고 있었기 때문에 그들에게 체포되었다는 것도 알게 되었다.
  나는 그리운 가족과 함께 이틀 밤을 보낼 수 있었는데, 3일째 되는 날 이유도 없이 경찰서에 붙잡혀 갔다. 그리고는 목포경찰서 구

•
51 김대중, 《행동하는 양심으로》(개정판), 금문당, 2009, 43쪽.

치소에 수용되어 인민군의 정치보위부라는 비밀경찰의 취조를 받게 되었다. 그들이 나에게 질문한 것은 "우리의 애국자(공산주의자)에게 얼마나 심한 박해를 했는가?"라는 것이었다. 그들은 아무런 증거도 제시하지 않고 일방적으로 그렇게 다그쳐 물었다. 내가 부인하자 그들은 "더 반성해보라"고 고함을 쳤다.

나는 그 뒤에는 고문을 받거나 심문을 받지 않은 채 그대로 형무소로 끌려갔다.[52]

구사일생으로 목포로 돌아왔으나 집은 엉망이고 동생은 공산군에 끌려갔다. 김대중 자신도 이유 없이 인민군에 체포되어 경찰서 구치소에 수감되었다. 세 번째 구속인 셈이다.

그 무렵 차용애는 피신 중이던 근처 방공호에서 둘째아들 홍업을 낳았다. 병원은커녕 집안에 들어갈 수도 없는 처지에서 태평양전쟁 때 일본군이 파놓은 방공호에서 출산한 것이다. 한국전쟁은 김대중에게도 혹독한 시련기였다. 본인도 수감된 상태였기 때문이다. 굶주림의 극한 상황을 겪으면서 김대중은 공포의 나날을 보냈다.

나는 미군정, 이승만, 박정희 정권의 각 시대에 걸쳐 오늘날까지 일곱 차례나 투옥된 바 있다. 그러나 공산주의 정권하에서는 어느 정권하의 형무소보다도 '외부와의 차단'을 위한 완벽한 조치가 취해졌었다. 우리는 외부와 전혀 연락을 할 수 없었을 뿐만 아니라, 옥

52   김대중, 앞의 책, 44쪽.

중에서 조그마한 자유—얘기하는 자유, 그리고 몸을 움직이는 자유—마저도 빼앗겼었다.

그런 가운데 가장 고통스러웠던 것은 형편없는 식사였다. 그들은 조그마한 주먹밥 같은 음식을 하루 두 끼만 줄 뿐, 그밖에는 아무것도 먹을 것을 주지 않았다. 너무나 배가 고파 점심때가 지날 때쯤이면 온몸에서 힘이 빠져 그 자리에 앉아 있을 수도 없었다. 그럴 때면 나는 가만히 몸을 웅크린 채 체력 소모를 방지했다. 이런 일은 내가 처음으로 경험한 바이지만, 인간은 정말 굶주리게 되면 가족에 대한 그리움이라든가, 그밖의 어떠한 생각도 어디론가 날아가버린다는 것이다. 먹는 것 말고는 아무것도 생각나는 것이 없어진다. 불과 두 달밖에 안 되는 옥중생활이었는데도 출옥했을 때 나의 몸은 그야말로 피골이 상접한 몰골이었다. 참으로 '아사 직전'이라는 말은 그런 상황을 가리키는 말인 듯했다.[53]

감옥에 갇힌 김대중은 전황을 알 수 없었겠지만, 그 무렵 맥아더 장군이 지휘하는 유엔군이 인천상륙작전에 성공해 1950년 9월 28일 서울을 수복하였다. 이 때문에 한강 이남의 인민군 보급로가 차단되면서 감옥의 수인囚人들은 일대 위기를 맞는다. 인민군이 퇴각하면서 그동안 수감해온 우익 인사들과 군·경찰 가족을 학살하기 시작한 것이다.

●

53 김대중, 앞의 책, 44~45쪽.

[……] 서울을 수복하게 된 바로 그날은 우리들, 약 100명의 수인 아닌 수인이 처형되는 날이기도 했다.

그날 내가 감방 안에 앉아 있자 갑자기 "모두들 나와!" 하는 말이 들렸다. 운동이라도 시키려는 것인가 생각하고는 좋아라고 뛰쳐나갔더니 아무래도 공기가 수상했다. 우리는 다시 두 사람씩 전선 줄로 한쪽 팔들을 묶인 채 끌려 나왔다. 끌려간 곳은 넓은 강당이었다. 그리고는 차례로 그 강당 안으로 몰아넣었는데 먼저 끌려 들어간 사람은 강당 안쪽으로, 그리고 나중에 끌려 들어간 사람은 강당 입구에 앉게 되었다. 실은 이 순서가 생生과 사死의 갈림길이 되는 것이었지만……. 이윽고 입구에 앉아 있던 사람부터 20명 정도가 밖으로 끌려 나갔다. 잠시 후에는 다시 또 20명 — 끌려 나간 수인들은 트럭에 실려 인근 산에서 총살되는 것이었다. 우리는 모두들 민감하게 이를 알아차렸다. 자신들 역시 총살당할 차례를 기다리고 있다는 것을 알게 된 것이다. 강당 안에는 음산한 분위기가 감돌았다. 살려달라고 외치며 "나는 죄가 없소!" 하고 울부짖는 사람들, 인생의 단말마 같은 모습이란 바로 그런 것이라고 생각한다.

우리들 '수인'은 거의 대부분 공산당에 의해 살해되어야 할 아무런 까닭도 없었다. 처형이 예상되는 경찰 관계자들과 고급관리는 재빨리 안전한 장소로 도망쳐버리고 없었다. 우리는 '죽음을 당해야 할 이유가 없다'고 믿고 있었기 때문에 멋모르고 공산 정권하에서 살고 있다가 체포되는 비운을 겪게 된 것뿐이다.[54]

---

54   김대중, 앞의 책, 45~46쪽.

김대중 생애를 살펴보면 대단히 질긴 운명을 갖고 태어났음을 알 수 있다. 그는 다섯 차례에 걸쳐 죽음의 사신死神과 마주쳤다. 그 첫 번째 고비가 이때였다.

갑자기 약 80여 명에 달하는 우리 '수인'들을 남겨놓은 채 인민군들은 서서히 어디론가로 이동하기 시작했다. 처형 중지—나는 여우에 홀린 듯 멍하니 있었다. 우리는 다시 감방으로 끌려갔다. 나중에 안 일이지만, 우리들을 차례로 총살하고 있던 중 그들에게 상부로부터 정규 공산당원은 퇴각하되 나머지 일은 지방 공산당원에게 맡기도록 하라는 명령이 떨어졌다는 것이다. 지방 공산당원은 우리들을 감방 안에 넣어 불을 질러 죽이기로 모의한 모양이었지만, 그들 또한 같은 고장 사람들로서 그네들의 가족도 같은 전라도에 살고 있었기 때문에 그 짓은 하지 못했다는 것이다.

우리들 가운데는 전에 권력을 쥐고 있었던 사람들도 일부 있었는데, 우스운 것은 그런 사람들일수록 정신적으로 허약하기 짝이 없었다는 점이다. 형무소에는 소위 수인들 가운데서 감방장과 같은 역할을 맡아 하게 되는 사람이 있었다. 나는 재차 감방에 들어가게 되자 자진해서 감방장직을 맡아보면서 울고불고 하는 사람들에게 "조용히들 하시오! 죽을 때는 우리 모두 함께 죽는 거요! 제발 조용히들 해요!"라고 외쳐대며 우리는 절대로 죽지 않는다고 격려했던 것이다. 그렇게 지내고 있는 사이에도 지방 공산당원들은 감방 앞을 연신 왔다 갔다 하며 우리들을 살피곤 했다. 나는 주먹밥을 들이미는 감방의 조그마한 창밖으로 손을 내밀어 때마침 지나가던 공산

당원의 바지를 잡고 "우린 죽게 되는 거요?"라고 물어보았다. 그러자 그는 "우린 똑같은 남쪽의 동포인데 죽일 수야 있겠소."라고 말하는 것이었다. 그때의 그의 말투로 보아 나는 '이건 공산군이 도망친 게 틀림없다'라고 직감했다. 그래서 다시 한번 시험 삼아 "북에서 온 군대는 철수한 거요?"라고 묻자 그는 당황해하며 "아니, 그렇지는 않소만……." 하면서 얼버무리는 것이었다. 나는 전황이 역전되었음을 알아차렸다.[55]

에스파냐 작가 세르반테스는 《돈키호테》에서 "운명의 여신 바퀴는 풍차보다 빨리 돈다."고 했다. 로마의 철학자 키케로는 〈필리피카이〉에서 "운명의 여신은 장님이다."라고 갈파했다. 문학가 베르길리우스는 "운명의 여신은 용기 있는 자를 돕는다."고도 썼다. 김대중은 '풍차보다 빨리 도는 눈 먼 운명의 여신' 앞에서 용기 있게 행동하여 살아났다.

그러던 어느 날 밖에서 "임 씨 있소?" 하면서 사람을 찾는 목소리가 들렸다. 공산당원으로서 이른바 과오를 범하고 같히게 된 임林이라는 사람이 우리들이 갇혀 있는 어느 한 감방엔가에 들어와 있다는 것을 나는 알고 있었다. 나는 그 임이라는 사람을 알고 있었기 때문에 순간 그의 목소리를 흉내 내고는 "여기 있소."라고 대답했다. 순간적으로 이 기회에 탈주해야 한다는 생각이 머리에 떠올랐던 것이

---

55   김대중, 앞의 책, 46~47쪽.

다. "어디요?" 하면서 그 남자는 내가 갇혀 있는 감방 가까이로 다가왔다. "여기 있으니 빨리 문을 부수도록 하쇼."라고 말하자, 그는 쇠뭉치로 문을 부수기 시작했고, 우리는 우리대로 안에서 발로 힘껏 문을 걷어찼다. 요란한 소리가 감방 안에 메아리쳤다. 드디어 문이 열렸다. 우리는 일제히 밖으로 뛰어나갔다. 그리고는 나를 선두로 해서 다른 감방의 수인들을 구조하기 시작했다. 차례로 감방 문이 부수어졌다. 좀 뒤에는 우리 모두가 밖으로 뛰쳐나갈 수 있었다.

그러나 우리는 모두들 수인복을 입고 있었기 때문에 그런 차림으로 거리에 나갈 수는 없었다. 그래서 어쨌든 어느 누구의 옷이든 상관없으니 보관되어 있는 옷을 끄집어내서 입기도 했다. 이때 저쪽 편에서 "이건 내 옷이 아닌데…." 하는 목소리가 들렸다. 분초를 다투는 '비상사태'인데도 저렇게 한가로운 말을 하는 녀석도 다 있구나 생각하고는 나는 어이없어했는데, 아무래도 그 목소리가 귀에 익은 목소리 같았다. 나는 누구일까 생각하고는 목소리가 난 곳을 바라보았다. 그랬더니 웬걸, 그 녀석은 바로 내 친동생이었다. 우리 형제는 그곳에서 극적으로 재회하게 된 것이다.

내 동생도 그 감방 안에 잡혀 있었던 것이다. 그에 따르면 그가 갇혀 있던 감방 안에는 9명이 있었는데, 그 가운데 6명이 먼저 불려나가 총살당하고 살아남은 것은 3명—그중에 동생도 끼어 구사일생을 했다는 것이다. 나의 장인어른도 체포되어 100여 명의 주민들과 함께 사형장으로 끌려갔었다. 그는 총에 맞아 기절했는데, 공산군 병사는 그가 아직 절명하지 않은 것을 알고는 다시 두 발을 더 쏘았다. 그러나 그 총알도 빗나가 100여 명 속에서 장인어른 혼자서만 기적적으로 살아났다는 것이다. 그리고 내 막내 동생은 당시 학생이었는데 학교에서 소집을 해 학교를 나갔는데 그 길로 의용군에 끌려가게 되었다. 그러나 의용군으로 끌려 전라북도와 충청도 경계선까지 이르렀을 때 공산군이 쫓기고 있다는 것을 알아차리고는 야밤에 도망쳐 의용군에서 빠져나왔다는 것이다.[56]

6·25 동족상잔의 참극을 겪으면서 김대중은 전쟁의 참상을 보았고, 민족화해가 절실함을 깨달았다. 그래서 무엇보다 정치가 제대로 되어야 한다고 생각하게 되었다. 고등학교 시절부터 정치에 관심이 많았지만 한국전쟁을 통해 정치의 중요성을 더 절감한 것이다.

그 뒤 나는 정치가의 길을 걷게 되었는데 내가 숱하게 내리 덮치는 갖가지 난관을 물리치며 오늘날까지 굴하지 않고 싸워온 용기는 이같은 전쟁으로 말미암아 경험에 의해 길러진 것이라고 생각한다. 지금 나는 이미 그 당시 죽은 몸으로 생각하고 '하늘이 내리신' 것과도 다름없는 인생을 민족의 화해와 통일을 위해 바치겠다는 결의를 불태우고 있다. 그리고 민족의 평화와 행복을 위해 나의 일신을 바칠 것을 마음속에 깊이 다짐하고 있다.[57]

●
56   김대중, 앞의 책, 47~48쪽.
57   김대중, 앞의 책, 49쪽.

해상방위대 부사령관으로 활동

한국전쟁의 참화에서 용케 살아나온 김대중은 먼저 회사를 재건하는 데 전력했다. 전쟁이 일어나기 전 그는 화물선 세 척을 갖고 있었는데, 한 척은 전쟁 중에 부산으로 징발되고, 한 척은 폭격으로 침몰했다. 김대중은 남은 한 척으로 간신히 회사를 운영했다. 다행히 전황이 유리해지면서 징발되었던 한 척을 돌려받아 두 척으로 선박운수사업을 다시 시작했다.

1950년 김대중은 《목포일보》를 인수해 사장이 되었다. 《목포일보》는 목포에서 유일한 일간지였다. 아무리 혼란기이고 지방신문사이지만 20대 청년이 신문사 사장이 되었다는 건 그의 조숙성을 보여주는 대목이며, 세습이 아닌 자력으로 이루었다는 점에서 회자될 만한 일이었다. 《목포일보》는 지방지로서는 가장 오래된 신문으로 일제강점기에는 일본어로 발행되다가 해방 뒤 경영자 없이 사원들만으로 운영되고 있었다. 김대중이 이를 인수한 것이다. 이 무렵 김대중은 목포에서 유망한 청년 실업가로 알려졌다.

《목포일보》 운영 경험으로 김대중은 뒷날 정치활동을 하면서 언론인들과 만나면 자신도 언론인 출신이라고 말하곤 했다. 그는 가끔 정치인이 아니라 언론인으로 남았어도 크게 성공할 수 있었으리라고 말하기도 했다.

1950년 연말 김대중은 해상방위대에 입대해 전라도지구 부사령관이 되었다. 1950년 12월 11일 국민방위군설치법이 공포되어 육군방위대와 함께 연안 경비를 위해 해상방위대가 조직되었다. 방위대는 국군 보조 기관으로, 북한 정규군과 싸우는 것이 아니라 게릴라부대

소탕이 목적이었다. 김대중이 해상방위대 전라도지구 부사령관에 임명된 것은 해운사업을 하면서 해안경비대 목포기지 사령부 장교들과 친분이 있었기 때문이다.

뒷날 김대중 반대세력이 부단히 제기해온 '군미필' 문제는 1997년 대통령선거 과정에서 해상방위대 부사령관에 재직한 증거와 증인이 나타나면서 종지부를 찍었다. 미국에 살고 있던 당시 해상방위대 사령관 정인명이 증인으로 나섰는데, 1924년생인 김대중은 한국전쟁 기간에 현역에 징집되지 않은 대신 해상방위대에 스스로 입대했다.

한국전쟁은 유엔군의 북진으로 위협을 느낀 중국군이 11월 27일 개입하면서 전세가 역전되었다. 그러나 국군은 오산 부근까지 후퇴했다가 다시 삼팔선을 넘어 철원까지 점령했다. 6월 23일 소련이 휴전을 제의하여 교섭에 들어갔다.

이런 상황에서 정부는 여전히 피난수도 부산에 있었다. 1951년 가을 김대중은 선박회사를 부산으로 옮겼다. 정부의 모든 기관이 부산에 있으므로, 국영기업인 금융조합연합회(현 농업협동조합중앙회)와 계약을 맺고 곡물이나 비료 등을 해상으로 운송하는 일을 하기 위해서는 아무래도 회사를 부산으로 옮기는 것이 필요하다고 여겼기 때문이다.

이 무렵 김대중은 기존 화물선 두 척 외에 100톤에서 200톤급의 중고 선박 3척을 은행에서 융자를 받아 일본에서 구입하고, 다른 회사에서 몇 척을 더 세내어 배 10여 척을 갖게 되었다. 이를 바탕으로 김대중의 선박회사는 정부의 곡물과 비료 운송권을 따내어 중견급의 선박회사로 성장했다.

한국전쟁은 일진일퇴를 거듭하면서 1951년 7월부터 긴 휴전협상에 들어갔다. 전쟁으로 국토는 황폐해지고 남북을 합쳐 약 150만 명이 죽고 360만 명이 부상을 당했다. 미군도 사상자가 13만 6937명(사망 2만 5801명)이었고, 영국·프랑스 등의 유엔참전국 병사들도 사망 2만 8944명, 부상 1만 1527명, 행방불명 8377명이었다. 제2차 세계대전 이후 희생자가 가장 많은 세계대전 규모의 전쟁이었다.

한국전쟁 와중에 저지른 북한군의 만행은 일일이 열거할 틈이 없지만, 이승만 정권의 만행도 적지 않았다. 1951년 국민방위군사건을 비롯해 전국 도처에서 자행된 보도연맹원 학살 등 군과 경찰은 무고한 수많은 국민을 희생시켰다. 국민방위군사건 여파로 해상방위대는 해산되고, 김대중은 비교적 자유로워진 처지에서 사업에 전념할 수 있었다.

정치의 중요성 깨우쳐준 부산정치파동

김대중이 부산에서 해운사업을 하고 있을 때 임시수도 부산에서는 이승만의 권력 연장을 위한 살벌한 정치파동이 연출되었다. 1952년 여름, 제2대 대통령선거를 앞두고 이승만은 폭력을 동원해 정치지형을 바꾸려고 들었다. 당시 헌법에 따르면 대통령은 국회에서 선출하는 간선제로 뽑게 돼 있었다. 그런데 이승만은 한국전쟁 중에 보여준 무능한 행정력과 부정부패, 국민방위군사건과 전국 도처에서 사행된 민간인 학살사건 등으로 국회 간선으로는 도저히 연임될 가망이 없다는 걸 알았다. 그래서 재집권을 하려고 대통령 직선제와 국회의 상하 양원제를 골자로 하는 개헌을 추진하는 한편, 신당 운동을 벌여 1951년 12월에 자유당을 창당했다. 직선제 개헌안은 1952년 1월 국회에 상정되어 재적의원 163명 중 찬성 18명, 반대 143명, 기권 1명으로 부결되었다. 그러자 이승만은 국민회·조선민족청년단(족청)·노동총연맹 등어용단체를 동원해 관제 데모를 일으키고, 정치깡패 집단인 백골단·땃벌떼·민중자결단 등의 이름으로 제작된 벽보, 삐라로 부산 시내를뒤덮었다.

이승만은 부산에 계엄령을 선포하고 내각제 개헌 추진 의원들을 체포하는 한편, 국회의원 50여 명이 탄 버스를 헌병대로 끌고 가 일부 의원들에게 국제공산당과 결탁했다는 혐의를 씌웠다. 김창숙·이시영·김성수·장면 등 원로 인사와 야당의원 60여 명이 호헌구국선언을 시도했으나 괴한들이 습격해 무산되었다. 이런 상황에서 이승만측근이 된 장택상 총리가 마련한 이른바 발췌개헌안(대통령 직선제를 골자로 한 정부안과 내각 책임제를 골자로 한 국회안을 발췌해 혼합한 것)이 추진되어 경찰이 임시의사당을 포위한 가운데 통과되었다.

발췌개헌안 통과로 이승만은 이해 8월 5일 실시된 제2대 대통령선거에서 재선되었다. 김대중은 아직 전쟁이 끝나지 않는 상태의 전시체제에서 이승만이 오로지 자신의 연임을 위해 헌법을 바꾸고, 야당의원들을 헌병대로 끌어가서 용공으로 몰아 엮는, 이른바 부산정치파동을 현지에서 지켜보면서 잘못된 정치가 국가와 국민들에게 얼마나큰 고통을 주는지 절감했다. 정치의 중요성을 거듭 깨우치게 된다.

지금까지처럼 엉망진창인 정치, 국민을 기만하는 정치가 횡행하고있어서는 이 나라는 언제까지 좋아질 수 없을 것이며, 정치가 바르게 잘되어야 비로소 국민의 생명과 재산 그리고 행복을 지킬 수 있

정치 입문기 김대중. 부패하고 무능한 이승만 정권을 지켜보며 올바른 정치를 생각한다.

다는 사실을 이 전쟁을 통해 나는 통감한 것이다. 한국전쟁 중에 처음으로 사선을 넘나드는 체험을 통해 '올바른 정치'가 무엇보다 중요하다는 것을 깨달았던 것이다. 공산군의 침공을 막기 위해서도 국력을 강화하는 바른 정치가 불가결하다는 것을 통감했다.[58]

이승만이 저지른 부산정치파동은 우리 헌법을 정권연장의 도구로 변질시킨 최초의 시도로 일종의 정치적 쿠데타였다. 미국의 독립전쟁을 승리로 이끈 조지 워싱턴 초대 대통령이 의회와 군부의 강력한 재선 출마 요구, 심지어 황제 추대 움직임에도 이를 단호히 물리치면서 낙향해 미국 민주주의의 훌륭한 전통을 세운 것과 비교하면 이승만의 권력욕은 추악하기 그지없었다. 김대중은 이를 지켜보면서 정치를 새롭게 인식하게 되었다. "이승만 박사가 대통령직을 계속하기 위해 법과 질서를 무시한 폭력을 행사하는 일련의 움직임을 보고, 나는 앞으로 이 나라가 어찌될 것인가 하고 걱정하게 되었다. 정치가 올바르지 못하면 나라가 망한다는 사실을 실감했다. 이 대통령이 자신의 정권연장을 위해 민주주의를 짓밟는 행위는 용서할 수 없는 일이었다."[59]

김대중은 정치파동을 일으켜 재집권에 성공한 이승만을 비판하는 한편 야당의 처사에 일침을 가하는 것도 잊지 않았다. 이것은 그의 실용주의 성향 또는 사물(시국)의 양면성을 보는 비판적 시각의 일면을 보여준다.

●

58 일본 NHK 취재반 구성, 김용운 편역, 《역사와 함께 시대와 함께 - 김대중 자서전 1》, 인동, 1999, 86~87쪽.
59 일본 NHK 취재반 구성, 앞의 책, 88쪽.

지금 생각해보면 당시 야당이 이 박사를 내쫓으려고 한 일은 문제가 있는 처사라고 생각한다. 당시 판문점에서는 휴전회담이 진행되고 있었지만 여전히 전쟁은 계속되고 있었다. 이런 중대한 시기에 이 대통령을 추방하는 형태로 그만두게 하려고 한 것은 무리가 아니었는가 생각된다.

비록 여러 비판이 있었다 해도 그 상황에서는 이 나라를 이끌 지도자는 이승만 대통령밖에 없었다. 만약 그때 야당이 이 박사를 한 번 더 대통령에 추대하도록 힘썼다면 한국 정치는 안정과 민주화의 방향으로 바뀌었을 것이다.

그렇기 때문에 그때 야당이 이 대통령을 궁지에 몰아넣은 일은 정치 현실에 대한 판단에서 비롯된 실수였다고 나는 생각한다.[60]

부산정치파동, 달리 말하면 이승만의 권력욕에서 비롯된 발췌개헌 파동을 바라보는 김대중의 시각은 원칙론보다 현실론에 치우친 감이 있다. 반이승만 노선을 걸어온 야당이 내각제 개헌을 시도한 것은 정당한 정치활동일 수 있었다. 직선제 개헌을 위해 쿠데타적 방법을 동원한 이승만의 행위는 아무리 전시체제라 해도 용납되기 어려운 것이었다. 만약 야당이 '한 번 더' 이 대통령을 추대했다고 해도, 뒷날 이승만의 사사오입개헌·조봉암 사법살인, 3·15부정선거 등 영구 집권을 추구한 그의 끝없는 권력욕으로 보아, "한국 정치는 안정과 민주화의 방향"으로 바뀌지 않았을 것이다.

●
60   일본 NHK 취재반 구성, 앞의 책, 88~89쪽.

4장

현실정치 속으로

무소속 출마와 당선

김대중은 전란기 임시수도 부산에서 해상운수사업을 하면서 적극적으로 사회활동도 했다. 동아리 모임에 들어가 동료들과 어울려 독서회를 열고 양서 읽기 모임도 참여했다. 중·고등학교 시절부터 책 읽기에 취미가 있었지만, 3년여 동안 계속된 이런 활동으로 책을 더 많이 읽고 가까이하게 되었다. 이 무렵 동아리에서 만난 이희호와 뒷날 재혼하게 된다.

현실정치에 관심이 많았던 김대중은 정치인들과 만나 토론하기를 즐겼다. 독서회에서 장택상 총리를 만나 토론에 참여하기도 했다. 1953년 봄에는 부산 건국대(이후 현재의 동아대로 합병됨) 정치외교학과 3학년에 편입했지만, 곧 회사를 목포로 옮기게 되면서 오래 다니지는 못했다.

1954년, 김대중은 어느새 서른 살 청년이 되었다. 이해는 김대중에게 의미가 깊었다. 할아버지가 지어준 이름 '大仲'이 호적에 등재되는 과정에서 '大中'으로 바뀌었는데 이해에 '大仲'으로 바로잡았다(그러나 뒷날 선거에서 떨어지고 고난이 닥치자 '인(人)' 변을 떼어버리면 크게[大] 적중[中]한다는 '大中'이 되니 좋지 않겠느냐는 주변의 얘기를 듣고 다시 '中'으로 고친다). 또 그동안 경영해오던 선박회사 흥국해운을 군산 출신 정성렬에게 넘기고 해운사업에서 손을 떼었다. 본격적인 정치활동을 위해서였다. 그리고 부산 생활을 정리하고 목포로 돌아왔다.

이 무렵 발췌개헌을 통과시켜 장기집권의 길을 튼 이승만은 종신집권의 제도적 장치를 마련하려고 또 한 차례 개헌을 준비하고 있었다. 제3대 민의원선거는 1954년 5월 20일로 예정되었다.

김대중은 한국전쟁과 부산정치파동을 지켜보면서, 잘못된 정치를 바로잡지 않으면 국민의 안전과 나라의 발전은 불가능하다는 신념에서 국회의원에 출마하기로 결심한다. 서른 살, 아직 새파란 청년으로 정치적 경험이나 정당 배경이 전혀 없었지만, 그동안 선박운수사업과 신문사 경영으로 꽤 재산을 모았고, 목포 지역 노동계와도 관계가 좋았으며, 친구들도 정치인 자질이 엿보이니 출마해보라고 권유해 마음을 굳힌 것이다.

당시 목포의 정치 역학에 큰 영향을 끼친 것이 노동조합이었다. 해상운수사업이 활발해지면서 노동조합 역할이 커지고 그러면서 발언권도 세어졌다. 이런 배경으로 제2대 민의원선거 때에도 노동조합 출신이 당선되었다. 김대중은 운수사업을 하면서 다행히 노동조합과 좋은 관계를 유지했고, 《목포일보》 경영자였을 때도 노동자 권익을 위해 노력하여 노동자들 사이에서도 평판이 괜찮은 편이었다. 누구보다

첫 출마 후 찍은 기념사진(앞줄 왼쪽에서 네 번째).

조합장이 열성적으로 김대중을 지지해 조합원들의 지지 결의를 이끌어냈다.

이러한 배경으로 김대중은 목포에서 출마하기로 마음을 먹었다. 그런데 막상 출마를 앞둔 시점에 정당 선택과 관련해 문제가 일어났다. 조합에서 보수야당인 민주국민당(민국당)이나 제2야당인 대한국민당(이하 국민당) 등 야당 후보로 입후보하지 말아달라는 조건을 내세운 것이다. 그렇다고 정치 방식에 반대하는 이승만의 자유당에 들어갈 수도 없는 노릇이었다.

김대중의 출마 소식이 알려지자 민국당에서 입당을 권유해왔다. 하지만 노조와 맺은 관계 때문에 입당 결정이 쉽지 않았다. 민국당은 이승만과 권력 투쟁에서 패배한 한민당이 이승만 세력을 견제하고 친일 지주 출신 정당이라는 당의 이미지를 쇄신하려고 신익희를 중심으로 하는 국민당, 지청천의 대동청년단과 함께 1949년 2월 만든 정당이다. 한민당에 뿌리를 두고 독립운동가 일부와 기타 세력을 영입해 창당한 것이다. 민국당은 점차 양당 체제로 자리 잡아 가는 정치 구도에서 제1야당의 자리를 차지하고 있었다.

김대중은 목포에서 별로 지지 기반이 없는 민국당에 들어가는 것보다 노동조합의 지지를 받는 쪽이 당선에 훨씬 유리하리라고 판단했다. 그래서 무소속으로 출마해도 당선 가능성이 있다고 믿었다. 그런데 '복병'이 나타났다. 이승만 정부가 노동조합 간부들을 모조리 체포한 것이다. 당시 노동조합은 자유당의 기간단체 구실을 했다. 이런 노동조합이 자유당 공천후보를 두고 무소속 김대중을 지지했으니 괘씸죄로 간부들을 체포한 것이다. 경찰은 간부 모두에게서 자유당 후보를 지지하겠다는 각서를 받고서야 풀어주었고, 노동조합은 김대중 지지를 철회하였다.

당시는 이런 일이 일상적으로 통하던 시대였다. 경찰은 자유당의 하부기관으로 전락한 지 오래고, 경찰이 간섭하지 않는 곳이 없었다. 이른바 '경찰국가' 체제였다. 김대중은 정계에 입문하려던 초입부터 이승만 정권의 폭압으로 패배의 쓴잔을 들게 되었다. 파란곡절 많은 김대중의 정치 여정은 이렇게 패배와 좌절에서부터 시작되었다.

목포 민의원선거에는 8명이 입후보해 전남대 상대학장을 지내고 민국당 공천을 받은 정중섭이 8710표를 얻어 당선되었다. 김대중은 3392표를 얻어 5위에 머물렀다. 이승만이 3선연임하도록 헌법을 바꾸려면 자유당은 3분의 2 의석이 필요했다. 그래서 5·20 민의원선거에 관권을 동원하고 온갖 부정을 저질렀다. 부정·타락 선거의 결과 자유당은 114석을 얻어 민국당 15석, 국민당 3석, 국민회 3석, 제헌 동지회 1석, 무소속 68석에 비해 압도적인 승리를 거뒀다. 그러나 당 초 목표인 개헌 정족수를 확보하는 데는 실패했다. 처음으로 총선에 나섰다가 패배한 김대중의 회고를 들어보자.

자유당 정권이 경찰에 압력을 가해 노조 간부들을 전원 체포해버린 것이다. 노동조합이라면 국가 기간단체인데 여당이 아닌 무소속후 보를 지지하기로 했다는 게 그 죄목이었다. 참으로 어이가 없는 일 이었다.

노조 간부들로서는 굴복하지 않을 수 없었다. 결국 그들은 내 지 지를 철회하는 대신 자유당 후보를 지지하겠다는 각서를 쓴 다음에 야 풀려나왔다. 그리고는 경찰이 시키는 대로 조합원들을 모아 집 회를 열고 다니면서 조합의 방침이 바뀌어 자유당을 지지한다고 선 언하고 말았다.

지금에 와서 생각하면 마소가 자다 깨어나 웃을 일이었다. 그러 나 우리나라에서 이런 식의 얼토당토않은 부정선거는 그 뒤로도 오 래오래 끈질기게 계속됐던 것이다. 그리고 그 최대의 피해자가 바 로 나이기도 했다. 그래서 어떤 의미로는 내 자신의 기록은 한국 부 정선거 약사略史나 부정선거 피해자 기록에 다름 아닐 수도 있다. 결국 나는 최초의 선거에서 졌다. 8명의 입후보자 중에서 4위였는 지 5위였는지 기억이 나지 않을 만큼 참담한 패배였다.[61]

김대중과 평생 '동지이자 라이벌' 관계가 된 김영삼은 이때 고향 거제에서 자유당 공천을 받아 스물여섯 살의 최연소자로 제3대 민의원에 당선되었다. "이때 만약 김대중이 국회에 진출할 수 있었다면 그의 야당에서의 명성은 훨씬 일찍 부각되었을 것이고, 4·19와 5·16의 격동기에 있어서 한국 정치 판도에 상당한 영향력을 발휘했을지도 모른다."[62]

《사상계》에 노동문제 논설 기고

총선에서 패배한 김대중은 본격적으로 정치활동을 하려면 정치 중심지인 서울에 자리 잡는 것이 관건이라 생각하고 1955년 4월경 가족과 함께 서울로 올라왔다. 처음 터전을 마련한 곳은 서대문구 대현동 67-1번지였다. 해운회사와 신문사를 정리한 자금이 선거를 치르고도 약간 남아 있어서 허름한 집 한 채를 구할 수 있었다.

서울에 자리 잡은 김대중은 목포 출신 소설가 박화성의 소개로 여성 국회의원 박순천을 만난다. 그를 돕는 한편 한국노동문제연구소를 설립해 주간으로 있으면서 노동문제 연구에 심혈을 기울였다. 노동문제에 관심을 갖게 된 데에는 목포에서 노동조합과 맺은 인연도 작용했지만, 앞으로 우리나라가 더 산업화되면 노동문제가 심각해지리라는 예견도 있었다. 또 목포선거 과정에서 자신이 직접 당한 것처럼 이승만 정권에서 노동계가 어용조직을 면치 못하고 있는 현실도 노동문

61   김대중, 《나의 삶 나의 길》, 산하, 1997, 80쪽.
62   김진배, 《인동초의 새벽》, 동아, 1987, 58쪽.

제에 집착하게 된 배경이 되었다.

김대중은 〈노총분규와 우리의 관심〉이란 시론을 《동아일보》 1955년 9월 14, 15일자에 두 차례 기고했다. 관료자본주의 폐단을 비판하고 경제 각 주체의 자율성을 강조하면서 민주적 자본주의론에 대한 견해를 피력한 내용이었다. 이보다 앞서 1954년 4월호 《신천지》에는 〈공정선거에의 희원希願〉이란 시론을 기고했다. 아마 이것이 중앙 언론 매체에 자신의 이름으로 쓴 최초의 글이 아닌가 싶다. 이 잡지는 《서울신문》 출판국에서 발행하는 종합지였다. 관권이 작용한 부정선거로 총선에서 낙선하면서 느낀 공정선거의 희원을 담은 글이다. 몇 대목을 발췌한다.

누구나 주지하는 바 민주정치는 대의정치다. 따라서 국민을 대표하여 국정을 담당할 양원 선거의 적부 여하는 실로 우리나라 민주주의의 성패와 국민의 행복을 좌우할 중대사로서 우리는 여하한 일이 있더라도 공정하고 명랑한 가운데서 우리의 주권을 행사하여 명일의 안녕과 행복을 선출된 대의원을 통하여서 획득하지 않으면 안 되는 것이다.

우리가 공산당을 배격하는 이유가 무엇이겠는가?

그것은 공산 세계에는 자유가 없기 때문이다. 공산 치하의 선거에서는 국민은 오직 공산당이 내세운 입후보자에게만 투표를 강요당하고 국민 스스로가 자기들의 권리를 위해서 진실한 봉사를 할수 있는 대표를 선출하는 자유가 박탈되기 때문에 공산 정치를 배격하는 것이다.

우리의 선거가 자유로운 분위기하에 매수나 사사로운 정실을 떠나 입후보자의 정견과 인물을 본위로 하는 공정하고 명랑한 선거가 되어야만 우리의 민주주의는 공산주의보다 승할 수 있으며 또한 이러한 선거를 통해서 성립되는 국회라야 공산당의 악독하고 집요한 침략을 완전히 물리치고 통일을 완수할 수 있을 것이니 이것이 현하 우리의 초미의 긴급지사가 되어 있는 것이며 또는 모든 민생 문제를 해결함으로써 전 국민으로 하여금 대한민국에 대한 현실적인 감사념과 한없는 애착심을 갖게 할 것이니 그러한 민정에는 어떠한 공산 분자의 삼투도 여지가 없게 될 것이다.[63]

만일에 그토록 권력의 탄압이 두렵거든 차라리 입후보의 욕망을 포기하는 것이 마땅할 것이다.

지금은 안일한 평화의 시기가 아니다.

같은 대한민국 안에 있는 여당의 압력을 두려워하는 류의 기백으로써 어떻게 국사의 최전선에 서서 적색침략 분자와 생·사의 대결을 하여야 할 국민의 대표가 될 수 있겠는가?

국회의원은 결코 감투나 무슨 특권자가 아니다. 국가와 민족의 안녕과 복리를 위해서는 감히 생명조차 아끼지 않을 수 있는 정도의 성실과 용기를 간직함으로써만 능히 그 임을 다할 수 있는 것이다.

비굴은 잔인에 통하는 것이다.[64]

●
63   김대중, 〈공정선거에의 희원〉, 《신천지》, 1954년 4월호, 32~33쪽.
64   김대중, 앞의 잡지, 34쪽.

김대중은 정신적으로 대단히 조숙한 편에 속한다. 순전히 자력으로 사업을 일구고, 서른 살에 국회의원에 입후보하고, 본격적인 정치활동을 위해 아무런 연고도 없는 서울에 올라오고, 노동문제연구소를 차리고, 언론에 기고하는 등의 일련의 행동들을 보면 짐작된다.

김대중 이름이 정계나 지식인 사회에 알려진 것은 1955년 10월호 《사상계》에 기고한 〈한국노동운동의 진로〉라는 글 때문이었다. 《사상계》는 1953년 4월 장준하가 부산에서 창간한 종합교양지로, 당시는 서울에서 발행되어 지식인과 학생들에게서 열렬한 호응을 얻고 있었다. 이 잡지에 실린 무명 청년 김대중의 글은 지식인 사회의 주목을 끌기에 충분했다. 글은 200자 원고지 100매 분량으로, '노동운동 연구가 김대중'으로 실렸다. 이 글은 김대중이 젊었을 때부터 자유민주주의와 시장경제체제에 대한 신념이 확고했음을 증명하는 자료가 되기에 충분하다.

1955년이란 시점은 한국전쟁이 발발한 지 5년, 휴전한 지 2년째 되는 때다. 당시 한국 사회는 전란이 남긴 폐허와 이승만 독재정권으로 여전히 혼란스러운 상태였다. 노동운동이나 노사관계도 제대로 정립되지 않은 시기였다. 오로지 독재권력과 결탁한 소수 기업인과 관료집단만이 특혜를 누리며 생산과 소유를 독점하고 있었다.

이런 시점에서 김대중 글이 큰 반향을 일으킨 것은 어찌 보면 당연하다. 김대중은 "필자가 우리나라 노동운동의 정치적 진로를 논의함에 있어서, 반공 문제를 맨 먼저 제기함은 흔히 유행되는 민족적 구호만을 본떠서 한 것이 아니"라면서 반공 문제를 서두에서 제기한다.

주지하다시피 공산주의는 근대 자본주의의 성숙 이래 노동계급을 기반으로 그 이론과 조직이 성립되었고 또 공산혁명과 그 정권의 유지가 오로지 노동계급의 독재라는 명목 밑에 그들을 주력으로 해서 이루어져온 것이다. 즉 마르크스가 《공산당 선언》을 발표해서 노동계급에 의한 자본주의 타도와 프롤레타리아 독재를 주장 예언하고, 만국노동자에 대해서 단결과 투쟁을 호소한 이래 100년간 세계 각국의 공산주의는 오로지 노동자 계급의 향배와 더불어 그 성쇄를 같이해온 것이다.

그리하여 공산주의자의 간교하고 달콤한 선동에 현혹된 러시아를 위시한 각국의 노동자들이 스스로의 낙원을 꿈꾸면서 온갖 희생을 돌보지 않고 그들의 지배계급을 타도하고 공산독재를 실현시킨 결과는 과연 어떤 것이었는가? 그것은 일언이폐지하면, 이리를 몰아내고 호랑이를 불러들인 것밖에는 아무런 소득도 없이 된 것이다.[65]

공산주의를 이만큼 이론적으로 비판한 사람이 당시엔 흔치 않았을 것이다. 김대중은 공산주의 본질을 비판함과 아울러 "이리를 몰아내고 호랑이를 불러들인" 상황도 신랄하게 비판한다. 이런 김대중의 반공주의를 도외시한 채 박정희 군사정권 이래 일부 지식인·언론인들까지 나서서 그를 용공·좌경분자로 몰아친, 이 근거 없는 매카시즘은 그저 수준 이하라고밖에 말하지 않을 수 없다. 정치권력이 특정인을 용공·좌경분자로 몰아가면 지식인들과 언론계에서 좀더 본질적인 문

●
65 김대중, 〈한국노동운동의 진로〉, 《사상계》, 1955년 10월호, 137~138쪽.

제 즉, 그의 저술과 발언·행적을 점검해 그를 비판하거나 옹호할 수도 있었을 것이다. 한 대목을 더 들어보자.

> 지금 이북 공산도당은 그들의 집단을 노동당이라고까지 그 간판을 갈아 붙여서 순진한 노동자들의 눈을 현혹시킬 뿐 아니라, 그들이 남한 침략에 있어서 그 포섭을 노리는 최대의 계층이 역시 노동자에 그 목표를 두고 있는 것이다. 이것은 필자 개인의 독단이 아니라, 거반 6·25 남침 당시 그들이 과거 남한의 좌익분자 중 보련保聯 가입 기타 사소한 과오만 있어도 이를 규탄 제재함을 주저치 않았음에도 불구하고 유독 노동자만은 그 전과 여하를 막론하고 무조건, 포섭 복당시켰던 것만 보더라도 그들의 노동자에 대한 의도를 넉넉히 짐작할 수가 있는 것이다.[66]

글 중 '관료자본주의와의 투쟁' 항목에서 김대중은 "해방 이후 우리나라 경제를 파괴 멸망시킨 것이 국토의 양단이나 6·25동란보다도 오히려 관료자본주의의 폐단이 더욱 커다란 것이며 또 그 해독은 정치, 사회 부문까지 실로 참을 수 없는 해독을 끼쳐오고 있다는 것은 거의 식자의 일치된 견해가 되어 있는 것이며, 따라서 관료자본주의에 대한 투쟁은 비단 노동계급에만 한한 문제가 아니라, 실로 전 국민적 과업이 되어지는 것."이라고 관료자본주의 병폐를 지적했다.

'양심적 기업가와의 협조' 항목에서는 "지금 우리나라의 경제적 현

---

66   김대중, 앞의 잡지, 138~139쪽.

실이 무엇을 차치하고라도 생산의 증강을 도모하고 서두르지 않으면 안 된다는 것은 누구나가 인정하는 사실이다. 사실이지 국민생활의 안정은 물론 노동자의 취업과 그 복리 향상도 오로지 생산 증강 없이는 말이 되지 않는 것."이라며 '생산성 증강'도 역설한다. 또 "현 단계에 있어서의 생산업에 투자 종사하는 기업가는 사리를 위반하는 자본가라기보다는 오히려 국가를 위해서 매우 유용한 공헌을 하고 있는 애국자라고 칭함이 마땅하다."며 건전한 기업인을 애국자로 평가한다.

노사관계에 대해서도 입장을 명료하게 밝힌다. "한국의 노동운동은 일방에서는 노동자의 정당한 지위와 복리를 확보하기 위해서 기업주와 절충 투쟁하는 것을 사양치 않는 반면에, 항시 정당하고 양심적인 기업가와 적극 제휴 협조해서 우리나라의 낙후된 생산력을 향상 발전시킴으로써 노동자를 포함한 전 국민의 복리 증진을 도모하여야 한다."라며 '노사관계의 모형'을 제시한다. 이어 당시 가장 중대한 사회 문제 원인이 "상이군인, 전쟁 유가족에 대한 대책이 보잘것없는 점"이라고 지적하면서, 노동운동 지도자들에게 대책을 촉구했다. 또한 이들을 통렬히 비판하면서 문제 해결을 위한 처방도 제시했다.

지금 우리나라 노동운동은 가뜩이나 모든 조건이 불비한 중, 지도자까지 그 재목을 얻지 못했을 뿐 아니라, 오히려 그들은 적극적으로 해독마저 끼치고 있는 사람이 한둘이 아닌 불행한 형편인 것이다. 그들 중에는 노동운동의 본질이나 노동지도자의 조건에 대해서는 아무런 지식도 준비도 없이 노동운동을 하나의 애국운동으로만 착각하고 덤벼든 자 또는 정당의 권위를 빌려서 노동운동에 군림하려는 자, 노동운동을 위한 정열이나 희생의 각오도 없이 이를 생활과 영달의 방편으로 생각해서 덤벼든 자 등이 결코 소수가 아닌 것이며, 그리하여 이들의 오직 자기 일신만의 헤게모니, 독점과 영화를 위한 갖은 악랄한 공작과 추태는 이 나라 노동을 취기등등 하는 구렁창으로 몰아넣고 있는 형편인 것이다.

노동운동이 건전해지려면 '인텔리 노동자'를 조직해야 한다는 주장도 펼친다.

인텔리 노동자의 조직화를 크게 제창한 원인은 그들의 수적 여하보다도 하나로는 우리나라 노동운동계의 기술한 바와 같은 질적 후진성을 극복하는 데 커다란 도움이 될 것이라는 것이요, 또 하나는 우리 사회의 특수한 환경에 비친 요구에 의한 것이다. 즉 우리 사회는 아직도 과거의 관존과 숭문 일변도의 낡은 인식을 완전히 불식하지 못하고 있으며, 따라서 노동자라고 하면 한낱 천민계급시하고 관리나 사무원이라 하면 무슨 벼슬아치나 선비같이 이를 월등하니 높이 우러러보는 것이다. 그러나 그들 역시 정신적 노력을 팔고 사는 하나의 노동자임에는 조금도 다름이 없는 것이며 이들이 노동조합 속에 조직됨으로써 그들의 권익보장은 물론, 노동운동계 전체의 권위와 비중을 위해서도 매우 그 의의가 큰 것이라고 믿기 때문인 것이다.

위 글로 볼 때 노동자를 바라보는 김대중의 시각은 대단히 진보적이며 건전한 편이다. 당시에 이런 '노동자관'을 가진 사람이 몇 명이

나 되었을까 싶다.

장면 추천으로 민주당 입당

이승만 정권은 제3대 총선에서 압승한 것을 계기로 1954년 11월 29일 사사오입개헌을 감행해 3선연임의 길을 텄다.

이에 야권은 여당에 맞서기 위해 민국당과 무소속동지회, 순수 무소속의원 등 60여 명이 호헌동지회를 구성하고, 이를 중심으로 통합야당을 모색한 끝에 마침내 1955년 9월 18일 민주당을 창당했다. 반이승만 보수연합세력인 민주당은 민국당을 모체로 흥사단 계열, 2대 국회 말기의 무소속구락부 등의 세력과 자유당 탈당의원이 규합한 것이다. 그러나 조봉암 등 진보 혁신계는 참여가 배제됨으로써 반이승만 범야권민주세력의 통합은 이루지 못했다.

민주당 초대 대표최고위원은 신익희, 최고위원은 조병옥·장면·곽상훈·백남훈 등이었다. 민주당은 1956년 5월 15일로 예정된 제3대 정부통령선거에 대비해 치열하게 당내 경쟁을 벌인 끝에 대통령후보로 신익희, 부통령 후보로 장면을 지명했다. 자유당에서는 이승만과 러닝메이트로 이기붕이 나오고, 진보당전국추진위원대표자회의에서 내세운 조봉암과 박기출이 입후보하여 치열한 각축전이 벌어졌다. 그런데 당선이 유력하던 민주당 신익희 후보가 호남지방으로 유세하러 가던 중 열차에서 뇌일혈로 급서한다. 결국 이승만이 대통령에 당선된다. 그러나 민주당의 장면이 자유당 이기붕을 누르고 당선됨으로써 자유당은 이 선거에서 실질적으로 패배한 꼴이 되었다. 이런 결과는 민심이 집권당에서 돌아섰음을 보여준다. 갖가지 부정선거에도 조봉암은 216만여 표를 얻고, 신익희의 추모표가 185만 표나 쏟아져 나왔다.

김대중은 정부통령선거가 끝난 뒤 민주당에 입당해 본격적인 정당활동을 시작한다. 정치적 노선은 장면 계열에 속했다. 김대중을 장면에게 추천한 사람은 뒷날 일본에서 한국학원장 등을 지낸 안중근 연구가 최서면이었다. 부인 차용애 친정이 천주교 집안이어서 김대중도 명동성당에 다녔는데 장면도 그곳 교인이었다. 명동성당에서 장면을 자주 만났고, 정치지도자 중에서 이미지가 깨끗했던 점도 김대중이 장면을 택하는 데 크게 작용했다.

장면은 1936년부터 동성상업학교 교장으로 재직하며 교육계와 가톨릭계에서 활약하다가 해방 뒤 정계에 투신하여 민주의원, 과도정부 입법의원을 거쳐 제헌의원에 당선되었다. 제3차 유엔총회 한국수석대표, 초대 주미대사에 이어 1951년 국무총리가 되었으나 이승만과 갈등이 있어 사퇴한다. 그러다 신익희·조병옥 등과 민주당을 창당, 야당의 지도자로 떠올라 부통령에 당선되었다. 1960년 제4대 정부통령선거 과정에서는 그의 친일 부역 행위가 논란이 되기도 하였다.

이승만 정권에게는 부통령에 당선된 장면이 눈엣가시 같은 존재였다. 여든 살이 넘은 고령의 이승만이 언제 어떻게 될지 모르는 판에 헌법상 승계권자인 야당 부통령이 고까울 리 없었던 것이다. 이런 분위기에서 선거가 끝난 지 4개월 뒤인 9월 28일 민주당 제2차 전당대회가 열린 서울 명동 시공관에서 장면 부통령이 저격당하는 사건이 일어났다. 저격수는 스물여덟 살의 제대군인 김상붕이었다. 하지만 장면은 왼손에 권총 한 발을 맞았을 뿐 죽음을 면할 수 있었다. 이 사건은 자유당 정책위원으로 이기붕 측근인 임흥순과 내무장관 이익흥

등이 자유당 비밀당원 최훈을 사주해 일으킨 백주테러였다.

이날 시공관에 갔다가 테러를 목격한 김대중은 울분에 차서 병원으로 내달렸다. 하지만 경호원의 제지로 들어가지 못했다. 이튿날 다시 병원으로 찾아가 장면에게 인사를 드리고, 이승만 정권의 폭압에 분개하면서 통곡하였다. 이런 인연으로 장면 부통령과 가까워졌고, 장면이 추천해 민주당에 입당하고 아울러 중앙상임위원도 되었다.

> 나는 1956년 5월 15일에 있었던 제3대 대통령선거 후에 정식으로 민주당에 입당했다. 그리고 부통령인 장면 박사의 계보에서 정당활동을 시작했다. 나는 한국정치사에서 양심적인 정치인의 하나로 손꼽히는 장면 박사에게 인정을 받아, 나 자신이 말하는 건 좀 그렇지만, 소장 이론가로서 점차 중요한 인물로 여겨지게 되었다.[67]

장면 부통령은 김대중을 꽤 신뢰했다. 김대중의 예리한 판단력과 노동문제를 바라보는 전문적인 식견 등이 신뢰의 바탕이 되었던 것 같다. 김대중 또한 장면을 대부代父로 모시고 가톨릭에 입교했다. 김철규 신부의 집전으로 노기남 대주교실에서 영세를 받았다. 세례명은 '토머스 모어'였다.

나는 또 장면 박사를 대부로 가톨릭 신자가 되었다. 세례는 명동성

---

67 일본 NHK 취재반 구성, 김용운 편역, 《역사와 함께 시대와 함께 - 김대중 자서전 1》, 인동, 1999, 100~101쪽.

당에서 받았고 세례명은 토머스 모어로 정했다. 이 세례명을 주신 김철규 신부님은 "토머스 모어는 16세기 영국 사상가이자 정치가로서, 가톨릭교회에서 분리 독립해 나온 헨리 8세의 명령에 따르지 않고, 순교의 길을 택했다."고 설명해주었다. 신부님은 내가 토머스 모어와 같은 정치인으로서 "신앙을 지키기 위해서는 목숨을 아끼지 않는 인물이 되기 바란다."고 덧붙였다. 그러나 나는 토머스 모어처럼 수난을 견딜 만큼 신앙심을 가진 큰 신자가 될 수 있다고는 생각지 못했다. 이후 험난한 정치 역정에서 내가 몇 번이나 생사를 넘나드는 지경에 처한 것도 이 세례명 덕분이 아닌가 하고 생각할 때가 가끔 있다.[68]

김대중은 서울에서 활동 반경을 점차 넓혀나갔다. 가톨릭 인사들과 교분을 나누는 한편 대한웅변협회에 가입해 부회장을 맡기도 했다. 정치를 하려면 대중 강연이 중요하다고 생각해 웅변협회에 참여하고 연습도 열심히 했다. 그의 대정부 정책 질의나 대중연설은 이때에 기법이 다듬어졌다. 여기서 학생부장으로 있던 김상현을 만났다. 이후 김상현은 김대중의 최측근으로 반독재 민주화투쟁을 함께하였다.

정권의 바닥을 보여준 '후보등록방해사건'

김대중이 중앙 정계에서 활동하면서 정치인으로 수련하고 있는 동안 제4대 총선이 다가왔다. 제4대 민의원선거는 1958년 5월 2일로 예정

---

68   일본 NHK 취재반 구성, 앞의 책, 101쪽.

되었다. 선거를 앞두고 자유당과 민주당은 이른바 '협상선거법'을 마련하여 통과시켰다. 선거법 골자는 민의원선거구를 소선거구로 하고 233개구로 늘리며 참의원 선거구는 중선거구로 한다, 각 선거위원회는 여야 정당대표의 동등 비례로 구성한다, 입후보 기탁금제를 실시해 후보 난립을 억제하며 유효투표의 6분의 1을 득표하지 못한 후보자의 기탁금은 몰수한다, 선거운동과 선거비용 등을 제한하는 선거공영제를 채택한다, 선거 도중 언론의 편파적 보도를 규제한다 등이었다. 여기서 언론 보도 제한 규정에 대해서는 위헌 시비까지 일었으나, 여야는 여전히 강세이던 무소속후보를 견제하는 데 의견이 일치했다. 민주당으로서는 선거공영제 특히 투·개표 참관인의 동수를 얻어낸 것은 큰 성과였다. 이 같은 선거법 실시로 제4대 민의원선거에서 민주당은 79석이나 확보할 수 있었다.

제4대 민의원선거를 앞두고 김대중은 고민에 빠졌다. 고향 목포에는 같은 당 출신인 정중섭 의원이 건재하고 있었다. 현역의원이 있는 지역에서 신인이 공천 경합을 하기란 쉽지 않은 일이다. 그렇다고 아직 무명 청년이 서울에서 공천을 받는다는 것은 당나귀가 바늘구멍으로 들어가는 것보다 더 어려운 일이었다. 서울 지역에는 민주당의 내로라하는 중진, 투사들이 버티고 있었다.

김대중은 고심 끝에 강원도 인제에서 출마하기로 결심했다. 당시 인제는 한국전쟁으로 새롭게 남한에 편입된 지역이었다. 산 설고 물선 타향이지만, 유리한 면도 없지 않았다. 유권자의 70~80퍼센트가 군인이거나 군속 그리고 그들의 가족이었다. 당시 군인들은 자유당 정권에 환멸을 느끼고 야당 성향이 강했다. 김대중은 이 점을 노렸다.

당시 서울에서 인제까지는 험난한 산골길이었는데 서울에서 목포 가는 시간보다 더 걸렸다. 당시는 '지역감정' 같은 것이 없어서 출신지가 별로 시비의 대상이 되지 않았다. 그나마 그것이 다행이라면 다행이었다.

당시 선거법에는 국회의원에 입후보하려면 해당 지역 유권자 100명 이상의 추천인 서명을 받도록 되어 있었다. 이에 김대중은 인제로 내려가 만약을 대비해 120명의 서명을 받았다. 자유당이 등록을 방해할 것에 대비해 120명의 서명 날인이 있는 추천 용지를 세 통씩 작성하고, 김대중 본인과 다른 두 명이 각각 한 통씩 나누어 들고 선관위에 등록하러 갔다. 도중에 서명 용지를 빼앗기거나 하는 사고에 대비한 것이었다. 이렇게 해서 '무사히' 선관위에 후보등록을 마칠 수 있었다. 그런데 사건은 다음 날에 벌어졌다. 자유당 후보 측에 압박받은 선관위가 120명 추천인 중 상당수가 이중 추천했다는 이유로 등록 무효를 선언한 것이다. 김대중은 재추천을 받기 위해 주민들을 방문했지만 이번에는 마을 이장들이 비료 배급을 구실로 유권자들의 인감을 모조리 걷어가 버린 뒤였다. 어려운 곡절 끝에 간신히 새로 추천인 서명을 받아 등록했지만, 이번에는 자유당 공천후보가 경찰을 동원해 후보등록을 하지 못하도록 물리력으로 방해하였다.

김대중은 결국 후보등록을 하지 못했다. 두 번째 좌절이었다. 이 지역의 '후보등록방해사건'은 언론에도 크게 보도되었다. 김대중은 관권의 무지막지한 횡포에 분개하면서 이승만 정권에 한없이 분노하고 저항했다. 한 가지 에피소드가 있었다.

이때 나는 정부·여당의 선거부정에 단단히 화가 나서, 군軍에 실정을 호소하기 위해 주둔하고 있는 육군 사단장 관사를 방문한 적이 있었다. 관사는 군청에서 20m도 떨어져 있지 않은 곳에 있었다. 군대는 부정선거와는 관계가 없었지만, 민주국가의 근간인 국회의원 선거에 군으로서 관심을 가질 것이라고 여겼기 때문이었다. 유감스럽게 사단장은 자리에 없었고, 그 후에도 만날 수가 없었다.

나중에 들으니 그 당시 사단장은 박정희 씨였다고 한다. 만약 거기서 훗날의 박 대통령과 만났다면 그것이 우리 두 사람의 첫 대면이 되었을 것이다. 아쉬운 일이 아닐 수 없었다.[69]

운명은 그렇게 얄궂다. 만약 거기서 그를 만났더라면 그것이 우리 두 사람의 첫 대면이 됐을 것이다. 그때 우리는 함께 부정선거에 대해 의논할 수도 있었으리라. 그리고 그 후 우리가 서로 최대 정적이 돼야 했던 숙명도 조금은 양상이 바뀌었을지도 모른다. 그런데 운명은 필연적으로 그걸 비껴가도록 예정되고 또 그 예정대로만 엮어진 것이다.[70]

선거 결과 인제 선거구에서는 나상근 자유당 후보가 당선되었다. 김대중은 후보등록조차 방해한 그를 당선자로 인정할 수가 없었다. 선거가 끝난 뒤 등록 방해를 이유로 선거무효소송을 제기했다. 10개

●
69 일본 NHK 취재반 구성, 앞의 책, 107~108쪽.
70 김대중, 《나의 삶 나의 길》, 산하, 1997, 83~84쪽.

월에 걸친 긴 재판 끝에 드디어 1959년 3월 승소 판결을 받기에 이르렀다. 그 결과 그해 6월에 인제에서는 재선거가 치러졌다.

거듭된 낙선과 아내의 죽음

김대중은 당연히 재선거에 나갔다. 그런데 일선 지역의 보궐선거는 자유당 정권이 총동원된, 정권 대 개인의 싸움이었다. 이번에는 군인들까지 동원되었다. 선거 연설회를 열어도 청중이 모이지 않았다. 경찰과 군첩보기관원뿐이었다. "나중에 기억을 더듬어 헤아려보았더니 내 유세를 들어준 민간인이라고는 고작 62명에 지나지 않았다."[71]고 김대중은 회고한다.

투표 날 인제 지역에 주둔한 군 장교들이 투표소 입구에 대기하고 있다가 자유당 후보를 찍은 건 그대로 투표함에 넣고 김대중을 찍은 표는 모두 찢어버렸다고 한다. 장교들의 이 같은 행위에 사병들은 항의도 할 수 없었다. 일반인들과는 격리된 최전방 일선 지역이었기 때문이다. 자유당의 작용으로 군 장교들이 이 같은 부정선거를 저지른 것이다. 1년 앞으로 다가온 3·15부정선거의 모델케이스였다.[72]

김대중을 더욱 분노하게 한 것은 흑색선전을 극대화하기 위해 특별히 호남 출신을 찬조 연설원으로 데려와서 김대중을 용공분자로 음해한 것이다. 김대중과 일면식도 없는 사람이 마치 절친했던 사이인 것처럼 위장하여 온갖 중상모략을 퍼부었다.

71 김대중, 앞의 책, 85쪽.
72 김대중, 앞의 책, 84쪽.

선거 무효소송에서 승소한 후 인제 재선거에 출마한 김대중.

"김대중과 나는 같은 세포조직에 있었다. 그래서 내가 잘 안다. 그
는 빨갱이다. 우리는 죽마고우였으니까 내 말은 믿어도 좋다. 그는
여기 이 전방을 북한으로 넘겨주기 위해서 일부러 인제군을 택해
출마했을 것이다. 그걸 여러분이 깨달아야 한다."[73]

이 차출된 연설원은 목포가 아닌 여수 출신이었다고 한다. 그러나
사람들은 그의 말을 믿었다. 같은 전라도 출신이니 틀림없으리라 여
긴 것이다. 자유당 정권은 이걸 간파하고 호남인을 불러와 고도의 심
리전을 폈다.

●
73 김대중, 《나의 삶 나의 길》, 산하, 1997, 85쪽.

그로부터 몇십 년이 지난 뒤 김대중은 흑색선전으로 자신을 괴롭혔던 그 사람을 우연히 만나게 되었다. 그도 김대중을 알아보았다.

"그때 일은 정말 미안합니다. 사정이 그렇게 되었습니다."
"남은 어떻게 되어도 상관이 없었단 말이지요?"
"죄송합니다. 변명 같지만 그때는 다 그랬지요."

나는 쓴웃음을 지었다. 그럼으로써 그의 사과를 받아들였다. 용서하지 않을 수 없었다. 가슴속에서는 다시 한번 억장이 무너지는 것 같은 통증이 한꺼번에 몰려왔다.[74]

1959년 6월 5일 실시된 재선거 결과 자유당 전형산은 2만 1665표, 민주당 김대중은 8483표를 얻었다. 자유당의 방해 공작에도 김대중이 8천여 표를 얻은 것은 기적에 가까운 일이었다.

1년여 만에 치른 두 차례 선거에서 패한 김대중의 절망감은 깊었다. 엎친 데 덮친 격으로 묵묵히 내조하며 부정선거에는 목숨을 내걸고 싸우라고 격려하던 부인 차용애가 1959년 8월 선거 빚과 실의에 시달리다 사망한 것이다. 약물 쇼크사였다.

내 아내는 스스로 말하는 것은 좀 그렇지만 정말 훌륭한 여성이었다. 어떤 고난이 있어도 불만스러운 얼굴 한 번 보이지 않았다.

74 김대중, 앞의 책, 86쪽.

"집안일은 걱정 말고 후회하지 않도록 싸워달라."고 언제나 나에게 용기를 주었다. 가난한 가운데 어떻게든 가계를 꾸려나가고, 어린 장남과 차남을 기르면서 선거운동을 도와주었다. 그리고 당시 야당인 민주당이 주도한 시위의 선두에서 행진하기도 했다.

아내의 직접적인 사망 요인은 약물 쇼크였다. 수면제를 너무 많이 복용한 결과, 쇼크를 일으켜 병원에 가는 도중 사망했다. 그때껏 피곤과 고난에 쌓였고 선거 패배로 받은 정신적인 충격이 겹친 것이 아내가 죽은 간접적인 원인이었다고 생각된다. 결국 나의 정치 활동이 아내를 죽음으로 몰아넣은 것이다. 나는 그 일을 생각하면 지금도 비통과 회한에 휩싸인다.

아내가 죽고 얼마 되지 않아 그것이 실은 자살이었다는 소문이 내 귀에 들려왔다. 너무나 생활이 힘들어 자살했다는 것이다. 그런 소문이 날 정도로 아내가 겪은 고통은 큰 것이었다. 그 고생을 남들도 알았고, 그래서 그런 소문이 난 것이다.[75]

중앙정보부가 1970년 12월 14일자로 제작한 《신민당 대통령후보 김대중 인물 분석》 원본에는 "1960년 5월 27일 국회의원 낙선 부채 관계로 처 차용수(차용애의 호적상 이름 - 필자 주)는 서대문구 대현동 자택에서 음녹자살"[76]이라고 기록되어 있다. 사실과 다르다. 이렇듯이

75 일본 NHK 취재반 구성, 김용운 편역, 《역사와 함께 시대와 함께 - 김대중 자서전 1》, 인동, 1999, 112~113쪽.
76 중앙정보부, 《신민당 대통령후보 김대중 인물 분석》, 1970, 15쪽.

중앙정보부의 김대중 관련 자료에는 거짓과 날조된 내용이 많았다. 김대중 반대세력은 주로 이 자료를 중심으로 그를 중상모략하는 데 이용하였다.

차용애의 사망 원인은 당시 김대중과 병원 기록, 측근들의 증언에 따르면 약물 쇼크사가 분명하다. 차용애는 선거에서 연거푸 떨어진 정치인 남편과 어린 두 아들을 남겨둔 채 눈을 감았다. 서른세 살밖에 안 된 젊은 나이였다.

5장

두각을 드러낸 정치 신인

4 · 19혁명

독재 12년간 부패와 타락으로 점철된 이승만은 해방된 조국의 새 국가 건설에 성공하지 못했다. 이승만 자신은 끝없는 권력욕에 빠져 헌정 질서를 파괴하고, 친일파들을 중용함으로써 민족정기와 사회정의를 짓밟았다. 소수 지배층이 미국의 막대한 원조 물자를 독식하고 대다수 국민은 보릿고개와 춘궁기에 시달렸다. 국민의 사생활까지 경찰의 감시를 받는 경찰국가체제가 되고, 야당과 언론은 심한 탄압을 받았다. 이승만은 대통령 4선에 출마해 민주당 대통령후보 조병옥이 신병 치료차 미국으로 건너갔다 사망한 상황에서도 이기붕을 부통령으로 당선시키고자 온갖 부정을 저지르고 관권을 동원했다.

그러자 선거 당일 마산 시민들이 부정선거를 규탄하며 시위하는 일이 벌어졌다. 이날 시위에서 경찰의 발포로 8명이 숨지고, 많은 사람이 부상을 당한다. 민주당도 중앙당 차원에서 처음으로 대통령선거 무효를 주장하는 가두시위를 벌이기로 결정한다. 당시 김대중은 민주당 부대변인이었다.

시위에 참가하기 위해 집을 나서면서 김대중은 착잡한 심정을 가누기 어려웠다. 엄마가 없는 두 아들과 연로하신 부모님 때문이었다.

아내가 세상을 떠난 지 얼마 되지 않았고, 집에는 연로하신 부모님과 초등학교에 다니는 아들 둘만 있었기 때문에 나는 참으로 곤란한 처지였다. 연이은 빈곤한 생활의 연속이었다. 게다가 아내가 없는 가정의 가장으로서 가족에게 커다란 책임이 있었다. 만약 내일 시위대의 선두에 서게 되면 어떻게 될지 생각하면 생각할수록 심란했다.

정부가 제1차 마산의거가 있는 후에 "만약 시위를 하면 무력으로 진압한다."고 정식으로 포고했기 때문이었다. 가차 없이 무력 탄압을 한다면 마산같이 사상자가 몇 명쯤 나올 가능성도 있었다. 때문에 어린 자식들의 배웅을 받고 집을 나설 때는 비장한 각오를 했다. 동시에 가족에 대한 죄의식도 있었다. '가족을 뒤로하고 과연 시위대의 행렬에 가담해도 괜찮은가.' 하고 생각했다.[77]

김대중은 4월 6일 민주당 간부들과 함께 서울시청 앞 광장에서 시작된 시위 대열에 합류했다. 시위대 맨 앞에 서서 휴대용 마이크로 부

---

77 일본 NHK 취재반 구성, 김용운 편역, 《역사와 함께 시대와 함께 - 김대중 자서전 1》, 인동, 1999, 123~124쪽.

정선거를 규탄하고 대통령 재선거를 촉구하는 구호를 외쳤다.

집을 나서기 전에는 여러 가지로 혼란스러웠지만 결국은 이런 생각으로 나 자신을 납득시킬 수 있었다. '이것은 누군가 하지 않으면 안 되는 일이다. 누군가 희생하지 않으면 우리 민족의 운명을 바꿀 수가 없다. 이것은 이 나라 민주주의를 지키는 투쟁이다.'[78]

이날 시위는 시민, 학생 등 4천여 명이 합세하면서 격렬한 가두시위로 전개되었다. 이 무렵 민주당 활동을 살펴보자.

4월 3일 민주당, 민권수호국민총연맹·공명선거추진위원회와 공동으로 '부정선거규탄대회'를 열기로 함.
4월 4일 민주당, 민권수호국민총연맹·공명선거추진위원회와 공동 명의로 부정선거 규탄시위 계획안을 서울시에 제출.
4월 5일 정부, 부정선거 규탄시위 불허. 대구 민주당, 부정선거 규탄대회를 개최하고자 했으나 경찰의 방해로 좌절. 민주당·민권수호국민총연맹·공명선거추진위원회 간부 50여 명 민주당사에서 철야 농성.
4월 6일 민주당·민권수호국민총연맹·공명선거추진위원회의 간부 등과 시민·학생 4천여 명, 서울 중심가에서 대규모 반정부시위. 가두시위 및 투석전.

●
78   일본 NHK 취재반 구성, 앞의 책, 124쪽.

4월 8일　민주당 경남지구당 간부 20명 농성, 민주당 강원지구당 9
일의 시위에 대비하여 철야 농성.
4월 9일　민주당 경남지구당 당원 200여 명 삼엄한 경비 속에서 시
위, 민주당 강원지구당 경찰의 방해로 시위 좌절.[79]

　당시 민주당 강원지구당 부위원장이자 인제군지구당 위원장이었
던 김대중은 강원도로 내려가 시위할 계획을 세웠다. 그러나 경찰의
방해로 좌절되었다.
　마침내 4·19혁명은 성공했다. 이승만의 12년 독재에 진저리쳐온
국민들은 민주주의의 기초인 선거권까지 박탈당하자 들고일어나 이
승만 정권을 무너뜨린 것이다. 결국 이승만은 미국으로 쫓겨가고 허
정 과도정부가 들어섰다. 부통령 장면이 사퇴해 당시 외무장관이었던
허정이 정부 수반이 된 것이다. 민주당은 4월혁명의 주체는 아니었지
만 이승만 정권과 줄기차게 싸워온 야당으로서 대안세력으로 인식되
었다. 4월혁명 이후 민주당은 사실상 집권세력으로 부상했다. 혁명의
주체였던 학생들이 학원으로 돌아가면서 혁명정신을 실천할 수 있는
유일한 세력은 민주당뿐이었다.
　3·15부정선거가 자행된 뒤 김대중은 《인물계》 4월호에 〈자유당이
여! 하늘이 두렵지 않은가?〉라는 시론을 썼다. 4월호 특집은 "3·15선
거는 공명선거였나?"였는데, 김대중 글 외에 부통령후보 장면의 〈나
의 심경, 나의 결의〉, 자유당 중앙위부의장 한희석의 〈부정선거 운운

79　민주화운동기념사업회연구소 편, 《한국민주화운동사 연표》, 2006, 62~63쪽.

은 민주당의 트집전술〉, 통일당위원장 김준연의 〈자유당은 이씨 왕조를 만들 작정인가?〉, 민의원의원 장택상의 〈협잡선거요 기만선거였다〉, 언론인 고정훈의 〈3·15선거를 망친 악당을 숙청하라〉도 함께 실렸다.

당시 《인물계》는 정가에서 영향력이 큰 월간지였다. 김대중은 민주당 중앙정책 소위원 자격으로 기고했는데, 4월호 발행일자가 1960년 4월 1일이니, 잡지는 4월혁명이 일어나기 직전에 시중에 배포되었다.

김대중의 글 중에서 몇 대목을 살펴보자.

'3·15정부통령선거'를 치르고 난 현재의 심경은 "아무런들 차마 이럴 수야 있느냐?" "도대체 자유당은 이 나라를 어찌할 셈인가?"라는 생각만이 맴돌 뿐이다. 하도 어이가 없고 너무도 기가 막힌 현실라 오직 '멍' 하는 머릿속을 가누지 못한 채 절망과 탄식만이 앞선다. 이와 같이 끔찍한 일을 저지른 자유당을 비난하거나 책망할 염두도 기력도 없다. 다만 이 나라에 태어난 나 자신의 운명을 한탄할 뿐이고 이 정치하에서 '민주주의'니 '야당'이니 하고 덤비던 스스로가 '범 무서운 줄 모르는 하룻강아지'였던가 싶기도 하다. 아마 이러한 허무감과 절망된 심경은 극소자를 제외한 모든 동포들의 공동된 그것이 아닌가 생각된다. 거리를 오가는 국민들의 표정을 보나 그들이 독백하는 소리를 들으나 그 어느 곳에서도 주권자로서 국가의 정부원수正副元首선거라는 최대의 경사를 치르고 난 국민으로서의 긍지와 희열의 편린조차 찾아볼 수가 없다.[80]

정부통령선거라니, 도시 '선거'라는 말 자체가 당치 않다. 이것이 무슨 '선거'냔 말이다. 이것은 민주국가의 '선거'도 아니요, 독재국가의 '선거'도 아니다. 민주국가의 '선거'라면 '법' 그대로 '자유'와 '비밀'이 보장되어야 할 것이요, 독재국가의 선거라면 '법'부터 먼저 진정한 '자유'와 '비밀'이 없음을 명시해놓고 '선거연극'에 들어가야 할 것이다.

그런데 우리의 선거란 무엇인가? '법'에는 어느 민주국가 못지 않게 모든 '자유'와 '비밀'이 있다고, 명시해놓고, 실지 행동은 독재국가의 선거도 무색할 지경의 '공포'와 '공개'의 선거를 행하고 있으니 참으로 엉망진창의 희극이요, 법조문을 그대로 믿는 순진한 백성만 저승길 가기 알맞은 하늘 아래 둘도 없는 '선거'란 말이다. 오죽이나 기가 막혀야 《런던타임스》나 《맨체스터가디언》지가 "차라리 처음부터 아랍공화국이나 북한 괴뢰 같은 '가장된 선거'를 했던들 지금 저승에 간 사람들이 살아 있거나 할 것이 아닌가?"라고 했겠는가? 도대체 이번 선거는 처음부터 끝까지 일관해서 부정·불법·포악의 연속이다.[81]

이제 지긋지긋하고 소름이 끼친 악몽을 치르고 난 우리의 심정은 "자유당이여, 그대들은 하늘이 무섭지 않으냐?" "자유당이여! 그대들도 양자손養子孫을 할 사람들이냐?"라는 것뿐이다. 조국을 위하여

80   김대중, 〈자유당이여! 하늘이 두렵지 않은가?〉, 《인물계》, 1960년 4월호, 34쪽.
81   김대중, 위의 잡지, 34~35쪽.

거룩한 목숨을 바치신 선열들의 넋이 결코 그대들을 용서하지 않을 것이요, 민주주의를 사수하기 위하여 꽃과 같은 청춘을 희생한 호국의 영령들이 그대들의 죄악을 응징하고야 말 것이다. 그대들의 민주반역의 대죄는 하늘과 사람으로부터 결단코 용납을 받지 못할 것임을 알아야 할 것이다.[82]

김대중은 3 · 15선거 기간에 강원도와 경북 일부 지역을 순회하면서 장면 후보의 유세를 도왔다. 그 지역들 역시 다른 곳과 마찬가지로 부정선거운동이 판치고 있었다. 이런 현실을 직접 본 김대중은 중앙당 입장에서 전국 상황을 고려하면서 이 글을 쓴 것이다.

반공주의자 김대중

김대중은 《인물계》 5월호에도 비중 있는 글을 기고했다. 5월호 특집은 "4 · 19학생의거"였는데, 민주당 출신 민의원 윤재술의 〈4 · 19 학도의 터전에 서서〉, 서울대 강사 박준규의 〈우리는 책 든 젊은 사자들의 뒤를 따른다〉, 제2대 민의원 장홍염의 〈4 · 19의거와 경찰의 학살 만행〉을 비롯해 4월혁명에 앞장섰던 주요 대학 학생위원장들의 글도 실렸다. 김대중은 〈4월혁명의 역사적 의의 – 반독재 반공의 자유민주혁명〉이란 제목의 글을 썼다. 주요 내용을 발췌한다.

앞으로 우리나라 정계가 '보수 대 보수'로 나아갈 것인가 또는 '보

---

82 김대중, 앞의 잡지, 37쪽.

수 대 혁신'으로 나아갈 것인가에 대해서 이는 중요한 판단의 자료가 되는 것이다. 다음에 금반 혁명이 성공하게 된 요인에 대하여 이를 분석해 보면, 첫째는 이번 혁명의 주력 부대가 애국 정열과 조직적 훈련을 겸비한 학생·청년들이었다는 점이다. 군에 의한 '쿠데타'가 아닌 이상 혁명적 '부르주아지'가 성숙되어 있지 않은 후진국가의 민주혁명은 언제나 전투적 '인텔리겐치아' 특히 학생에게 의지하게 되는 것이 불가피하다. 중국의 5·4혁명, 이집트와 인도의 반제독립운동, 헝가리의 반공의거가 그렇다. 학생들의 궐기란 본시 그 동기가 지극히 순수하고 또한 그 행동이 매우 과감하기 때문에 국민적인 지지를 규합하고 반대자를 압박하는 데 가장 강력한 효력을 발휘하는 것이다.

둘째는 이李 정권이 최후의 구명자로 믿고 계엄령까지 선포해서 동원했던 군대가 오히려 학생·시민의 혁명에 공명과 동정의 빛을 보여주었다는 점이다. 더욱이 이번 혁명의 직접 원인이 3·15부정선거인데 이 부정선거를 가장 심하게 당한 것이 바로 군인인지라 그들이 이 정권의 명령에 순종할 리가 없었던 것이다. 이렇게 되고 보니 이 정권 유지의 유일한 번견은 경찰뿐인데 그들은 이미 4월 19일의 일제 봉기 앞에 완전 퇴조하고 말았던 것이다.

셋째 이 정권 붕괴의 또 하나의 큰 요인은 우방 특히 미국의 태도였다. 미국이 비록 내정간섭까지는 안 했지만 이 정권에 대한 가차 없는 충고와 시위 군중의 정당한 요구에 대한 동정 표시는 이번 민주혁명을 보다 적은 희생과 보다 짧은 시간으로 압축시킬 수 있는 고마운 힘이 되었었다 할 것이다.

《인물계》 1960년 5월호.

넷째 이번 혁명 성공의 사상적 원인은 이것이 어디까지나 이 정권의 독재에 대한 반항인 동시에 또한 철두철미한 반공산주의 성격의 것이었다는 점이다. 만일 이것이 다소라도 적색혁명적인 색채만 있었다 하더라도 우방과 여론의 지지란 없었을 것임은 물론 군의 무자비한 압살을 받았을 것임은 명약관화하다. 이 정권이 당초에 이를 공산조종에 의한 것으로 몰아서 분쇄해버리려고 했지만 시위 군중의 너무도 뚜렷한 반공산당적 성격 앞에는 결국 그들의 '데마고기'도 실패하고 말았던 것이다. [……]

다섯째는 이번 혁명이 단순히 학생이나 일부 시민만에 의한 것이 아니라 거의 전 국민이 이에 참가 내지 공명한 민주혁명의 성격을 망각해서는 안 된다. 어떠한 경우라도 국민적인 지지 없는 민주혁명의 성공이란 있을 수 없다. 우리는 시위 부대의 물결 속에 휩쓸려 다니는 수많은 시민과 연도에서 박수갈채하는 시민, 그리고 부상자를 위해서 갖은 정성을 표시하는 시민의 모습을 볼 때 이번 혁명의 성공이 당연 이상의 당연임을 알 수 있는 것이며, 또한 혁명의 주력부대인 학생들이란 기실 한 집 한 집 시민의 가정에서 부모들의 격려 아래 뛰어나온 시민의 아들이란 점을 잊어서는 안 될 것이다.

여섯째 이번 혁명의 성공을 가져온 직접 공로자가 학생 부대이라는 점은 다툴 여지가 없다. 동시에 우리는 오늘의 성공을 가져오는 데까지의 길을 닦아놓은 역군들이 있었다는 사실도 부인해서는 안 될 것이다. 그것은 부산정치파동 이래 10년의 세월을 두고 가진 박해에도 굴치 않고 반독재 민주 수호의 투쟁을 계속해온 야당과 언론계의 존재이다. 이러한 야당과 언론계의 불요불굴의 투쟁이 있으므로 해서 민주주의의 명맥이 유지되었고 국민에 대해서 투쟁의 방향과 목적을 제시했으며 그 성공의 필연성을 신념케 했던 것이다. 비比컨대 야당과 언론계가 그간 씨 뿌리고 가꾸어서 자란 능금나무에 청년학도들이 열매를 맺게 하고 이를 수확한 것이 금반 혁명의 발전 과정이었다 할 것이다.[83]

김대중 글을 다소 길게 인용한 데는 까닭이 있다. 30대 초반 4·19 혁명기에 그의 사상과 신념의 궤적을 살피기 위해서이다. 위의 글은 필자가 평전을 준비하면서 찾아낸 것이다. (서거 전에 확인했더니 자신이 쓴 글이라고 했다.)

인용문에서 살필 수 있듯이 그는 4월혁명의 발발 원인을 대단히 과학적으로 분석한다. 극우 성향에 가까울 정도의 반공 이념도 드러낸다. 그런데도 이후 정치활동 과정에서 끊임없이 김대중을 용공분자로 음해하고 그에게 붉은색을 덧칠한 이들은, 김대중의 지난날 행적을 제대로 살펴보지 않고 순전히 매카시가 쓰던 수법을 악용했음을 입증한다.

●

83   김대중, 〈4월혁명의 역사적 의의 – 반독재 반공의 자유민주혁명〉, 《인물계》, 1960년 5월호, 21쪽.

집권당 대변인으로 발탁

4월혁명으로 총선이 2년이나 앞당겨 실시되면서 김대중에게도 그만
큼 기회가 빨리 왔다. 허정 과도정부는 여야 협의를 거쳐 7월 29일 제
5대 국회의원선거를 실시한다고 공고하였다. 이에 앞서 국회는
6월 15일 내각책임제 개헌안을 통과시켜 제2공화국의 헌법적 토대를
마련하였다. 제3차 개헌 내용에는 내각책임제 외에 법률유보조항을
삭제한 기본권 보장 강화, 복수정당제도 보장, 헌법재판소 설치, 대법
원장·대법관의 선거제 채택, 중앙선거위원회의 헌법기관화, 경찰의
중립 규정, 지방자치단체장의 선거제 채택 등이 함께 포함되었다. 민
주주의가 상당히 진척되었음을 알 수 있다.

자유당이 붕괴해 생긴 정치적 공백 상태에서 군소정당이 난립했으
나 민주당 후보가 단연 유리한 상황이었다. 민주당 후보는 허수아비
를 세워도 당선된다는 분위기였다. 김대중은 새로운 희망을 안고 민주
당의 공천을 받고 인제에서 입후보하였다. 그러나 여전히 행운의 여신
은 김대중을 비껴갔다. 또 낙선한 것이다. 부재자 투표 때문이었다.

7·29총선을 앞두고 선거법이 개정되어 부재자 투표제가 새로 도
입되었다. 인제 지역의 유권자는 80퍼센트 가까이가 젊은 군인들이었
다. 이들이 몽땅 자기 고향 후보에게 부재자 투표를 하게 된 것이다.
젊은 군인들은 야당 성향이 강했고, 특히 3·15부정선거와 4·19혁명
을 거치면서 대개 민주당을 지지했다.

군인들 외의 유권자는 강원도 토박이들뿐이었다. 선거 결과 김대
중은 인제군 6개 면 중 5개 면에서는 이겼으나, 토착인들이 많은 한
면에서 자유당 후보에게 몰표가 쏟아져, 결국 1천여 표 차로 다시 한

번 낙선의 고배를 마셨다. 목포에서 한 번, 인제에서 두 번 낙선한 것이다. 후보 7명 중 자유당 전형산이 7556표로 당선되고, 김대중은 6538표를 얻었다.

비록 김대중은 낙선했지만 민주당은 대승을 거두었다. 민의원 233석 중 175석, 참의원 58석 중 31석을 장악했다. 민의원의 경우 나머지는 무소속이 49석, 사회대중당 4석, 자유당 2석, 한국사회당 1석 그리고 기타 군소정당이 2석을 얻었다. 참의원의 경우는 무소속이 20석, 자유당 4석, 사회대중당 1석, 한국사회당 1석, 민족진보연맹이 1석을 얻었다. 그런데 무소속 당선자들 중 상당수는 민주당 공천에서 탈락됐던 사람들이었다. 이들은 국회 개원과 동시에 민주당에 재입당한 경우가 대다수였다. 이런 점을 감안할 때 민주당의 실제 의석수는 앞의 통계를 훨씬 넘어섰다.

7·29선거 결과 양원에서 절대 다수 의석을 차지한 민주당은 8월 12일 민의원, 참의원 합동회의에서 민주당 구파의 윤보선 의원을 대통령으로 선출했다. 이어 19일 국회에서 민주당 신파 장면이 국무총리로 인준을 받았다. 윤보선은 당초 구파의 김도연을 총리로 지명했으나 인준을 받지 못했고, 장면이 지명되어 가까스로 인준을 받은 것이다.

장면이 제2공화국 초대 총리가 되면서 김대중에게도 정치적 서광이 비추기 시작했다. 내각책임제의 국무총리는 사실상 국가 권력의 실체이다. 윤보선 대통령은 형식상의 국가 상징이고 모든 권력은 장면 총리에세 집중되었다.

장면 총리는 김대중을 여당인 민주당 대변인으로 임명했다. 장 총리가 1백 명이 넘는 현역 국회의원을 두고 원외의 낙선 인사를 집권당 대변인으로 임명한 것은 파격이었다. 그것은 4월혁명 공간에서 김대중이 부대변인으로서 역할을 충실히 해냈다는 평가인 동시에 김대중 개인을 깊이 신뢰한다는 의미였다.

그때까지 부대변인으로서의 활동을 인정받아 그렇게 된 것 같았다 (내 위에 있던 전임 대변인은 법무부장관이 되었다). 인정받았다고 생각하니 참으로 감개가 무량했다. 이렇게 하여 처음으로 나는 정부·여당의 간부가 되어 활약할 수 있는 기회를 얻었다.[84]

장면 정부의 진로는 순탄하지 않았다. 오랜 독재에서 풀려난 국민들은 제각기 권리를 주장하며 가두시위에 나섰고, 4월혁명 주체인 학생들도 갖가지 요구 조건을 내걸고 거리로 나섰다. 이승만 정권에서 가장 심한 탄압을 받았던 혁신계는 급진적인 통일방안을 내걸고 거리로 나서고, 노동자들의 요구 조건도 거세었다. 자유당 정권에서 어용의 길을 걷거나 침묵했던 언론들까지 격한 목소리를 냈다.

정국은 하루도 조용한 날이 없었다. 여기에 권력 싸움에서 밀려난 민주당 구파는 나중에 장면 정부에 6명이 각료로 참여했으면서도 별도의 대변인을 내세워 사사건건 장면 정부를 흔들어댔다. 장면은 구파 출신 1명, 무소속 2명을 제외한 신파 일색으로 내각을 구성하면서

84   일본 NHK 취재반 구성, 김용운 편역, 《역사와 함께 시대와 함께 - 김대중 자서전 1》, 인동, 1999, 134쪽.

내부 대립을 격화시켰다. 민주당 구파 계열은 자신들의 대통령후보 조병옥이 선거 도중에 급서하면서 실의에 빠지고, 4월혁명 공간에서 신파가 반독재투쟁을 주도하면서 더 밀려나게 된다. 이런 상황에서 집권 경쟁에서까지 신파에 패배하자 감정이 격해져 급기야 1960년 10월 13일 민주당을 탈당하고 신민당을 창당하기에 이른다. 신구파의 알력이 분당 사태로 이어진 것이다.

장면 정부는 △부정선거관련자처벌법·부정축재자특별처리법·특별재판소 및 특별검찰부 설치법·공민권제한법 등 혁명 입법 추진 △지방자치제 실시 △적극적인 대미외교 등을 펴는 한편 '경제개발 제1주의'를 표방하면서 '경제개발5개년계획'을 세워 경제개발을 서둘렀다. 하지만 앞에서 지적한 대로 신구파 분쟁, 노장파와 소장파 대립 등 당내 파벌 싸움과 무능으로 약체 정권의 신세를 면치 못했다. 집권 기간 동안 세 차례나 전면적인 개각을 단행했으나 당내 단합을 이루지 못했다. 4월혁명을 진전시키는 실질적 개혁이 이루어지지 않자 민중은 다시 거리로 쏟아져 나왔다. 이 기간에 가두시위만 2천여 건 일어났고, 시위에 참여한 사람들만 한 해 1백만 명에 이르렀다.

특히 횃불 시위로까지 번진 2대 악법, 즉 반공법과 데모규제법 반대 투쟁은 "가자, 북으로! 오라, 남으로!"라는 구호 아래 혁신계와 학생들을 중심으로 통일운동을 펼치게 하는 한편 한국노동조합총연맹, 교원노조운동 등 노동자들의 대정부투쟁으로도 이어졌다. 물가는 38퍼센트나 뛰어오르고 실업률은 23.7퍼센트에 이르렀다. 미국의 압력으로 환율을 인상하고, 미국이 원조 자금 배당과 지출을 직접 감독하도록 한 한미경제협정의 체결도 경기 침체의 원인이 되었다.

장면 정부는 "혁명 사업을 비혁명적 방법으로"라는 구호 아래, 분출하는 '혁명적 욕구'를 제어하면서 정국 안정에 힘썼다. 그 결과 1961년 상반기에는 시위도 어느 정도 잦아들었다. 경제도 나아지고 있었다. 그러나 혁신계는 여전히 현실성 없는 발언만 하고 심지어 야간 횃불시위를 벌이는 등 과격한 전술을 취했다. 이런 혁신계 태도를 보며 김대중은 1961년 4월경 민주당 대변인 자격으로 다음과 같이 경고성 논평을 했다. 이 논평은 신문에도 크게 보도되었다.

"이승만 정권기에 혁신세력의 중심이었던 진보당의 조봉암 씨는 아시는 바와 같이 공산당과 내통했다는 이유로 사형당했다. 여러분 중 다수도 공산당과 밀접하다는 이유로 교도소에 들어가지 않았는가? 그 세력에게 지금의 자유를 주었다. 하지만 그 자유를 지탱하고 있는 정권을 쓰러뜨리면 그 뒤에 등장하는 것은 이제 군사정권 외에는 없다고 생각한다. 그렇게 되면, 또 혁신세력 사람들은 교도소에 들어가거나 목숨을 잃게 되든지 그 둘 중 하나가 될 것이다. '입술이 없으면 이가 시려진다[脣亡齒寒]'는 교훈을 떠올려야 한다."[85]

첫 당선

김대중은 매일같이 당 총재이기도 한 장면 총리를 만나 그날그날 신문 내용 등에 관해 협의했다. 예나 지금이나 당 대변인은 정치인 중에서도 가장 바쁘다. 이때 김대중은 정권의 최일선에 서서 국정 전반에

85　일본 NHK 취재반 구성, 앞의 책, 138~139쪽.

걸쳐 논평하고 야당·노동계의 반격에 대처했다.

나는 여당 대변인으로서 매일 각종 연설회와 공개토론회에 나가서 정부·여당의 입장을 대변했다. 내가 직접 말하는 것은 쑥스럽지만 대학교 강연회나 대중연설회에 나가서 야당이나 무소속의원과 같은 자리에서 연설하여 압도적인 우위와 인기를 얻었다. 그 가운데 이런 일도 있었다. 서울의 어떤 장소에서 한미경제협정 개정을 둘러싼 연설회가 열렸을 때였다. 내 앞 순서에 연설한 신민당과 혁신당은 "이 개정은 우리 조국을 미국에 팔아넘기려는 것과 같다.""장면 내각은 책임져야 한다."고 번갈아 주장하여 장내가 소란스러워졌다.

정부 측에서 출석한 장관이 설명하려고 했지만 발언이 거부당해서 옴짝달싹 못하는 형국이었다. 마지막으로 내가 연단에 올라갔을 때는 이미 흥분한 청중의 야유로 연설도 할 수 없었다. 하지만 나는 여기서 물러나면 안 된다고 생각하고 용기와 자신감을 갖고 한미관계의 중요성을 설명하고, 이 개정이 나라를 파는 것이 아닌 것임을 설득했다. 처음에는 소란스럽던 청중도 점차 내 말에 귀를 기울이게 되었다. 그리고 마지막에는 내 연설에 열렬한 박수까지 보내주었다.

이 연설회가 끝난 뒤에 혁신계는 '개정안 반대'를 위한 가두시위를 펼칠 계획이었다. 하지만 내 설득이 효과를 거둬 이 계획은 중지되었다.

나는 이때 옳은 일에 대해 신념을 갖고 말하면 국민들이 이해해준다는 확신을 얻을 수 있었다. 그리고 "용기는 최고의 미덕이다."
라고 말한 윈스턴 처칠의 말을 떠올리면서 진실에 근거한 웅변은
최고의 무기라는 확신을 갖게 되었다.[86]

김대중은 차츰 대중정치인으로 자리 잡아 갔다. 단련된 웅변술과
논리적인 성명으로 명성을 얻었고 중앙 정계에서도 존재감을 갖게 되
었다.

장면은 한국정치사에서 비운의 정치인이었다. 영국이나 미국에서
태어나 정치활동을 했다면 크게 성공했을 신사형 정치인이었다. 한국
정치풍토에서는 그와 같이, 권모술수를 모르는 사람은 성공하기가 쉽
지 않다. 더욱이 혁명기 지도자로서는 적격이 아니었다. 이 점에 대해
김대중은 다음과 같이 쓰고 있다.

장면 씨는 혼란기의 지도자로서 너무나 약했던 것이 사실이다. 개인
적으로는 선량한 인품으로 강한 성격의 소유자가 아니었다. 민주주
의에 대한 신념은 굳건했지만, 그것이 비상사태를 극복하는 데는 오
히려 약점이 되기도 했다. 당내의 신풍회에 대해서는 자주 불만을 표
시했지만, 강하게 질책할 수도 감싸 안을 수도 없는 상태였다.[87]

그러나 김대중은 장면을 대단히 높이 평가한다. 특히 그의 민주주

86   일본 NHK 취재반 구성, 앞의 책, 139~140쪽.
87   일본 NHK 취재반 구성, 앞의 책, 139쪽.

의에 대한 신념에 주목한다. 다음은 장면 총리가 김대중에게 말했다
는 내용이다.

"나의 가장 큰 사명은, 다시 총리에 뽑혀서 정권을 계승하는 데 있다
고 생각하지 않는다. 어떻게 하면 선거를 통해서 야당에 평화적으로
정권 이양을 할 것인가? 한국에서 합법적인 정권교체의 역사를 만들
지 않으면 안 된다. 그것이 내게 주어진 커다란 사명일 것이다."

당시 나는 내심 벌써 차기 정권의 종말을 생각하고 있는 것은 아닌
가 하며 안타깝게 여긴 것이 사실이다. 그러나 그 후 30년 이상 정권
교체가 평화로운 분위기 속에서 합법적으로 이루어지지 않았다는
점을 고려해볼 때 장면 씨의 말 속에는 음미해볼 교훈이 있었다.[88]

1961년 봄 김대중에게 반가운 소식이 들려왔다. 7·29총선 때 인제
에서 당선된 전형산 의원이 3·15부정선거에 관련된 사실이 드러난
것이다. 자유당 정권 때 그는 경찰서장이었다. 이 때문에 전 의원은
공민권을 제한받았고 의원 자격도 상실했다. 5월 13일 보궐선거가 치
러졌다. 김대중은 민주당 공천으로 출마해 7698표를 얻어 당선되었
다. 무소속 박주성 후보가 5627표로 그 뒤를 이었다. 김대중으로서는
네 번 출마해 얻은 3패 1승의 힘겨운 영광이었다. 5월 14일 당선이 확
정되어 군선거관리위원회에서 민의원 당선증을 받았다. 7년간의 고

88   일본 NHK 취재반 구성, 앞의 책, 139쪽.

생이 마침내 결실을 맺은 것이다. 타향에서, 친인척 하나 없는 머나먼 타향에서 천신만고 끝에 얻어낸 당선에 춤이라도 덩실덩실 추고 싶은 심정이었다. 다음은 김대중의 술회이다.

나는 1961년 5월 14일 당선이 확정되어, 군선거관리위원회에서 민의원 당선증을 받았다. 그걸 받아 든 순간 이 한 장의 증서를 위해 내내 고생만 하다가 이승을 하직한 아내 차용애가 떠올라 연민에 못 이겨 나는 눈물을 흘리고 말았다. 이제 곧 서울로 올라가면 이른바 '금배지'를 받게 되리라.

나는 이 증서와 그걸 들고 아내의 무덤을 찾아갈 결심을 했다. 민의원 당선증을 받은 14일과 15일, 나는 지친 몸을 이끌고 인제군 곳곳으로 당선 사례를 하러 다녔다. 서울에는 그 다음 날인 5월 16일에 올라갈 예정이었다.[89]

그런데 5·16군사쿠데타가 일어났다. 3년 전 부정선거에 참담해하며 그 문제를 허심탄회하게 논의하고자 찾아갔던 인제 지역의 사단장 박정희, 그 사람이 주동한 쿠데타였다.

한국야당사

김대중은 전통적인 정당인이다. 그를 알려면 한국 정당 특히 한국 야당의 맥을 아는 것이 중요하다. 해방 공간에서 4월혁명까지 한국 야

●
89 일본 NHK 취재반 구성, 앞의 책, 142쪽.

당의 전통을 간략히 살펴본다.

1945년 8월 15일은 곧 정치가 해방되는 날이기도 했다. 일제 36년, 정치는 없고 통치만 횡행한 폭압적 상황에서 정치가 '해방'되었다. 그러나 해방 공간에 '정치'는 없었다. 일제를 무너뜨린 미국과 소련은 해방군이 아닌 점령군으로 한반도에 진주하면서 한국인의 '자주 독립'을 허용하지 않았고, 8월 14일 여운형에게 행정권을 이양했던 조선총독 아베는 다시 이를 거둬들였다. 이는 미군 선발대가 비밀리에 서울에 와서 일본의 통치기구를 그대로 미군에게 인도할 것을 지시했기 때문이다.

여운형은 1944년 8월 10일 일본의 패전을 내다보고 민족해방을 준비하기 위해 건국동맹을 조직하고, 해방되면서 이 조직을 건국준비위원회(건준)로 확대, 개편해 해방 정국에 발 빠르게 대처했다.

미군은 1945년 9월 8일 북위 38도 이남 지역에 진주하고, 다음 날 9월 9일 태평양 방면 육군 총사령관 맥아더가 "북위 38도 이남의 조선 영토와 조선 인민에 대한 통치의 전 권한은 당분간 나의 권한하에서 시행한다."라는 포고령 제1호를 발표했다. 맥아더는 이 포고령에서 "점령 부대에 대한 모든 반항 행위 혹은 공공 안녕을 문란케 하는 모든 행위에 대하여는 엄중한 처벌이 있을 것이다."라고 '점령군'임을 분명히 하면서 통치권을 장악했다.

당시 중국 충칭[重慶]에는 대한민국 임시정부가 존재하고 있었다. 그러나 미국은 임시정부를 인정하지 않고 개인 자격으로 귀국할 것을 요구했다. 해방된 민족이 정치적 주체가 되지 못하고 미군정의 지배를 받게 된 것은 자력으로 해방을 이루지 못한 데 원인이 있었다. 임시정부와 건준이 공식적으로 인정을 받고 정치활동이 보장되었다면 해방 정국은 크게 달라졌을 것이다.

미군 진주를 이틀 앞둔 9월 6일 민중대표 1천여 명은 서울 경기여고에 모여 전국인민대표자회의를 열고 조선인민공화국(인공)을 선포했다. 다음 날 9월 7일에는 국내외 독립운동가와 좌우익 인사를 망라한 중앙정부 각료 명단도 발표했다. 주석 이승만, 부주석 여운형, 국무총리 허헌, 내무부장 김구, 외무부장 김규식, 재무부장 조만식, 군사부장 김원봉 등이었다. 그러나 미군정은 인공을 인정하지 않았으며 조선총독부를 그대로 이어받은 미군정만이 38도선 이남에서 유일한 정부라고 선언하고, 남한 내의 모든 정당에게 강령과 간부 명단을 등록하도록 했다. 인공은 이를 거부했고, 미군정은 결국 인공을 해체하고 말았다.

좌익세력이 주도해 인공을 선포하자 우익도 움직이기 시작했다. 1945년 9월 16일 서울 천도교기념관에서 한국국민당, 고려민주당, 조선민족당, 충칭 임시정부, 국민대회준비위, 연합군환영준비위원회 등의 대표 1천6백여 명이 모여 한민당을 창당했다. 한민당 주도 세력은 "인공 타도와 충칭 임시정부 절대 지지"를 밝히면서 이승만·김구·이시영·문창범·서재필·권동진·오세창을 영수로 추대하고, 수석총무로 송진우, 총무로 원세훈·백관수·서상일·김도연·허정·백남훈·조병옥·김동원 등을 선출했다. 강령은 △조선 민족의 자주독립국가 완성 △민주주의 정체 수립 △근로대중의 복리 증진 △민족문화 앙양과 세계문화에 공헌 △국제헌장 준수와 세계평화 기여 등이었다. △국민기본생활 확보 △호혜평등의 외교정책 수립 △언론·출판·집회·결사

및 신앙의 자유 확보 △교육 및 보건의 기회 균등 △중공업주의의 경제 정책 수립 △토지제도의 합리적 재편성 △국방군 창설 등도 내세웠다.

한민당은 귀국하기도 전에 김구와 이승만 등 해외망명 지도자들을 영수로 추대하면서 해방 정국의 주도 세력으로 등장했다. "인공 타도와 임시정부 봉대"를 내세우면서 우파 인사들을 끌어모았고, 비교적 민주적이고 진보적인 강령과 정책으로 국민들 관심도 모았다. 그러나 신탁통치 정국에서 통일정부를 지향하는 임시정부의 노선을 배척함으로써 "임시정부 봉대"라는 애초의 주장을 스스로 어기고 말았다. 또 다수의 당원이 군정 고문 또는 군정청 요직에 참여해 미국의 대한 정책이나 대외정책에 적극 협력했다.

한민당은 1946년 좌우합작운동이나 1948년 남북연석회의에 부정적인 태도를 보였다. 이승만의 남한 단독정부 수립 운동을 적극 지지했으며, 농지개혁에서도 유상매입·유상분배원칙을 고집해 지주층을 대변했다. 특히 '반민족행위처벌법' 처리 과정에서도 미온적이어서 친일파 집단이라는 비판을 받았다. 실제로 한민당 핵심 간부 중에는 일제에 협력했던 이들이 많았다.

1946년 10월 원세훈·이순탁·김약수 등 진보적인 중진 간부 1백여 명이 탈당하면서 한민당은 전형적인 보수정당으로 자리 잡았다. 지주·친일 관료·법조인 출신이 주류를 이루었다. 제헌국회에 상당수 의원을 당선시킨 한민당은 애초에 내각책임제를 토대로 헌법을 제정하려 했지만 막판에 이승만의 반대로 대통령제로 바뀌면서 이승만과 대립하기 시작한다. 더욱이 이승만이 내각을 꾸리는 과정에서 한민당을 소외시킴으로써 이승만과 한민당의 갈등은 더 깊어진다. '이승만 비판 노선'으로 급선회한다.

한민당은 1949년 2월 대한국민회의 신익희 세력과 대동청년단의 지청천 세력을 규합해 새로이 민주국민당(민국당)으로 발전했다. 흔히 한민당을 '한국 야당의 모태'라고 부르지만 엄격히 따지면 여당이라고도 야당이라고도 규정하기 어려운 '양성兩性 정당'의 성격이 강하다. 제헌국회에서 이승만을 대통령에 선출한 여당이면서, 초대 내각 구성에서 소외되어 야당이 된 점을 보더라도 그렇다.

한민당은 미군정과 이승만 정권에서 집권당 같은 위치에 있었다. 그래서 실정을 저지른 책임에서 벗어나는 한편 국민의 지지를 얻으려면 당명을 바꾸어야 했다. 민국당은 한민당에서 '민주'라는 글자를, 대한국민회에서 '국민'이라는 글자를 따서 1949년 2월 10일 창당한 최초의 야당이다.

민국당은 집권당에서 '탈권'당한 반발 심리에서 내각책임제로 개헌하려고 추진했다. 그러나 1950년 3월 14일 무소속 일부 의원들과 협력해 국회에서 표결에 부쳤으나 부결되고 말았다. 민국당은 창당 과정에서 김성수·백남훈·신익희·지대순을 최고위원으로 선출해 합의제로 운영하다가 능률적인 당 운영을 명분으로 위원장 제도로 바꾸었다. 위원장에 신익희, 부위원장에 김도연·이영준이 선출되고, 백남훈·서상일·조병옥이 고문을 맡았다.

한국야당사상 최초로 전당대회에서 위원장에 선출된 신익희는 독립운동가 출신으로 임시정부 국무원 비서장·외무총장·문교부장 등을 지내고, 해방 후 귀국해선 김구 등 임시정부 세력과 노선을 달리하며 이승만과 손을 잡았다. 대한독립촉성국민회 부위원장, 《자유신문사》사장을 역임했고, 국민대를 설립해 초대 학장도 지냈다. 남조선과 도입법의원 대의원으로 선출되었고, 1947년 입법의원 의장이 되었다. 제헌국회, 제2대 국회의장도 역임했다. 지청천의 대동청년단과 국민당을 결성해 대표최고위원도 맡았다. 그러다 1949년 한민당 김성수의 제의를 받아들여 민국당을 결성하고 위원장으로 선출된 것이다.

민국당은 한민당을 계승한 정당이므로 강령이나 정책이 한민당과 크게 다르지 않았다. 다만 이승만 정부에 반감이 강해 강령에서 "특수 계급의 독재를 부인하고 만민평등의 민주정치 실현을 기함"이나 "경제적 기회균등을 원칙으로 자주경제의 수립을 기함"이라는 내용을 추가하여 이승만 정부와 대립각을 세웠다는 점이 다르다. 민국당이 당세를 확장하고 내각제 개헌을 추진하는 등 정부를 압박하자 이승만은 자신의 권력 기반을 유지하기 위해 한국정당사상 최초 여당인 자유당을 결성해 민국당과 맞선다. 이로써 한국정당사상 처음으로 여야 양대 정당체제가 자리 잡게 되었다.

민국당은 이승만 정권의 탄압을 받으면서도 2대 국회의원선거에서 24석을 획득했으나, 3대 국회에서는 정부·여당의 극심한 관권·부정선거로 15명밖에 당선시키지 못했다. 자유당은 원내 절대 다수인 114석을 차지한 여세를 몰아 초대 대통령의 중임 제한 규정을 삭제하여 이승만의 종신 집권을 가능케 하는 개헌을 추진하였다. 급기야 1954년 11월 29일 국회에서 개헌안을 변칙적으로 처리하는 폭거를 저질렀다. 개헌안은 재적의원 203명 중 찬성 135표, 반대 60표, 기권 7표로 개헌 정족수인 136표에 1표가 미달되어 부결되었다. 그러나 자유당 정권은 "국회의원 재적 203명의 3분의 2는 135.333···인데 0.333···이라는 소수점 이하의 숫자는 1인의 인간이 될 수 없으므로 반올림하면 203명의 3분의 2는 135명이 된다."는 억지 주장을 펴며 이틀 후인 29일 부결 선언을 번복하고, 개헌안 가결을 선포했다. 이것이 낯부끄러운 '사사오입개헌'이다. 서울대 최 모 교수가 이승만에게 이 같은 '편법'을 은밀히 제안했다고 한다.

이승만의 종신제 개헌저지에 실패한 민국당은 무소속의원들과 호헌동지회를 조직하고, 이를 모태로 신당추진위원회를 구성해 민주당을 결성했다.

야당의 대명사, 민주당

민주당은 이승만 백색독재와, 박정희·전두환·노태우 3정권에 걸친 군부독재와 싸워온 한국 전통 야당의 대명사이다. 이승만과 싸우다가 1960년 4월혁명과 함께 집권한 '원조 민주당'에 이어 통일민주당, 평화민주당, 새천년민주당 등 야당(또는 집권 후에도)의 정통성을 지키고자 한 역대 정치세력은 '민주당'이란 당명을 선호했다.

민국당과 무소속의원 60명으로 구성된 호헌동지회는 1955년 9월 18일 자유당 전횡 저지와 효율적인 헌법 수호를 내걸고 민주당을 창당했다. 민국당이 중심이 되고, 장면·정일형 등 흥사단계, 현석호·이태용 등 자유당 탈당계, 기타 무소속 정치인들이 참여해 반이승만 세력을 이루었다. 그러나 조봉암 등 혁신계와 이범석의 족청계族靑系(조선민족청년단)를 배제하면서 한민당·민국당으로 이어지는 보수성을 그대로 유지하는 한계성을 드러냈다.

민주당은 반공·반독재, 대의정치 및 책임정치 확립, 사회정의에 입각한 국민경제체제 확립, 평화적 국제관계 수립을 기본 이념으로 천명했다. 정책은 독재 배격과 민주주의 발전, 공정한 자유선거로 실현하는 대의정치, 내각제 구현, 건전한 국민경제의 발전과 근로대중의 복지 향상, 민족문화 육성과 문화 교류로 세계문화에 기여, 민주 우방과 맺은 제휴로 국토 통일과 국제주의 확립 등이었다.

민주당은 이승만 정권의 독재를 종식시키려면 내각제 개헌이 불가피하다고 인식하고, 이에 온 힘을 집중했다. 당은 집단지도체제로 운영했는데, 창당 당시 대표최고위원이 신익희, 최고위원은 조병옥·장면·곽상훈·백남훈이었다. 민주당은 한민당·민국당에서처럼 지주계급과 일제 협력자, 여기에 일부 독립운동가 출신과 종교인들이 참여한 '혼성여단' 격이었다. 창당 과정에서 민국당 출신들과 새로 참여한 인사들 간의 이해가 엇갈려 뒷날 구파와 신파로 대립되는 계기가 된다. 신파와 구파는 출신 배경이나 정치적 성향에서 일정한 차이가 있었는데 구파에는 지주 출신이, 신파에는 일제 관료 출신이 많았다.

민주당은 치열한 당내 경선 끝에 대통령후보에 신익희, 부통령후보에 장면을 선출하고, 자유당의 이승만·이기붕 후보와 맞섰다. 그러나 신익희 후보가 선거를 열흘 앞두고 갑자기 사망함으로써 정권교체를 실현하진 못했다. 장면 후보는 부통령에 당선되었다.

선거 당시 민주당은 "못살겠다 갈아보자!"라는 구호를 내걸고 자유당의 독재와 비리를 공격하면서 평화적인 정권교체를 호소했다. 한국전쟁과 거듭된 실정으로 도탄에 빠져 허우적대던 국민들은 민주당의 이런 구호와 정책에 크게 호응했다. 자유당은 "갈아봤자 별수 없다!" "구관이 명관이다!"라는 구호로 맞불을 놓았다. 또한 경찰과 관권을 총동원해 부정·공포선거를 획책하고, 신익희의 죽음으로 쉽게 재집권에 성공한다. 이 선거에는 진보당전국추진위원대표자회의의 조봉암이 입후보했는데 예상외의 득표로 민심이 이승만 정부에게서 얼마나 등을 돌렸는지 보여주었다.

자유당은 다시 정권을 장악했지만 이승만이 노령이라 언제 부통령인 민주당의 장면에게 정권이 넘어갈지 모르는 불안한 상황이었다. 민주당은 더욱 가열하게 반독재투쟁을 펼쳤다. 그 결과 1958년에 실시된 제4대 민의원선거에서 자유당의 방해에도 79석이나 얻어 자유당의 개헌선을 무너뜨렸다. 장면 부통령 저격 사건이 실패하고 민주당이 더 강하게 도전하자 정권 유지에 위협을 느낀 자유당은 서울을 비롯한 대도시에서 거의 야당에 의석을 내주어야 했다.

1956년 정부통령선거와 1958년 제4대 국회의원선거 결과 민심이 빠른 속도로 자신들에게서 등을 돌리고 있음을 알아챈 자유당은 그 원인을 야당과 언론의 '선동적인 비판'에서 찾았다. 그리고 언로를 억누를 길을 찾다 신국가보안법을 만들었다. 1년여 앞으로 다가온 제4대 정부통령선거에 대비해 야당과 비판적인 언론을 통제하기 위한 수단이었다. 이에 민주당과 무소속의원 등 80여 명이 국회 본회의장에서 무기한 농성에 들어가자 자유당은 1958년 12월 24일 경위권을 발동해 야당의원들을 끌어낸 뒤 자유당 의원들만 출석한 가운데 신국가보안법을 통과시켰다. 이를 '보안법파동'이라 한다.

민주당 신파와 구파는 1960년 제4대 정부통령선거를 앞두고 치열하게 대결했다. 그 끝에 대통령후보로는 구파의 조병옥, 부통령후보로는 신파의 장면을 선출했다. 조병옥과 장면은 단 3표 차이였다. 신파와 구파는 사활을 걸고 결전했지만 표결에 승복함으로써 당내에 민주주의 전통을 다져놓았다. 이승만 독재로 민주주의가 형해만 남아 있는 현실에서 민주당의 이런 당내 분위기는 그나마도 민주주의 명맥을 유지한 실천이라고 볼 수 있다.

그러나 민주당의 불행은 이어졌다. 3·15정부통령선거를 앞두고 조병옥 후보가 미국에서 치료 중에 갑자기 사망한 것이다. 결국 민주당은 두 번째 대통령후보를 잃고 선거를 치르게 되었다.

조병옥은 광주학생운동과 수양동지회사건으로 5년간 복역했다. 해방 후 김성수·장덕수 등과 한민당을 창당하고 미군정청 경무국 국장으로 취임해 좌익 색출에 힘을 쏟았다. 한국전쟁 때 내무부장관을 역임했지만 이승만과 의견이 충돌해 반이승만 세력의 주요 인물로 돌아섰다. 3, 4대 민의원에 당선되고 1956년 민주당 대표최고위원에 선출되면서 야당 지도자가 되었다. 1960년 민주당 대선후보로 출마했지만 신병으로 사망했다. 대구10월항쟁과 제주4·3항쟁 진압 과정에서 벌어진 인명 살상에 대한 책임 여부가 논란이 되기도 했다.

제1야당의 대통령후보가 없는 3·15선거는 싱겁게 끝났지만, 자유당은 몰락의 길에 들어선다. 이기붕의 부통령 당선을 위해 유례없는 3인조, 9인조의 부정선거를 획책하다가 국민들에게 저지당하고 급기야는 4·19혁명으로 자유당의 기둥이었던 이승만 정권이 무너졌기 때문이다. 이기붕 일가는 자살하고 이승만은 미국으로 망명함으로써 12년 독재는 막을 내렸다. 이제 민주당에는 '쨍 하고 해 뜰 날'이 찾아왔다.

1960년 7월 29일 실시된 제5대 국회의원선거에서 민주당은 압도적으로 승리해 정권을 수립했다. 이미 내각제로 개헌을 이룬 상태였다. 민의원, 참의원 합동회의는 8월 12일 구파의 영수 윤보선을 대통령으로 선출하고, 약속대로 총리는 신파의 영수 장면을 지명토록 하였다. 그러나 윤보선이 자파의 부영수 격인 김도연을 지명하면서 신구파의 갈등이 시작됐다.

합동회의에서 신파 측이 담합해 김도연의 인준을 거부하자 2차로 지명된 장면이 간신히 인준을 받아 제2공화국의 집권은 신파 쪽으로 돌아갔다. 이런 신구파의 갈등은 제1차 내각을 구성하면서도 드러났다. 장 총리가 구파 출신 1명, 무소속 2명을 제외하고는 신파 일색으로 내각을 구성한 것이다. 구파 측이 크게 반발하자 국무위원 몇 자리를 할애했지만, 구파는 이에 만족하지 않고 별도의 원내교섭단체를 등록했다. 구파가 1960년 10월 18일 신민당을 창당함으로써 신구파의 알력은 분당 사태로 결말나고 말았다.

민주당은 수많은 국민이 희생한 대가로 집권하고서도 분파, 분당 사태에 휘말려 혁명 과업을 제대로 수행하지 못했다. 결국 5·16쿠데타가 일어나 장면 정권은 9개월 만에 붕괴되었다. 김대중의 고난은 다시 시작되었다.

2부. **폭압의 시간**

6장

박정희의 등장

5·16쿠데타

1170년 고려 의종 24년에 무신정변이 일어났다. 정중부 등이 일으킨 쿠데타였다. 이들은 문신, 환관들을 죽이고 권력을 장악한 뒤 의종을 폐위하고 그의 동생 호[明宗]를 왕위에 앉혀 조정의 요직을 장악했다. 이후 100여 년 동안 이의방·경대승·이의민·최충헌·최우로 이어지는 무신시대가 열렸다.

고려의 무신정변은 문민 우위의 우리 역사에서 지극히 돌출적인 변고였다. 무신 권력자들은 사설 도방都房과 교정도감敎定都監 등을 설치해 권력을 오로지하면서 전횡을 일삼았다. 문민 지배의 전통을 깨뜨린 것이다.

그로부터 수백 년이 흐른 1961년 5월 16일 새벽 또다시 군사쿠데타가 일어났다. 군부는 장면의 합헌정부를 무너뜨리고 권력을 강탈했다. 주도자는 박정희 육군소장이었다. 경북 선산 출신인 박정희는

1937년 대구사범학교를 졸업한 뒤 3년간 초등학교 교사로 근무하다가 만주군관학교와 일본육군사관학교를 혈서로 지원해 졸업했다. 일본군 중위로 있다가 해방을 맞았다. 국군 창설에 참여해 1946년 육사 2기로 졸업하고, 제2군단 포병 사령관, 제5사단 사단장, 제6군단 부군단장, 제7사단 사단장, 제1군 참모장, 6관구 사령관, 군수기지 사령관, 제1관구 사령관, 육군본부 작전참모부장, 제2군 부사령관 등을 거쳤다. 1961년 제2군 부사령관으로 있을 때 쿠데타를 주도한 것이다. 이 쿠데타는 10·26사태로 박정희가 암살당한 뒤 또다시 전두환·노태우라는 신군부가 들어서 한국 사회에 30여 년간 군사정권이 뿌리내리는 계기가 되었다.

5월 16일 새벽 3시경 해병대·공수단·제23사단에서 출동한 반란군은 박정희 소장의 지휘 아래 한강 어구에 이르렀고, 약간의 총격전 끝에 예정보다 약 1시간 늦게 서울에 들어서는 데 성공했다. 이들 반란군은 중앙청과 서울중앙방송국 등 목표 지점을 일거에 점령하고, 5시 첫 방송을 통해 거사의 명분을 밝히는 한편 혁명공약 6개 항을 국내외에 선포했다. 이어 9시에는 군사혁명위원회 명의의 포고령으로 전국에 비상계엄을 선포하고 오후 7시를 기해 장면 정권을 인수한다고 밝혔다.

한국군 작전지휘권을 쥐고 있던 유엔군사령관 매그루더 대장이 쿠데타 반대 성명을 발표하면서 반란군 진압 의사를 밝혔다. 그러나 장면 총리는 숨어버리고, 윤보선 대통령은 "올 것이 왔다."며 쿠데타를 수용하면서 기정사실로 받아들였다.

당시 혜화동에 있던 가르멜 수녀원에 피신해 있던 장면 국무총리는 21일 오전 은신처에서 나와 국무회의를 개최한 후 내각총사퇴서를 발표하고 군사혁명위원회에 정권 이양을 의결했다. 윤보선 대통령도 국무회의 결정을 그대로 재가했다. 같은 날 미 국무부도 박정희가 반공친미적임을 확인하고는 쿠데타를 사실상 승인했다. 이로써 5·16쿠데타 세력은 권력의 실체로 자리 잡게 되었다.

김대중에게 5·16은 날벼락이었다. 4전 3패 천신만고 끝에 간신히 국회의원에 당선되어 아직 '금배지'도 받기 전인데 쿠데타가 일어난 것이다. 군사정권은 국회와 정당을 해산시켜 국회의원이란 존재는 '고급실업자'로 전락한 터였다.

이른 새벽, 민주당 인제 지구당의 한 당원이 그 전날 당선 사례를 하러 다니느라 녹초가 된 나를 다급한 목소리로 흔들어 깨우며 "서울에서 군인들이 쿠데타를 일으켰다."고 알려주었다. 그것을 듣고 놀라기는 했지만 그날 나는 사태를 그리 심각하게 받아들이지는 않았다.

나는 곧바로 일어나서 차를 타고 서울로 향했다. 나는 이전부터 상경할 예정이었는데 일정을 조금 앞당겨 16일에 상경하게 되었던 것이다. 서울로 가는 도중에 육군부대가 연달아 서울을 향해 가는 것을 목격할 수가 있었다. 심상치 않은 분위기였다.

서울 근처에 가까워졌을 즈음, 라디오 뉴스를 듣자 주한미국 대리대사 마셜 그린과 유엔군 매그루더 사령관(주한미군 제8군사령관 겸임)이 함께 공동성명을 내고 "미국은 장면 내각을 지지하고 있다. 이 쿠데타는 인정할 수 없다."는 취지로 쿠데타에 대한 입장을 분명히 밝히는 성명을 발표했다. 나는 그것을 듣고 일단 안심했다. 반란 군은 금방 진압되겠다고 생각했던 것이다.[90]

쿠데타에 성공한 박정희는 군사혁명위원회를 꾸려 당시 육군참모 총장이던 장도영을 의장으로 앉히고 자신은 부의장으로 있으면서 실권을 행사했다. 국회와 정당·지방자치단체를 모두 해산시키고, 포고령 제1호를 통해 옥내외 집회금지, 국외여행 불허, 언론사전검열 실시, 야간 통행금지 연장 등을 발표했다.

쿠데타 세력은 5월 18일부터 군사혁명위원회를 국가재건최고회의로 바꾸고, 국가재건비상조치법을 공포해 입법권과 사법권 일부와 사법·행정에 대한 지시·통제권을 장악했다. 국가재건최고회의는 법제·사법·내무·외무·국방·재정·경제·교통·체신·문교·사회·운영·기획 등 분과위원회를 구성하고, 직속기관으로 중앙정보부·재건국민운동본부·수도방위사령부·감사원을 신설해 본격적인 군정에 돌입했다. 국가재건비상조치법은 5·16 전후에 반국가적·반민족적·반혁명적 행위를 한 자를 처벌하기 위해 최고회의가 특별법을 제정할 수 있고, 이러한 사건을 처리하기 위해 혁명재판소와 혁명검찰부를 둘 수 있게 함으로써 군사정권의 통치 기반이 되었다. 쿠데타 세력은 혁명재판소와 혁명검찰부를 설치해 이른바 용공분자 색출이란 명분으로 혁신계 인사들을 대대적으로 검거했다. 또 4월혁명 이후 광범위

---

90 일본 NHK 취재반 구성, 김용운 편역, 《역사와 함께 시대와 함께 – 김대중 자서전 1》, 인동, 1999, 145쪽.

하게 등장한 각종 민주적 정당과 사회단체·언론매체·노동조합을 강제로 해산시키는 등 민주세력을 폭압적으로 탄압하고 무단정치를 시작했다.

군사정권의 서막

쿠데타 세력은 자신들을 합리화하려고 장면 정부의 부정부패를 과장해 공표했다. 혁명공약 제3항에서는 "이 나라 사회의 모든 부패와 구악을 일소"하겠다고 내걸었다. 이에 대해 김대중은 자서전에서 다음과 같이 반박한다.

> 쿠데타 이후에 그들은 거창하게 '민주당 정권(장면 정권)'의 부패상을 발표했다. 또한 군사혁명재판도 실시했다. 하지만 장면 내각의 각료 중 누구 한 사람도 유죄로 만들 수 없었다.
> 일단 죄가 있다는 각료는 단 한 사람으로 그것도 자신이 아닌 부하가 저지른 일이었다. 그 각료가 미국에 출장 가 있는 사이에 한 부하가 중고 냉장고를 자기 집으로 선물로 가지고 왔는데 그것을 뇌물죄로 추궁한 것이다. 이처럼 군부가 쿠데타의 이유로 내건 '장면 정권의 부패'는 거짓말이었다. 결국 전혀 근거도 없는 쿠데타를 일으킨 것이다.[91]

5·16쿠데타는 김대중에게서 원내 진출의 꿈을 하루아침에 빼앗아

91   일본 NHK 취재반 구성, 앞의 책, 149~150쪽.

가 버렸다. 이후 박정희와 김대중은 최대 정치적 라이벌 관계가 되었고, 박정희는 온갖 수단 방법을 가리지 않고 김대중을 탄압했다. 정치적 좌절을 겪은 김대중은 박정희가 민주당의 부패를 명분으로 일으킨 쿠데타를 결코 용납하려 하지 않았다.

장면 내각은 1960년 8월 23일에 성립되었다. 그런데 신정권 발족 후 아직 13일밖에 지나지 않았는데, 박정희 등 일부 정치군인들은 충무로에 있는 충무장에서 정권을 뒤집을 모의를 시작했다는 것이다. 출범 13일밖에 안 된 민주당 정권이 부패했다고 어떻게 말할 수 있겠는가? 어떻게 무능하다고 말할 수 있겠는가?

4월학생혁명 후 새로운 정권이 발족하여 국민 모두가 이 나라도 민주정치가 실시된다는 희망에 부풀어 있을 때 일단의 군인들은 그 정권을 쓰러뜨릴 계획을 세우고 있었던 것이다. 이것은 남의 이야기가 아니라 본인들이 쓴 《5·16군사혁명사》에 명기되어 있다. 신정권이 발족한 지 불과 13일째를 기해 쿠데타를 계획한 것은 자신들의 정권욕 때문이었다. 이 쿠데타에 관한 최초의 논의 장소는 "서울 충무장이라는 요정(당시 동화백화점 동쪽 건너편의 전골요릿집)이었다."고 써놓고 있다. 김종필·김형욱·오치성·길재호 등 쿠데타 주모자들의 모임이었다.[92]

김대중은 박정희를 비롯한 5·16 주체세력이 '정권욕'에서 쿠데타

---

92 일본 NHK 취재반 구성, 앞의 책, 149쪽.

를 일으켰다고 본다. 한편 윤보선 대통령과 장면 총리의 무능에 대해서도 안타까운 심정으로 비판을 가한다.

(장 총리가) 미 대사관에 무사히 들어갔다면 박 소장도 그렇게 맘대로 할 수 없었을 것이다. 당시 책임자인 국무총리가 무사한 이상 얼마든지 쿠데타군을 진압할 수 있었고, 그의 권한인 비상계엄령의 포고도 불가능했을 것이다. 또한 수도원으로 피신했다면, 즉시 누군가에게 지시해서라도 유엔군이나 미 대사관으로 연락을 취했어야 했다. 하지만 아무것도 하지 않고 몸을 숨긴 채 행방불명되었기 때문에 시간만 낭비한 것이다. 장 총리는 보기 드물게 선량한 사람이었지만 심약하였고, 위기대처능력에 있어서는 문제가 있었다.

나는 군사쿠데타가 성공한 직접적인 책임은 장면 총리와 윤보선 대통령에게 있다고 생각한다. 미국 측은 쿠데타 당일 아침 도무지 장 총리의 행방을 알 수 없었기 때문에 할 수 없이 윤 대통령 관저로 향했다. 대통령은 헌법상 엄연히 군통수권을 갖고 있었기 때문이었다. 하지만 한국군의 작전지휘권은 한국전쟁 당시 대전협정에 의해 미군사령관이 갖고 있었다. 유엔군 사령관인 매그루더 장군과 그린 미국 대리대사가 윤 대통령을 방문했다. 물론 쿠데타를 일으킨 부대를 반란군으로 보고, 그 진압을 위해 미군 1개 대대와 한국군 제1야전군 일부 병력을 출동시키고자 윤 대통령의 승인을 받으려고 한 것이다.

그런데 윤 대통령은 이것을 전면 반대했다. "무슨 권리로 남의 나라 내정에 간섭하는가."라고 대답했다고 한다.[93]

수많은 시민, 학생들이 희생한 대가로 집권한 윤보선과 장면은 자신들 안위에만 급급한 채 쿠데타에 효과적으로 대처하지 못하였다. 민주주의에 대한 신념이 부족했고, 지도자로서 용기도 없었던 것이다. 그래서 쿠데타는 성공했고, 이후 30년간 군사정권이 유지되었으며, 그 잔재 세력이 오늘날까지 곳곳에 남아 권력의 실세 노릇을 하기에 이르렀다. 이렇게 된 데에는 윤보선과 장면의 책임이 실로 크다. 미국 케네디스쿨의 데이비드 거겐은 "올바른 대의를 위해 칼 아래 쓰러질 용기가 없다면 그 누구도 정치적 성공을 거둘 수 없다."고 했다.

쿠데타를 주도한 박정희는 허수아비로 내세웠던 장도영을 제거하고 7월에 국가재건최고회의 의장에 취임해 군사정권의 리더가 되었다. 명실상부한 군정의 실세가 된 박정희는 미국과 보수세력의 지지를 확보하려고 대대적인 혁신계 인사 검거에 나서 3천3백여 명을 구속했다. 중앙정보부를 만들고, 반공법·노동자의 단체활동에 관한 임시조치법·집회에 관한 임시조치법을 제정하는 등 민중의 저항을 막을 각종 제도적 장치들도 마련했다. 농어촌고리채정리법·재건국민운동에 관한 법률·부정축재처리법·농업협동조합법 등을 잇달아 공포하는 한편 경제개발5개년계획을 발표해 국민의 불만을 무마하려 했다.

5월 16일 서울에 도착한 김대중은 쿠데타가 일어났는데도 다음 날 동생을 시켜 국회에 등록하려고 했지만 국회는 이미 해산된 상태였다.

그날 서울에 도착한 나는 당선한 의원으로서 등록만은 해두고 싶었

---

93   일본 NHK 취재반 구성, 앞의 책, 146~147쪽.

다. 나는 다음 날인 17일 동생에게 국회 등록을 부탁했다. 그러나 국회는 16일에 벌써 군사혁명위원회의 포고 제4호에 의해 해산되고 없었다. 참으로 어이없는 일이었다. 7년의 고생 끝에 얻은 의원직이었는데 나는 자리에 한번 앉아보지도 못한 채 그걸 빼앗긴 것이다. 당선의 기쁨을 누린 건 단지 이틀뿐이었다.

집에 틀어박힌 채 나는 얄궂기 짝이 없는 운명을 한탄했다. 그러나 그것도 잠깐이었다. 경찰이 나를 체포해 형무소에 수감했기 때문이다.[94]

금배지 빼앗기고, 구속당하고

쿠데타 세력은 5월 23일 포고령 제6호를 내리고 민주당 정권의 간부들을 체포하기 시작했다. 당 대변인이자 국회의원 당선자인 김대중도 이들과 함께 구속되었다. 김대중을 구속한 민간인 검사는 당 활동자금 일부를 횡령한 게 아닌가 하고 조사를 시작했다. 당에서 받은 자금과 김대중에게서 자금을 받은 사람들을 모아놓고 액수를 조사하여 거듭 비교했지만 비리는 드러나지 않았다. 비리 혐의가 없자 검사가 오히려 군인들을 원망하는 넋두리를 했다. 검사는 이번에는 사상 문제를 뒤졌다.

그다음에 받은 혐의는 용공 문제였다. 경찰은 나에 대한 티끌만 한 혐의점까지도 이미 세세하게 조사를 해두고 있었다. 검찰은 조서를

•
94   김대중, 《나의 삶 나의 길》, 산하, 1997, 94쪽.

바탕으로 집요하게 추궁했다. 심지어는 1949년 5월에 남로당에 자금을 제공하지 않았느냐고 캐물었다. 그건 내 친구의 친형이 서울에 가면서 여비가 없다고 하길래 내가 빌려주었던 일을 언급하는 것이었다. 그 사람이 남로당과 관계가 있었던 건 사실이다. 그러나 돈을 빌려줄 당시 나는 그 사실을 모르고 있었다. 그래서 이미 혐의가 밝혀져 누명을 벗은 지도 오래된 사건이었다.

검찰은 그밖에도 사소한 몇 개의 혐의점에 대해 조사했지만 나를 잡아넣을 꼬투리는 어디에도 없음을 깨달았다. 결국 그들은 용공혐의도 없다고 결정했다.

3개월 만에 나는 형무소에서 나올 수 있었다. 그들이 그만큼 철저하고 세심하게 나에 대해서 조사를 했다는 얘기가 된다.

당시 쿠데타군이라면 나는 새도 떨어뜨리고 울던 아이도 울음을 그치게 한다고 했다. 그렇게 서슬이 시퍼렇던 그들이었다. 그런 그들이 무려 3개월씩이나 나를 조사하여 무혐의 판정을 내렸다면, 그건 확실한 것이라고 할 수 있다. 그들이 그 당시 용공혐의로 검거한 숫자는 무려 2천 명을 넘어섰다고 하니 말이다.

그 이후로도, 그리고 오늘까지도 정적들이 나에게 무단히 용공시비를 걸어올 때면 나는 그때 그 일을 지적해주고 싶어진다.

쿠데타를 정당화시키기 위해 그들 당사자들은 부정부패와 용공혐의에 대해서는 참으로 가혹하게 대했고, 하나라도 더 감옥에 처넣기 위해 혈안이 돼 있었다. 그런 그들에게 민주당 정권의 현직 대변인이라는 사람은 참으로 구미를 당기게 하는 인물 중의 하나였으리라. 그럼에도 불구하고 그들은 무혐의를 인정할 수밖에 없었고

또 나를 풀어줄 수밖에 없었던 것이다.[95]

박정희 군사정권은 1962년 3월 16일 구 정치인과 군내 반대파의
손발을 묶으려고 정치활동정화법을 공포했다. 이 법률로 최고회의에
서 추방된 전 군 지도자와 군사정권에 비판적인 언론인을 포함해 자
유당·민주당·신민당 그리고 진보적 군소정당의 지도자·전직 고위
관리·남북학생회담 관련 학생지도부 등 4374명의 공민권이 박탈되
었다. 이들에게는 향후 6년간 공직 선거 출마, 선거운동, 정치집회 연
설, 정당활동 등 일체의 정치활동이 금지되었다. 이렇듯 정치활동정
화법은 쿠데타 세력이 본격적으로 정치 일선에 나설 때까지 일정 기
간 동안 기성 정치인들을 정치무대에서 격리시키려는 데 목적을 두었
다. 규제 기간이 6년인 까닭은 그 사이에 치러지는 두 차례 선거를 통
해 국민들에게 자신들을 인식시키고, 제1차 경제개발계획의 성과를
바탕으로 국민들에게서 신망을 얻을 수 있다는 계산이 깔려 있었기
때문이다.

김대중도 정치활동이 규제되었다. 이미 국회와 정당이 해산된 터
라 정치활동을 할 수도 없는 처지였지만, 정치활동을 하려고 신문사
와 사업체까지 정리한 김대중에게는 실로 난감한 상황이었다. 향후
진로 문제를 두고도 고심하지 않을 수 없는 일이었다.

당장 가족의 생계 문제도 걸려 있었다. 아내 없는 집에는 노령의
어머니와 어린 두 아들, 심장병을 앓은 누이동생이 살고 있었는데 그

95 김대중, 앞의 책, 95~97쪽.

것도 셋집이었다. 상경할 때 샀던 집은 야당생활을 하느라 팔았다. 거기다 3개월씩이나 붙들려가서 온갖 고초를 겪느라 몸도 마음도 만신창이가 되었다. 김대중 생애를 돌아보면 어느 때고 별로 평탄한 적이 없었지만 5·16쿠데타 직후 기간이 특히 어렵고 힘든 때였다.

김대중은 풀려난 지 얼마 뒤인 7월 20일 이번에는 서울지방검찰청에 구속되었다. 인제 보궐선거 당시 호별 방문 등 선거법을 어겼다는 혐의였다. 포고령 제6호로 구속되었다가 기소할 만한 건(件)이 없어 무혐의로 석방되자 다시 철 지난 선거법 위반을 이유로 구속한 것이다. 이번에도 별다른 혐의가 없어서 8월 5일 구금되었던 서울교도소에서 석방되었다. 그 뒤 1962년 6월 24일 김대중은 김상돈·조중서 등 구 민주당계 40명과 함께 반국가행위혐의로 또 체포된다. 5·16쿠데타 초기에만 세 번 구속된 것이다. 군사재판에서 조중서는 사형선고(항소심에서 무기징역으로 감형)라는 가혹한 형벌을 받았지만, 김대중은 이때도 무혐의로 풀려났다. 군사정권은 민주당 대변인이었던 김대중을 묶으려고 몇 차례나 시도했지만, 그때마다 김대중은 올가미에서 빠져나올 수 있었다.

5·16을 당하고 몇 차례 옥고를 치른 김대중은 뒷날 이 무렵의 심경을 다음과 같이 기술하였다.

18일에는 국회가 해산되었다. 나는 천신만고 끝에 국회의원이 된 것인데, 불과 3일 만에 자격 상실이 되었다. 그토록 오랜 세월 동안을 괴로움과 쓰라림을 되씹으며 가까스로 국회의원이 된 것인데—나는 운명의 얄궂음을 통탄할 수밖에 없었다. 도리 없이 집 안에 틀어박혀 있자 경관이 찾아왔다. 나는 그들에게 체포되어 형무소에 처넣었다. 체포 이유는 여당 간부였으니까 여러 가지 부패 사건에 관여했을 것이라는 의혹 때문이었다. 훗날 실증된 일이지만, 장면 정권은 집권한 지 1년 동안에 부정부패 사건과는 전혀 관련이 없었음이 밝혀졌다.

나는 약 두 달 동안을 형무소에 갇힌 채 심한 박해를 받았다. 그렇게 내가 갇혀 있는 동안 정부와 민주당의 많은 간부와, 그리고 그보다 더 많은 혁신계 인사들이 감옥에 갇혔다. 체포된 혁신계 인사들은 아마도 1천 명은 넘었을 것이다. 지금까지 자유로이 행동하던 그들은 하루아침에 완전히 공산주의자와 똑같은 탄압을 받았는가 하면, 많은 인사들이 사형당하거나 징역형을 받았다. 그들 대부분은 처음에는 징역 20년, 15년의 판결을 받았다가 뒷날 감형되곤 했는데, 그래도 7, 8년의 옥중생활을 보내야만 했다. 이는 혁신세력이 장면 내각에 대해 지나치게 무분별한 도각운동倒閣運動을 편 결과 쿠데타를 유발하게 됨으로써 그들 자신을 비참한 지경으로 몰고 간 것이라고 할 수 있다. 그런 의미에서 그것은 귀중한 교훈을 남겼다.[96]

이희호와 재혼

김대중은 상처한 지 3년여 만인 1962년 5월 이희호와 재혼했다. 부산에서 사업할 때 독서서클에서 이희호를 처음 만났다.

---

96   김대중, 《행동하는 양심으로》(개정판), 금문당, 2009, 74쪽.

1962년 5월 10일에 나는 지금의 아내와 결혼하였다. 지금껏 내 반려가 되어주고 또한 정치적 동지이며 친구이기도 한 이희호와 결혼한 것이다.

그녀는 내가 사업상 부산에 이주해 살고 있을 때, 독서서클에서 만나 알게 된 여성이기도 했다. 서울대 사범대학을 졸업한 이후 그녀는 부산에서 대한여자청년단의 국제국장으로 일하고 있었다. 그때 나는 사업가였지만 뜻 있는 젊은이들의 모임에 나가 독서한 내용을 주제로 토론하기도 하고 전쟁 상황이나 국가 장래 등에 대해 활발히 의견 교환을 하곤 했다.

그녀와는 의견 일치가 되는 때가 많아서 더 가까이 지냈던 게 사실이다. 더러는 얘기에 취해서 부산 교외의 감천의 오솔길을 함께 걷기도 했다. 휴전 직후 그녀는 미국에서 4년간 유학하고 귀국해서 YWCA 전국연합회의 총무이사를 맡아 지내고 있었다. 우리는 그 무렵 우연히 다시 만나 무척 자연스럽게 지내다가 그해 5월에 결혼했다.[97]

1922년 서울에서 태어난 이희호는 이화고녀(현재 이화여고), 이화여전(현재 이화여대)을 졸업했다. 그 후 서울대 사범대학 교육과를 졸업했고, 미국 램버스대학에서 사회학을 공부했으며, 스칼릿대 대학원에서 사회학으로 석사 학위를 받았다. 해방 뒤 대한여자청년단 총본부 국

---

97   일본 NHK 취재반 구성, 김용운 편역, 《역사와 함께 시대와 함께 ─ 김대중 자서전 1》, 인동, 1999, 156~157쪽.

제국장을 시작으로 사단법인 여성문제연구원 발기인이자 상임간사로 일했고, 이화여대 강사, YWCA 전국연합회 총무이사, 세계 YWCA 연합회 총무, 한국연합봉사회 이사, 세종대왕기념사업회 이사, 한국 적십자사 조직위원, 재건국민운동본부 중앙위원을 역임하는 등 여성 계와 기독교계에서 중견 지도자로 활동했다.

이희호는 김대중과 결혼할 당시를 다음과 같이 회상했다.

내가 결혼한다고 하자 주위 사람들이 놀랐다. YWCA 동료이사가 놀랐을 뿐 아니라 아는 사람들은 모두 반대했다. "지금까지 결혼하 지 않았는데 어째서 그런 사람하고 하느냐?"며 결사반대 했다. 분 명 지금 돌이켜보면 어떻게 그런 모험을 했는지 모르겠다.

남편은 그 당시에는 정치정화법 때문에 정치활동을 할 수 없었 다. 무직으로 장래의 희망도 없었다. 셋방살이를 하는 초라한 가정 이었다. 어머님과 여동생이 함께 살고 있었고, 어머님도 몸이 안 좋 은 데다 누이동생도 심장병을 앓고 있었다. 또한 어린 사내아이가 둘이나 있었다. 그런데 거기로 시집을 간다고 하니 모험이 아닐 수 없었다.

물론 훗날 내 결혼 상대자가 국회의원이 되어 대통령후보가 되 리라고는 꿈에도 생각지 못했다.

처음에는 결혼할 생각이 전혀 없었다. 내가 결심한 이유는 역시 그 인물됨에 끌렸기 때문이다. 나는 나를 필요로 하는 사람 곁으로 가기로 했다고 모두에게 설명한 것이 기억난다.[98]

1962년 5월 김대중은 평생의 반려자 이희호와 결혼한다.

　사흘 만에 쿠데타로 의원직을 상실한 김대중은 실의와 절망의 나날을 보내고 있었다. 그때 이희호를 만나 결혼함으로써 절망 속에서 새로운 희망과 용기를 찾게 되었다. 그런 만큼 김대중에게 이희호는 아내이기 전에 동지이자 정치적 동반자였다. 김대중은 부인 이희호의 격려 덕에 새 출발을 할 수 있었다. 하지만 두 사람이 결혼한 지 열흘 만에 시련이 닥쳐왔다. 김대중이 반혁명이란 죄명으로 체포된 것이다. 이 사건을 비롯해 도쿄납치사건과 내란음모사건으로 사형선고를 받는 등 김대중에게 시련이 닥칠 때마다 이희호는 그와 함께했다. 인간으로서 감내하기 어려운 김대중의 고통을 함께 나누었다. 수감되었

●
98　일본 NHK 취재반 구성, 앞의 책, 157쪽.

을 때는 옥바라지를, 가택연금을 당할 때에는 '집바라지'를 했다.

김대중은 뒷날 부인과 관련하여 다음과 같이 썼다.

그 뒤 오랜 뒤의 일이지만 다시 집을 장만해서 문패를 걸게 되었을
때, 나는 내 이름과 함께 아내 이희호라는 이름을 거기에 나란히 걸
었다. 그리고 집을 옮길 때마다 그 일은 어김없이 계속해오고 있다.

하찮은 전시용으로 내가 그렇게 결정한 것은 아니다. 아니, 말을
만들기 좋아하는 호사가들에게 반박하자면, 전시용 문패가 우리에
게 필요 없던 시절에도 나는 그리해왔다. 그건 아내에 대한 감사와
존경, 그 마음의 소박한 발로 때문에 그랬다. 그런데 이상한 일은
막상 그렇게 하고 보니 문패를 대할 때마다 아내에 대한 동지 의식
이 무럭무럭 자라난다는 사실이다. 나도 미처 생각지 못한 감정이
었다. 그래서 내가 해놓고도 이래저래 잘했다는 생각이 든다.[99]

1980년 김대중은 이른바 내란음모사건으로 사형선고를 받는다. 그
뒤 무기징역으로 감형되어 진주교도소로 이송되었는데 그곳에서 부
인에게 쓴 '옥중서신'은 어김없이 '존경하고 사랑하는 당신에게'라는
첫 줄로 시작되었다. 그만큼 부인을 존경하고 사랑했으며 마음 깊이
부인에게 고마워했다. 복역 중 결혼기념일을 맞아 빼곡하게 적어 보
낸 봉함엽서에도 그런 마음이 드러난다.

●
99 김대중, 《나의 삶 나의 길》, 산하, 1997, 99~100쪽.

오는 5월 10일은 당신과 나의 결혼기념일입니다. 우리가 결혼하자마자 18일 만에 당시 군정 아래서 민주당 반혁명 사건에 무고되어 한 달을 감옥에 있었습니다. 우리의 결혼은 출발부터 시련으로 시작되었던 것입니다. 그 후 지금까지 세 번 감옥살이, 네 번의 죽음의 고비, 세 번의 국회의원 당선, 71년의 대통령선거 그리고 무엇보다도 홍걸이를 얻었습니다. 당신의 훌륭한 내조의 덕으로 나는 오늘까지 내 자신의 양심과 하느님께 충실한 삶의 길을 떠나지 않을 수 있었습니다. 감사하기 그지없는 것은 당신이 홍일이와 홍업이 사이에 나보다 훨씬 더 큰 사랑으로 서로 맺어졌으며 이제 큰며느리와 지영이 정화까지 사랑으로 감싸주고 있는 점입니다. 나의 감사와 행복함을 무엇으로 표현할 수가 없습니다. 5월 10일에 앞서 미리 드리는 나의 존경과 사랑과 감사의 메시지를 받으시오.[100]

1971년 2월 이희호는 김대중과 함께 미국을 방문했을 때 닉슨 대통령의 부인 퍼트리샤 닉슨과 만나 우호적인 한미관계와 한국의 민주화에 관해 논의하는 등 김대중의 정치적 동반자로서 민주화와 집권에 큰 역할을 해왔다.

4대 의혹사건

역사의 수레바퀴는 개인의 길흉과는 상관없이 굴러간다. 특히 혁명이나 쿠데타가 일어난 정변기에는 굴러가는 속도가 더 빠르다. 김대중

---

100 김대중, 《옥중서신 1》, 시대의창, 2009, 210~211쪽.

이 정치적으로 좌절하면서 구속과 석방을 되풀이하고 있을 때, 박정희는 1962년 3월 24일 대통령권한대행에 취임하여 국권을 한 손에 거머쥐었다. 윤보선 대통령이 정치활동정화법 제정에 반대하면서 사직한 것을 빌미로 박정희가 그 자리마저 차지한 것이다.

"절대권력은 절대부패한다."는 정언은 만고의 진리다. 민주당 정권의 부패를 명분으로 쿠데타를 감행한 군사정권은 오래지 않아 부패하기 시작했다. 감시와 견제세력이 없는 절대권력은 '체제 내적'인 부패의 늪에 빠져들었다. 본격적인 정치 참여를 앞두고 정치자금을 마련하려는 의도에서였다.

군사정권이 당초 혁명공약에서 내세웠던 '부정부패 일소'는 날이 갈수록 퇴색해지고 자신들이 더욱 부패해져 세간에서는 "구악 뺨치는 신악"이 더 문제라는 말이 나돌 정도였다. 군사정권은 민주공화당(이하 공화당)의 사전 조직에 필요한 정치자금을 확보하려고 세칭 '4대 의혹사건'을 일으켰다. 증권파동, 워커힐사건, 새나라자동차사건, 파친코사건을 가리키는 4대 의혹사건은 중앙정보부가 주동이 된 비리·횡령 사건이다.

정치활동의 금지를 규정한 정치활동정화법이 발효되었지만, 군사정권으로서는 훗날 민정이양에 절실히 대비할 필요가 있었다. 그래서 김종필이 책임을 맡고 있던 중앙정보부의 비밀공작 아래 공화당 창당 작업을 추진했던 것이다. 그런데 이 과정에서 정치자금이 막대하게 들었고, 이를 충당하려고 4대 의혹사건을 저지른 것이다. 이 같은 사실은 민정이양 후 실시된 국정감사에서 일부 폭로되었는데, 끝내 의혹만 남긴 채 덮었다. 이 사건들은 수법이 아주 치졸할 뿐 아니라, 많은 국민에게 직접적인 피해를 주었다는 점에서 군사정권의 치부를 그대로 드러낸 것이었다.

증권파동이란 1962~63년 중앙정보부가 대한증권거래소를 직접 장악하고 주가를 조작해 엄청난 부당이득을 챙긴 사건을 말한다. 전 중앙정보부 행정처장 이영근, 관리실장 정지원 등은 농협중앙회장 오덕준, 부회장 권병호에게 압력을 넣어 당시 농협이 보유하던 인기주인 한국전력주 12만 8천 주를 시가보다 5퍼센트 싼 값에 교부받는다. 이렇게 해서 얻은 8억 6224만 6400환을 증권업 경험자인 윤응상에게 자본금으로 대주어 통일·동명·일흥 세 증권회사를 설립한 뒤 이 회사들을 통해 대한증권거래소 총 주식의 약 7할을 점유하도록 한다. 그리고 윤응상 심복인 서재식을 증권거래소 이사장으로 내세운다. 윤응상의 독무대가 된 대한증권거래소는 증권거래법과 거래소의 사업 규정 등을 무시해가면서 윤응상계 증권회사를 불법으로 지원해 이들 회사의 주가를 폭등시켰다. 그러나 이들 회사가 약속한 날에 결제를 이행하지 않아 주가가 폭락하고, 이로 인해 5340명에 달하는 선의의 군소 투자자들이 138억 6000만 환이라는 엄청난 손해를 입었다. 자살 소동이 일어나는 등 사회적으로 큰 물의를 일으킨 사건이었다.

1961년 중앙정보부는 외화 획득을 구실로 한강이 내려다보이는 성동구 광장동 광나루 일대 18만 평에 동양 최대 관광단지인 워커힐을 건설한다. 이 과정에서 중앙정보부가 상당 액수를 횡령하는데 이 사건이 워커힐사건이다. 중앙정보부는 총 60억 환을 들여 워커힐 관광 사업시설 공사를 시작했다. 이 일은 교통부장관이 주관했는데 이를 위해 교통부는 관광공사법을 제정해 관광공사도 설립했다. 그런데 산

새나라자동차 공장을 시찰하는 박정희. 사진은 국가기록원 제공.

업은행이 융자를 거부하는 바람에 공사가 지지부진해지자 교통부장관 박춘식, 관광공사사장 신두영은 1962년 8월부터 63년 2월 사이에 법적, 업무상으로 아무런 관계가 없는 정부주식출자금 5억 3590만 9천여 환을 워커힐 이사장 임병주(당시 중앙정보부 제2국 제1과장)에게 빌려주어 공사를 계속한다. 그런데 그중 막대한 자금을 임병주가 횡령한 것이다. 그뿐만 아니라 임병주는 교통부장관과 각 군 공병감에게 압력을 넣어 각종 장비를 동원하고 군인들까지 데려다 무상으로 일을 시키는 등의 부정을 저질렀다.

새나라자동차사건은 중앙정보부가 일제 승용차를 불법 반입한 뒤, 이를 시가의 2배 이상으로 국내 시장에 판매해 폭리를 취한 사건이다. 1961년 12월 중앙정보부장 김종필이 한일회담차 일본에 갔을 때 일본 야스다상사 사장인 재일교포 박노정을 만난다. 그 자리에서 자동차 공업에 대해 얘기를 나누는데, 이 일로 박노정은 안석규 전무를 한국에 파견한다. 안석규는 중앙정보부 차장보 석정선과 접촉하고, 그의 도움으로 새나라자동차공업주식회사를 설립한다. 정부에서는 관광용 자동차 4백 대를 수입하기로 하고, 이 일을 새나라자동차가 대행한다. 새나라자동차회사 부지 선정과 구입 과정에서 석정선이 인천시장에게 알선하도록 하고, 상공부에도 자동차 원자재 수입에 필요한 자동차보호법 초안을 제출하도록 하는 등 압력을 행사해 문제가 되었다. 자동차를 팔아 남긴 차익은 공화당 정치자금으로 쓰였으리라 추정되었지만, 석정선이 업무상 횡령, 협박과 증뢰죄로 구속되는 선에서 사건은 끝났다.

파친코사건은 1961년 12월 재일교포 김태준 등이 금수 품목인, 도박성을 띤 파친코라는 회전당구대 1백여 대를, 재일교포 재산을 반입하는 것으로 속여 국내에 들여온 사건이다. 그 뒤 계엄 상황에서도 파친코 도박이 성행해 여론이 들끓자 정부는 영업 허가를 취소하고 김태준 등을 관세법 위반으로 체포했다.

김대중은 칩거하면서 군사정권의 동향을 예리하게 지켜보았다. 권력을 쥔 지 1년이 채 안 되어 그들은 부패하고 있었다. 그것도 핵심권력을 중심으로 썩어갔다.

4대 의혹사건은 당시의 중앙정보부에 의해 저질러진 것이라고 비난받았던 것으로서, 워커힐 건설과 일본으로부터 자동차와 핀볼 기계를 도입하면서 얽혀진 부정, 그리고 권력에 의한 주식증권의 조작으로 빚어진 이른바 증권파동이었다. 이런 일을 자행함으로써 그들은 거액의 정치자금을 만들었다가 세상의 의혹을 사게 되었던 것이다.

그중에서도 특히 심했던 것은 증권파동이었다. 그들은 증권거래소에 개입하여 의식적으로 주가를 조작한 후 폭리를 취한 것인데, 이 때문에 주가가 하루에 2배로 폭등하는 등의 놀라운 현상을 가져오게 했다. 이는 그 뒤 민정民政으로 돌아서면서 크게 문제되었다. 그들은 이 같은 조작으로 수십 억 원의 정치자금을 벌어들인 것이다. 뿐만 아니라 군정 말기에는 시멘트, 밀가루, 설탕 등 세 가지 가루[粉]를 둘러싼 부정사건 즉, 3분 폭리사건을 일으켰는데, 이 역시 가격을 조작해서 업자에게 막대한 이익을 준 다음 업자로부터 정치자금을 얻어내는 방법이었다. 그 이익은 100억 원이 넘은 것으로 알려지고 있다. 그들은 설탕이나 밀가루 값이 갑자기 2, 3배로 폭등하는 상태를 만들어놓아 국민에게 엄청난 피해를 주었던 것이다.[101]

공화당 회유 거부

박정희는 반혁명음모 사건으로 몇 차례 군부 내 반대파 숙청을 거듭한 끝에 명실상부한 실력자로 등장했다. 그리고 본격적으로 민정에 참여할 전략을 세우기 시작했다.

1963년 2월 27일 박정희는 민정 불참을 선언했다. 시국을 수습하기 위한 9개 방안을 각 정당이 수락한다면 자신은 민정에 참여하지

---

101 김대중, 《행동하는 양심으로》(개정판), 금문당, 2009, 79쪽.

않겠다고 천명했다. 9개 항목 중에는 5·16혁명의 정당성과 정치보복 금지, 한일문제의 초당적 협조 등이 들어 있었다. 12개 정당대표와 7개 사회단체대표, 재야인사 27명이 개인 자격으로 참여한 가운데 민정 불참 선서식도 거행했다.

그러나 이 선언은 곧 뒤집힌다. 박정희 정부는 3월 7일 이른바 '원주 발언'을 통해 민정 불참 선서에 부정적인 의사를 표시하고, 3월 16일 "현 시국은 과도적 군정이 필요하다."는 이유로 4년간 군정 연장을 국민투표에 부치겠다고 밝힌다. 이에 야권에서는 3월 22일 종로 백조그릴에서 군정 연장 규탄대회를 열면서 군정 세력에 맞섰다. 그러나 그 뒤 박정희의 4·8성명으로 박정희의 민정참여는 기정사실로 굳어졌다.

군사정권은 1962년 11월 민정이양을 위한 헌법 개정안을 국가재건최고회의에서 의결한 후, 12월 17일 국민투표를 거쳐 확정했다. 우리 헌정사상 처음으로 실시한 개헌을 위한 국민투표였다. 투표자 1241만 2798명(투표율 85.3퍼센트) 가운데 833만 9333명(78.8퍼센트)이 찬성했다. 이 헌법은 전문을 비롯해 내용이 전면적으로 개정되었다는 점에서 실질적으로는 헌법 제정에 가까웠다. 주요 내용은 대통령제 채택, 소선거구제 채택, 국회의 단원제와 정당국가화에 따른 국회 활동 약화, 법원에 위헌법률 심사권 부여, 헌법 개정에 대한 국민투표제 채택, 경제과학심의회의·국가안전보장회의의 설치 등이다.

박정희는 개헌안 확정 투표를 앞둔 1962년 12월 6일 새벽 0시를 기해 실로 1년 6개월 만에 계엄을 해제한다. "혁명 후 오늘까지 국가 존망의 위국을 만회하며 쌓이고 쌓인 갖가지 적폐를 일소하고 혼란했던 사회 질서를 바로잡기 위해 계엄령 시행이 불가피했음은 국민 모두가 이해하고도 남음이 있을 것이다."

국민투표를 거쳐 확정된 개헌안은 1962년 12월 12일 박정희 대통령권한대행이 주재한 최고회의 제28차 본회의에서 정식으로 가결된 것이 선포됐다. 12월 26일 시민회관에서 공포식이 거행되어 제3공화국 새 헌법으로 확정되었다.

5·16쿠데타 이후 금지되었던 정치활동이 1년 7개월 만인 1963년 1월 1일부터 재개되었다. 군사정권은 1962년 12월 31일 군사혁명 포고령 제4호로 되어 있던 정당·사회단체의 정치활동 금지 조항을 폐기하고, '집회 및 시위에 관한 법률'을 다시 제정함으로써 정치활동 재개의 길을 터놓았다. 이로써 정치활동정화법에 묶여 있던 구 정치인을 제외하고는 누구든지 정치활동을 할 수 있게 되었다. 여권의 공화당 사전 조직에 이어 야권도 여기에 맞서는 정당 창당을 목표로 서서히 활동에 나섰다.

윤보선 전 대통령과 김도연 전 신민당위원장은 범야당 결성에 원칙적으로 합의하고, 김병로·이인·전진한 등도 여기에 적극적으로 호응했다. 한편 박정희 정부는 정치활동 재개와 더불어 전 민의원의장 곽상훈 등 171명을 1차로 해제했다. 자유당계 76명, 민주당계 31명, 신민당계 38명, 무소속 26명이었다.

군사정권은 정치활동정화법을 정략적으로 활용했다. 자신들에게 협력하는 정치인들을 선별적으로 해금해 정치무대를 새롭게 짜고자 했다. 김대중에게도 여러 차례 협력하라는 위협과 회유가 있었다.

그들이 민주공화당 창당을 앞두고 있을 때는 협박이 더욱 심했다.

중앙정보부의 어느 국장은 나를 불러 위협하기도 했다.

"이번이 마지막 기회요, 만약 때를 놓치면 앞으로 다시 8년 동안 묶일 것이오. 그건 이미 예정된 수순이오."

"그래도 할 수 없는 노릇이지요."

"도대체 왜 쓸데없는 고집을 피우는 거요? 다른 사람들은 다 협력하는데…."

"그들과 나는 다릅니다. 나는 민주당의 대변인이었습니다. 민주당 정권이야말로 가장 좋은 정부라고 국민들에게 말해왔지요. 그런데 어찌 손바닥 뒤집듯 돌아서서 공화당이 제일이라고 말할 수 있겠습니까? 설사 내가 돌아선다고 하더라도 사람들이 나를 가리켜 변절자라고 손가락질할 테니까 당신들에게도 오히려 손해가 될 것이오. 그러니 나를 움직일 생각일랑 않는 게 좋을 거요."

그런데도 불구하고 그는 온갖 수단을 써서 나를 회유하려고 들었다. 그리고 그게 끝내 무산되었을 때 그는 심한 욕설과 함께 이제 곧 두고 보라고 저주를 퍼부었다.

정치가가 정치를 할 수 없는 상황이라면 물고기에게서 물을 빼앗는 것이나 다름없는 일이다. 그것은 참으로 견디기 힘든 고통이었다. 더구나 앞으로도 8년씩이나 묶어두겠다는 것은 정치적 생명을 아주 끊어놓겠다는 의미였다.[102]

공화당의 사전 조직에 나선 김종필 중앙정보부장은 여러 채널을

---

102   김대중, 《나의 삶 나의 길》, 산하, 1997, 102~103쪽.

통해 여야 '선별 작업'을 벌이면서 김대중을 여당으로 끌어들일 명단
에 넣었다. 그래서 김종필이 중앙정보부 국장을 보내 김대중을 회유,
협박했던 것이다.

> 1963년 2월경이었던 것 같다. 중앙정보부의 어느 국장이 나에게 만
> 나고 싶다는 연락을 했다. 거절할 이유도 없었던 나는 중앙정보부
> 가 당시 사용하고 있던 반도호텔 즉 지금의 조선호텔에 가 보았더
> 니 그 국장은 "김종필 씨가 당신을 기다리고 있으니 함께 갑시다.
> 가서 정부·여당인 공화당을 만드는 데 조력해주길 바라오. 공화당
> 창당에 참여해 주시오!"라고 말하는 것이었다.
> 　군사쿠데타를 일으켰을 때 그들이 발표한 '혁명6공약'의 마지막
> 항목에는 "과업이 성취되면 참신하고도 양심적인 정치인들에게 언
> 제든지 정권을 이양한다."는 내용이 있었다.[103]

김대중은 오래전부터 김종필과 연이 깊었다. 그때 국장의 안내로
김종필을 만났다면 김대중의 행로가 어떻게 변했을지 모른다. 하지만
김대중은 '원칙'에 철저한 사람이다. 민주당 대변인이 쿠데타 정권에
는 참여할 수 없다는 도덕주의적인 원칙론이었다.

103　일본 NHK 취재반 구성, 김용운 편역, 《역사와 함께 시대와 함께 – 김대중 자서전 1》,
　　인동, 1999, 159쪽.

다시 대변인으로 활약

김대중은 1997년 대통령선거에서 김종필 자민련 총재와 정책연합 (DJP)을 하여 당선되었다. 그리고 김종필을 첫 국무총리로 임명해 국정의 동반자가 되니, 그의 말대로 "이런 일은 참으로 역사의 통렬한 아이러니"가 아닐 수 없다.

김대중은 두 번째 해금 조치 명단에서도 누락되었다가 1963년 2월 27일 박정희가 그해 가을로 예정되었던 대통령선거에 불출마 선언을 했을 때에야 남은 사람들과 함께 2년 만에 금지 조치가 풀렸다. 민주당 정권의 저명인사와 국회의 맹장 중에서도 변절자가 적지 않았다.

이 무렵 김대중은 개인적으로 큰 비극을 겪는다. 이화여대를 다니던 누이동생이 병사한 것이다. 병명은 심장판막증이었다. 당시에는 외과 의술이 아직 발달되지 않아서 동생은 수술도 제대로 받지 못한 채 숨을 거둔다.

그즈음 나는 몹시 가난했기에 마음은 있었지만 충분한 치료를 받도록 할 수가 없었다. 내 자신의 일로 심신을 소모시키고 있었기 때문에 누이동생에게 용기를 북돋아주지도 못했다. "좀더 신경을 썼더라면 이렇게 슬픈 운명을 맞이하지 않아도 되었을 텐데." 하는 생각이 마음에 남는다.

성묘는 빼놓지 않고 하지만 지금도 누이동생의 묘 앞에 서면 내 자신이 죄를 지은 듯한 느낌이 든다.[104]

---

104   일본 NHK 취재반 구성, 앞의 책, 159쪽.

김대중은 윤보선, 김도연 등 구파 계열이 추진하는 민정당에 참여하지 않고 민주당의 재건에 나섰다. 기성 정치인 상당수가 범야권인 민정당에 참여한 것을 감안하면 김대중의 행동은 남달랐다. 김대중은 합헌정부인 민주당 정권이 군사쿠데타로 내려왔으니 민주당을 재건해 국민의 심판을 받겠다는 생각이었다.

민주당 재건 세력은 장면 계열의 신파 출신 박순천을 당수로 추대해 1963년 7월 18일 서울에서 창당대회를 열었다. 박순천은 김대중이 서울로 이사 온 직후 작가 박화성에게서 소개받은 이래 줄곧 김대중을 돕고 지켜봐 주었다. 그는 최초의 여성 정치인으로 국민의 평가도 좋은 편이었다. 김대중은 다시 민주당 대변인으로 임명되었다.

1963년 정치 공간은 비교적 자유로웠다. 쿠데타가 일어난 지 2년이 지나면서 군정은 4대 의혹사건으로 "신악이 구악을 뺨 때리는" 극한의 부패상을 보여주었고, 박정희는 당초 혁명공약 6항인 '원대 복귀' 약속을 깨고, 번의에 번의를 거듭하여 민정참여 선언으로 속임수가 탄로 났고, 공화당 사전 조직으로 국민의 신뢰도 크게 잃었다. 더욱이 이해 여름에 쌀값이 2, 3배로 폭등하면서 국민들은 극심한 생활고에 시달렸다.

박정희는 3월 16일 민정불참선언을 번복한 후 8월 31일 사전 조직한 공화당에 입당해 공화당 총재 겸 대통령후보로 선출되었다. 이에 앞서 민정당은 5월 14일 창당대회를 열고 대표 김병로, 대통령후보로 윤보선을 지명했다. 야권 일각에서는 과도정부 수반이었던 허정을 내세워 국민의당을 창당했고, 앞서 쓴 대로 7월 18일 민주당이 창당되었다.

김대중은 민주당 대변인으로서 발군의 역량을 발휘하였다. 대변인
시절 '월척'을 낚는 대표적인 사건이 있었다. 박정희 최고회의 의장의
퇴역과 공화당 입당 순서가 바뀐 것을 찾아내 이를 폭로한 것이다.

그해 봄의 일이었다. 그날도 나는 여당인 박정희 후보를 공략할 자
료들을 찾고 있는데, 전혀 사리에 맞지 않는 일이 눈에 띄었다. 그
들이 쿠데타 후에 제정한 국가재건특별조치법이라는 것이 있었다.
그건 헌법을 초월한 것이기도 했다. 그런데 박정희 의장의 퇴역과
공화당 입당 순서가 그 조치법에 위반되어 있었다.
　바로 그 조치법으로 숱한 사람들을 얽어 감옥에 보낸 그였지만
그 자신 스스로도 법을 지키지 않았다는 명백한 증거였다. 나는 그
사실을 즉각 국민 앞에 공개했다. 아울러 그의 허구성과 함께 공화
당 입당이 무효임을 주장했다. 여당은 크게 당황했다. 그래서 그들
은 부랴부랴 특별조치법을 개정하는 소란을 피우기도 했다.[105]

집권세력이 서둘러서 특별조치법을 개정할 정도로 김대중의 지적
은 치명적인 것이었다. 이것이 박정희가 김대중을 미워하게 된 최초
의 사건이었다는 설이 있다.

"일설에 의하면 박 대통령이 나를 평생 그토록 미워하게 된 최초의 계
기가 바로 이 사건 때부터였다고 한다. 그게 사실인지는 알 수 없지만

105　김대중, 《나의 삶 나의 길》, 산하, 1997, 106~107쪽.

그걸로 인해 내 존재가 그에게 깊이 각인된 것만은 분명했다."[106]

김대중은 명대변인 소리를 들었다. "말 잘하는 김대중"이란 소리도
이 무렵부터 나왔다. 성명을 발표하거나 강연을 할 때면 꼼꼼하게 자
료를 챙기고 문장을 정리하여 요점을 밝히고 상대의 정곡을 찔렀다.

꽤 오랜 대변인 생활을 통해서 나는 우선 말을 생각 없이 내뱉어서
는 안 된다는 사실을 배웠다. 내 경우는 대변인이라는 존재가 항상
그렇듯이 먼저 충분히 글로 써보고 연습하고 검토하는 사이에 저절
로 신중해졌다. 그래서 지금도 남의 얘기를 듣자마자 곧바로 말하
지 않는 버릇이 든 것이다. 그러다 보니 내 성격에 대해 정확히 알
지 못하는 사람들은 그 사실 하나만 가지고도 내가 권위적이라고
자칫 오해한다. 그러나 그 반대다. 나는 상대방이 말하는 바가 무엇
인지, 또 어떻게 말해주어야 하는지 곰곰 생각하는 것이다. [······]
　나는 그렇게 대변인 생활을 했다. 1분에 불과한 성명을 준비하기
위해 다섯 시간을 준비하는 것쯤은 예삿일이었다. 훗날 국회에 진
출해서는 한두 가지 대정부 질문을 위해 남아 있는 모든 시간을 바
쳐 자료를 찾아 검토하곤 했다. 그렇게 해서 "말 잘하는 김대중"이
라는 평가를 받은 것이다.[107]

●
106　김대중, 앞의 책, 107쪽.
107　김대중, 앞의 책, 104~105쪽.

김대중의 성실성이 돋보이는 대목이다. 대부분 정치인이 대정부질문 원고를 비서들에게 맡기고 자신들은 지역구나 골프장, 요정을 찾을 때 김대중은 국정 현안을 살피고 자료를 뒤졌다. 그래서 그가 국회에서 발언할 때는 정부 각료들은 물론 여야 의원들까지 긴장하며 경청하게 되었다.

민주당은 국민이 만들어준 정권을 지키지 못한 것에 통절한 책임을 느껴 제5대 대통령선거에 대통령후보를 내지 않기로 했다. 그 대신 윤보선 후보를 지지하기로 결정하고, 윤 후보를 지원하는 데 총력을 쏟았다. 김대중도 당 대변인으로 활동하면서 연일 군정 2년 5개월 동안의 실정과 공화당의 비리를 파헤쳤다.

김대중은 선거 정국에서 당 대변인으로서 많은 활약을 했다. 6월 9일 《조선일보》가 주최한 4당 대변인이 방담하는 자리에서 획일적이고 선민의식을 갖고 있는 박 정권의 태도를 비판했다. 또 야당단합방안협의회 민주당 대표 자격으로 통합론의 문제를 지적하면서 연합론을 강조하는 내용의 글을 신문에 기고하였다. 8월 8일에는 서인석 공화당 대변인과 대담한 내용이 《조선일보》에 크게 실리기도 했다.

중앙정보부는 이 무렵 김대중 대변인의 활동을 다음과 같이 기록했다.

• 중앙정보부는 군사정권의 집권 연장을 위한 야당의 정치활동을 탄압하는 정치사찰을 중지 주장.
• 박정희 의장은 혁명공약을 성실히 준수하고 민정참여를 포기하여 국정책임자의 양심을 지키라고 주장.
• 많은 사람을 반혁명 분자로 지목하여 구속하는 등 공포 분위기를

조성하고 재야인사의 정치활동을 탄압하고 있다고 주장.

• 정치자금 부정유출·공무원의 선거 관여·각종 의혹사건 등을 앞

세운 대여 선거 투쟁 전개.

• 혁명공약을 외면한 부정부패 자행과 물가 급등으로 국민경제 파

탄 지적.[108]

민정이양 뒤 첫 대통령선거

군사쿠데타를 주동한 인물이 여당 후보로 나선 가운데 '민정이양'이

라는 기묘한 대통령선거가 1963년 10월 15일 실시되었다. 제5대 대

통령선거인 셈이다.

박정희는 1963년 8월 30일 강원도 철원군 지포리에서 가진 전역식

에서 "이 나라에서 다시는 나와 같이 불행한 군인이 없도록 하자."면

서 군복을 벗고 본격적으로 대통령선거전에 나섰다. 다음 날인 8월

31일 공화당의 당 총재와 대통령후보 지명을 수락했다.

반면에 야권의 사정은 복잡하기만 했다. 야당 통합을 위해 추진되

었던 국민의당이 결렬되면서 몇 갈래로 흩어진 것이다. 결국 9월 15일

에 마감된 대통령후보등록을 보면 야권에서는 민정당의 윤보선, 국민

의당의 허정, 자유민주당의 송요찬(옥중 출마), 추풍회의 오재영, 정민

회의 변영태, 신흥당의 장이석 등 도합 6명이 나섰다. 이들 중 허정과

송요찬이 막바지에 후보직을 사퇴함으로써 선거전은 대체로 여권의

박정희와 야권의 윤보선으로 압축되었다.

•

108   중앙정보부, 《신민당 대통령후보 김대중 인물 분석》, 1970.

곧 선거전이 시작되었다. 리·동·반에 이르기까지 조직책을 갖추고 고무신, 밀가루 등을 살포할 정도로 막대한 자금력을 가진 여권에 비해 야권은 군정 종식을 바라는 국민 여론에 호소할 수밖에 없었다.

나는 당시 윤보선 씨의 민정당과는 별도로 장면 씨 계통의 민주당을 재건하여 그 당의 대변인으로 있었는데, 박순천 당수와 함께 선거를 통해 박 정권의 부패와 독재의 해악을 통렬히 공격하는 동시에 윤보선 씨를 지지하면서 전국을 누볐다. 나는 또 차기 국회의원 선거 때까지 계속 당의 대변인으로서 정부의 허점을 가차 없이 공박했다. 군사정권 당국자는 내가 무엇을 발표하고 무엇을 공격할 것이냐에 대해 신경을 날카롭게 곤두세우고 있었는데, 과장해서 말하면 그야말로 전전긍긍했던 모양이다.[109]

초반에 각 당 후보자들은 지방 유세를 하고 각종 공약을 제시하면서 국민의 지지를 호소했다. 그런데 박정희 후보가 9월 23일 방송연설에서 "이번 선거는 민족적 이념을 망각한 가식된 자유민주주의와 강렬한 민주주의를 바탕으로 한 진정한 자유민주주의의 사상적 대결"이라고 말한 데서 이른바 '사상논쟁'이 불붙었다. 다음 날 지방 유세도중에 전주에서 기자회견을 연 윤보선 후보는 "여순반란사건의 관련자가 정부 안에 있으며 이번 선거야말로 이질적 사상과 민주 사상의 대결"이라고 응수함으로써 사상논쟁은 본격화되었다. 윤 후보는 이어

---

109 김대중, 《행동하는 양심으로》(개정판), 금문당, 2009, 81쪽.

"박정희 후보가 공산주의자라고 말한 것은 아니다. 그러나 그의 민주
주의 신봉 여부가 의심스럽다."라고 반격해 국민을 놀라게 했다. 같은
날 윤 후보의 찬조연사로 나선 윤재술 의원은 여수에서 "이곳은 여순
반란사건이란 핏자국이 묻힌 곳이다. 그 사건을 만들어낸 장본인들이
죽었으냐, 살았느냐? 살았다면 대한민국에서 지금 무슨 일을 하고 있
는가를 여러분은 아는가, 모르는가? 여러분이 모른다면 저 종고산鐘
鼓山은 알 것이다."라고 공격했다.

사태가 이렇게 되자 최고회의는 윤 후보의 전주 발언을 국가안보
차원에서 대처키로 하고, 공화당은 윤 후보를 선거법 위반으로 고발
했다. 이어 "윤 씨가 대통령에 재직하고 있을 때부터 5·16사태를 미
리 알고 있었다."고 폭로하면서 '이중인격자'라고 비난하고 나섰다.
그러자 대통령후보를 낸 야당 6당은 박 후보의 등록 취소를 청구하는
행정소송을 제기했다. 한편 공명선거투쟁위원회가 주최한 선거집회
에서 "간첩 황태성의 책략에 의해 공화당의 이원집정부제 사전 조직
이 추진되었으며 밀봉교육이 실시되었다."고 주장하는 삐라가 뿌려져
사상논쟁을 부채질했다.

이 무렵 국민의당 대통령후보인 허정은 기자회견에서 "박정희 의
장이 한일회담에서 양보한 대가로 일본 민간회사로부터 거액의 수표
를 받았다는 설이 있다."고 폭로했으며, 민정당 기획위원회는 "박 의
장은 사상이 이질적이며 위험한 존재"라는 성명을 발표해 쌍방의 논
쟁은 더욱 확산돼갔다. 또한 9월 25일 열린 시국 강연에서 자민당 김
준연 대표는 "박 소장은 전에 공인된 공산주의자였다. 그는 군 반란
(여순사건)을 조직하는 데 협력했다. 그래서 그는 이승만 씨의 장교들

에 의해 사형선고를 받았다. 그러나 그는 전향하여 반란군에 관한 정보를 제공하고 사형을 면제받았다. 그는 지금 분명히 강력한 반공주의자다."라며 1961년 5월 26일자 《타임》의 박정희 프로필을 인용하며 공격했다.

이에 대해 박정희 후보는 기자회견에서 "여순반란사건에 관련됐다는 야당 측 주장을 해명할 수 없느냐"는 물음에 "허무맹랑한 일이어서 해명할 필요조차 없으며 법이 가려낼 것"이라고 가볍게 응수했다. 그리고 여순사건 당시 진압 작전을 지휘한 원용덕을 내세워 "박 의장은 여순사건에 관련이 없으며 토벌작전 참모로서 공을 세웠다."고 상반된 주장을 펴도록 했다. 이렇게 선거전은 끝까지 정책 대결이 아닌 사상논쟁으로 전개되었다. 선거 후반에 최고회의는 윤 후보를 구속하려고도 했으나 '인지사건'으로 수사한다는 선에서 일단락되었다.

선거 막바지에 이르면서 야당 단일후보의 실현을 위해 허정이 사퇴한 데 이어 송요찬도 사퇴함으로써 결국 선거전은 박정희와 윤보선 양자 대결로 압축되었다. 투표일을 5일 남겨둔 10월 10일 민정당의 찬조연사 김사만이 안동 연설에서 "대구·부산에는 빨갱이가 많다."는 등 망언을 하여 선거 분위기는 더욱 가열되었다.

이런 회오리바람을 몰고 온 사상논쟁에도 투표는 비교적 평온한 가운데 진행되었다. 그러나 투표율은 85퍼센트로 다른 어느 때보다 높았다. 개표 집계 결과 16일 밤까지는 윤 후보가 앞서다가 17일 새벽부터 박 후보가 앞서 15만 6천여 표 차로 결국 박정희가 당선되었다. 중앙정보부는 한때 윤 후보가 앞서자 그를 살해할 계획까지 세웠던 것으로 후일 알려졌다.

김대중은 선거 과정에서 나타난 비생산적이고 선거 결과에 치명상도 가져온 '사상논쟁'을 비판하였다.

윤 후보와 박 후보의 선거전은 호각지세의 상태로 전개되었다. 선거전 전반부에는 윤 후보가 우세했지만, 그는 여기서 결정적인 실수를 했다. 박 후보를 공산당이라고 비난하고 나선 것이다. '여수순천반란사건'에 연루된 사람이 대통령선거에 출마한다며 공격의 포문을 열었던 것이다.

윤 후보는 이름을 밝히지 않았지만, 세상사람 누구라도 윤 후보가 지목하는 사람이 바로 박정희 후보라는 건 뻔한 사실이었다. 박정희 후보가 소령 시절에 그 혐의로 군법회의에 기소된 것은 분명한 일이지만 그것은 과거의 일이었다. 공산당과 인연을 끊고, '반공'을 내걸고 있는 박 후보에게 그 비난은 걸맞지 않았다.

게다가 윤 후보가 상대를 '공산당이다'라고 비난하는 방식이 국민들에게 어두운 과거를 떠올리게 했다. 해방 후 미군정 시절과 이승만 대통령 시절에는 반대세력을 탄압할 때 모두 공산당이라고 날조한 뒤 숙청시켰다. 윤 후보의 발언에서 만약 정권을 잡으면 반대파를 공산당으로 몰아서 제거하는, 과거의 공포정치가 재현되는 것이 아닌가 하고 대다수 국민들은 공포감을 가졌던 것이다.[110]

박정희는 서울·경기·강원·충청 등 중부 이북에서는 모두 패하고,

110   일본 NHK 취재반 구성, 김용운 편역, 《역사와 함께 시대와 함께 - 김대중 자서전 1》, 인동, 1999, 173~174쪽.

연고지인 경상도 그리고 호남에서 이겨 겨우 승리할 수 있었다.

박 후보는 전라도에서는 윤 후보보다 125만 표나 앞섰다. 대통령이
될 수 있었던 이유 중 하나는 전라도민의 표 덕분이었다. 그러나 어
쩐 일인지 박정희 씨는 집권하자마자 전라도 배제의 지역차별정책
을 쓰기 시작했다. 배은망덕한 일이었다. 박정희 씨의 그 지역차별
정책이 오늘날 한국 사회의 최대 걸림돌인 지역 대립과 분열의 원
인이 되었다.[111]

---

111   일본 NHK 취재반 구성, 앞의 책, 174쪽.

7장

중견 야당 정치인으로 성장

목포에서 국회의원 당선

김대중과 이희호는 동교동에 자리를 잡았다. 1963년 4월, 국회의원 출마를 앞두고 찾는 손님이 많아지자 셋방살이를 청산하고 동교동에서 국민주택 한 채를 전세로 얻어 입주한 것이다. 1년 뒤 은행에서 융자를 얻어 이 집을 사면서 김대중의 '동교동'(집)이 되었다.

당시 동교동 지역은 "아내보다 장화가 더 필요하다."는 말이 나올 만큼 도로포장이 안 된 변두리였다. 김포공항이 생기고 제2한강대교가 개통되면서 도로가 포장되고 마을 같은 마을이 되었다. 김대중 부부는 한때 경기도 일산에 살 때와 청와대 시절을 빼고는 이 시기에 마련한 동교동 집에서 40여 년간 살았다. 그리고 이 집은 김영삼의 상도동과 더불어 한국 야당, 나아가서 한국 정치의 한 축이 되었다. 군사독재의 광기가 넘칠 때는 '불온'의 딱지가 붙고, 정가에서는 야당의 한 계보 사령부처럼 인식되었다.

집수리를 마치고 남편이 상경해서 처음으로 자신의 집에 문패를 달 때 일이다. 어느 날 국회에서 귀가한 남편은 2개의 문패를 내놓았다. '金大中', '李姬鎬'. 영문을 모르는 나는 어리둥절할 수밖에 없었다.

"우리 대문에 당신과 내 문패를 나란히 답시다."

"……?"

"가정은 부부가 함께 이뤄나가는 거 아닙니까?"

"그거야 그렇지만……."

"부부는 동등하다는 걸 우리가 먼저 모범을 보입시다."

자신의 문패를 주문하다가 문득 내 생각이 났다는 것이다. 남녀가 유별하고 남편을 하늘이라 믿고 따르라고 가르치던 그 시대에, 더욱이 시어머니를 모시고 살면서 며느리 문패를 단다는 것은 가히 혁명적인 발상이었다.[112]

김대중이 일찍부터 부부가 평등해야 한다는 걸 인식하고 있었음을 보여주는 일화다. 이 같은 인식은 뒷날 여권 신장과 남녀평등 사상으로 발전하고 정책으로 이어졌으며, 집권기에는 여성부 신설, 남녀고용평등법 제정 등으로 구현되었다.

대통령선거에서 쿠데타 주역에게 대권을 빼앗긴 야권은 분열된 채 1963년 11월 26일에 실시되는 제6대 국회의원선거에 대비하였다. 군정 2년 6개월에 이어 민선 대통령에 당선된 박정희나 집권여당이 된

112 이희호, 《이희호 자서전 동행》, 웅진지식하우스, 2008, 118쪽.

공화당은 기세가 등등한 반면 야권은 풀이 죽어 의기소침한 상태였다.

야권은 민정당, 민주당을 비롯해 군소야당까지 11개로 분열되어 각자도생하고 있었다. 야권의 단일후보로도 공화당과 대결하기 어려운 터에 그런 상태로는 승리하기 불가능했다.

김대중은 강원도 인제에서 선거구를 목포로 옮겼다. 앞으로 정치적으로 성공하려면 낯선 타지보다 고향 목포가 여러 가지로 유리하리라 인식한 것이다. 박순천 총재를 비롯해 당 간부들도 이를 권유했다. 무엇보다 마음을 움직인 것은 목포의 지지자들이었다. 그동안 김대중의 활약을 지켜봐 온 지지자들은 다시 타향에서 국회의원에 출마하면 목포의 체면이 서지 않는다면서 집단적으로 목포 출마를 권유했다.

1954년 처음 출마하여 기껏 4~5위 기록을 한 뒤 10여 년 만의 귀향이었다. 나는 그 사실 하나만으로도 감회가 컸다. 고향 사람들도 내가 내려와야 한다고 입을 모았다. 중앙 정치무대에서 내가 활약하는 모습들을 충분히 알기 때문이었다. 어찌 보면 김대중이는 자기 땅에서 핍박받고 떠나간 뒤 타향 땅 객지에서 혈혈단신으로 몸을 일으켜 세웠다는 안쓰런 느낌을 그들에게 주었는지도 모른다.[113]

김대중은 민주당 공천으로 목포에서 입후보하였다. 당시 공화당은 대선에서 승리한 여세를 몰아 4대 의혹사건 등으로 마련한 엄청난 자금을 살포하면서 선거전을 펴나갔다. 당시 호남인들은 자신들의 힘으

---

113 김대중, 《나의 삶 나의 길》, 산하, 1997, 108쪽.

로 박정희를 당선시켰다는 생각이어서 공화당을 일방적으로 선호하고 있었다.

다행히 목포에서는 공화당의 차문석 후보와 일대일로 경쟁하면 되는 상황이었다. 그러나 관권 개입과 물량 공세로 선거는 쉽지 않았다. 목포여고 영어교사이던 권노갑과 인제 보궐선거 때부터 도왔던 엄창록이 김대중을 적극 지원했다. 권노갑은 이때부터 김대중의 분신처럼 곁에서 그를 보좌하며 대선 승리까지 고난의 길을 함께했다. 인제에서 '보온약방'을 운영하던 엄창록은 민주당 인제군지구당 조직부장을 맡으면서 김대중과 인연을 맺고 선거참모 역할을 충실히 했다.

김대중이 6대 국회의원에 이어 박정희 대통령이 수단과 방법을 동원해 막으려 했던 7대 국회의원에 당선되고, 이어서 신민당 대통령후보로까지 선출되는 등 경이적인 도약을 거듭한 데에는 엄창록의 놀라운 조직 관리 비법이 있었다는 설이 나돌았다. 그러자 중앙정보부는 결국 1971년 대통령선거 중에 엄창록을 회유·위협하여 김대중 곁에서 떼어냈다. 이후 엄창록은 공식적인 자리에서 자취를 감추었다.

중앙정보부 자료에는 "9·29 김대중 대통령후보 지명 이후 계속 김대중 전략 입안에 참여하고 있음" "유기홍이 특별보좌관으로 임명되자 불만을 품고 김대중과 거리가 멀어지자 김대중이 계속 설득하여 12·6 특별보좌관(비공식)으로 임명되었음. (김대중은 그의 능력이 1개 지역 조직은 가능하나 전국 단위의 조직은 역부족이라고 평가)"라고 분석돼 있다.[114]

---

114 중앙정보부, 《신민당 대통령후보 김대중 인물 분석》, 1970, 33쪽.

김대중에게 뒤늦게 '선거운'이 따랐다. 선거 종반에, 공화당이 일선 경찰서에 부정행위를 지시한 것을 목포경찰서 정보반장 나승원 경사가 폭로한 것이다. 이 일은 사회에 큰 충격을 주었고, 또한 목포 시민들을 분노하게 했다. 이 사건으로 백중지세이던 여론이 김대중 쪽으로 쏠렸다.

선거전은 종반이 되자 더욱 거세져서 이승만 정권 시절을 연상시키는 부정행위가 자행되었다. 경찰과 지방공무원이 공화당에 동원되고 나의 선거운동에 대해 모든 수단을 동원해서 방해했다.

다행히 부정을 지시받은 목포경찰서 정보반장 나승원 경사가 국회의원선거대책이라는 부정선거 비밀지령문을 폭로해주었다. 나 경사는 내가 속한 민주당이 아닌 또 다른 야당인 민정당에 가서 13개 항목에 걸친 부정선거에 대한 상부의 비밀지령을 특별 기자회견 석상에서 폭로해버렸다. 물론 그 비밀지령 내용은 나를 낙선시킬 목적이었다. 목포에서는 큰 소동이 일어났고, 그런 부정행위를 일체 할 수 없게 되었다. 부정을 저지를 계획이 중단된 덕분에 압도적인 표차로 당선될 수 있었다.[115]

김대중은 2만 2513표를 얻어 당선된다. 1만 973표를 얻은 공화당 차문석을 1만 1540표 차로 이겼다. 더블스코어의 승리였다. 김대중의 감회는 남달랐다. 그도 그럴 것이 1954년 제3대 민의원선거 때 목포

115   일본 NHK 취재반 구성, 앞의 책, 175쪽.

에서 참패하고, 인제에서 4번 선거를 치러 겨우 당선되었으나 당선 사흘 만에 의원직을 빼앗기고 그 후 절치부심 9년 만에 고향이나 진배없는 목포에서 당선되었기 때문이다.

제6대 국회의원선거와 관련하여 권노갑은 다음과 같이 회고한다.

이때 공화당에서 입후보한 사람은 차문석 씨였다. 그의 부친은 일제 통치기에 목포 제1의 유력자였으며, 둘째가라면 서러워할 부자였다. 경쟁후보인 차 씨는 일본 대학을 나와 학도병을 거쳐 해방되고는 국군에 들어가 육군대령까지 지낸 사람이었다. 지명도는 물론 선거자금도 충분해서 공화당의 유력자가 지지하는 강적이었다. 김대중 후보의 승리 요인은 역시 나승원 경사의 증언에 있었다. 이 선거에서는 자유당 정권기와 마찬가지로 어느 선거구나 경찰관과 공무원이 부정행위를 저질렀다. 하지만 나 경사의 증언 덕에 목포의 사례가 전국에서 가장 유명해졌다. 야당 측은 결속하여 나 경사 증언을 근거로, "이 정도의 부정이 있다면 이번 선거는 무의미하다."며 정부를 공격했고 내무부장관·치안국장을 인책 사임으로 몰아세웠다.

내가 비서가 된 것은 김대중 선생이 오랫동안 목포를 떠나 있었기 때문에 고향에 잘 아는 사람이 적은 것을 보완해주기 위해서였다. 김대중 선생은 나의 고향 선배이며 목포상업학교 4년 선배이다. 나는 동국대를 졸업한 뒤 미군의 통역을 하기도 하고, 목포여고에서 교편을 잡고 있어서 각계각층의 사람들을 알고 있었다. 이 사람이야말로 훌륭한 정치가가 될 것이라는 기대에서 돕게 된 것이다.[116]

6대 국회에서 대정부 질의를 하는 김대중.

김대중은 당선되었지만 야권은 참패했다. 야권 후보가 난립한 데다 나 경사의 비밀지령 폭로에도 공화당이 지역 단위까지 관권을 행사하고 물량 공세를 했기 때문이다. 그래서 공화당이 득표율에서 32.4퍼센트밖에 표를 얻지 못했는데도 전체 175개 의석 중 110석을 차지하는 압승을 거두었다. 준여당인 자유민주당이 9석을 얻고, 야당에서는 민정당이 41석, 민주당이 13석을 얻는 데 그쳤다. 이 선거에서 주목할 만한 사실은 공화당 공천으로 출마한 전 자유당 계열 유력자들이 모두 당선되었다는 것이다. 이것은 공화당이 이승만 정권의 유산을 고스란히 이어받았음을 뜻한다.

1963년 12월 17일 이른바 제3공화국이 출범했다. 3공 헌법 골자는 의원내각제 폐지·대통령중심제로 복귀, 긴급명령권·긴급재정경제처분권 등 대통령에게 강력한 권한 부여, 국무회의를 의결기관에서 심의기관으로 전환, 양원제 국회를 단원제로 환원, 헌법 개정에 국민투표제 도입 등이었다.

5·16쿠데타 세력이 민간인의 옷으로 갈아입고 출범한 박정희 정권은 4월혁명의 민족·민주이념에 역행하는 노선을 걸었다. 외세에 의존해 남북이 군사 대결을 하고 체제 경쟁을 벌이게 하는 한편 정권을 유지하려고 외자에 의존적인 경제개발을 추진했다.

제6대 국회는 이해 12월에 열렸다. 김대중은 지난 잃어버린 세월을 보상받으려는 듯이 의정활동에 전념했다. 국회도서관을 가장 많이 이용하는 의원이 되었다. 김대중의 존재는 곧 국회에서 부각되었다.

116   일본 NHK 취재반 구성, 앞의 책, 175~176쪽.

충분히 자료를 준비해오고, 그것을 토대로 정부 각료들에게 일문일답 형식으로 날카롭게 질의했던 까닭이다. 그때까지 대개 국회의원은 두루뭉술하게 질문하고 비슷한 답변이나 받아내는 형식에 길들여져 있었다. 김대중은 주로 국회건설위원회와 재경위원회에서 활동했는데, 김대중의 예리한 질의와 자료 제시로 국무총리와 장관들이 쩔쩔맸다. 그러자 동료의원들도 김대중을 점점 높이 평가하게 되었다. 개원 뒤 6개월 동안 김대중은 13회라는 최다 발언자가 되었고, 국회에서 주요 문제가 생길 때마다 구체적인 사례와 수치를 들어 정부·여당을 궁지로 몰아넣었다. 당연히 박정희도 김대중을 주목하게 된다.

> 박 대통령도 국회에서의 내 활동을 알고 있었다. 처음으로 국회라는 단체를 상대해야 했던 그로서는 사사건건 문제점을 짚고 나서는 내가 의식되지 않을 리 없었던 것이다. 한번은 국무총리와 모든 각료들이 내 추궁에 쩔쩔매고 돌아간 뒤 김대중이라는 한 사람에게 모두가 휘둘렸다고 대통령에게 역정을 들었다는 얘기도 들려왔다.
>
> 그렇다고 내가 비판을 위한 비판을 한 건 아니다. 나는 언제나 좋은 대안이 없는지 궁리했고 또한 그걸 제시하기 위해 노력했다.[117]

김대중의 의정활동은 치열하게 전개되었다.

117 김대중, 《나의 삶 나의 길》, 산하, 1997, 110쪽.

활발한 의정활동

1964년 국회 본회의에서 김준연 의원이, 박정희 정권이 한일협정 협상 과정에서 일본에게서 1억 3천만 달러를 받았다고 폭로한다. 이 일로 박 정권은 허위사실유포죄로 김 의원 구속동의요청서를 국회에 제출한다. 김대중은 동의를 막으려고 필리버스터(의사진행방해연설)에 나섰다. 국회 본회의 발언대에 선 김대중은 김 의원 구속불가 이유와 정부의 실정을 장장 5시간에 걸쳐 낱낱이 폭로하였다. 이 때문에 회기 마감 시간을 넘겨 결국 김 의원 구속을 막을 수 있었다. 이날 발언 시간은 5시 19분으로 대한민국 의정사상 가장 긴 원내 발언으로 '기네스북'에까지 등재되었다. 하지만 '최장 발언'이란 시간보다 더 중요한 것은 발언 내용이었다.

김대중은 이에 앞서 1963년 12월 28일 국회 본회의 정책 질의에서 경제위기 타개책과 민생고 해결, 물가 앙등 대책을 요구하는 한편, 저자세인 대일외교 문제, 오노 반보쿠 당시 일본 자민당 부총재의 망언 문제, 부정선거 문제 등에 관해 따졌다. 이날의 발언 요지는 다음과 같다.

지금 세계적 추세는 자유민주주의 대 혁신주의의 정치 추세가 있는 것은 사실이다. 또한 지금 우리는 여기에서 혁신정당을 전부 압살해서 활동을 못하게 하였지만 우리가 내놓은 유엔 감시하의 남북한 총선거를 할 때는 김일성이도 이 서울에 와서 시민회관을 빌리고 서울운동장에서 떳떳이 공산주의 선거운동을 하면서 [……] 선거운동을 할 수 있게 되는 것이다.

장장 5시간 19분에 걸쳐 의사진행방해연설을 하고 있는 김대중.

우리는 그러한 사태를 언제든지 예견을 해야겠다. 그렇다면 우
리가 적어도 여기에서 반공성이 뚜렷한 혁신계를 육성해놓아야 그
러한 경우에 있어서도 많은 혁신적인 생각을 가진 사람들이 공산주
의로 넘어가는 것을 미리 막아내는 방파제의 역할을 할 것이다.[118]

김대중은 이 무렵부터 통일문제에 각별한 관심을 보이기 시작했다.
1964년 10월 26일에는 국회 본회의에서 〈현하現下 국제 정세에 관
한 질문〉이라는 제목으로 대정부 질의를 했다. 김대중은 중국과 유럽
사회민주주의 진영의 부상 등 급변하는 국제정세에 대응하려면 반공

118 《김대중 연보》(미간), 김대중도서관 사료센터.

주의에 기초한 정부의 경직된 외교정책은 수정되어야 한다고 지적했다. 또 통일문제를 전담할 기구가 필요하다고 강조했다. 11월 5일에는 〈4·19의 역사적 교훈을 잊었는가?〉라는 주제의 대정부 질의에서 박정희 정권의 독재와 부정선거, 정보정치를 신랄하게 비판했다. 이 연설의 말미에서 그는 다음과 같이 촉구했다.

칼을 믿는 자는 칼로 망하고 정보정치를 믿는 자는 정보정치로 망한다. 심지어 야당의원들의 사생활까지 조사를 당하고 있고 녹음을 당하고 있다. 나라 꼴이 이렇게 되어가지고는 나는 아주 우려할 사태가 올 것으로 생각한다. 그렇기 때문에 총리께서는 야당집회의 자유보장에 대한 문제, 명년 선거의 자유보장 문제 또 공무원·정보기관 사람들의 정치 관여를 엄단하는 소신에 대해 답변하기 바란다.

이밖에도 김대중은 1965년 6월 9일에는 〈1965년도 지불보증 연차계획안 및 1965년도 재정차관 협정체결에 대한 동의안〉, 8월 10일에는 〈대한민국과 일본국 간의 조약과 제협정 및 그 부속문서의 비준에 관한 동의안〉, 1966년 8월 6일에는 〈대일외교에 대한 대정부 질의〉, 10월 14일에는 〈대한민국과 아메리카합중국 간의 상호방위조약 제4조에 의한 시설과 구역 및 대한민국에서의 합중국 군대의 지위에 관한 협정의 체결에 관한 비준동의안〉이라는 제목 등으로 대정부 질의를 했다.

특히 1965년 1월 25일 대정부 질의에서는 반공 논리를 앞세워 파병하려는 박 정권의 태도를 비판한다. 김대중은 미국의 요구를 전면

적으로 거부하기 힘들다면 의용군 형태의 우회적인 방법을 동원하고
정규군은 파병하지 말 것을 제안했다. 또 알맹이는 없고 혼란만 조장
하는 박 정권의 외교전략을 비판하는 한편 국익에 입각한 현실주의적
인 전략을 세울 것을 제안했다. 국익을 중시하는 김대중의 외교전략
과 아울러 김대중이 미국을 어떻게 인식하고 있는지 살필 수 있는 대
목이다.

> 오늘날 우리 국내에서는 약간 반미적으로 하는 것이 일종의 진보
> 요, 민주적인 것으로 이런 인식도 있다. [……] 본 의원의 생각으로
> 는 만일 사대주의적 사상으로 우리가 친미를 할 것 같으면 그것은
> 배격되어야 할 것이다. 우리의 입장에서 친미할 수밖에 없는 또 그
> 것이 우리 민족의 이익에 일치하는 것이라고 할 것 같으면 나는 친
> 미하는 것이 조금도 부끄러울 것이 없는 것이고, 그것이 20세기 후
> 반기에 있어서의 외교의 방향과 일치하는 것이라고 생각한다.[119]

김대중은 박 정권이 굴욕적인 한일회담을 강행하는 것을 지켜보면
서 1965년 3월 2일 국회에서 일본의 주도권을 인정하는 미국의 동아
시아 정책을 비판했다. 그는 한일협정 체결 방식과 관련된 미국의 지
역통합 전략을 비판하면서 미국이 주도하는 동아시아 기구를 만들고,
일본을 그 구성원의 하나로 참여시킬 것을 제안했다.

---

119 《김대중 연보》(미간), 김대중도서관 사료센터.

미국이 아시아를 다루던 그 메스를 일본에게 대신 쥐어주려고 하지만 아시다시피 일본은 지금 아시아를 다룰 하등의 태세가 되어 있지 않다. [……] 이런 일본에게 메스를 쥐어준다고 할 것 같으면 그 메스는 녹슬어버리거나 아니면 과거와 같은 군국주의 재판으로 나올 것이다. [……] 이런 일본에 대해서 덮어놓고 미국이 아시아에 있어서 지도적인 이니시어티만, 리더십만 맡긴다고 할 것 같으면 아시아의 국민들은 일본이 과거 제국주의 재등장으로 이것을 두려워하고 반발할 것이고 그러한 권한을 맡긴 미국에 대해서 원망을 하고, 아시아에서는 새로운 반일 반미 감정이 미만해갈 것으로 본다. 또 그 제1차적인 피해를 우리 한국이 입을 것으로 본다.[120]

'사쿠라'로 몰린 실용 외교

박 정권의 굴욕적인 한일회담 추진이 알려지면서 야권은 반대 투쟁에 나섰다. 제1야당 민정당 윤보선 총재는 한일회담을 '매국 외교'로 규정했다. 그는 "국가의 백년대계가 일개 정권의 연장 때문에 좌우될 수 없다. 3억 달러로 과거 침략의 면책과 이승만 라인을 팔아넘길 수 없다."고 비판하면서 투쟁에 앞장섰다. 1964년 3월 6일에는 야당과 각계 대표 2천여 명이 모여 '대일굴욕외교반대 범국민투쟁위원회'를 결성했는데, 물론 민주당도 여기에 참가했다.

그러나 김대중은 생각이 달랐다. 박 정권의 굴욕적인 한일협정에는 반대하지만, 일본과 국교를 정상화하는 것은 필요하다고 여겼다.

●
120 《김대중 연보》(미간), 김대중도서관 사료센터.

윤보선 총재의 '한일교섭 무조건 절대 반대'라는 태도에 나는 의문
이 들었다. '매국노'라고 몰아붙이면서 한일협정에 반대하는 것은
잘못되었다고 생각했던 것이다. 총재인 박순천 여사와 의논해보니
총재도 내 생각에 찬성하고 있었다.

　나는 "지금은 국가적 이익을 확보하면서 일본과 한국의 국교정
상화를 적극적으로 추진해야 할 때가 왔다."는 입장이었다. 세계의
식민지와 그 구 지배국과의 관계를 보면 영국이나 프랑스도 이전
식민지국들과 국교를 맺고 있었다. 서로를 미워하고, 때로는 전쟁
으로 얼룩진 사이였지만, 독립을 달성한 이후에는 서로 국교를 맺
고 있었다. 더구나 우리는 독립한 지 이미 오래됐고 가까운 이웃이
되었다. 그럼에도 옛 감정에만 사로잡혀 국교를 맺으려 하지 않는
것은 너무나 융통성이 없는 태도가 아닌가? 국가의 이익을 위해서
도 세계사의 흐름에 역행하는 것이 아닌가? 이런 태도는 어느 나라
로부터도 지지를 받을 수 없을 것이다, 국교는 개방해야 한다고 호
소하고 싶었다.[121]

　1960년대 들어 미국은 새로운 동아시아 전략의 일환으로 한일 간
의 국교정상화 문제를 강력히 제기하고 나섰다. 박정희 정권이 한일
간의 국교를 이전처럼 돌려놓아 동아시아에서 소련의 남하 정책을 저
지하고 중국(중공)을 견제하기 위해서였다. 쿠데타를 승인해준 대가로

121　일본 NHK 취재반 구성, 김용운 편역, 《역사와 함께 시대와 함께 - 김대중 자서전 1》,
　　인동, 1999, 177~178쪽.

박정희 정권이 비교적 말을 잘 들었으므로 미국은 그리 어렵지 않게 이 전략을 관철할 수 있었다.

한일국교정상화는 이승만 정권 이래의 현안이기도 했다. 1951년부터 시작된 한일회담은 10여 년에 걸쳐 교섭했는데도 타결점을 찾지 못한 상태였다. 자유당 정부에 이어 민주당 정부도 한일회담을 추진했으며, 1960년 10월 25일 제5차 한일회담이 열렸으나 쿠데타로 다시 중단되었다.

박정희 정권 들어 한일회담이 적극 추진된 데는 여러 이유가 있다. 미국 원조가 대폭 삭감된 상황에서 당시 박정희 정권은 경제개발계획을 실행할 대규모 투자 재원이 필요했다. 이런 상황에서 미국의 지역통합전략, 일본 자본의 해외 진출 욕구 등이 맞아떨어진 것이다. 여기에 군사정권 핵심 요인들이 대부분 일본 육사와 만주군관학교 출신들로 일본에 다분히 애정과 향수를 갖고 있었다는 점도 간과할 수 없는 요인이다.

이런 요인들로 인해 1961년 10월 20일 제6차 한일회담이 재개되었다. 하지만 한일 양국은 합의 사항을 둘러싸고 의견이 달랐고, 한국에서는 격렬한 반대 투쟁이 연일 계속되었다. 이런 상황으로 타결이 늦어지자 정부는 김종필 중앙정보부장을 특사로 파견했다. 이케다 수상과 비밀회담을 가져 타결 조건에 합의하려고 했으나, 한국의 거듭된 양보에도 일본은 고자세의 버티기 전략으로 맞섰다.

박정희 정권은 한일회담을 서둘러 타결하려 했다. 1962년에 경제개발5개년계획을 실행하려면 자본이 시급히 필요했고, 더욱이 화폐개혁으로 경제 상황도 매우 불안정한 상태였다. 그래서 김종필이 다시 일본으로 건너가 오히라 마사요시 당시 일본 외상과 회담을 열었다. 이때 김종필은 비밀메모(김-오히라 메모)로 대일 청구권 문제 등에 불리한 합의를 해주었다. 일본은 청구권 협상의 타결로 무상으로 3억 달러를 10년간 지불하고, 경제협력 명목으로 한국에 차관 2억 달러를 연리 3.5퍼센트로 제공하며, 민간 상업 차관으로 1억 달러 이상을 제공하기로 했다. 36년 식민통치에 따른 보상 문제를 청구권 대신 '독립축하금'이란 이름으로 무상 3억 달러에 모두 묻어버린 것이다. 그나마 이 협상 내용도 즉각 밝혀지지 않은 채 1964년에 이르기까지 2년 동안 비밀에 부쳐졌다.

1964년 3월 들어 박 정권은 한일회담 3월 타결, 4월 조인, 5월 비준 계획을 밝혔다. 이에 야당은 즉각 '대일굴욕외교반대 범국민투쟁위원회'를 결성하고 전국을 돌며 유세하기 시작했다. 3월 24일 서울대생들은 '한일회담 즉각 중지'를 요구하는 집회를 열고 이케다 수상과 '현대판 이완용'의 화형식을 거행한 뒤 가두시위를 벌였다.

학생들 시위는 삽시간에 전국으로 번져나가 5월 20일 서울 시내 대학생연합은 박 정권이 표방한 '민족적 민주주의' 장례식을 거행하고, 4·19 민족·민주이념에 정면으로 도전한 군사쿠데타정권 타도 투쟁을 선언했다. 이날 시위로 1백여 명이 다치고 2백여 명이 연행되었다. 그러나 학생들은 굴하지 않고 단식농성 등을 벌이면서 계속 투쟁해 6월 3일에는 시위대 1만여 명이 광화문까지 진출하기에 이르렀다. 시위대는 "군사쿠데타, 부정부패, 정보정치, 매판독점자본, 외세의존" 등의 구호를 외치며 급기야 박 정권 퇴진을 요구했다.

김대중은 박 정권의 한일국교정상화에는 찬성하면서 방법과 내용

에 대해서는 강하게 반대하였다. 명분도 실리도 모두 잃은 회담이라
고 보았기 때문이다.

　나는 우선 일본에 청구하기로 했다는 3억 달러에 불만이었다. 그
액수는 역대 정부가 주장하던 액수에도 크게 미치지 못했다. 이승
만 정권 때는 20억 달러였으며 장면 정권도 국교정상화를 위한 조
건으로 28억 5천만 달러를 요구했던 것이다. 그래서 나는 국회에서
주장했다.

　"차라리 그럴 바에야 일본으로부터 단돈 1전도 받지 말자. 우리
는 아직 가난한 나라지만 그런대로 살아갈 수 있다. 일본에게서는
진실한 사과를 받으면 된다. 그래서 과거를 청산한 다음 재출발하
자. 다만 우리가 1전도 받지 않는 대신 한일 무역을 일대일로 공평
하게 하자고 한다면 일본 국민들도 감동할 게 틀림없다. 무역 불균
형의 시정은 우리로서는 실리가 있을 뿐만 아니라 국내 산업도 크
게 부흥시킬 수 있는 계기가 될 것이다. 현재 한일 무역수지는 3억
달러로도 메울 수 없을 정도로 우리 측은 해마다 거액의 적자를 내
고 있지 않는가?

　3억 달러의 무상 경제 협력금도 10년에 걸쳐 매년 3천만 달러씩
나누어서 지불한다고 한다. 그러나 무역 불균형에 의해서 우리가
10년 동안 손해 보게 될 적자를 예상해 보면 오히려 30억 달러가 넘
을 것이라고 나는 믿는다."[122]

122　김대중, 《나의 삶 나의 길》, 산하, 1997, 116~117쪽.

김대중은 대일굴욕외교반대 범국민투쟁위원회 주최 강연회에서도 이런 내용으로 연설했다. 윤보선 총재를 비롯해 쟁쟁한 연사들이 모두 "굴욕 매국 외교 절대 반대"를 소리 높여 외칠 때 그는 '실리외교론'을 펼쳤다. 윤보선 등 강경파는 정부안에 대안을 내놓고 싸워야 한다는 김대중 주장에 "한일국교정상화는 매국이며, 매국에는 정면으로 반대하는 것이 대안이다."라고 반박하였다. 이런 상황에서 야당가에서는 '사쿠라론'이 나왔다. 김대중이 공화당 정권에게서 돈을 받고 청부 발언을 한다는 소문이었다. 이런 내용은 언론에도 보도되었다. 당시는 야당가에서 사쿠라로 낙인되면 정치 생명이 끝장나던 시절이었다.

선거구인 목포에서도 강연회가 열렸다. 지구당 간부들이 제발 다음 선거에 출마하려면 발언 내용을 수정해달라고 요청했다. 심지어 김대중 부친까지 편지를 보내올 정도였다. 부인 이희호도 그 소문의 경위를 물었고, 초등학교에 다니던 두 아들도 학교에서 손가락질을 받았다며 울상을 지었다.

나의 오랜 정치활동에서 그 당시는 가장 괴로운 시기 가운데 하나였다. 내 진심을 아무도 좀처럼 알아주지 않았다. 좋지 않은 소문은 내 고향 하의도에 계신 아버지께도 전해졌는지 편지 한 통이 날아왔다. 편지에는 "전도가 바닷길처럼 양양해야 할 아들이 사쿠라라고 불리고 있으니 도대체 어인 일인가? 세상 사람들에게 손가락질받는 일을 어째서 하고 다니느냐?"라고 씌어 있었다.

내 아내도 외출했다가 아는 사람으로부터 "당신 남편은 여당 앞잡이가 다 됐더군요."라고 비난받는 일이 한두 번이 아니라고 했다.

초등학교 다니는 두 아들도 친구들로부터 따돌림을 받는다면서 울고 돌아왔다.

죽고 싶을 만큼 괴로운 일을 그때 맛보았다. 신념을 관철하는 어려움, 그리고 그 신념을 이해해주지 않는 괴로움을 동시에 맛보았던 것이다.[123]

김대중은 정국의 추이를 걱정했다. 박 정권이 무슨 짓을 저지를지 걱정되었다.

나는 계엄령이 선포되기 전부터 그 가능성을 야당에 경고했다. 그들은 군대와 총칼을 앞세워 정권을 잡은 무리들이기 때문에 속성이 뻔했다. 계엄령 정도는 누워서 떡 먹기 정도로 여길 것 같다는 예감이 들었던 것이다. 그러나 내 얘기를 듣고도 야당의 어떤 간부는, 계엄령이 내려지면 사태가 더 유리해질 것이라고 코웃음을 치는 것이었다. 야당의 강경파인 윤보선 당수는 반대 데모의 선두에 서서 끝까지 싸우겠다고 호언하기도 했다.

그런데 막상 계엄령이 선포되자 이른바 강경파에 속했던 정치가들은 사태 수습은커녕 단 한 사람도 사무실에 모습을 비추지 않았다. 그 길로 어디론가 잠적해버렸던 것이다.[124]

123 일본 NHK 취재반 구성, 앞의 책, 180쪽.
124 김대중, 《나의 삶 나의 길》, 산하, 1997, 118~119쪽.

김대중 예견대로 사태는 악화되었다. 학생들 데모에 많은 시민이 가담하면서 시위 규모가 점점 커지자 위기감을 느낀 정부가 6월 3일 밤 8시를 기해 서울시 일원에 비상계엄령을 선포하면서 대대적인 탄압에 들어간 것이다. 또 모든 학교에 휴교령을 내리는 한편 일체의 시위를 금지하고 언론·출판 사전 검열을 명령했다. 7월 29일 계엄이 해제될 때까지 55일 동안 학생 168명, 시민 173명, 언론인 7명이 구속되고, 포고령 위반 890건으로 1120명이 검거되었다. 그중에서 540명이 군사재판, 68명이 민간재판, 216명이 즉결재판에 회부되었다.

정부가 계엄령을 내린 배경에는 미국이 있었다. 다음은 김대중 증언이다.

이때 박정희 대통령은 정권을 내놓고 대통령직에서 하야할 결심까지 했다고 한다. 그런데 그때 미국의 버거 대사와 하워드 유엔군 사령관이 헬기를 타고 청와대를 방문했다. 데모대에 길이 막혀 차를 타고는 갈 수 없었기 때문이었다. 그리고 그들은 의기소침해진 박 대통령을 격려하고 사태 수습에 대해 함께 논의했다. 그리고 오후 8시, 정부는 드디어 서울시 일원에 비상계엄령을 선포했다. 3월 24일 굴욕 외교 반대 데모가 시작된 이래 72일째 되는 날이었다. 역사는 일련의 이 사건을 가리켜 '6·3사태'라고 부른다.[125]

한일국교정상화는 미국이 구상한 동아시아 정책의 일환이었다. 박

125 　김대중, 앞의 책, 118쪽.

정권이 위기에 몰리자 미국은 지체 없이 강경 진압책을 제시하고 박정희에게 힘을 실어주었다.

박 정권은 계엄이 선포된 지 이틀 후인 6월 5일 공화당 의장 김종필을 문책해 당 의장직에서 물러나게 하고, 외유 조치를 취했다. 그리고 야당과 학생, 시민들의 격렬한 반대 투쟁을 위수령, 계엄령으로 억압하면서 1965년 6월 22일 한일기본조약을 체결하기에 이르렀다. 한국의 외무장관 이동원, 한일회담 수석대표 김동조와 일본 외무장관 시나 에쓰사부로, 수석대표 다카스기 신이치가 조약에 조인했다. 조약은 7개 조로 된 '대한민국과 일본국 간의 기본관계에 관한 조약(기본조약)'과, 이에 부속된 4개 협정과 문서 25개로 구성돼 있다.

이 협정에 따라 평화선[126]이 철폐되고, 전관수역이 일본 요구대로 12해리로 설정되었다. 당초 우리 요구는 40해리였다. 또한 재일교포의 법적 지위와 영주권 문제 등이 일본정부의 임의적 처분에 맡겨지게 되었고, 일제가 36년간 불법으로 강탈해간 모든 한국 문화재를 일본의 소유물로 인정해버렸다. 더욱이 정신대, 사할린 교포, 원폭 피해자 등의 문제는 거론조차 못하고 끝나버린 졸속, 굴욕 조약이었다.

어느 시대나 정치적인 큰 이슈를 두고 강경론과 온건론이 대립하곤 했다. 사안을 보는 관점과 인식이 서로 다를 수 있기 때문이다. 1636년(인조 14년) 청의 침공으로 국가가 위기에 처했을 때 남한산성에서 최명길 등은 현실적으로 청과 강화를 하자는 주화론을 펴고, 홍익한 등 삼학사는 끝까지 청과 싸우자는 주전론을 폈다. 뒷날 사가는

126 1952년 1월 18일 이승만이 한국 연안 수역을 보호하려고 선언한 해양주권선.

"주화론자도 충忠이고 주전론자도 충"이라고 썼다.

한일국교정상화, 굴욕회담 반대투쟁 과정에서도 양상은 다르지만 '주전, 주화론'이 제기되었다. 결과적으로 한일회담은 강행되고, 우리에게 대단히 불리하게 체결되었다. 여기서 주목할 것이 김대중 태도다. 그는 대개 국민에게 대단한 강경론자로 인식되었다. 그런데 '사쿠라' 소리를 들어가면서까지 양국 국교정상화의 필요성을 인정하고, 대안을 제시하면서 실리를 찾자는 실용주의 노선을 추구한 것이다. 뒷날 김대중은 당시 정황과 자신의 견해를 다음과 같이 정리했다.

한일국교정상화는 미국이 구상하고 있던 아시아정책의 요체였다. 그래서 그 한일국교정상화를 위해 박 정권을 지지하고 나선 것이다. 야당의 도를 넘는 투쟁, 타협하지 않는 강경 일변도의 태도가 미국과 박 정권을 밀착시켰다.

돌이켜보면 야당 강경파는 우방 국가들과는 고립된 투쟁을 해왔다. 세계 여론이나 국가의 장기적인 이익도 그다지 고려하지 않은 면이 있었다. 더구나 자신의 실력에 상응하지 않는, 말하자면 야당 자신들도 감당하지 못할 벅찬 모험주의적 투쟁을 해왔다. 그러한 까닭에 6월 3일을 기점으로 야당 세력은 그늘 속에 가려지게 되었다. 시위는 계엄령 아래 군대의 힘으로 진압되었고, 박 정권의 정책을 비난하던 신문 논조도 조용해졌다.

이날 이후, 야당은 점차 약체가 되었고 결국에는 박 정권의 한층 강화된 독재를 허락하는 계기를 만들었다. 그런데도 야당 강경파는 사태를 바로 보지 못하고 사태를 더욱 약화시켜 나갔던 것이다. 세계의 흐름과 국민, 특히 중산층의 생각에 역행한 투쟁이 얼마나 실패하기 쉬운지 이 한일외교 반대투쟁은 뼈저리게 가르쳐주었다.[127]

2년간에 걸친 한일협정 반대 투쟁은 하나의 역사적 분기점이었다. 이 반대 투쟁을 극복한 것으로 박 정권은 자신감을 얻어 권력을 확장시키게 되었다. 그리고 이 협정의 성립으로 박 정권은 일본뿐 아니라 미국과도 신뢰 관계를 맺을 수 있었다. 민정이행 후 처음에는 약하게 보이던 박 정권은 이렇게 든든한 기반을 구축하게 되었다.

만약 야당이 국교정상화에는 기본적으로 찬성하지만 조약과 협정 내용을 별도로 보고 불이익 받는 부분에 대한 시정 요구를 집중적으로 투쟁했다면 그 성과도 컸을 것이고, 조약 실현의 정치적 소득도 여야가 반반씩 얻었을 것이다.[128]

대안 제시한 베트남전 파병안

박정희 정권은 한일국교정상화에 이어 야당과 국민의 반대에도 미국의 요청으로 베트남전에 국군을 파병했다. 한국 역사상 초유의 해외파병이었다. 1964년 7월 31일 국회 본회의에서 '베트남공화국 지원을 위한 국군부대의 해외파병 동의안'이 제출되어 만장일치로 통과되었다. 그러나 전투부대 파견안은 1965년 8월 13일 야당이 불참한 가

---

127 일본 NHK 취재반 구성, 김용운 편역, 《역사와 함께 시대와 함께 – 김대중 자서전 1》, 인동, 1999, 183~184쪽.
128 일본 NHK 취재반 구성, 앞의 책, 193~194쪽.

운데 공화당 단독으로 처리되었다.

한국군이 처음 베트남전에 투입된 것은 1963년 9월 11일로, 남베트남 정부가 지원 요청을 한 직후였다. 이때는 의무부대 130여 명과 태권도 교관 10명이 전부였다. 그 후 다시 요청을 받아 1964년 2월 14일 비전투부대인 공병대 중심으로 2천 명 정도가 파견되었다. 이때만 해도 크게 말썽이 없었다. 2천 명 파병 동의안도 국회에서 무난히 통과되었다. 그런데 1965년 6월 26일 미국 정부의 요청을 받고 전투병 파병동의안을 국회에 제출하면서부터 상황이 달라졌다. 일반 국민과 학생들 사이에서도 반대 의견이 적지 않았고, 국회 내에서도 여야 입장을 초월해 반대 의견이 쏟아졌다.

정부가 내세운 파병 명분은 한국전쟁 때 우리도 자유우방국들 도움으로 공산군을 물리칠 수 있었다는 것이다. 그러므로 우리 역시 한 우방국이 공산 침략에 희생되는 것을 바라보고만 있을 수 없다는 논리였다. 그리고 한국전쟁 이후 혈맹인 미국을 도와 베트남전을 승리로 이끄는 것이 우리의 도리라고 강조했다. 사실 파병 결정에는 경제적, 군사적 계산이 바탕에 깔려 있었다. 경제적 측면에서는 한·미·베트남 3국 협력체제가 고려되었고, 군사적 측면에서는 주한미군이 베트남으로 가지 못하게 쐐기를 박겠다는 의도도 있었다.

정부의 베트남 파병에 야당은 강하게 반대했다. 김대중도 마찬가지였다. 다만 야당과 김대중 사이에는 '온도 차이'가 있었다. 김대중은 미국이 한국군 파병이 안 되면 주한미군을 빼내어 베트남으로 보내겠다고 반협박을 하는 상황이니 신중하게 대처해야 한다고 강조했다. 그러면서 예비역이나 퇴역군인 중 지원자를 모집해 의용군을 파견하자고 제안했다.

1965년 초부터 미국은 우리에게 전투부대의 베트남 파병을 요청해
왔다. 야당은 원칙적으로 반대했다. 그중에서도 나는 특히 강한 반
대를 했다. 베트남 파병이 한반도의 긴장완화에 나쁜 영향을 끼치
기 때문이었다. 특히 북한을 자극하는 일이었다. 우선 국군은 나라
를 지키는 것만으로도 벅차서 여력이 없었고, 베트남에 국군이 파
병되지 않아도 전황에 별 영향이 없다고 여겼기 때문이었다.

그렇지만 미국은 베트남에 우리가 파병하지 않으면 주한미군이
대신 가야 한다고 표명했던 것이다. 만일 그렇게 되면 우리의 국방
상의 안전이 위험해진다.

박순천 여사를 중심으로 한 우리들 온건파는 예비역·퇴역군인
가운데 지원자를 모집해서 의용군을 결성하여 파견하자는 의견을
내놨다. 실제로 의용군으로 가고자 하는 이들도 꽤 있었다. 하지만
정부의 반대로 실행되지 못했다.

이때 윤보선 씨를 중심으로 한 강경파는 "베트남 파병은 곧 국군
이 미군의 용병이 되는 것이다." "그것은 국민의 피를 파는 것과 같
다."라며 격렬한 반대를 했다. 그렇지만 한일회담 반대투쟁만큼 국민
의 지지가 없었고, 도리어 야당과 미국 간의 골만 한층 깊어지게 되
었다. 그리고 이것으로 한번 더 미국과 박 정권을 밀착시켜버렸다.[129]

129　일본 NHK 취재반 구성, 앞의 책, 194쪽.

김대중은 온건한 야당인이었다. 온건이라기보다 합리적인 대안을 제시하는 정치인이었다. 이승만 백색독재, 박정희 군부독재와 맞서온 한국의 야당은 흑백논리에 젖어 있었다. 독재와 싸우는 것이 야당 역할이고, 그것이 곧 대안이라고 믿었다. 국민들도 여기에 환호했다. 달리 무슨 방법이 없었다. '대안'이 설 정치공간이 별로 없었던 것이다. '대안' 운운했다가는 자칫 '사쿠라'로 몰리기 십상이었다.

그런데도 김대중은 의정활동을 하는 동안 강경하게 정부를 비판하면서 대안 제시하는 것을 잊지 않았다. 한일국교정상화 반대투쟁에 이어 베트남 전투병 파병 반대투쟁 과정에서도 그러했다. '전부 아니면 전무'만이 통용되는 한국 정치풍토에서 '김대중 노선'은 정착되기 어려웠다. 그러나 김대중은 그 길을 포기하지 않았다.

박정희 정권은 야당과 김대중의 대안을 무시한 채 1964년 9월 소규모 비전투부대 파병을 시작으로 점차 전투부대까지 베트남으로 보내기 시작했다. 1973년 3월 완전히 철수할 때까지 8년 6개월 동안 네 차례에 걸쳐 파병했다. 주요 파병 부대는 1965년 7월에 파견된 육군 맹호부대, 해병 청룡부대와 1966년 '브라운 각서'로 추가 파병된 백마부대 등이었다.

추가 파병은 조약상 의무 때문이 아니라, 미국 측에서 파병 대가로 한국군의 전력 증강과 경제개발에 드는 차관공여를 약속함으로써 이루어진 것이다. 한국군의 베트남 추가 파병에 따른 미국의 보상 조치를 담은 것이 '브라운 각서'다. 총 14개 항인 이 각서의 주요 내용을 살펴보면 이렇다. 추가 파병에 따른 비용은 미국 정부가 부담한다, 한국군 육군 17개 사단과 해병대 1개 사단의 장비를 현대화한다, 베트남 주둔 한국군을 위한 물자 용역은 가급적 한국에서 조달한다, 베트남에서 실시되는 각종 건설·구호 등 제반 사업에 한국인 업자를 참여시킨다, 미국은 한국에 추가로 개발 차관과 군사 원조를 제공하고 베트남과 동남아시아로 수출 규모를 증대할 수 있게 할 차관을 추가로 대여한다, 한국이 탄약 생산을 늘리는 데 필요한 자재를 제공한다 등이었다.

전쟁 기간 동안 한국은 베트남에서 평균 5만 명 수준의 병력을 유지했으며 교대 근무로 파견된 이들까지 합치면 모두 32만여 명을 파병했다. 이 중 5천여 명이 죽고 11만여 명이 부상당했고, 약 16만 명이 고엽제 피해를 입었다. 또 한국군은 북베트남군 4만 1천여 명을 사살했다.

베트남전 기간 동안 한국의 노동력은 1965년 1백 명 미만에서 1966년에는 무려 1만 명이 넘게 급격히 진출하는 증가 추세를 보였다. 1963년부터 1970년 6월 말까지 해외로 취업한 4만 3508명 가운데 베트남에 취업한 사람이 2만 4294명으로, 선원을 제외한 해외 취업자의 70퍼센트를 차지할 정도였다. 또 파병된 군인들과 관련자들로 인해 '베트남 특수' 현상도 나타났다. 전투요원 5만 5천 명과 노무자·기술자 등 민간인 1만 6천 명이 베트남에 파견되면서 파월 장병·기술자 송금 등으로 1966년에만 6949만 달러를 벌어들였고, 1966~1970년까지 6억 2502만 달러의 수익을 올렸다.

한국은 베트남 참전 결과 외화 약 10억 달러를 벌어들였고, 이 돈을 제2차 경제개발5개년계획을 실행하는 데 썼다. 연평균 12퍼센트의 경제성장을 이루었고, 그 과정에서 새로운 독점자본과 신흥재벌이 출현했다. 한진그룹의 경우 1년간 베트남에서 71억 원을 벌어들여 '월남상사'라는 별명까지 얻었다.

그러나 미군 봉급의 3분의 1 수준인 한국군의 베트남 파병은 순전히 미국 측 이해에 맞추어 추진된 것이다. 그 바람에 한국은 공산국가와 제3세계, 심지어 다수의 친서방 국가들에게서 비난을 받았을 뿐만 아니라 비동맹권 내에서 지위가 약화되는 결과도 가져왔다. 무엇보다 베트남 파병이 남긴 가장 큰 폐해는 무고한 청년 5천여 명이 희생되었다는 것이다. 파병 후유증 또한 만만치 않았다. 파월 장병이나 베트남 취업자들이 현지에서 낳은 2세 문제와 본인은 물론 후세들에게까지 유전돼 큰 사회적 이슈가 되었던 고엽제 문제는 지금도 풀지 못한 채로 남아 있다.

베트남 파병에 대한 김대중의 생각은 어떤가.

한국 경제는 1965년부터 미국의 원조와 일본 청구권에 의해 무상자금과 경제차관 그리고 베트남 파병 군인의 본국 송금(연간 1억 달러에서 1억 5천만 달러에 달함)과 베트남 무역 특수로 활기를 띠게 되었다.

박 정권은 이렇게 얻은 엄청난 자금을 이용해서 공업 중심 정책을 내세우고, 공업단지를 확장하고, 고속도로를 만들고 건물을 세웠다. 경제성장률도 연 10%를 넘어 외견상으로 우리나라는 눈부신 발전을 이룬 것처럼 보였다.[130]

130   일본 NHK 취재반 구성, 앞의 책, 195쪽.

김대중은 1966년 9월 박순천 민주당 대표 등과 함께 위문단 일원으로 베트남으로 가 비둘기부대원 등을 격려했다. 이 무렵 김대중 활동을 중앙정보부 자료는 다음과 같이 정리, 분석했다.

- 남북 간 문화 및 서신 교류를 유엔이나 적십자사를 통해 실현할 것을 주장.
- 한일협정 반대 6·3데모, 야당의원 등원 거부의 극한투쟁만이 시국 수습을 위한 최선의 방책은 아니라고 표명.
- 저자세 한일협상을 규탄하고 이를 즉각 시정, 올바른 정치적 안목에서 진정한 국민의 이익을 위해 노력하라고 주장.
- 정국 안정이 경제 안정에 우선하며 정국 불안은 '민불신民不信'에서 오는 것이니 '민불신'의 요소 파악과 이의 과감한 제거 주장.
- 고리채 정리, 곡가 앙등 등 경제정책의 실패와 서민경제체제 주장.[131]

대중경제론 드러낸 기조연설문

박정희 정권은 한일국교정상화와 베트남 파병 등을 실현하면서 미국·일본과 맺은 우호협력 관계를 돈독히 하는 한편, 경제개발5개년계획을 기반으로 경제를 착실히 성장시키며 권력 기반을 강화했다.

반면 야당은 시국관의 차이와 고질적인 파쟁으로 이합집산을 거듭했다. 1965년 6월 14일 원내 제1야당인 민정당과 제2야당인 민주당이 통합하여 제3공화국 출범 이후 최초의 통합야당인 민중당이 출범

---

131 중앙정보부, 《신민당 대통령후보 김대중 인물 분석》, 1970, 39쪽.

했다. 초대 대표최고위원은 박순천이었다.

김대중은 민중당 대변인으로 임명된 데 이어 1966년 8월에는 정책심의회 의장 겸 운영위원으로 선임되었다. 민중당 정책을 총괄하는 위치가 된 것이다. 그러나 민중당은 통합은 되었으나 민정·민주 계열의 노선 갈등으로 조용할 날이 없었다.

정책의장이었던 김대중은 1967년 1월 21일 박순천 대표위원이 국회에서 연설할 민중당 기조연설문을 썼다. 며칠 동안 끙끙대며 쓴 이 연설문은 당시 역대 야당 대표의 기조연설문 중에서 내용이 가장 충실하다는 평가를 받았다. 사실 이 연설문에는 김대중의 경륜과 정책이 담겨 있었다. 기조연설이 호평을 받으면서 연설문 작성자가 김대중이라는 사실이 당과 국회에 알려지고, 김대중은 자신의 저서《분노의 메아리》에 이를 전재하였다. 기조연설문의 구성은 다음과 같다.

제1장 민정 3년의 결산 ①정치현실(독재부패의 군벌정치) ②통일정책(기피와 억압으로 일관) ③외교 부문(굴욕과 허세의 가면극) ④국방 부문(방위력의 약화와 정치 추종의 강요) ⑤산업·경제 부문(대중 수탈에 의한 재벌 비대의 강행) ⑥문화·교육 부문(지성의 말살과 침묵의 강요) ⑦사회·보건 부문(빈곤·절망·범죄의 25시).

제2장 민중당의 좌표 ①민중당의 기본 성격(중산층의 정당으로 대중경제체제를 확립) ②민중당의 자세(고발과 대안의 병행) ③민중당의 업적(알맹이 있는 투쟁과 새로운 정치풍토의 조성) ④우리의 결의(공명선거의 전취와 정권).

제3장 민중의 청사진 ①법제 정책(민주주의를 다시 살리자! — 자유 염

결의 민주체제 확립) ②통일정책(대한민국은 압록강까지다 — 자신 있는 통일체제의 수립) ③외교정책(내 장단에 춤을 추자 — 자주 실리의 성인 외교) ④국방정책(군을 정치에 이용하지 말자 — 전력의 강화와 정치적 중립의 보장) ⑤산업·경제정책(다 같이 삶의 기회를 갖자 — 재벌경제에서 대중경제로 전환) ⑥문화·교육정책(민족의 얼을 길러나 가자 — 자주와 창조의 보장) ⑦사회·보건정책(국민에게 희망을 주자 — 빈곤과 절망에의 도전).[132]

김대중은 국정 전반에 걸쳐 박정희 정권의 실정을 파헤치면서 정책 대안을 제시했다. 국회도서관을 가장 많이 이용하고, 국회의원으로 있으면서 1964년에는 고려대 경영대학원을 수료하는 등 '공부하는 의원'의 모습을 보여주었다. 기조연설문에 담긴 국정 비판과 정책 대안은 그런 노력과 연구의 결실이었다.

눈 밝은 독자라면 기조연설문 목차에서 한 가지 특별한 제목을 놓치지 않았을 것이다. 바로 "중산층 정당으로 대중경제체제를 확립"하겠다는 부분이다. 이때부터 김대중은 '대중경제론'을 대안 경제정책으로 제시했다. 다음은 연설문 중 이와 관련된 내용이다.

우리당은 중농·중소기업자·봉급자 및 지식인의 이익을 대변하며 빈농과 노동계급의 권익을 옹호하고 이를 중산화시키고자 하는 것이며 정직하고 사회적 책임감이 강한 기업인과 적극 제휴할 것입니다.
　우리당은 박 정권이 일부 특권층을 제외한 모든 국민을 총 빈궁

132　김대중, 《분노의 메아리》, 삼성당, 1967, 7~8쪽.

화시키려는 데 반하여 대중경제체제의 확립을 통하여 전 국민을 총 중산화시키려는 결의를 굳게 간직하는 정당입니다. 대중경제체제의 확립이야말로 정치적으로는 중산층을 강화하여 민주주의를 이 나라에 튼튼히 토착시킬 것이며 경제적으로는 [……] 국내 국제적 여건에 가장 적합한 체제로서 우리의 경제를 건전하게 발전시켜 나 갈 것이며 사회적으로는 실업자의 취업률을 급속히 향상시킬 수 있 는 유일한 구국의 길이 될 것이라고 확신하는 바입니다.[133]

그러나 민중당의 앞길은 순탄치 않았다. 8월 한일협정 비준안을 둘 러싸고 당론이 분열된 것이다. 1965년 6월 22일 체결된 한일기본조약 을 8월 14일 공화당이 국회에서 단독으로 비준하자 민중당은 이에 반 발하여 의원직을 사퇴하기로 전략을 세운다. 그런데 이를 두고 강 건·온건파로 분열되었고, 강경파인 윤보선계만 탈당계를 내고 의원 직을 사퇴하고 만다. 당시는 당적을 떠나면 의원직이 자동적으로 상 실되었다. 탈당한 윤보선계 의원들은 재야 정치인들을 규합해 1966년 3월 30일 신한당을 창당한다. 이로써 통합 몇 달 만에 민중당은 분당 되고 말았다. 이런 분열은 한국 야당의 고질이었다.

김대중은 여전히 민중당에 남아 있으면서 정책의장으로서 열정적 으로 일했고 의정활동도 열심히 했다. 1966년 초에는 미국과 유럽을 순방하면서 세계 질서의 변화 현장을 두루 살피기도 하였다. 이 무렵 김대중 활동을 중앙정보부는 다음과 같이 조사, 분석했다.

●
133 김대중, 앞의 책, 433쪽.

• 특혜융자를 없애기 위하여 외자도입업체에 대한 정부지불 보증 제도 폐지 주장.

• 수출과 증산·건설은 특혜로 빈익빈 부익부의 소득격차와 곡가의 적정가격 미달 등 경제정책 실패 비난.

• 저축과 균배는 동시적이어야 하며 여당 정책은 초기 자본주의 방법에 불과한 대량희생을 강요하고 있다고 비난.

• 반공법 4조의 악용은 국민의 기본권마저 박탈하는 폭거라고 비난.

• 무소속 출마 허용과 내각책임제 헌법 개정을 주장.

• 삼성재벌 밀수사건은 뚜렷한 사실임에도 무죄를 법적으로 확립시켜 교활하게 수습한다고 비난.

• 독재정권 유지를 위한 정보정치 비난.

• 서민층 복지 향상으로 중산층을 강화하여 대중자본주의 구현 주장.[134]

6대 국회에서 김대중은 차분히 의정활동을 하고 노력하여 발군의 실력을 드러냄으로써 중견 야당 정치인으로 성장하고 있었다. 필자가 보건대, 김대중 정치 생애에서 이때의 4년이 가장 안정적이었던 것 같다.

134   중앙정보부, 《신민당 대통령후보 김대중 인물 분석》, 1970, 40쪽.

8장

마침내 승리한 6·8선거

대선 공약과 강령 작성

민중당을 탈당한 윤보선 계열은 1967년으로 예정된 대통령선거와 국회의원선거에 대비하려고 민주구락부, 구 자유당계, 일부 혁신계와 학계 인사들을 모아 1966년 3월 30일 신한당을 창당했다. 신한당은 전당대회를 열고 윤보선을 차기 대통령후보 겸 당 총재로 선출했다.

신한당은 군정 종식을 위한 정권교체를 당면 최대 목표로 세웠다. 전국 각지에서 공화당 정권의 비리를 폭로·규탄하는 대중집회를 개최하는 등 대여 강경투쟁을 전개하여 민중당과 차별화했다.

1963년 10·15 대권 경쟁에서 불과 15만여 표 차이로 정권교체에 실패한 야당은 1967년 대선과 총선을 앞두고도 민중당과 신한당으로 분열되어 노골적으로 대립하고 있었다. 이러한 야당의 분열 상태에 대해 국민의 비판이 거세게 일자 뜻을 같이하는 재야인사들이 모여 통합 작업을 벌이게 되었다.

1966년 말 김도연·백낙준·허정·백남훈·이범석·이인·정택상 등 야권 원로들은 민중당과 신한당 양당의 통합을 추진하도록 촉구하고, 그 결과 이듬해 1월 23일 신한당 윤보선이 4자회담을 제의했다. 4자 회담에는 민중·신한 양당에서 대통령후보로 지명된 유진오·윤보선을 비롯해 한때 민주당 대통령후보로 물망에 올랐던 백낙준·이범석이 포함되었다. 형식상으로 4자회담은 윤보선이 제의했지만, 장준하와 함석헌 등 재야인사들이 막후에서 조정해 가능했다. 더는 야권분열로 박정희 정권을 지속시켜서는 안 된다고 생각했던 것이다.

4자회담 결과 윤보선을 대통령후보, 유진오를 당수로 합의했고, 양당의 통합 작업은 극적으로 전개되었다. 후보와 당수가 분리되고 실무 9인위원회가 결성되자 통합 작업은 정보기관의 공작이나 불순세력이 개입할 여지없이 전격적으로 추진되어 단일야당 신민당이 출현하게 되었다.

1967년 2월 7일 서울시민회관에서 열린 신민당 통합선언 겸 창당대회에서 대통령후보에 윤보선, 당수에 유진오가 만장일치로 선출되어 야당은 단결된 모습을 보여주었다. 이날 박순천·이범석·백낙준이 당 고문으로 추대되었으나, 이범석과 백낙준은 사양했다.

통합야당으로 새롭게 출범한 신민당은 1963년 10·15선거 때처럼 군정 비판이나 사상논쟁 같은 막연한 대여 공세를 지양하고, 참신한 7대 공약과 선거 강령을 내걸고 정책정당의 모습을 보여주었다. 대선 공약과 강령은 김대중이 중심이 되어 작성되었다. 신민당이 내놓은 7대 공약과 10가지 다짐은 다음과 같다.

7대 공약

1. 세금과 물가를 내리는 신민당

2. 농어민의 수입을 올리는 신민당

3. 중소기업을 소생시키는 신민당

4. 근로자 생계를 지키는 신민당

5. 정직한 국민을 성공케 하는 신민당

6. 독재·부패를 몰아내는 신민당

7. 민족의 자립성을 지키는 신민당

10가지 다짐

1. 개헌을 통한 대통령중심제 폐지

2. 국회의 국무위원 불신임권 부활

3. 국무회의의 의결기관화 실현

4. 반공법의 원칙적 폐기 및 중앙정보부 폐지

5. 경찰의 중립화를 위한 공안위원회 설치

6. 정당법 폐지 및 입후보 합동 관리를 위한 선거법 개정

7. 지방자치제의 조속한 실시

8. 통일 논의의 자유보장 및 남북 간의 인도적 서신 교류

9. 국토분단국가 회의체 구성

10. 국군 월남 증파의 반대 및 주월 국군의 처우 개선

경제 강령

1. 특혜재벌에 대한 집중투자의 지양

2. 차관도입의 합작투자 실현

3. 2중곡가제 실현 및 비료값 인하

4. 농어민에 대한 조세 감면 및 근로소득세의 면세점 인상

5. 관영요금 사정위원회 신설

6. 시중은행의 주식불하

7. 대일예속경제의 타파

야권이 신민당으로 통합하여 두 선거를 준비하고 있을 때 공화당도 때를 같이하여 임전 태세를 가다듬었다. 공화당은 1967년 2월 2일 장충체육관에서 박정희 대통령을 대통령후보로 다시 지명했다. 전국대의원 2698명과 7천여 명의 내빈이 참석한 우리나라 정당사상 최대규모인 이 전당대회에서 박정희는 "영광의 승리를 위해 분발하자"면서 후보직을 수락했다.

3월 24일 대통령선거일이 공고되고, 4월 3일 입후보등록이 마감되어 5·3대통령선거전의 막이 올랐다. 박정희·윤보선을 비롯해 오재영(통한당), 김준연(민중당), 전진한(한독당), 이세진(정의당) 등 후보 6명이 등록을 마쳤다.

공화당은 "틀림없다 공화당! 황소힘이 제일이다" "박대통령 다시 뽑아 경제건설 계속하자" "중단하면 후회하고 전진하면 자립한다"는 선거 구호를 내걸었고, 신민당은 "빈익빈이 근대화냐 썩은 정치 갈아치자" "지난농사 망친황소 올봄에는 갈아치자" "박정해서 못살겠다 윤택하게 살길찾자"는 구호 아래 선거전에 나섰다.

박 후보는 조국근대화를 위해 농공병진정책과 경제개발5개년계획

추진을 역설했고, 윤 후보는 정권교체를 제도적으로 보장하려면 현재의 대통령 중임제를 폐지해야 한다고 주장하는 한편 정부의 경제시책을 수탈정책이라며 비판했다.

　김대중은 신민당 정책의장으로서 집권 후 당의 비전과 정책 개발을 주도하는 한편 전국을 돌며 지원 연설을 했다.

총선 최대 격전지 목포

대통령선거전은 박정희, 윤보선 두 후보로 압축된 가운데 치열한 접전을 벌였다. 그러나 집권당이란 이점이 있는 데다 계속되는 경제개발이 국민들에게 설득력 있게 받아들여져 5대 대선과 달리 선거 결과는 손쉽게 결판이 났다. 박 후보가 총 유효투표의 51.4퍼센트에 해당하는 568만 8666표를 얻어 452만 6541표를 차지한 윤 후보를 116만여 표 차이로 누르고 제6대 대통령에 당선되었다.

　5·3선거에 나타난 투표 성향을 보면 여촌야도의 전통도 무너졌다. 도시 지식층과 근로계층에서도 공화당의 4년 치적을 긍정적으로 보며 집권당을 지지하고, '호남 푸대접론'이란 말이 생길 정도로 호남에선 여당이 패배해 여야의 지지 분포가 4년 전 남북현상에서 동서현상으로 바뀌었다.

　박 후보는 그의 아성인 영남 지방에서 3 대 1에 가까운 몰표를 얻어 신민당 윤 후보를 크게 누르고 대세를 결정지었다. 영남 지방에서 나타난 득표의 차이는 박 후보가 윤 후보를 눌러 이긴 전체의 표수 차이를 앞질렀다. 윤 후보는 영남 지방에서 참패한 대신 서울·경기·충남북에서 다소 앞서기는 했으나 영남과 강원에서 실세를 만회하지 못했다.

선거 과정에서 윤 후보의 지원 유세에 나선 장준하 《사상계》 사장이 "박정희는 우리나라 청년의 피를 월남에서 팔아먹고 있다."는 등의 발언을 했는데 선거가 끝난 뒤 이 일로 '국가원수모독죄' 혐의로 구속된다. 이 일 말고도 야당인사들을 일대 검거하는 일이 벌어졌다.

재집권에 성공한 박정희는 이해 6월 8일로 다가온 제7대 국회의원 선거에 전력투구했다. 재선된 여세를 몰아 행정조직과 풍부한 자금을 지원해 유리한 여건에서 공화당이 선거운동을 할 수 있게 했다. 반면 신민당은 자금이나 조직 면에서 열세를 면치 못했다.

5월 15일 후보등록이 마감되어 전국 131개 선거구에 등록한 후보자만 702명으로 평균 5.4 대 1의 경쟁률을 보였다. 선거전이 시작되면서 공화당 측은 공공연히 관권을 행사하고 금품수수, 각종 선심 공세와 향응 제공, 유령 유권자 조작과 폭력 행위 등 온갖 부정과 타락을 저질러 선거 분위기가 극도로 흐려졌다. 들놀이·친목회·동창회·화수회·부인계 등을 벌이는가 한편, 타월·비누·수저·돈봉투를 돌리는 등 공화당은 3·15부정선거 뺨치는 부패선거를 거침없이 광범위하게 자행했다.

이에 맞서 야당은 '안전세력 확보'와 '공화당 독재 견제'를 선거 구호로 내세웠다. 하지만 정책이나 선거 구호는 이미 관심권 밖이고, 선심 공세와 각종 탈법·폭력 행위가 공공연하게 난무하는 타락한 선거판이었다. 처음부터 끝까지 6·8총선이 이러했던 이유는 공화당은 1971년 이후를 내다보고 원내에서 개헌선을 확보하려 했고, 야당은 이를 결코 허용할 수 없다는 데서 과열경쟁이 일어났기 때문이다. 박정희는 이때 이미 장기집권을 구상하고 있었다. 재선의 임기가 끝나기 전에 7대 국회에서 3선개헌을 감행해서라도 계속 집권할 생각으로 6·8총선을 무리하게 끌고 간 것이다.

김대중이 신민당 후보로 출마한 때문에 관권이 집중적으로 동원되었다. 박정희 대통령은 선거 한참 전에 다른 지역에서 20명의 여당후보가 낙선하더라도 김대중 후보 하나만은 꼭 당선되지 않도록 하라고 중앙정보부와 내무부 간부들을 모아놓고 벌인 회식 자리에서 직접 지시했다고 한다.[135]

이런 소문이 정가에 나돌면서 신민당 간부들은 걱정했다. 그래서 김대중에게 전국의 주목을 받는 서울에서 출마하거나 비례대표를 택하라고 권고했다. 테러가 자행될지도 모르니 각별히 조심하라는 염려도 해주었다.

> 박정희 대통령은 사실 원모심려遠謀心慮가 대단한 사람이었다. 그 자신을 위하는 일에도 그랬지만 장차 3선개헌을 이룬 뒤 자기와 맞서 싸우게 될 야당 후보가 누구일 것인지 이미 다 파악하고 있었을 것이라는 생각이 든다. 그리고 그가 예상하는 상대는 바로 나였다.
> 결과적으로 그의 예상은 틀림없었다. 그러나 그때까지만 하더라도 우리 야당의 다음 대통령후보는 유진오 당수로 미리 정해져 있던 때였다. 그럼에도 불구하고 그의 화살은 여전히 나를 겨누고 있을 만큼 정확한 통찰력을 가지고 있었던 셈이다.[136]

135 김대중, 《나의 삶 나의 길》, 산하, 1997, 129쪽.

목포로 내려온 박정희

박정희는 오래전부터 김대중을 지켜봐 왔다. 자신의 민정참여 때에 위법 사실을 폭로하여 부랴부랴 법을 개정하게 만들도록 할 때부터였다. 그리고 야당 대변인으로서 촌철살인의 대정부 비판 성명을 낼 때마다 관심은 더해갔다. 중앙정보부가 모은 정보도 샅샅이 보고받았을 것이다. 박정희는 김대중뿐만 아니라 라이벌이 될 만한 야당과 재야인사들을 빠지지 않고 감시했다. 김옥길 이화여대 총장이 장준하 집에 쌀 한 가마니를 전달한 일까지도 보고받았다고 한다. 김영삼 신민당 원내총무의 경우도 예외는 아니었을 것이다.

이와 관련하여 김대중은 자서전에서 다음과 같이 기술했다.

> 1967년 제7대 총선은 내가 체험한 선거전 가운데 가장 치열했던 것 같다. 우선 연고지인 목포에서 다시 출마할 것인가, 말 것인가가 문제였다. 나는 야당 대변인으로서 온건파의 실질적 리더였고, 한일회담을 비롯해서 사사건건 박정희 정책의 맹점을 강하게 비판해왔다. 박 정권은 비이성적이고 감정적인 강경파의 공격보다도 이성적이고, 대안이 포함된 나의 공격에 가장 곤혹스러워하고 있었다.[137]

공화당에서는 육군소장 출신인 전 체신부장관 김병삼을 목포에서 내세웠다. 전남 진도 출신인 그는 고향에서 출마하려고 오래전부터

136   김대중, 앞의 책, 133쪽.
137   일본 NHK 취재반 구성, 김용운 편역, 《역사와 함께 시대와 함께 – 김대중 자서전 1》, 인동, 1999, 197쪽.

준비하던 중 박정희의 부름을 받고 목포에 투입되었다. 원치 않는
지역에 징발된 김병삼은 오랜 고민 끝에 출마하지 않아도 될 구실을
만들었다.

> 그래서 그는 권총으로 자기 다리를 쏜 것이다. 그 정도로 목포에서
> 출마하기가 싫었던 것이다. 그리고 도둑이 집에 들어왔는데 그 도
> 둑의 총에 맞았으며, 도둑은 도망쳤다고 발표했다. 신문에도 그 얘
> 기가 났다. 그렇지만 경찰 조사 결과 허위임이 밝혀졌으나 그 사실
> 을 발표할 수는 없었다. 이 사건을 무마하기 위해 김병삼 후보는 필
> 사적으로 목포선거에 임하게 되었다.[138]

목포는 해방 전까지만 해도 전국 10대 도시에 들 정도로 번창한 지
방도시였다. 그러나 박 정권의 차별 정책으로 크게 낙후되었다. 김병
삼 후보와 공화당은 이 점을 역이용했다. 김대중이 당선되면 목포가
발전할 수 없지만, 김병삼이 당선되면 크게 발전하리라고 무지갯빛
공약을 내건 것이다. 항구를 정비하고 공항을 만들고 공업단지를 조
성하겠다고 약속했다. 실업자가 많은 목포 시민에게 일자리 창출은
무엇보다 솔깃한 공약이었다.

선거 기간 동안 박정희는 두 번이나 지원차 목포에 내려와 공화당
후보 지원 공약을 발표했다. 김병삼 후보가 당선되면 목포 경제를 활
성화시키고 국립대학을 세우겠다며 공약을 남발했다. 심지어 유달산

●
138   일본 NHK 취재반 구성, 앞의 책, 200쪽.

기슭의 한 호텔에서 각 부서 장관들을 불러 국무회의까지 열었다. 전대미문의 사건인 이 일로 청와대가 목포로 내려왔다는 말까지 나돌았다. 경제기획원장관이자 부총리인 장기영은 목포에 공장을 수십 개 유치하겠다는 기자회견도 현지에서 열었다. 대통령을

김대중이 적수임을 본능적으로 알아챈 박정희.
사진은 국가기록원 제공.

비롯해 고위 공직자들이 특정 후보를 지원하는 것은 선거법으로 금지되었다. 그러나 선거관리위원회는 대통령이 공화당 총재를 겸하고 있으므로 상관없다는 유권해석을 내려주었다. 이렇게 당시 목포는 무법천지였다.

김대중은 박정희와 공화당이 자신을 떨어뜨리려는 목적이 3선개헌에 있고, 자신을 그 걸림돌로 인식하고 있다고 판단했다. 그래서 선거유세에서 박정희의 개헌 야욕을 공박하고 이를 포기할 것을 촉구하였다. 그러자 박정희는 천연덕스럽게도 자신은 결코 3선개헌을 구상하지 않으며 그것은 상상도 할 수 없는 모략이라며 연막을 쳤다. 그러나 실제로는 박정희의 3선개헌 '예비 음모'가 목포에서 시도되고 있었다.

목포는 제7대 총선의 최대 격전지가 되었다. 국내외 언론의 시선이 모아지고 기자들이 몰려왔다. 시민들은 목포가 발전하려면 박정희가 미는 김병삼을 찍어줘야 한다는 쪽과 차기 대통령 감으로 성장하고 있는 김대중을 키워야 한다는 쪽으로 갈라졌다. 그러면서 어느새 김대중을 '차기 대통령후보'로 보는 여론이 형성되고 있었다.

목포선거에서도 권노갑과 엄창록이 김대중을 도왔고, 한화갑과 김

원식·김옥두 등이 새로 합류해 일선에서 싸웠다. 이 때문에 이들은 나중에 경찰과 중앙정보부에 체포되는 곤욕을 치러야 했다.

당시 목포 지구의 공식 선거비용은 730만 원으로 산정돼 있었다. 김대중 후보 측은 500만 원 정도를 모은 반면 공화당 측에서는 2억 원이라는 천문학적인 선거자금을 쓰고 있다는 소문이 나돌았다. 인구 17만 명인 중소도시에 2억 원이란 선거자금이 뿌려졌으니 엄청난 돈 잔치가 벌어진 셈이다. 선거 후에 목포시장은 박정희가 목포에 내려와서 김병삼 후보에게 직접 3천만 원을 주었다고 얘기했다. 이에 김대중은 선거 연설에서 "지금 목포에서는 막걸리로 강을 이루고 국수로 다리를 놓고 있다."고 공화당 후보의 선거운동을 야유했다.

당시 일선에서 선거운동을 했던 두 사람의 증언이다. 먼저 권노갑 비서의 말이다.

실제 선거전을 시작하고서 가장 곤란했던 점은 사람도 돈도 없다는 사실이었다. 이때 김대중 후보 지지자들은 겉으로는 전혀 김 후보를 지지한다고 내색을 할 수가 없었다. 경찰과 중앙정보부가 눈을 번득이고 있었고, 시청과 동사무소도 모두 여당을 지지하고 있었다. 무슨 일이 있으면 그런 공무원들이 선거운동에 내보내졌다. 정부 측의 강요가 이처럼 지나쳤기 때문에 빈민들은 물론이고, 시장과 상가 상인들, 심지어 학교 선생님들까지 속으로는 내심 김대중 씨를 지지하고 있었다. 자영업자들도 나중에 어떤 보복을 당할지 알 수 없었기 때문에 무서워서 대놓고 지지 활동을 할 수 없었다.

선거자금 문제는 훨씬 심각했다. 1963년 제6대 총선 당시에는 중소기업 경영자 가운데 김대중 씨를 지지한 사람들도 있었지만 1967년에는 드물었다. 목포에서는 삼학과 보해라는 양조회사가 있었는데(나중에 삼학소주는 망했음), 그 두 회사 모두 김병삼 후보를 지지했다. 그래서인지 여당 지지자들은 어디서나 술을 마실 수 있었다.[139]

다음은 김원식 비서의 증언이다.

목포에는 어민이 많았기 때문에 그 어민층에게도 열심히 뛰어다녀 지지자를 넓힐 수 있었다. 그리고 그 어민의 아내들이 자발적으로 선거를 도와주었다. 전부 자기 돈으로 그렇게 했다.

당시 공식 선거비용은 730만 원으로 정해져 있었지만 도저히 그 액수도 모아지지 않았고, 딱 500만 원이 모아진 상태였다. 물론 그 것을 전부 사용했다. 여당은 얼마든지 선거자금이 있는 것 같았다. 인구 17만에 불과한 소도시에 공화당은 그때 돈으로 2억 원이라는 천문학적인 선거자금을 쓰고 있다는 말이 돌았다. 그리고 대통령이 목포에 와서 직접 김병삼 후보에게 3천만 원을 주었다고 선거 후에 만난 목포시장이 얘기했다.

그 당시 선거 때는 유권자들에게 돈을 주곤 했다. 매수의 의미도 있겠지만, 일종의 인사를 대신하는 면도 있었다. 투표 전날이면 불을 켜고 기다리는 집도 있었다. 당시 공화당이 어떻게 돈을 살포했는가 하면, 매수 자금이 넘쳐나 밤마다 각 가정에 돈봉투를 뿌리고

---

139   일본 NHK 취재반 구성, 앞의 책, 204~205쪽.

다녔다. 예컨대 꼭 다음과 같이 했다.

명부를 기준으로 대문에 백묵으로 표시를 해둔다. 1000원짜리 집은 (○), 500원짜리 집은 (△), 주어서는 안 되는 집은 (×)를 했다. 실제로 돈을 건네는 날 저녁 무렵에 그런 표시를 한 것이다. 그리고 나눠주는 날에는 야간통행금지 시간인 12시까지 여당인 민주 공화당 당원 한 명, 행정기관 말단인 동사무소 직원 한 명, 그 외에 연고지 경찰서에서 한 명, 이렇게 세 명이 한 조가 되어 미리 봉투에 넣은 돈을 각자 표시대로 갖다주는 것이다. 한 명에게 맡기면 착복할 위험이 있기 때문이었다. 지방공무원인 동사무소 직원도 이런 선거운동에 동원되었다. 우리는 그 동그라미, 세모, 가위 표시에 대한 정보를 입수해서 대책을 짜냈다. 그리고 우리도 백묵을 가지고 다니면서 동그라미를 지우고 가위표를 하거나, 세모를 지우고 동그라미를 그리거나 했다. 상대를 혼동시키기 위해서였다. 실제로 돈을 살포하는 사람은 그런 일을 모르고 있어서 예정대로 나눠주었다.

다음 날 돈이 건네졌어야 할 집에 아무도 안 왔기 때문에 '돈을 받았느냐?' '나에게는 돈이 들어왔다' '아니 우리 집엔 안 왔다'는 등 유권자 사이에서 예측한 대로 일대 혼란이 일어났다. 전혀 돈이 들어오질 않아서 화가 난 사람도 있었는데, 어쨌든 매우 큰 소동이 일어났다. 야당 지지자 다수는 이렇게 들어온 돈을 우리에게 봉투째 가져다주었다. 덕분에 상당한 선거자금을 구할 수 있었다.[140]

140 일본 NHK 취재반 구성, 앞의 책, 205~206쪽.

개인연설회와 합동연설회장에서 선거 대세는 조금씩 바뀌어갔다. 아무리 공화당에서 관권을 행사하고 물량 공세를 퍼부어도 인간에게는 양심이라는 것이 있고 정의감도 있게 마련이다. 연설 내용을 듣고는 후보 간의 우열을 비교할 수 있었던 것이다. 김대중이 똑똑하고 말을 잘한다는 여론이 모아졌다.

선거 판세 바꾼 명연설

김대중은 개인연설회와 합동연설회에서 대세를 바꾸기로 결심했다. 그가 하는 연설회장에는 시민들이 몰려왔고, 사인을 받으려는 젊은이들로 붐볐다. 특히 시민들 사이에서 김대중이 말을 잘한다는 입소문이 나돌았다. 연설의 몇 대목을 살펴보자.

이번 선거는 민주주의를 위한 투쟁이다. 박 대통령은 이 선거 후에 3분의 2 의석을 얻어 헌법을 바꾸고, 3선 대통령이 되려고 구상하고 있다. 그것은 분명한 사실이다. 3선 후에는 이승만 대통령처럼 틀림없이 영구 독재정권이 될 것이다. 그렇게 되면 이제 우리나라에는 민주주의 희망이 사라진다. 박 대통령을 비롯한 여당이 김대중을 낙선시키려고 하는 것은 그런 그들의 생각을 실행에 옮기는데 나의 존재가 커다란 장애가 될 것이라는 예측에서 나온 것이다.

나는 여러분에게 말했다. 나라가 잘되어야 목포도 잘된다. 국회의원이 못 되면 못 됐지 지방 일 때문에 나라 일을 버릴 수는 없다. [……] 여러분! 나라 일을 먼저 해야겠다고 하는 사람은 국회의원을 하고, 공화당후보같이 목포 발전을 위해서는 반장도 좋고 통장도 좋으니 목포 일부터 하겠다고 하는 사람은 목포시장을 시키는 것이 어떻겠는가?

나에게는 소원이 있다. 나는 신라 삼국 통일 이래 처음으로 이렇게 국토가 갈라져 있는 사실을 그대로 둘 수가 없다. 해방 후 국토가 20여 년이나 분단된 이 사실, 나는 통일이 없으면 우리에게 절대로 영원한 자유가 없고, 절대로 영원한 평화가 없고, 절대로 영원한 건설이 없다고 확신하고 있다.

나는 민주주의를 지키기 위해서 목숨을 걸겠다. 내가 싸우다가 죽으면, 내가 싸우다가 내 목숨을 바치면 여러분은 내 시체에 꽃을 던지기 전에 먼저 제2의 최인규(1960년 정부통령선거에서 자유당 소속 후보자를 당선시키려고 부정선거를 총지휘했다. - 편집자 주)를 타도해주기 바란다. 이 나라에서 부정선거의 뿌리를 뽑는 억센 투쟁을 전개해 주시기 바란다. 그렇지 않고는 나는 결코 눈을 감고 죽을 수가 없다. 나는 이러한 불의, 이러한 부정선거를 감행한 공화당 정권에 대하여 단언한다. 이 더러운 독재정권은 제2의 4·19를 만나 이승만 정권의 뒤를 밟고야 말 것이다.

유달산이여! 너에게 넋이 있으면, 삼학도여! 너에게 정신이 있으면, 영산강이여! 네게 뜻이 있으면 목포에서 커가지고, 이 나라를 위해서 무엇인가 해보겠다는 이 김대중이를 지금 한 나라 정부가 목포 사람도 아닌 외지의 사람을 보내가지고 죽이고 잡으려고 하니 유달산과 영산강과 삼학도가 넋이 있고 뜻이 있으면 나를 보호해달라는 것을 목포 시민 여러분과 같이 호소하고 싶다.[141]

목포의 선거전은 그야말로 전쟁이었다. 유진오 신민당 총재는 선거지원을 위해 목포를 방문하여 부정 관권선거의 양상을 지켜보고, "목포선거는 선거가 아니고 전쟁"이라고 규탄했다.[142]

김대중 진영은 유령 유권자 3천7백여 명이 선거인 명부에 불법 기재된 사실을 알게 되었다. 이에 목포시장에게 시정을 요구했지만, 군인 출신으로 노골적으로 여당 편을 든 시장은 이를 들어주려 하지 않았다. 자칫하면 목포에서 3·15부정선거 당시 마산에서와 같은 시민봉기가 일어날 조짐이 보였다.

서울에서 김형욱 중앙정보부장이 내려왔다. 그리고 목포 상황을 보고 "만약 이대로 부정을 계속하면 제2의 마산사태가 될 것"이라고 박 대통령에게 보고했다고 한다. 그 보고를 들은 뒤 박 대통령은 "할 수 없다. 철회하라"고 명령을 내렸다. 그래서 겨우 시장의 지시에 의해 유령 유권자가 명부에서 제외될 수 있었다.[143]

---

141   김대중, 《분노의 메아리》, 삼성당, 1967, 449~476쪽 참조.
142   일본 NHK 취재반 구성, 김용운 편역, 《역사와 함께 시대와 함께 – 김대중 자서전 1》, 인동, 1999, 208쪽.
143   일본 NHK 취재반 구성, 앞의 책, 209쪽.

유세가 끝난 뒤 시민들에게 사인해주는 김대중.

유령 유권자가 그대로 유지되었다면 김대중은 어김없이 낙선되었을 것이다.

강경론에 밀린 실용주의

투표를 며칠 앞두고 김병삼 후보가 백범 김구 암살사건에 관여했다는 사실이 폭로되고, 관련 문건이 나돌았다. 백범 암살 당시 대위이자 헌병사령부 순찰과장이었던 김병삼이 사건 직전 사령부에 비상을 걸었고, 사령부 본관 뒤에 헌병들을 대기시켰다가 암살 직후 경교장에 나타나 살해범 안두희를 차에 싣고 사령부로 사라졌다는 내용이었다. 이 같은 사실은 제13대 국회에서 '백범 김구선생 암살진상규명조사위원회'의 〈진상조사보고서〉에서도 그대로 드러났다.

목포 시민들은 큰 충격을 받았다. 이것은 여론에도 민감하게 작용했다. 이로 인해 정부·여당은 마지막 수단으로 투·개표 부정을 시도하기로 전략을 바꾸었다. 투·개표 참관인을 매수하거나 그게 어려울 때는 참관인을 납치하거나 폭행해 사기를 떨어뜨리는 등의 계획을 짰다.

우리는 투표 과정의 부정을 막기 위해서 온갖 전략을 다 구사했다. 투표장 입회인이 매수되면 그걸로 끝장이었다. 그래서 우리는 먼저 별도의 입회인을 정해서 명단을 알게 모르게 밖으로 흘렸다. 그리고 그날 새벽이 되어서야 진짜 입회인들을 투표장에 들여보냈다. 여당 측에서는 크게 당황했지만 그걸 막을 수는 없었다. 실제로 가짜 입회인들에게 알아보니까 50명 거의 전원에게 여당 측으로부터 각각 5만 원이라는 거금이 전달된 사실이 밝혀지기도 했다.[144]

이런 노력으로 투표 부정은 어느 정도 막을 수 있었다. 하지만 마지막 관문인 개표 과정이 남아 있었다. 당시엔 대부분 밤늦게 개표를 했다. 이를 노려 여당 측에선 고의로 전깃불을 끄고 그 사이에 표를 바꾸곤 했다. 유달초등학교에 마련된 개표장에서도 어김없이 세 차례 정전 소동이 벌어졌다. 다행히 '격전지 목포'의 선거를 취재하려고 내려온 MBC와 KBS 그리고 외국 방송사의 카메라맨들이 그때마다 장내를 환히 밝혀 '환표부정'은 끝내 시도되지 못했다.

개표 결과는 김대중의 승리였다. 2천여 표 차에 불과했지만 그것은

---

144 김대중, 《나의 삶 나의 길》, 산하, 1997, 135쪽.

천금과도 같은 소중한 표였다. 7대 총선에서 김대중은 정치적 '생사의 기로'에 놓였었다. 그러나 박 정권이 총력을 기울이다시피 해서 원내 진출을 저지했는데도 이를 물리치고 당선됨으로써 저력을 키우는 한편 박정희를 상대할 만한 자신감도 얻게 되었다. 이런 여세로 김대중은 제7대 국회의원이 되면서 야당 지도자 반열에 오르고, 신민당 대통령후보로도 선출된다.

6·8선거는 5·3선거 때보다 불과 한 달 만에 유권자 수가 78만여 명이나 증가하는 등 유령 유권자 조작과 온갖 부정 속에서 공화당의 일방적인 승리로 끝났다. 공화당은 당초에 목표한 대로 개헌선(117명)을 훨씬 넘는 129석(전국구 27명, 지역구 102명)을 차지했다. 신민당은 45석(전국구 17명, 지역구 28명)을 얻었다. 이전 65석에 비하면 많이 줄어든 것이다. 농어촌 선거구에서 대부분 떨어졌기 때문인데, 그만큼 부정선거가 심했다는 증거다. 6·8선거에서는 대중당이 1석(서민호)을 차지했을 뿐 나머지 군소정당은 단 1석도 얻지 못했다.

신민당은 6·8선거를 유례없는 부정선거로 규정하고 《부정선거백서》를 만드는 한편, 전면 재선거를 요구하며 6개월간 등원을 거부했다. 그러자 공화당은 부정선거 후유증을 수습하려고 15~20개 의석을 자퇴시키겠다고 제의했다. 김대중은 이를 수용하자고 했으나 당내 강경파에 밀려 관철시키지 못한다. 이 점을 두고두고 아쉬워했다.

이 선거 후 야당은 부당한 부정선거를 이유로 6개월간이나 등원하지 않았다. 여당은 국민이 이에 호응하여 당장에라도 들고일어나려는 낌새를 보이고 있었기 때문에 야당에 고개 숙여 사과하면서 15~

20개 의석을 자퇴하겠다고 나섰다. 그렇게 되면 3선개헌에 필요한 의석수 3분의 2를 깨게 되는 것이므로 3선은 단념하지 않을 수 없게 되는 셈이다.

나는 당시 당수였던 유진오 씨에게 이를 받아들일 것을 강력히 요구했다. 그리고 이 기회에 지방자치제를 조속히 추진하도록 주장했다. 이때 만약 나의 이 같은 제안을 받아들였더라면 그 뒤의 정세는 크게 달라졌을 것이다. 그러나 신민당은 거의 불가능한 선거의 전면 무효와 재선거를 요구하며 물러나지 않았다. 이는 한국 야당의 불행한 체질을 상징하는 것으로서 결국은 아무것도 얻지 못한 채 국회에 출석하는 비참한 상태로 막을 내리고 말았다.[145]

여기서도 김대중이 '전부 아니면 전무'라는 명분주의보다 실리적인 실용주의 노선을 취했음을 알 수 있다. 김대중은 3선개헌을 하지 않겠다는 박정희의 약속과 지방자치제 실시를 협상안으로 내놓고 여당과 타협할 것을 제안했지만, 당내에서 수용되지 않았다. 5개월 뒤 신민당은 아무 소득도 없이 거의 빈손으로 국회에 등원하고 말았다. 박정희의 "선거가 문제를 남기고 끝난 것을 유감으로 생각한다."는 두루뭉술한 발언을 '사과'로 받아들이고 말이다.

나는 이 나라의 정치를 망쳐 독재정치를 초래한 것에 야당에게도 일정 부분 책임이 있다고 생각한다. 한일협정 문제에 이어 이번에

---

145   김대중, 《행동하는 양심으로》(개정판), 금문당, 2009, 101쪽.

도 거의 실현 불가능한 '선거 재실시'를 요구해 아무것도 얻을 수 없었다. 이는 '한일회담 절대 반대' 주장과 궤를 같이한 것이다. 이러한 야당의 불행한 체질이 이번에도 일을 그르치게 했던 것이다. 강경론과 극한투쟁이란 공허한 명분주의로 야당이 국민으로부터 멀어지고, 독재정권을 돕는 결과를 몇 번이나 초래했는지 모른다.

이렇게 하여 1967년 말에 국회가 정상화되었지만 극심한 부정선거가 있었던 2, 3개 선거구에서만 재선거의 길이 열리는 데 그치고 말았다.[146]

6·8선거는 3·15부정선거를 방불케 하는 관권이 개입된 전면적인 부정선거였다. 목포선거는 특히 심했다. 이런 상황에서 김대중은 죽음을 각오하고 선거전에 나섰고, 시민들을 궐기시켜 부정선거에 맞섰다. 목포는 혁명 전야처럼 달아오르고, 그는 마침내 승리했다. 이런 역경 속에서 김대중이란 정치인이 두각을 나타내기 시작했고, 그는 낡은 보수야당에서 신진기예의 정치인으로 성장해갔다.

146 일본 NHK 취재반 구성, 김용운 편역, 《역사와 함께 시대와 함께 - 김대중 자서전 1》, 인동, 1999, 215쪽.

9장

대중 정치인, 김대중

우려가 현실로

박정희는 1960년 이승만이 장기집권을 기도하다가 쫓겨난 지 9년 만에 다시 똑같은 기회를 노렸다. 장기집권을 위한 3선개헌을 추진하기 시작한 것이다. 정치학자 새뮤얼 버틀러는 "권력은 마주魔酒"라고 평했지만, 그렇더라도 이런 행동은 역사의 교훈을 무시한 행동이었다.

6·8선거 결과 원내 개헌선을 확보한 박 정권은 권력 지향적인 충성분자들을 동원해 개헌을 향한 애드벌룬을 띄우기 시작했다. 1968년 12월 17일 공화당 당 의장서리 윤치영은 부산에서 "조국근대화와 민족중흥의 과업을 이룩하기 위해서는 무엇보다 강력한 정치적 리더십이 필요하다."고 역설했다. 이어 "이 같은 지상 명제를 위해서는 대통령 연임 조항을 포함한 현행 헌법상의 문제점을 개정하는 것이 연구되어야 한다."면서 3선개헌의 물꼬를 텄다.

야당 못지않게 공화당 내 김종필 계열에서도 개헌에 강하게 반발하자 박정희는 '국민복지회 사건[147]'을 구실로 이들을 당에서 제거한다. 그리고 1969년 7월 25일 "여당은 빠른 시일 안에 개헌안을 발의하고 야당은 합법적으로 반대운동을 펴달라."는 등의 7개 항을 담은 담화를 발표하며 개헌을 추진하겠다는 공식 입장을 밝히기에 이른다. 마침내 건너선 안 될 다리를 건넌 것이다. 7월 28일 공화당은 백남억 정책의장이 마련한 3선연임 허용과 국회의원의 각료직 허용 등을 내용으로 하는 개헌안을 확정한 뒤 소속의원들 설득에 나섰다. 개헌안은 공화당 108명, 정우회 11명, 신민당 3명 등 모두 122명이 서명해 국회에 제출되었다. 서명 과정에서 청와대·중앙정보부 등 권력기관은 김종필 계열 의원들을 협박·회유하고, 성낙현·조흥만·연주흠 등 신민당 의원들까지 변절시켜 끌어들이는 '솜씨'를 발휘했다.

신민당은 변절한 3명의 의원직을 자동으로 상실시키려는 편법으로 9월 7일 당을 해산했다가 20일 복원시킨다. 이 기간 동안 신민회란 이름의 국회교섭단체로 등록했다. 신민당의 유진오 총재는 "3선개헌은 민주주의가 돌아오지 않는 다리이며, 이 다리를 넘어서는 날에는 평화적 방법으로 민주주의를 되찾을 길이 영원히 막힐 것"이라며 개헌저지 투쟁에 나섰다.

박정희의 3선개헌은 6·8선거를 관권과 부정·협잡선거로 시종할 때부터 충분히 예견된 일이었다. 김대중의 '경고음'이 현실로 나타난 셈이다.

●

147 1968년 공화당 내 김종필 계열 의원들이 당시 당 의장이던 김종필을 1971년 대통령선거에 대통령후보로 출마시키려다 박정희에게 발각된 사건.

1968년 1월 21일, 북한 특수부대인 124군부대 소속 31명이 청와대를 습격하려고 휴전선을 넘어 수도권까지 잠입했다. 이들은 세검정고개 자하문을 통과하려다 비상근무 중이던 경찰에게 불심검문을 받자 정체를 드러냈다. 이들 중 28명이 사살되고, 1명(김신조)은 생포됐다. 이 사건으로 일부 시민이 죽거나 다쳤으며, 현장에서 지휘하던 종로경찰서장 최규식 총경이 순직했다. 박정희 정권은 쿠데타로 집권한 이래 '안보'를 제1의 과제로 내세웠으나 청와대 코앞에서 이런 일을 당하고 말았다. 이런 데다 1월 23일에는 미 해군 정보수집보조함 푸에블로호가 북한군에 나포되는 사건도 발생했다. 이 일로 미 해군 장교와 수병·민간인 등 83명이 북한으로 끌려갔다. 또 11월에는 북한 게릴라 120명이 울진과 삼척에 상륙했다가 국군에게 사살되었으며, 1969년 초에도 게릴라 침투는 계속되었다.

박정희는 타이밍을 잘 활용하는 정치적 고수高手다. 대개 독재자들이 그렇듯이 오히려 이 두 사건을 역이용하고 정치적으로 활용했다. 권력을 강화하고 집권을 연장할 좋은 구실로 삼은 것이다. 국민들은 북한의 잇단 도발에 불안해했고, 안보를 위해서는 독재가 어쩔 수 없다는 분위기도 국민들 사이에서 감돌았다. 정부와 친여 매체들의 상징조작이 먹혀들어 간 것이다.

박정희는 1968년 4월 1일 청년 250만 명을 하나로 묶는 향토예비군을 편성하고, 거주지나 직장을 단위로 지역예비군과 직장예비군도 조직했다. 이후 향토예비군은 두고두고 여당의 방계 조직으로 악용되어, 1971년 신민당 대통령후보가 된 김대중은 '향토예비군 폐지'를 선거공약으로까지 내걸 정도였다.

박정희는 '구멍 뚫린' 안보의 책임을 지는 대신에 야당을 공격하고 청장년을 전체주의적 조직으로 엮으면서 3선개헌을 기도했다. 남한의 박정희 정권과 북한의 김일성 정권은 결과적으로 '적대적 공존관계'를 유지한 셈이다. 북한의 무장 게릴라 침투 등으로 남한에서 안보 불안이 가중될 때 박정희는 3선개헌을 해치우고, 북한에서는 김일성이 1969년 1월 6일 조선인민군 제4차 4기 회의를 열어 군부 고위층 장성 10여 명을 숙청했다. 또 1972년 박정희가 7·4남북공동성명을 발표하고 남북화해 분위기를 조성한 뒤 이를 뒷받침해야 한다는 명분으로 10월유신을 감행하고, 이해 12월 김일성이 주석제를 신설하는 등 새 헌법을 공포하면서 세습제 통치 준비에 들어간 것을 보더라도 그렇다.

대중 정치인으로 부상

김대중은 3선개헌반대를 위해 누구 못지않게 격렬하게 싸웠다. 민주주의 국가에서 한 사람이 세 번씩이나 대통령이 된다는 것은 있을 수 없는 일이라는 생각이었다. 더구나 박정희는 합헌정부를 군사쿠데타로 전복한 군인 출신이었다. 김대중은 신민당과 재야·종교계 인사들로 구성된 3선개헌반대 범국민투쟁위원회(범투위)가 주최한 전국 유세에 참가하여 지방도시를 돌며 논리적으로 뒷받침된 달변으로 개헌반대 연설을 했다.

김대중의 연설이 끝나면 사인을 받으려고 젊은이들이 연단 주변으로 몰려들었다. 그는 전국적인 대중 정치인으로 떠오르고 있었다. 이런 인기 때문인지 6월에는 범투위가 서울에서 주최한 개헌반대 시위

가두시위를 벌이다 연행되는 김대중.

에 앞장섰다가 건장한 사복경찰들에게 끌려가기도 했다. 1969년 7월
19일 서울 효창구장에서 열린 3선개헌반대 시국 대강연회에서는 신
민당 수뇌부와 재야의 쟁쟁한 인사들이 함께해 연설 시간이 15분밖에
할당되지 않았다. 이 짧은 연설에서도 김대중은 무려 20여 차례나 박
수갈채를 받았다. 대중 정치인으로서 진가를 발휘한 것이다. 연설 내
용 중 몇 대목을 발췌한다.

지난 6월 28일자 조간을 보니까 경기도 안성에서 황소 한 마리가
미쳐가지고 주인 내외 간을 마구 뿔로 받아서 중상을 입혔습니다.
마을 사람들이 이 황소를 때려잡으려고 몽둥이를 들고 나섰지만 잡
지 못해서 마침내 지서 순경이 와가지고 칼빈총을 다섯 방이나 쏘

아서 기어이 때려잡았습니다. 나는 이 신문을 보고 '천도'가 무심치 않구나 이렇게 생각했습니다. 왜? 대한민국에서 황소를 상징으로 한 공화당이 지금 미쳐 가지고 국민주권을 때려잡을 3선개헌 음모를 하니까 미물짐승인 황소까지 같이 미쳐서 주인한테 달려든 것이다 이거예요. (옳소, 환성과 박수)

3선개헌을 반대하는 데모가 지난 방학 전에 전국에서 퍼졌습니다. 데모를 제일 치열하게 한 데가 어디냐? 서울이 아닙니다. 경상도 정권의 본고장인 경상도에서 제일 데모를 치열하게 했어! 그것도 박정희 씨가 나온 경상북도라 그 말이여! 대구서는 대학교뿐이 아니라 모든 고등학교가 총동원됐어! 그런데 한 가지 재미있는 것은 박정희 씨가 대통령을 그만두고 나면 그 대학교의 총장을 할 것이라는 영남대학교 학생들의 데모 구호가 재미있다 그 말이여! 무엇이라 했느냐? '미친 황소의 갈 길은 도살장뿐이다' 그랬다, 그 말이여! (박수와 함성)

공화당에 윤치영 씨라는 사람이 이런 말을 했어. '박정희 대통령은 단군 이래 위인이다' 이랬단 말이여! 단군 이래의 위인이니까 신라의 김유신, 고려의 태조 왕건, 이조의 세종대왕, 이순신 장군보다 더 위대하다 그 말이여! 그런데 이 사람 대통령 갈릴 때마다 똑같은 소리를 한다 말이여, 과거 이 박사가 사사오입 개헌 때도 '이 박사는 개국 이래 위인이다' 이랬어! 우리가 과거에 결혼식에 가면 축사를 많이 했는데 축사를 하는 사람마다 똑같은 소리를 해, 신랑은 대학을 나온 모범청년이고 신부는 가정에서 부덕을 닦은 요조숙녀라고, 아마 이 양반 대통령에 대한 아첨을 무슨 결혼식 축사로 착각한 모양이여. (폭소, 박수, 환성) 이번에 아폴로 11호가 달세계로 가는데 제발 안 되었지만 이런 양반을 실어다가 거기다 두었으면 대한민국이 편할 텐데. (폭소, 박수)

박정희 씨가 단군 이래 위인인지 아닌지는 모르겠어! 그러나 한 가지 분명한 것은 만일 박정희 씨가 3선개헌을 그대로 추진했다가는 박정희 씨가 단군 이래의 위인이 아니라 단군 이래의 폭군이 된다는 것만은 분명하다는 말을 여러분에게 분명히 말하고 싶소. (옳소 환성, 박수) 왜! 남은 정치생활 해가지고 평생에 국회의원 한번 못 된 사람이 수두룩한데 밤중에 한강 건너와 가지고 남의 정권 뺏어가지고 10년 해먹었으면 됐지, 뭘… 자기가 만든 헌법을 고쳐가지고 또 해먹겠다는 것이여! (폭소, 박수)[148]

헌법이여! 너를 안고 통곡한다

김대중은 박 정권의 개헌 추진이 가시화되자 8월 9일 신민당 의원 42명의 서명을 받아 개헌 문제에 관한 질의서를 청와대에 전달했다.

1. 3선개헌은 헌법의 개정이 아니라 헌법의 파괴이다.
2. 3선개헌은 민주정치의 척도인 평화적 정권교체를 부정하는 것이다.
3. 3선개헌은 6·25와 4·19에서 희생된 젊은 영웅들의 죽음을 헛되게 하는 것이다.
4. 3선개헌은 국론의 분열과 국민적 단결을 파괴하는 것이다.

●
148 김삼웅 소장 자료.

5. 3선개헌은 반공에 유해하다.

6. 3선개헌은 건설에 유해하다.

7. 3선개헌은 한국의 국제적 신망을 타락시키는 것이다.

8. 3선개헌은 박 대통령 자신의 국민에 대한 신의를 훼손시키는 것이다.

9. 3선개헌은 박 대통령에 대한 신임과 헌법 개정을 혼동하는 것이다.

10. 3선개헌은 헌법 우위의 입헌정치를 부정하는 것이다.[149]

박정희 정권은 야당과 국민의 개헌반대에는 아랑곳없이 개헌을 강행했다. 30일간의 공고 기간이 끝난 개헌안이 9월 13일 국회 본회의에 상정되자 신민당 의원들은 가결 저지를 위해 단상 점거에 들어갔다. 이렇게 되자 자정 무렵 이효상 국회의장은 "13일 본회의는 자동적으로 유회됐으므로 월요일인 15일에 본회의를 열 수밖에 없다."고 선포한 뒤 본회의장에서 빠져나갔다.

신민당 의원들이 안심하고 본회의장에 남아 있을 때 광화문 길 건너편 제3별관에서는 이변이 생겼다. 9월 14일 새벽 2시 30분, 공화당 의원들만 참석한 가운데 이효상 의장의 사회로 단 6분 만에 개헌안이 날치기 통과된 것이다. 이때 기동경찰 1200여 명이 그 주변을 엄호했다. 그야말로 신종 쿠데타적 수법이며 역대 개헌사에서 가장 부도덕한 처리 방식이었다.

신민당 의원들은 이 사실을 뒤늦게 알고 현장으로 달려갔다. 가구

149   중앙정보부, 《신민당 대통령후보 김대중 인물 분석》, 1970, 20~21쪽.

와 집기 등을 마구 때려 부수며 항의
했지만 기차는 이미 떠난 뒤였다. 개
헌안을 날치기 통과한 이효상 의장
이 도의적 책임을 지고 의장직 사퇴
서를 제출하는 등 여권이 유화적인
제스처를 보냈지만, 야당의 분노를
달래기는 어려웠다.

원내 전략을 협의하는 김대중과 유진오 총재.

　개헌안 국민투표를 앞두고 공화당의 지지 유세와 신민당의 반대
유세가 전국적으로 확산되었다. 공화당은 "안정이냐 혼란이냐 양자택
일을 하자."고 강조했고, 신민당은 "개헌안 부결로써 공화당 정권을
몰아내자."면서 국민의 지지를 호소했다.

　김대중은 9월 10일 국회 대정부 질의에서 박 정권의 3선개헌 책동
을 격렬하게 비판했다. 다음은 〈헌법이여! 너를 안고 통곡한다〉는 주
제의 연설 중 몇 대목이다.

자기가 만든 헌법을 어떻게 해서 대통령이 누차 말한 것을 자기가
고칠 수 있느냐, 그것도 대통령이 실시해본 결과, 예를 들면 감사원
을 행정부 소속으로 두었는데 행정부 소속으로 두니 안 되겠으니
국회로 돌리는 것이 좋겠더라. 또 자기가 실시해본 결과 예를 들면
경제 조항에 이러이러한 조항이 있어야만, 이 말하자면 국리민복을
위해서는 이 자유경제에 대해서는 어느 정도 간섭할 수 있겠더라.
이러한 자기의 경험에 입각한 말하자면 이 국리민복이라든가 국민
의 자유를 증대시키기 위한, 자기 이외의 국가와 국민의 이익을 위

한 조항이라면 모르겠어요.

자기가 만든 헌법을 자기가 실시하다가 내 이익을 위해서 내가 한번 더 집권하기 위해서 이 헌법을 고쳐야 하겠다, 이 자세가 어째서 민주국가의 대통령의 것이 될 수 있으며, 이 자세가 어떻게 해서 국민 앞에서 헌법 68조에 의해서 국헌을 준수한다고 손 들고 선서한 대통령이 할 수 있는 일이냐 이것입니다.

박정희 씨가 이러한 짓을 하니까 그분이 독재정치를 한다고 되는 것이고 그분이 결국 파렴치한 정치를 한다고 하는 이런 말이 나온 것이다 이것입니다.

[……] 임기 중 한번 더 해먹겠다는 이 문제에 대해서 국민투표에 부쳐지고 내 신임과 결부하자, 다시 말하면 대통령 신임을 '신임 = 3선개헌 지지' '대통령 불신임 = 3선개헌 불지지' 이런 등식을 가지고 나왔다 이거야.

어떻게 해서 이런 등식이 성립이 되느냐. 제6대 대통령 박정희 씨는 지지하지만 대통령이 누구든지 세 번 하는 것은 안 되겠다, 개헌은 반대하겠다는 사람이 있을 수 있는 것이고, 박정희 대통령은 좋지 않다고 생각하지만 대통령 두 번 가지고는 안 되겠더라 세 번이 좋겠더라 해서 개헌을 지지할 수도 있는 거요, 즉 '신임 = 개헌 지지' '불신임 = 개헌반대' 이렇게 결부시켜 가지고 나온다 이것은 말이지 국민학교 학생 수준만도 못한 등식이라 이 말이야. 이런 등식이 어떻게 성립될 수 있는가, 이것을 답변해주시기 바랍니다.

과거 역사를 보면 독일의 히틀러나 일본의 군국주의자들이 가장 철저하게 반공을 떠들었어요. 그러나 이자들은 입으로는 반공을 떠들면서도 가장 철저하게 공산당 흉내만 냈어요. 자유언론을 짓밟고 선거를 유린하고 국회를 무력화시키고 노동운동과 학생운동과 농민운동을 탄압하고 문화인들을 짓밟고 이런 짓을 했다, 그 말이에요.

그런 결과는 결국 공산당과 싸울 수 있는 민중의 역량을 전적으로 약화시켜 가지고 마침내는 히틀러로 인해서 오늘날 동구라파 일대가 공산화되었고, 일본 군국주의로 인해서 오늘날 중국 대륙이 공산화되었다는 것을 역사는 증명한다고 토인비는 말했어요.

[……] 3선개헌이 감행되어 가지고 국민들이 민주주의에 대한 신념이 붕괴되고 정치에 대해서 외면하고 좌절감 속에 빠졌을 때에 이것은 김일성이가 바라는 그대로다 이것이에요.

나는 박정희 대통령이 정말로 반공을 원한다고 할 것 같으면 얼마나 많은 사람들이 가서 3선을 해달라고 하더라도 반공을 위해서도 해서는 안 되겠다고 대통령이 나와야 한다, 이것이에요.

박정희 대통령이 아니면 국방을 할 수 없고 국군을 강력하게 영도할 수 없다, 언어도단입니다. 국군에 대한 모독이에요.

[……] 자유경제체제하에서 집권자의 교체가 경제의 안정된 발전을 저해하는 것이 아니라 불란서의 제4공화국같이 6개월 만에, 1년 만에 바뀌어도 곤란하지만 적어도 5년 이상의 간격만 두고 교체된다고 할 것 같으면 그것이 경제의 발전을 저해하는 것이 아니라 경제의 발전에 하나의 촉진제, 청량제, 자극제가 된다는 것은 다 알고 있는 사실이다 말이에요. 어째서 하필 대한민국의 박정희 대통령만 10년 반 집권했는데도 그 사람이 아니면 우리 경제가 발전

하지 못한다는 논법이 어디 있는가, 이것을 제안자가 답변해주시기 바랍니다.[150]

10월 17일 개헌안 국민투표가 실시되었다. 투표율 77.1퍼센트에 찬성 65.1퍼센트로 개헌이 확정되었다. 총 투표자 1160만 4038명 중 찬성 755만 3655표, 반대 363만 6369표, 무효 41만 4014표가 나왔다. 투표 과정에서 정부·여당은 관권을 동원하고 무더기표가 발견되는 등 각종 부정을 저질렀다.

일선에서 개헌반대투쟁을 지휘해오던 유진오 신민당 총재는 9월 10일 뇌동맥경련증으로 몸져눕는다. 국민투표를 이틀 앞둔 10월 15일 유 총재는 특별성명을 통해 "부정과 불법을 막아 개헌을 저지하기 위해 민권 투쟁에 참여해줄 것"을 호소했다. 그러나 개헌안이 압도적으로 통과되자 그 결과에 대한 책임과 신병을 이유로 10월 19일 총재직에서 물러날 뜻을 밝히고 신병 치료차 일본으로 떠났다.

3선개헌저지투쟁 과정에서 김대중은 의원 중 가장 많은 지역에서 유세를 하고, 그 결과 가장 인기 있는 연사가 되었다. 박정희가 펼쳐 놓은 3선개헌의 '굿판'이 김대중을 전국적인 인물로 부상시키는 계기로 작용했다. 아이러니다.

●

150 《국회본회의속기록》, 1969년 9월 10일.

10장

박정희와 첫 대결

'새물결운동' 주장

한일회담, 베트남 파병, 3선개헌저지 실패 등 야당은 박 정권이 일으
킨 거대 이슈에 거듭 패배당하면서 극심한 무력증에 빠져들었다. 기
존 지도자로는 정권교체는커녕 야당의 정체성도 지켜나가기 어려운
처지가 되고 말았다.

　김대중은 1969년 《사상계》 11월호에 〈체질개혁론 – 과감한 자기
개혁만이 살길이다〉라는 글을 실었다. 비판을 혐오하고 경쟁의 공정
성을 훼손하는 박 정권의 반민주성을 비판하면서 야당의 대응 자세와
능력에 대해서도 신랄하게 비판했다. "국민이 3선개헌이 전례 없는
부정부패의 수법으로 처리된 것을 보고도 크게 분노할 줄을 모르는
것 같다. 뿐만 아니라 일부 국민 사이에는 여당에 대한 비난보다는 야
당에 대한 비판에 더 집착하는 경향도 없지 않다."고 지적하면서 특히
야당의 문제점을 다음과 같이 지적했다.

만일 우리가 이러한 국민의 소리에 귀를 기울여서 그 기대에 부응할 만한 자체 개혁을 서두르지 않았다가는 우리는 한편으로는 정부·여당으로부터 박해를 받고 한편으로는 국민에게서까지 버림을 받아 이 넓은 천하 어디에도 발붙일 곳이 없는 비참한 지경에 떨어지고 말 것이다. 참으로 이 시기는 우리 야당에 있어서 미증유의 위기요 사생결단의 중대 기로라는 점을 아무리 강조해도 과함이 없을 것 같다.

확실히 오늘의 야당의 현실을 일대 체질개혁을 단행하지 않는 한 내일의 국정을 담당하기에 부족함은 물론 당장 박 정권의 고도로 발달된 독재정치와 싸우는 데에도 크게 미급하다는 점을 자인하지 않을 수 없다.[151]

이런 전제에서 김대중은 '인적 개혁' '정책정당의 자세' '당 운영의 과학화' '새물결운동' '절망은 없다'는 소제목으로 '개혁과 대안'을 제시한다. 신민당 중앙지도부의 노화 현상을 해결하기 위해 신진인사를 영입하고, 신망과 활동성 있는 사람들을 지구당위원장과 지구당 간부들로 보강해야 한다고 주장한다. 또 정책을 마련하고, 집권했을 때 국정을 개선할 청사진도 준비해야 한다고 제시한다. 공화당이 신민당보다 훨씬 조직을 잘하고 있음을 구체적 사례를 들어 강조하는 한편, 비과학적이고 주먹구구식 안일주의에 젖어 조직을 운영하는 야

---

151 김대중, 〈체질개혁론 - 과감한 자기 개혁만이 살길이다〉, 《사상계》, 1969년 11월호, 54쪽.

당을 질타한다. 신민당이 살려면 '새물결운동'이 필요함을 제창한다.

> 우리에게 절망은 없다. 만일 우리가 오늘에 처한 우리의 위기를 주
> 시하고 이를 타개할 수 있는 방안을 현명하게 발견 실천한다면 우
> 리는 이 난국을 오히려 전화위복의 계기로 삼을 수 있다고 확신한
> 다. 문제는 우리에게 이를 판단할 혜안과 이를 단행할 용기가 있느
> 냐 없느냐에 따라서 신민당의 운명은 결정지어질 것이다.[152]

김대중은 1970년 1월 한 신문에 쓴 시론 〈40대 기수론〉에서 "한국
에서 평화적 정권교체는 평화적 대결을 통해서 가능한 것이 아니라
혁명적 투쟁을 방불케 하는 사생결단을 통해서만 가능하다는 것을 국
민은 본능적으로 감득하고 있기 때문이다. 40대 기수 대망론은 비단
이러한 절박한 한계 상황에서만 연유한 것이 아니라, 본원적으론 우
리 국민의 세대적 구조의 변화에 기인한 것이라 하겠다."면서 세대별
인구 구성치를 다음과 같이 분석했다.

> 인구의 73%가 35세 미만이며 40세까지 치면 80%를 넘는다. 35세
> 는 해방 당시 10세 미만이며 40세면 15세다. 그들은 군국주의와 일
> 제, 그리고 전근대적 봉건사회를 전혀 모르고 자랐으며 그와 정반
> 대의 민주주의와 미국의 물결 속에 자랐다. 오늘의 노장지도층과는
> 어쩔 수 없이 이질적인 체질과 사고 성향을 가지고 있다.[153]

---

152   김대중, 앞의 잡지, 59쪽.

김대중은 《신동아》 11월호에 시론 〈대중경제론을 주창한다〉를 써서 자신의 경제정책을 정리했다. 이 글에서 경제가 발전하는 과정에서 발생한 농민 수탈과 대중의 빈곤 현상을 지적하고, 대중들 삶을 향상시키는 경제발전 전략을 모색할 필요가 있음을 역설한다. 아울러 극단적 사회 분열로 생기는 문제점도 지적한다. 주요 내용은 다음과 같다.

비록 몇몇 나라에서 경제의 고도성장을 이룩하고 그 고도성장에는 근대경제학의 이론이 크게 공헌했다고 하나 고도성장이 곧 대중생활의 고도 향상이 아니라는 현실을 목도할 때 절대 다수인 대중은 여전히 소외되어 있음을 알 수 있는 것이다. 따라서 대중을 위한 대중의 경제학도 부재상태라고 하지 않을 수 없으며 여기에 또한 대중경제론이 제창되는 이유가 있는 것이다.

　[……]

대중경제가 지향하는 바는 사회의 실질적인 생산력인 근로대중으로 하여금 경제사회의 발전을 위하여 주도적 역할을 담당케 하는 동시에 그들의 절대적 공헌이 정당하게 평가되고 보상받는 복지사회의 실현을 이념으로 하는 것이다.[154]

김대중에게 1970년은 차기 대통령선거를 대비하는 '예비기간' 이

153　김대중, 〈40대 기수론〉, 《국제신보》, 1970년 1월 27일.
154　김대중, 〈대중경제론을 주창한다〉, 《신동아》, 1969년 11월호, 180~181쪽.

었다. 이 시기 김대중은 당내 문제 해결과 의정활동 그리고 대외활동에 적극 나섰다. 1968년 11월에 자신의 정책연구소 한국내외경제문제연구소를 활성화하는 한편 미국 컬럼비아대의 초청을 받고 미국으로 건너가 3월 10일 〈아시아의 안정과 새로운 한미관계의 수립〉이라는 제목으로 강연을 했다. 닉슨 독트린을 한국에서 적용하려는 방법론에 문제점을 지적하고, 반공우익 독재국가는 공산주의에 효과적인 투쟁을 하기 어렵다고 강조했다. 김대중은 "국내 정치에 어떠한 외국의 간섭도 원치 않는다는 것을 나는 독립국가의 국민으로서 또는 야당 간부의 자존심으로 밝힌다. 민주주의는 자기의 피와 땀과 눈물로 개척해 나아갈 때만 비로소 그것이 자기 자신의 자산으로 토착화할 수 있다는 사실을 알고 있기 때문이다."라고 그 이유를 설명했다. 3월 30일 귀국 후 연 회견에서는 "기존의 대미 종속적인 관계에서 벗어나 호혜적이고 실질적으로 동반자적인 한미관계의 전환"을 강조했다.

1970년 여름이 되면서 신민당에서는 차기 대선후보 문제를 둘러싸고 여러 가지 논의가 일어났다. 김대중·김영삼·김형일·이철승 등 이른바 당내 40대들이 자의 반 타의 반으로 후보군에 거론되었다. 6월 12일 이들 40대는 4자회담을 열어 후보지명대회 문제에 대한 공동보조를 논의했다.

김대중은 40대 후보론에 대처하는 한편 국회의 대정부 질의와 당내 활동에서 박 정권의 언론탄압을 지적하고, 언론자유의 보장을 촉구했다. 박 정권은 1971년 대선을 앞두고 점차 언론의 숨통을 죄어가고 있었다. 김대중은 젊은 시절 신문사 사장을 지낸 바 있고, 정치활동을 해오면서 언론의 중요성을 인식해온 터였다. 그런데 3선개헌이 강행되고서부터 언론사주들이 박 정권과 유착하는 경향을 보이고 있었다. 이에 1971년 대선을 앞두고 일부 양심적인 언론인들이 언론자유운동을 펼치며 저항했다.

'40대 기수'에 도전

신민당은 1970년 1월에 임시전당대회, 9월에 대통령후보 지명대회를 각각 개최하기로 결정했다. 임시전당대회를 앞두고 신민당은 당세를 확장하기 위해 이철승·신도환·김준섭 등 구 정치인과 4·19, 6·3세대, 윤길중·권대복 등 혁신계 인사들을 폭넓게 받아들였다.

전당대회는 당수 선출로 초점이 맞추어졌다. 주류 유진산, 비주류 정일형, 주류에서 비주류로 옮긴 이재형 3파전으로 치열한 각축전이 벌어졌다. 정일형과 이재형은 국민들에게 이미지가 나쁜 유진산이 야당 당수가 될 수 없다는 이유로 반反진산연합전선을 구축했다. 그리고 1차 투표에서 과반수 득표자가 없을 경우 2차 투표에서는 1차 투표에서 표를 많이 얻은 사람을 당수로 밀기로 합의했다.

신민당은 전국 대의원 606명이 참석한 전당대회에서 단일지도체제의 당헌을 채택하고, 새 당수로 유진산을 선출했다. 1차 투표에서 유진산 286표, 이재형 192표, 정일형 125표로 과반수 득표자가 없어 2차 투표로 이어졌고, 유진산이 327표를 얻어 276표를 얻은 이재형을 누른 것이다. 바야흐로 신민당은 진산시대를 맞이했다. 신민당은 이날 당 고문에 윤보선·박순천·유진오·이상철을 추대하고 9인위원회가 마련한 9월의 대통령후보 지명대회안을 채택했다.

전당대회에 앞서 1969년 11월 8일 원내총무 김영삼(당시 42세)이 돌연 '40대 기수론'을 제창했다. 김영삼은 "우리 야당은 빈사 상태를 헤매는 민주주의를 희생시키는 데 새로운 결의와 각오를 다져 앞장서야 할 사명 앞에 서 있다. 이 중대하고 심각한 사명의 대열에서 깊은 의무감과 군은 결단 그리고 벅찬 희생을 각오하면서 71년 선거에 신민당의 대통령후보로 나설 것을 당원과 국민 앞에 밝힌다."고 선언했다.

김대중(당시 45세)도 1970년 1월 24일 출마를 선언했다. 뉴서울호텔에서 연 기자회견에서 "이 나라 민주주의의 승리를 위한 사명감과 신념을 갖고 절망을 모르는 시시포스 왕같이 최후의 승리를 위해 싸울 것"을 다짐하고, 이어서 "싸우다 쓰러진 무명의 투사는 될망정 이익을 위해 사술만 농하는 마키아벨리는 되지 않겠다."고 밝혔다. 또 "우리가 만일 1971년에 또다시 박정희 씨의 당선을 허용한다면 이 나라는 영원히 선거 없는 총통시대가 올 것이다."라며 1972년 10월유신을 예견하는 듯한 발언을 하여 주목을 받았다.

김대중은 6·8목포선거 때부터 박정희의 총통제를 예견해왔다. 1970년 1월 10일 국내 한 신문에 기고한 〈70년대의 국내정국〉이란 시론에서도 이 같은 주장을 폈다.

> 71년 선거에 박정희 씨의 3선이 쉽게 이루어진다면 민주주의에 대한 희망은 거의 완전히 소멸될 것이다. 박 정권은 3선개헌의 강행으로 민주헌정에 대한 제2의 쿠데타를 자행한 것이며 독재정권으로서의 정체를 적나라하게 나타냈다.
>
> 3선은 민주헌정의 최저의 약속조차 짓밟은 사실상의 탈권이다. 권력에 미친 황소는 끝장을 보는 날까지 질주할 것이다.

3선에 성공하면 아마 박 정권은 2, 3년 내에 틀림없이 북괴를 빙자하거나 통일의 성취를 운운하면서 나치스 독일이나 대만 같은 총통제를 들고 나올 것이다. 까다로운 개헌 따위는 아예 집어치우고 히틀러 수권법과 같이 비상특별법을 국민투표의 형식을 빌려 해치울지 모른다. 누가 이를 지나친 의심이라 하는가?[155]

김대중의 이 '예언'은 불행하게도 몇 년 뒤에 적중한다.

김대중의 신민당 대통령후보 출마 선언은 당내의 세력 판도로 볼 때 일대 모험이었다. 신민당은 유진산이 총재를 맡은 뒤 공화당 못지않는 보수야당의 침체된 모습을 보이고 있었다. 주류 세력은 민주당 구파 계열이었다. 김영삼과 이철승은 여기에 속했다.

대통령후보 지명

40대 기수론을 맨 먼저 주창하면서 대통령후보에 출마한 김영삼은 26세에 3대 국회의원에 당선된 이후 5, 6, 7대에도 당선된 4선 의원이었다. 민주당 대변인 두 번, 원내총무 세 번을 역임한 야당의 맹장이다. 여기에 구파 계열로서 당내에 튼튼한 계보의 텃밭이 있어 의원들이 많이 지지했고, 더욱이 유진산 총재의 남다른 총애도 받았다. 1968년 6월 5일 유진오 총재가 원내총무로 김대중을 지명했지만 의원총회에서 재석의원 41명 중 찬성 16, 반대 23명으로 인준이 거부되어 결국 김영삼으로 뒤바뀔 만큼 김영삼은 원내에 지지 기반이 넓었다.

●
155 김대중, 〈70년대의 국내정국〉, 《대한일보》, 1970년 1월 10일.

해방 뒤 반탁 학생운동권 출신인 이철승이 정치활동정화법에서 풀려 신민당에 입당하면서 뒤늦게 40대 기수론에 편승했다. 그 역시 유진산의 지원을 받고 있었다. 유진산 당수가 이철승 부인에게 후보 지명자로 언질을 줄 정도로 둘은 끈끈한 관계였다.

이에 비해 김대중은 대중적인 인기는 높았지만 당내 기반 특히, 원내 지지 그룹은 취약한 실정이었다. 몇 차례 낙선과 의원직 박탈로 뒤늦게 원내에 진출한 것이 약점이었다. 야당에서 이미 몰락한 구 민주당의 신파 계열인 것도 약점이 되었다. 현역의원으로는 정일형, 김상현만 지지하는 형편이었다. 그런데도 출마를 감행한 것은 정권교체와 변화를 열망하는 대의원들과 일선 당원들의 지지를 믿었기 때문이다.

유진산은 경쟁적으로 대통령후보 출마를 선언한 40대들을 '구상유취口尙乳臭' 하다고 폄하했다. 그러나 결국 자신의 후보 추대 가능성이 희박해지자 세 사람 중 한 명을 선택할 수 있는 지명권을 달라고 요구했다. 김영삼과 이철승은 각각 자신을 추천할 것으로 믿고 이에 동의했다. 하지만 정치 노선을 달리해온 김대중은 이를 거부했다.

유 총재는 세 명 중 김영삼 씨를 지명할 생각이었다. 그러나 이철승 씨에게도 직접적인 말은 없어도 그를 지명할 것처럼 행동했다. 그래서 김영삼 씨와 이철승 씨는 유 총재의 지명을 승낙했지만 나는 끝까지 반대했다.

유진산 씨는 야당이지만 나와 계보가 다르고 당연히 정치 노선도 달랐다. 또한 정부·여당에 대한 대응도 달랐다. 그가 나를 지명하지 않을 것이 명백했다. 그래서 나는 이 의견에 반대했던 것이다.

그때 나는 유진산 씨에게 말했다. "당신이 나를 지명하지 않으리라는 것을 잘 알고 있다. 알고 있는 이상 지명권을 맡길 수는 없지 않은가? 그것은 민주주의에 어긋나는 일이다."

당 대회에서 뽑힌 대통령후보는 국민들에게 선거를 통해 그 신뢰감을 묻게 된다. 그래서 전국에서 모인 대의원들이 자유의사로 결정해야 하는 성질의 것이었다. 당의 활동 가운데 당을 대표해서 싸울 대통령후보를 결정하는 중요 사안을 총재 혼자에게 맡길 수는 없는 노릇이다.

1970년 9월 29일 신민당 대통령후보 지명대회를 하루 앞두고 유총재는 "나는 당수로서 김영삼 의원을 대통령후보로 추천한다"고 발표했다.[156]

김대중에게는 실로 난감한 장벽이 가로막고 있었다. 승리하려면 두 명, 즉 유진산과 김영삼이라는 막강한 적수를 이겨내야 했다. 김대중은 여러 날 전부터 전국 지구당을 돌면서 일선 당원과 대의원들을 만났다. 권노갑·이용희·김원식·한화갑·김구룡·김창환·유재현·최성석·박대식 등 비서, 참모들이 각 시도별로 책임을 나눠 맡아 전국 대의원들을 방문했다. 이들은 김대중 후보를 뽑아 당을 개혁하고 정권교체를 이루자고 설득하였다.

부인 이희호도 시골 마을이나 도시 산동네에 사는 대의원 집을 일

●

156　일본 NHK 취재반 구성, 김용운 편역, 《역사와 함께 시대와 함께 – 김대중 자서전 1》, 인동, 1999, 228쪽.

일이 방문해 '한 표'를 부탁했다. 대의원들은 대통령후보가 될 사람 부인이 직접 방문했다며 반겨주었다. 당원들은 오랜 야당생활로 실망과 좌절감에 빠져 있었다. 김대중의 연설을 듣거나 정책을 알아보고는 "이번 선거에 김대중을 내보내면 해볼 만할 것 같다."는 분위기가 감돌았다. 국회의원들이나 지구당 위원장들은 공천 문제로 총재나 지도부 눈치를 살필 수밖에 없지만, 일선 당원들은 정권교체가 희망이고 가장 중요한 과제였다.

세간에서는 주류 세력이 막강하게 뒷받침하고, 당수 지명의 힘까지 얻은 김영삼이 신민당 후보가 될 거라고 거의 확신하고 있었다. 어느 석간신문은 '김영삼 후보 지명'을 머리기사 제목으로 뽑기도 했다.

그러나 지명대회 결과는 의외였다. 투표 결과 총 투표자 885명 중 김영삼 421표, 김대중 382표였다. 이철승의 지지표가 무효표로 나타난 것이다. 2차 투표 결과는 더욱 의외였다. 김대중의 역전승으로서 판세가 뒤바뀐 것이다. 총 투표자 884명 중 김대중 458표, 김영삼 410표, 무효 16표로 김대중이 대통령후보에 지명되었다.

의외의 결과에 입장이 난처해진 유진산 총재는 "40대 기수 중의 한 사람을 여러분이 더 밝은 눈을 가지고 적절한 판정을 내준 데 감사한다."면서 "여러분이 뽑아준 지명후보를 앞세워 최선을 다하여 일치단결해서 싸워나가자."고 다짐했다.

김대중은 군정 종식과 민주화 시대의 개막을 위해 모든 노력을 다하겠다고 선언했으며, 패배한 김영삼은 "나와 같은 40대 동지의 승리는 신민당의 승리요, 바로 나의 승리"라면서 협력할 것을 다짐했다.

한국정치사에서 가장 드라마틱하게 전개된 이 경선은 깨끗한 경선

신민당 전당대회에서 대통령후보로 지명된 김대중.

과 함께 김대중, 김영삼이라는 참신한 젊은 정치지도자를 배출한 의미 깊은 대회로 기록되었다.

결과가 나온 뒤, 나는 연단에서 대통령후보 지명 수락 연설을 하게되었다. 모든 시간을 표를 확보하는 데 힘썼기 때문에 미처 나는 후보 수락 연설문을 준비하지 못했다. 즉석에서 나는 다음과 같이 평소의 소신을 말했다.

"오늘 나의 승리는 김대중 한 사람의 승리가 아니라 우리 신민당과 3천만 국민이 승리한 순간이라고 나는 확신하고 있다. 이제부터 새로운 시대가 다가온다. 대중大衆이 주인이 되어, 대중에 의한 시대를 만들 때다. 자유와 번영과 사회복지, 그리고 통일시대를 만들고 싶다. 나는 그 새로운 시대의 선두에 서서 국민의 자유와 행복을 위해 싸울 것이다. 박정희 씨가 노리는 장기집권을 저지하고 건국 이래 국민의 숙원인 민주적 정권교체를 실현시키겠다."

김영삼 씨는 패배를 인정하고 연단에 선 나에게 악수를 청하더니 선거 승리를 위해 전국 어디든 나를 앞세우고 함께 다니겠다고 약속하였다.[157]

정책 대결 제안

김대중은 한국적인 척박한 야당풍토에서도 오래전부터 대통령이 되겠다는 야망을 품고 스스로 연마해온 노력형 인물이다. 그는 한국전

157   일본 NHK 취재반 구성, 앞의 책, 230~231쪽.

쟁과 부산정치파동 등을 지켜보면서 잘못된 정치로 죄 없는 국민이 희생당한다고 판단하고, 좋은 정치로 나라를 바로잡겠다는 일념으로 정치에 입문했다고 밝혀왔다.

김대중은 소장 국회의원 시절부터 여러 면에서 유별났다. 정치인들이 흔히 즐기는 골프나 마작, 고스톱도 일체 하지 않았고, 요정 출입도 안 했다. 정치인이 이런 '잡기'를 즐기지 않는다는 것은 한국 정치풍토에서는 보통 손해나는 일이 아니다. 막후 거래나 이권 개입부터 상임위 배정과 당직 배당에 이르기까지 요정이나 골프장에서 대개의 일이 이루어졌기 때문이다.

이런 속사정을 뻔히 알면서도 김대중이 이런 정치인들에 동화되지 않고 스스로를 지켜온 것은 신앙심과 함께 어느 날엔가 다가올 대권을 '준비'하고 있었기 때문이라고 봐야 할 것이다. 그에게는 변변한 학력이나 재력, 지원 세력이 없었다. 따라서 자신의 '능력'으로 학벌이 좋은 라이벌 정치인이나 정부 고위 관료들과 대결할 수밖에 없었다. 그래서 남들처럼 술 마시고 골프 치고 잡기를 즐길 여유가 없었다. 변변한 학력이 없는 그가 경제문제나 통일·안보·외교 분야에서 일가를 이루거나, 야당 대변인과 정책의장을 맡아 집권당을 압도하고, 대정부 정책 질의에 나설 때면 모든 국무위원과 국회 출입기자가 긴장하도록 만든 것도 그의 이런 피나는 노력 덕분이었다.

김대중은 '잡기' 대신에 연극을 보러 가거나 음악회에 가는 것을 좋아했다. 클리프 리처드, 브렌다 리, 줄리에트 그레코 등 유명 가수들이 내한하면 빠지지 않고 공연장을 찾았다. 선친의 영향으로 판소리와 창을 즐겨 하고, 공연장에서는 국악인들과 함께 꽹과리나 북을 치면서 어울렸다.

김대중의 후보 지명으로 놀란 것은 야당뿐만이 아니었다. 김영삼이 지명될 거라고 박정희에게 보고한 중앙정보부장 김계원은 심한 질책을 당하고, 얼마 뒤에 이후락에게 자리마저 내줘야 했다. 박정희로서는 피하고 싶었던 상대를 만나게 되어 심히 곤혹스러웠을 것이다. 대통령후보에 지명된 김대중은 다음 세 가지에 중점을 두어 선거전을 펼치기로 했다.

첫째, 정책 면에서 박 정권을 압도할 것. 그 정책은 국민의 자유와 행복을 추구할 것. 그것이 빠지면 대통령에 뽑힐 자격이 없는 것이었다.

둘째, 이 선거에 모든 것을 던져 싸울 자세를 보여줄 것. 이것은 1967년 국회의원선거에서 얻은 중요한 교훈이었다. 그때도 사활을 걸고 결사적으로 했기 때문에 승리할 수 있었다. 이번에도 마찬가지다.

셋째, 국민을 믿고 싸울 것. 만약 나의 목숨을 건 투쟁을 국민들이 이해한다면 이에 대한 대답을 해줄 것이라고 믿고 그 국민의 힘을 빌려 독재정권을 쓰러뜨릴 수 있다고 믿었다.[158]

김대중은 이 전략들을 세우고 선거전에 나섰다. 모든 것이 스스로 해결해야 할 과제였다. 당내 비주류 출신이다 보니 정책이나 조직에

158　일본 NHK 취재반 구성, 앞의 책, 247쪽.

서 당의 전폭적인 지원을 받기도 쉽지 않은 실정이었다.

신민당의 '새 기수'가 된 김대중은 전당대회가 2주일 정도 지난 1970년 10월 16일 야당 대통령후보로 첫 기자회견을 열었다. 내외의 시선이 집중되었다. 그 자리에서 김대중은 상대 후보를 비난하기보다 자신의 정책과 대안을 제시하는 데 더 주력했다. 정치적 국민총화, 대중경제, 사회개혁, 정예 국방, 민족외교 등 5대 정책 과제를 제시했다.

이제까지 야당은 정권을 공격만 했을 뿐, 자신들이 정권을 잡으면 어떻게 할지 확실한 비전이 없었다. 남을 비판하기는 쉽지만, 대안을 제시하기는 어렵다. 평소에 이런 생각을 하였던지라 김대중은 국회에서 정부를 비판할 때도 어떻게 그 문제를 해결할지 구체적인 대안을 제시했다. 그리고 그런 정책 대결로 박정희와 선거전을 치르기로 마음먹었다.

이날 기자회견에서 김대중은 관권이 개입한 행정선거를 물리치고 민중이 중심이 되는 방향으로 선거를 이끌 것과, 파시즘적 복종과 획일성을 배격하고 시민적 자유와 균형 속에서 형성되는 '국민 총화'를 추구하겠노라 밝혔다. 이어 노사공동위원회를 구성해 생산 증대와 분배의 공정성 문제를 해결하고, 우방과는 일방적으로 의존하던 것에서 벗어나 상호 협조하는 관계로 바꾸며, 쇄국주의적 외교를 지양하고 중립적 외교를 강화하겠다고 천명했다.

김대중은 기자회견 서두에서 "50년대의 암흑 전제의 시대와 60년대의 개발을 빙자한 독재시대를 살아왔다"라고 전제, "지금까지 소수가 지배하고 번영을 누리던 반대중적 현상을 일소해 대중이 지배하는 시대를 실현해야 한다"[159]며 '대중시대'의 개막을 선언했다.

또한 종래 야당 후보가 자주해왔던 상대 여당 후보에 대한 인신공격은 전혀 하지 않기로 했다. 수중에 공격할 만한 자료가 당연히 입수될 것이지만 개인 공격을 하는 것은 정치를 타락시킨다고 생각했다. 그것보다는 정책 대 정책으로 싸워야 하며, 정치의 비전과 정책을 강력히 내세워서 대통령선거의 주도권을 잡아야겠다고 생각했다.[160]

김대중은 한일국교 정상화나 베트남 파병, 남북관계, 경제정책 등에 대안을 제시하고 1971년 대선을 정책 대결로 몰아갔다. 그 덕분에 선거 주도권을 장악할 수 있었다. 그 뒤에 치러진 세 차례 대선 때도 마찬가지였다.

4대국보장론과 향토예비군 폐지

김대중은 기자회견에서 통일정책도 제시했다. 당시만 해도 '통일론'에는 금기의 자물쇠가 채워져 있었다. 죽산 조봉암이 '평화통일론'을 제시하다가 '사법살인'을 당한 이후 통일문제를 거론한다는 것은 용공분자, 빨갱이로 자처하는 것이나 다름없었다. 김대중은 우선 이 같은 금기의 푯말부터 뽑아 버리기로 했다.

기자회견 석상에서 제일 먼저 통일정책을 논하는 것은 웬만한 용기

159 《동아일보》, 1970년 10월 16일.
160 일본 NHK 취재반 구성, 김용운 편역, 《역사와 함께 시대와 함께 – 김대중 자서전 1》, 인동, 1999, 233쪽.

없이는 할 수 없는 일이었다. '통일'이라는 단어를 말하는 것만으로 '빨갱이'라든가 '공산당'으로 몰리던 시대였다. 그러나 대통령에 입후보한 이상, 나는 이런 중대한 문제를 피할 수는 없으며, 피한다면 대통령에 뽑힐 자격이 없다고 생각했다.

외부세력에 의해 분단된 한반도의 상황을 긍정하는 사람은 하나도 없을 것이다. 여기서 분단 상황을 극복하고 다시 하나로 합쳐야 한다고 말하지 않는 것은 민족의 양심에 역행하는 것이기 때문에 통일의 염원을 어떻게든 말해야 했다. 가령 그것이 지금의 현실에서 이뤄지지 않더라도 민족의 의지는 확실히 나타내야 할 필요가 있었다.[161]

김대중이 제시한 통일정책에는 〈폐쇄 전쟁 지향에서 적극 평화 지향으로〉라는 부제가 붙어 있었다. 주요 대목을 발췌한다.

1. 내정의 태세 확립
가. 정치·경제·사회·문화·국방에 걸친 내정의 획기적 개혁으로 북한을 능가하는 종합 국력의 확보
나. 통일정책 수립을 위한 범국민적 기구의 수립
다. 애국적 통일 논의의 자유 허용과 학문적·정책적인 공산권 연구의 장려

---

161   일본 NHK 취재반 구성, 앞의 책, 233쪽.

2. 긴장완화와 남북교류

가. 남북 간의 전쟁에 의한 문제해결의 포기와 파괴 활동의 지양으로 긴장완화의 실현

나. 기자교류·서신교환·체육교환 등 비정치적인 교류의 실시

다. 미·소·일·중에 의한 한반도에서 전쟁억제에 대한 보장 확보

3. 통일외교의 강화

가. 유엔의 통일 원칙을 지지하되 연례 상정 지양, 기타 정세의 변화에 대한 기선機先 조치의 강구

나. 서독·베트남 등과의 분단국 회의의 구성[162]

김대중은 특히 미국, 소련, 일본, 중국 4대국이 할 수 있는 한반도 전쟁억제 보장책인 '4대국 부전不戰 보장론'과 '남북화해·교류·평화통일론'에 대해 집중적으로 설명했다. 기자들의 질문이 쏟아지고, 이 내용은 국내외 언론에 비중 있게 보도되었다.

김대중의 파격적인 제안에 박정희를 비롯해 여권은 벌집을 쑤셔놓은 것처럼 혼란에 빠졌다. 그러다가 거세게 반격하고 나섰다. 박정희가 앞장섰다.

나의 '4대국 부전보장론'에 대해 박 대통령은 다음과 같이 반론을 폈다. "적대 관계에 있는 중국과 소련에게 우리나라의 안전보장을

---

162 일본 NHK 취재반 구성, 앞의 책, 233~234쪽.

요구하는 것은 나라의 기강을 위협하는 일이다. 생각해낸 사람의 진의를 의심하지 않을 수 없다."

그러나 내 주장은 국방을 4대국에 맡기자는 것이 아니라, 4대국이 한반도를 무대로 전쟁하지 않고 남북 양쪽을 이용하지 않는다는 약속을 체결하자는 것이었다. 4대국에게 일종의 한반도 불가침 조약을 요구할 구상을 갖고 있었다.

정부·여당의 중상모략에도 불구하고 이 4대국보장안은 지식인층을 중심으로 관심이 늘어났고 국제적인 주목을 끌었다.

내 통일정책의 또 하나의 커다란 골자인 '남북화해와 교류론'에 대해서도 공화당은 강한 반발을 해왔다. "공산주의와는 절대 화해할 수 없다. 북한은 한반도를 무력으로 정복하고, 공산화시키려고 하고 있다. 그런데 화해를 제안하다니 그게 무슨 소리냐?"라고 했다. 그리고 박 대통령도 당시 공화당의 유력자인 김종필 씨와 번갈아가며 김대중은 '용공적'이라고 비난을 퍼부었다. 심지어는 "김일성이 피리를 불면 김대중이 춤을 추고, 김대중이 북을 치면 김일성이 맞장구를 친다."라고까지 말했다.[163]

이 4대국보장론은 오늘날 6자회담의 골격이 되었다.

김대중은 기자회견에서 또 한 가지 폭탄선언을 했다. 향토예비군 폐지였다. 향토예비군은 청년들의 생업과 활동을 묶는 족쇄였다. 이

163 일본 NHK 취재반 구성, 김용운 편역, 《역사와 함께 시대와 함께 - 김대중 자서전 1》, 인동, 1999, 234~235쪽.

와 관련해 지역, 직장마다 각종 비리가 겹치면서 민원의 대상이 되었다. 이것을 폐지하겠다고 선언하니 폭발적인 반향이 나타난 것은 당연했다.

그러자 정부와 여당, 심지어 군부 지도자들까지 나서서 김대중 사상이 의심스럽다는 말을 서슴없이 내뱉었다. 박정희는 국방부 장관을 불러 군 관계자회의를 열고는 회의 결과를 근거로 김대중을 비난했다. 당내에서는 전략상 선거 종반전에 터뜨렸으면 승리할 수 있었을 터인데, 너무 일찍 발표해 약발이 크게 떨어졌다는 비판도 나왔다. 김대중 자신도 뒤에 선거 전략상 실수였다고 인정하였다. 향토예비군 폐지 공약은 선거 기간 '4대국보장론'과 함께 큰 이슈가 되었다. 선거가 끝난 뒤 예비군 훈련 제도는 크게 개선되었다.

중앙정보부는 신민당 대통령후보에 지명된 전후의 김대중 발언과 활동상을 다음과 같이 정리했다.

• 고급 공무원의 부정부패는 서울 동빙고동 판자촌이 2년 내에 고급주택으로 나타났다.
• 정 여인의 살해사건에 대한 의혹을 풀지 못하고 있다.
• 와우아파트의 도괴사건은 서민대중을 우롱하였다는 증거다.
• 중농정책으로 자급자족을 한다는 현 정권이 매년 수백만 톤의 양곡을 수입하는 것은 농업정책의 실패라고 비난.
• 대통령이 된다면 반공하는 자세 확립, 병역 의무 기간 2년으로 단축, 부정부패 일소.[164]

김대중은 10월 하순부터 대통령후보로 지방 유세를 시작했다. 그런데 첫 유세지인 대전에서부터 관권의 암초에 부딪혔다. 대전시장이 강연 장소인 대전천변을 쓰지 못하게 한 것이다. 지구당 당원들이 대전시청에 들어가 항의 농성을 하여 간신히 10월 24일 첫 유세를 할 수 있었다.

김포·강화사건

김대중은 지방 순회에 나서는 등 대선후보로서 바쁜 일정을 보냈다.

10월 24일 대전 유세, 집권하면 정치보복 않겠다고 천명.

10월 25일 기자회견, 집권시 북한 전쟁 도발 억제, 동구권과 통상 관계 추진.

10월 25일 부산 유세, 국방비 감축·예비군 폐지·지역감정 해소를 위한 행정구역 개편.

10월 26일 포터 주한 미국대사 접견.

10월 30일 외신기자클럽 연설, 실리외교 전환 강조.

10월 31일 공화당, 김 후보가 제시한 향군 폐지·4대국 전쟁억제 보장안 등 철회 요구, 김 후보 묵살.

10월 31일 인천 유세, 지방자치 단계 실시 언명.

11월 1일 광주 유세, 지역균형발전 위해 세법 개정·여성지위향상 위원회 설치 등 공약

---

164 중앙정보부, 《신민당 대통령후보 김대중 인물 분석》, 1970, 40~41쪽.

11월 1일 기자회견, 국가 재원 20퍼센트 이상 농촌에 투자 언명.

11월 5일 안보 공약, 신민당 당론 확인, 예비군 폐지 대안 곧 발표.

11월 7일 대구 유세, 집권하면 대일민족재권의 보상 시기·일정·방법 등 구체화·해결 방안 모색.

11월 8일 기자회견, 한미방위조약 보완 및 미군 주둔의 병력 수와 기한을 보장받겠다고 밝힘. 춘천 유세.

11월 13일 저서 《내가 걷는 70년대》 출간, 김영삼 의원 상도동 자택으로 방문, 협조 요청.

11월 14일 서울 효창동에서 유세.

11월 19일 보충역으로 향토방위대 창설을 내용으로 한 예비군 대안 발표.

11월 21일 전주 유세, 집권 시 반공법 등 개정 검토 언명, 기자회견, 도시계획 다시 책정 약속, 농협 – 농지개량조합을 농민 스스로 운영토록 개혁 약속.

11월 22일 제주 유세, 학원·언론·문화인에게 창작과 연구 활동 보장 약속.

12월 7일 서울 빈민촌 창신·금화시민아파트 등 방문, GNP에 대한 주택투자율 5퍼센트(당시 1.4퍼센트)까지 올려 연간 30만 호 이상 건설 계획 언명.

12월 27일 홍성에서 학생군사훈련 폐지 및 전국 경지 정리 주장. 충청 지역 민정 시찰.

71년 1월 15일 망원동 일대 빈민가 시찰, 쌀 10가마 전달.

1월 16일 검찰, 망원동 시찰을 사전선거운동 혐의로 입건.

1월 17일 강화에서 유세, 사법부 정화 강한 의지 표명.

1월 18일 경기도 순회강연 중 김포와 강화에서 수행원과 경찰이 충돌한 이른바 '김포·강화사건' 발생.

이 중 특히 '김포·강화사건'은 후보로 지명되어 활동하면서 처음으로 권력과 부딪친 충돌이었다.

사건의 전말은 이렇다. 김포·강화의 민정시찰에 나선 김 후보가 김포 우파래 극장에서 강연을 할 때 극장 영사실에 수상한 사람들의 행동이 보였다. 경호원들이 문을 뜯고 들어가자 가죽잠바를 입은 괴한 5명 중 2명은 권총을 소지하고 있었다. 이들은 김 후보 강연을 비밀리에 녹음하다가 경호원들에게 발각되었다. 김포경찰서 경찰관들이었다. 사단은 이날 저녁에 벌어졌다.

김 후보 일행이 강연을 마치고 서울로 돌아오는 저녁 7시경 으슥한 산길에서 무장한 수 명이 나타나 앞서가는 경호차는 그대로 보내고 김 후보가 탄 차에 총을 들이대고 검문하면서 일행과 충돌이 벌어졌다. 경호원들은 증거품으로 총기 1정을 가져왔다가 경찰용 총기임이 밝혀져 마포경찰서 동교동 파출소에 반환했다.[165]

이 사건을 둘러싸고 정부는 적반하장으로 김 후보의 경호원, 비서 여러 명을 소환해 '경찰관 폭행' 혐의로 구속했다. 선거 관련 내용을

165 《민주전선》(신민당 기관지), 1971년 1월 31일.

샅샅이 캐묻고 조사도 했다. 이 사건은 공권력이 노골적으로 탄압을 시작한 신호탄이었다.

김대중은 1971년 1월 23일 〈대중반정을 실현하자〉는 제목의 연두 회견을 열었다. "우리는 70년대를 통하여 정치를 민중 스스로가 생산하는 민족의 에너지에 의해서 배양하고 경제를 대중의 바탕 위에 발전시키고 사회를 근면하고 정직한 자가 성공하는 풍토로 바꾸며, 문화를 새 시대의 민족정신의 자양분이 되도록 함으로써 민주한국이 세계무대에서 영예와 조국의 자유통일을 전취하는 원동력을 이룩하여야 하겠다. 이것은 바로 대중에 의한 새 역사의 창업이며 합법을 가장하여 소수의 전횡을 자행하는 소위 '법차용적 독재'에 대한 필연적인 '대중반정'인 것이다."라고 선언했다.

> 연두 회견의 주요 정책은 △총통제 음모의 분쇄 △민족 안보의 전개 △예비군의 완전 폐지 △대중경제의 실현 △농업혁명의 추진 △부유세의 신설 △전태일 정신의 구현 △여성 지위 향상과 능력 개발을 구체적으로 밝혔다.[166]

'대중반정'이나 '법차용적 독재' 등의 용어는 한때 유행어가 되었다.

미일 방문해 현안 논의

김대중은 2월 초 미국으로 떠났다. 한미관계의 증진과 야당의 집권능

---

166 《민주전선》, 제52호 부록.

력, 미국의 70년대 동북아정책 등을 알아보기 위한 것이었다. 선거대책본부장을 맡은 정일형 의원 등이 수행했다. 미국에서 로저스 국무장관을 비롯하여 마셜 그린 국무부 극동담당 차관보, 브라운 부차관보, 휴버트 험프리·에드워드 케네디 상원의원 등을 만났고, 내셔널프레스클럽에서 연 회견에는 수많은 외신기자가 참석해 열기를 띠었다.

김대중은 회견에서 4대국이 보장하는 한반도 안전보장 구상을 밝히고, 북한에 신축적으로 접촉하는 자세를 강조하면서 언론자유 등 부정방지 대책을 마련할 것이라고 발표했다. 《AP통신》은 이런 김대중을 "독일의 브란트형 개방형 지도자"라고 썼다.

미국의 저명인사 3천여 명이 참석한 닉슨 대통령의 조찬 기도회에도 초청되었다. 특히 한국에서도 인기가 높은 에드워드 케네디 의원은 "김 후보는 한국의 케네디라 한다는데, 우리 케네디가家는 승리만이 있을 뿐이오. 김 후보가 꼭 승리하도록 협조하겠다."고 약속했다.

부인 이희호는 백악관에서 닉슨 대통령 부인을 만나 환담을 나누고 기념사진을 찍었다. 귀국한 후 공화당 정권이 이 사진이 조작된 것이라고 몰아서 한바탕 소동이 벌어졌다. 김대중은 귀국 길에 일본에 들러 외신클럽에서 "박 대통령의 교조적이고 전쟁 지향적인 자세를 반대하며 개방적이고 평화 애호적인 방향으로 우리의 자세를 전환하는 것이 70년대의 한국이 살아나갈 최선의 길"이라고 밝혔다.

1971년 2월 초 나는 대선을 앞두고 아내와 함께 도쿄를 경유해서 워싱턴에 갔다. 대통령선거 2개월 전이라는 촉박한 시기에 미국과 일본을 방문한 것은 양국의 동향이 한국의 장래에 매우 중요한 영향을 끼치기 때문이었다.

양국의 각계 지도자를 만나서 의견을 교환하고, 서로의 이해를 도모하여 앞으로의 협력체제를 만드는 일이 중요했기 때문이었다. 동시에 나의 존재가 일본과 미국에 거의 알려지지 않았기 때문에 나를 알릴 필요도 있었다.

그걸 토대로 두 나라가 우리 선거에 관심을 가지고 박 정권이 부정을 저지르지 못하도록 견제해주기를 바라는 마음도 물론 컸다. 그리고 선거에 이겨도 박 정권과 군부가 무슨 짓을 할지 모른다는 여러 가지 우려도 들었기 때문에 방문했던 것이다. 내가 이 같은 생각 끝에 양국을 방문하게 된 것은 포터 주한 미대사의 적극적인 협조 덕분이었다.[167]

방미 중에 미국 고위 인사들을 두루 소개해준 이는 친분이 있었던 하버드대의 제롬 코언 교수였다. 코언과는 이후에도 두고두고 친분 관계를 유지했다. 코언의 안내로 상원의 실력자 풀브라이트를 만난 것은 큰 수확이었다.

풀브라이트 씨는 나에게 먼저 "당신은 한국 같은 독재국가에서 정권교체가 가능하다고 보고 입후보한 것인가?"라며 약간 비꼬는 듯한 말투로 물었다.

---

167 일본 NHK 취재반 구성, 김용운 편역, 《역사와 함께 시대와 함께 – 김대중 자서전 1》, 인동, 1999, 237쪽.

이에 나는 다음과 같이 말했다. "당신의 조국은 약 200년 전 영국과 싸워서 이 나라의 독립과 자유를 얻었다. 그때 미국인들은 반드시 이겨서 독립하리라는 보장이 있어서 독립전쟁을 시작했는가?" 나는 이처럼 되묻고 덧붙여서 "당시 미국인들은 자유를 얻어야 한다는 심정으로 총을 들고일어선 것이 아닌가? 미국 건국의 아버지 토머스 제퍼슨은 민주주의는 국민의 피와 눈물로 쟁취한 것이며, 그 국민의 피로 민주주의라는 나무가 자란다고 말했다. 지금 내가 하고자 하는 일은 금방 열매를 맺을 수 있을지 그건 모르는 일이다. 다만 내가 하지 않으면 안 되는 옳은 일이라는 확신이 든다. 우리가 이런 노력을 해나간다면, 제퍼슨의 말처럼 국민이 피와 눈물을 흘린다면, 우리나라도 언젠가는 반드시 자유와 민주주의를 획득할 수 있을 것이라고 생각한다."

내 말을 잠자코 듣고만 있던 그는 자세를 고쳐 앉고 "당신 말을 잘 알겠다. 열심히 하길 바란다."며 격려해주었다.[168]

김대중이 미국과 일본을 순방하는 동안 국내에서는 실로 황당한 두 사건이 벌어졌다. 하나는 동교동 자택에서 폭발물이 터진 것이고, 다른 하나는 선거대책본부장 정일형 의원 집 화재 사건이었다. 1월 27일 김 후보 자택 마당에서 사제 폭발물이 폭발했다. 인명 피해는 없었지만, 선거를 앞두고 제1야당 후보 집에서 이런 사건이 벌어진 것은 예삿일이 아니었다. 이 사건을 수사한다고 경찰은 비서·가정부·

168 일본 NHK 취재반 구성, 앞의 책, 239쪽.

친인척·신민당 간부 등 52명을 연행했다. 그리고 중학교 2년생인 김 후보 조카 김홍준을 범인으로 단정하고는 김 군을 연행하려고 경찰 120명을 동원하는 등 만행을 서슴지 않았다.

당국은 이번 사건을 계기로 연 52명의 김대중 후보 주변 인사와 신민당 간부들을 불법으로 연행하여 폭발물 사건과는 아무런 관계가 없는 문제들을 알아내려고 혈안이 되었다. 김 후보의 방미 목적, 김 후보의 전국 조직 상황, 자금 사정 등을 꼬치꼬치 추궁함으로써 신민당의 선거 전략을 캐보려 하는 정치수사를 감행했던 것이다. [……] 놀랍게도 당국은 홍준 군을 범인으로 조작하기 위해 14세에 불과한 어린 소년에 대해 두 손을 뒤로 포박하고 바케쓰 물에 얼굴을 처넣어 심한 고문을 가한 사실이 백일하에 드러났다.[169]

이 사건은 김대중이 없는 동안 그의 주변을 조사하려는 정보기관의 소행이었다. 하지만 수사의 칼자루를 쥔 경찰이나 검찰은 범인 체포는 외면한 채 애꿎은 김대중 주변 인물들만 불러 조사했다. 이 사건이 미처 해결되기도 전인 2월 15일 새벽에는 신민당 선거대책본부장 정일형 집에 화재가 일어나 집이 모두 타버렸다. 며칠 뒤 경찰은 "고양이가 추워서 아궁이에서 불붙은 종이를 물고 나온 것이 직접적인 화재 원인"이라며 고양이가 방화범이라고 발표했다. '고양이 방화사건'이라 불린 이 사건은 해외 토픽으로 소개될 만큼 세계의 웃음거리

---

169 김수한, 〈양대사건 국회특조위 진상조사활동보고〉, 《민주전선》, 1971년 2월 15일.

퍼트리샤 닉슨과 환담을 나누는 이희호.

가 되었다.

또 '웃기는' 일이 벌어졌다. 귀국 후 이희호는 퍼트리샤 닉슨과 만나 찍은 사진을 한 장 더 인화하려고 단골 사진관에 필름을 맡겨놓았다. 그런데 이희호를 항상 미행하던 중정요원들이 그 사진관에 들이닥쳐 '탈세혐의'를 구실로 사진관을 샅샅이 수색한 것이다. 그 뒤로 그 사진이 감쪽같이 사라져버렸다.

사진이 사라진 다음 날 공화당에서는 이희호가 백악관을 방문한 적도 없으며 더구나 닉슨 부인과 찍었다는 사진은 조작된 것이라고, 김대중 부부의 도덕성을 질타했다. 이 사건은 언론에 대서특필되었다. 다행히 다른 사진이 한 장 더 있어서 사실이 '입증'되었지만, 박 정권은 참으로 유치하고 졸렬한 방법을 동원해 야당 후보를 탄압하였다.

신민당이 김대중 후보를 지명하여 국민적인 관심을 불러 모으며 선거운동에 나선 데 반해 공화당은 비교적 느슨한 자세로 일선 조직을 강화하는 데 열중하고 있었다. 그도 그럴 것이 공화당은 이미 3선 개헌으로 박정희가 제7대 대통령후보로 내정된 것이나 다름없어서 후보 지명 절차는 형식적인 행위에 불과했다. 그렇더라도 지명대회를 거치진 않을 수 없었다. 1971년 3월 17일 지명대회를 연 공화당은 박정희 총재를 또다시 만장일치로 대통령후보로 지명했다. 선명야당의 기치 아래 조직된 국민당에서는 3월 22일 진보당 출신 박기출을 대통령후보로 지명하고, 대중당에서도 서민호를 후보에 지명했으나 입후보등록은 하지 않았다. 그 외 민중당의 성보경, 자민당의 이종윤, 정의당의 진복기, 통일사회당의 김철 등이 등록을 마쳤다. 이 중에서 김철과 성보경은 중도에 사퇴했다.

선거전은 당연히 박정희와 김대중 후보의 양자 대결로 압축되었다. 공화당은 조직력과 풍부한 자금으로 선거전에 나서고, 신민당은 김 후보의 정책과 전국적인 유세로 이에 맞섰다. 4·27대선은 과거 어느 선거에 비해서도 여야 간의 정책 대결이 도드라졌다. 특히 김대중 야당 후보가 주도하는 정책 대결이라는 점이 특징이었다.

김대중은 대통령의 재산 공개, 남북 간 서신교류·기자 교환, 체육인 접촉, 지식인·문화인·언론 권력에게서 해방, 제2의 한일회담 및 주월 국군 철수, 대통령·국회의원선거권 연령 인하, 반공법 제4조의 목적범 적용에 국한하는 개정 작업, 정부기관 일부의 지방 이전, 전매사업의 공영화 내지 민영화 실현 등 각종 정책을 집권 공약으로 내걸며 지방도시에서 유세 활동을 했다. 모두 155개의 집권 청사진을 제시하여 정책 대결에 나섰다.

박정희도 10개 부문에 걸쳐 56개 항목의 정책을 제시했다. 정치 관련 공약에서는 국민 여론을 바탕으로 한 발전적 민주정치 구현, 야당 협조로 생산적 정치윤리 구현, 민원행정 간소화, 지방재정 자립도를 높여 단계적 지방자치 등을 실시하는 한편, 경제정책에서는 세제개혁·금융제도 개선, 국토개발계획을 내세웠다.

정책 대결에서는 김대중이 상대적으로 돋보였다. 공약을 둘러싸고 쟁점이 떠오르기도 했다. 주로 안보논쟁, 통일문제와 남북교류, 장기 집권 시비, 부정부패 척결, 예비군과 교련 폐지 문제, 경제정책의 시비 등이었다. 특히 예비군 폐지 문제에 관해선 김대중이 다른 대안을 제시함으로써 논쟁이 일단 주춤했으나 정부·여당이 안보논쟁으로 확산시켜 정국에 긴장이 감돌기도 했다.

장충단공원에 몰려든 1백만 인파

김대중 진영은 현대적인 홍보 선거법을 펼쳤다. 김 후보의 로고송을 만든 것도 한 예다. 이 로고송은 김 후보가 연설할 때마다 방송되었다. "대중대중 김대중/ 어디를 가느냐/ 많은 사람 모아서/ 어디를 가느냐// 대중대중 김대중/ 어디를 가느냐/ 대중대중 김대중/ 투표하러 갑니다//." 동요 〈산토끼〉에서 가사만 바꾼 이 노래는 아이들까지 쉽게 따라 불렀고 널리 유행되었다.

신민당은 전국에서 대통령선거 구호를 모집해 작품 13만 6천5백여 편 중에서 "10년세도 썩은 정치 못참겠다 갈아보자"를 주 구호로 정하고, "용감하게 大中뽑아 행복하게 大衆살자" "논도갈고 밭도갈고 대통령도 갈아보자"를 그다음 구호로 정한 뒤 선거운동에 본격적으로 나섰다.

관권 탄압과 여당의 부정선거운동이 전국적으로 진행되면서 김대중 진영의 선거운동은 힘들어지기 시작했다. 당내 주류세력의 지원도 적극적이지 않았다. '주류가 미는' 후보가 되지 못한 데 앙금 같은 것이 남아 있었던 것이다. 영남 지역 일부 국회의원과 지구당위원장은 '대통령은 우리 지역 박정희를 밀어주고 국회의원은 나를 밀어달라.'는 말을 공공연히 하고 다녔다. 대선이 끝나면 곧바로 국회의원선거가 있기 때문이다.

김대중은 3월 24일 집권공약 발표대회를 열고 '151개 집권공약'을 밝혔다. 〈희망에 찬 국민 대중의 시대를 구현한다〉는 제목 아래 발표된 주요 내용은 대통령 3선금지, 부통령제 신설 개헌, 향토예비군·중앙정보부 폐지, 지방자치제 연내 실시, 사법부 개혁, 긴장완화와 남북교류, 특권경제에서 대중경제체제 등 국정 전반에 걸친 획기적인 것들이었다.

양당의 유세전이 전국적으로 치열하게 전개되었다. 공화당은 후보반과 김종필·백남억으로 짜인 특별유세반이, 신민당은 후보반과 유진산 당수 등 중진반이 전국을 누비며 각축전을 벌였다. 서울 장충단공원에서 벌어졌던 두 후보의 유세전은 가장 관심을 끌었다. 박정희는 "다시는 국민에게 표를 찍어달라고 나서지 않겠다."고 선언하고, 김대중은 "이번에 정권교체를 이루지 못하면 총통제가 실시될 것"이라고 단언하여 많은 국민의 관심을 불러일으켰다.

김대중의 서울 장충단공원 유세에는 1백만 인파가 몰려들었다. 해방 이후 최대 규모의 군중이었다. 이날 정부·여당은 김대중 유세에 가지 못하도록 예비군 소집, 창경원 등 고궁과 공원뿐 아니라 극장 무료 개방 등 온갖 방해 공작과 선심을 남발했지만, 구름처럼 몰려든 청중을 달리 막을 방법은 없었다. 김대중은 연설에서 "이번에 박 대통령이 당선되면 이 나라에는 선거가 사라지고 총통제가 실시될 것"이라는 충격적인 발언을 거듭하였다. 박정희가 대만에 사람을 보내어 총통제 연구를 해왔다는 정보를 알고 이를 폭로한 것이다.

선거를 불과 9일 앞둔 서울 장충단공원에서의 유세는 지금도 기억에 남아 있다. 공원으로 향하는 길은 사람들로 가득 차서 차를 운전해 가기도 어려웠다. 그래서 마지막 남은 1km쯤 되는 길을 가는 데만도 무려 한 시간이 넘게 걸릴 정도였다. 공원에는 정말이지 놀랄 정도의 사람들이 모여 있었다. 무려 1백만 명의 군중이라고 했다. 일본 신문은 70만 명, 미국의 신문에서는 90만 명이라고 보도했지만 우리나라에서는 전례가 없는 일이었다.

박 정권은 이날이 일요일이었음에도 불구하고 공무원이나 공공단체 직원들을 그 가족과 함께 모두 야유회에 동원했다. 그리고 불참자는 결근 처리를 하기도 했다. 서울 지역 향토예비군 비상소집도 이날에 맞춰서 이루어졌으며 서울 시내의 일부 극장에서는 이날 무료로 영화 상영을 하기도 했다. 그런데도 1백만 명의 시민들이 유세장에 나타났던 것이다.[170]

•
170　김대중, 《나의 삶 나의 길》, 산하, 1997, 158쪽.

서울에서만 인파가 몰린 것이 아니었다. 전국 주요 도시 연설회에도 수십만 청중이 모였다. 부산·대구 등 영남 지방도 예외가 아니었다. 박정희 출신지로 그의 정치적 기반이기도 한 대구 연설회에도 청중 20만 명이 모이고, 부산에서는 50만 명이 모였다. 가히 '김대중 열풍'이었다. 김대중이 연설하는 지역마다 정부·여당은 향토예비군을 소집하거나 여관업, 음식점, 이발소 등의 조합원 야유회를 열도록 압력을 가했다.

투표 이틀 전에 박정희는 장충단공원에서 집회를 열었다. 공무원, 기업체 직원, 통·반장 등이 시내버스나 트럭, 관광버스로 동원되었다. 이때부터 여당 후보의 연설은 차를 타고 가고 야당 후보 연설회는 걸어간다는 유행어가 생겼다. 그렇게 동원했는데도 김대중 연설 때의 3분의 1 정도만 모였다. 박정희는 이날 "국민에게 표를 찍어달라고 말하는 것은 이번이 마지막"이라는 '중대선언'을 함으로써 판세에 큰 영향을 미쳤다. 박정희는 '4선 불출마' 선언이 아닌 '언어의 유희'를 택했던 것이다. 1년 반 뒤 10월유신으로 치러진 체육관선거를 거쳐 다시는 국민에게 "표를 찍어달라"는 말을 하지 않겠다는 '약속'을 지켰다.

선거 기간 종반에 이르면서 용공 조작과 지방색 조장, 김대중의 성씨가 윤씨라는 등 온갖 모략중상이 난무했다. 선거운동 과정에서 두드러진 현상은 공화당 측에서 노골적으로 지역감정을 부추겼다는 것이다. 특히 국회의장 이효상은 "신라 천년 만에 다시 나타난 박정희 후보를 뽑아서 경상도 정권을 세우자."고 노골적으로 지역감정을 촉발시켰다.

야당 탄압도 여러 형태로 나타났다. 신민당은 정부·여당의 탄압과

71년 장충단공원 유세장. 이날 김대중 연설을 듣기 위해 1백만 명이 모여들었다.

매수로 상당수 지역에서 투·개표 참관인을 선정하기도 어려웠다. 이에 따라 민주수호국민협의회와 민주수호전국청년학생연맹, 종교계·재야단체에서 투·개표 참관인단을 모집해 연고지별로 파견하기로 했다. 민주수호국민협의회는 참관인 지원자 6319명으로 학생 참관인단을 구성하여 파견했다고 발표했다. 그러나 참관인단은 대부분 현지 경찰에 연행되거나 지역 투·개표 단위에서 배제되어 실제 활동한 투·개표 참관인은 소수에 불과했다.

김대중은 선거 기간 동안 초인적인 선거운동을 펼쳤다. 하루 10회 이상 연설을 하고, 새벽부터 밤 12시까지 전국 도시와 산골 해안 마을을 누비는 강행군을 계속했다.

선거전 첫날부터 나는 1회 50분에서 1시간 연설을 이른 아침부터 밤 10시 넘을 때까지, 하루 10회 이상 반복했다. 때로는 밤 12시가 넘을 때까지 강행한 적도 있었다. 그리고 연설장에서 연설장으로 매일 400km부터 800km나 되는 길을 달렸다. 비포장도로가 많아 울퉁불퉁한 시골길을 끝없이 달렸다. 시간에 쫓겨 속력을 내는 일은 상당히 힘들었다.

당시 신문은 매일 달리는 나를 철인鐵人이라고 표현하고 있었다. 나중에 열린 국회의원선거를 포함해서 약 3개월간 힘을 낼 수 있었던 것은 젊었다는 이유도 있겠지만 역시 잘 먹고 숙면을 취했기 때문이라고 생각한다.

고맙게도 어디를 가나 사람들이 환영해주었다. 나는 승용차에서 내려서 오픈카로 바꿔 타고, 주변 사람들에게 손을 들어 인사를 하면서 연설장으로 들어갔다. 약 1시간 연설이 끝나면 쉬는 시간도 아까워서 마을 구석구석 찾아간 뒤 거기서 승용차를 탄다. 차에 타면 준비해둔 빵과 과일을 먹은 다음 잠을 청한다.

1, 2분 사이에 깊게 잠드는 토막잠이 내 특기 중 하나이다. 다음 마을에 닿아서야 깨어나 오픈카를 타고 연설 그리고 식사, 수면 등이 반복되었다. 곤란했던 일은 좀처럼 화장실에 갈 수 없다는 것이었다. 어디를 가도 사람들이 보고 있고, 이동 중에도 뒤에는 차가 20여 대가량 붙어 다닌다. 그러니 내려서 화장실에 갈 수조차 없었다. 연설회장도 잘 갖춰진 시민회관 같은 데가 아닌 가건물이라 그런 시설도 없었다. 할 수 없이 요강을 차 안에 두고 용변을 봤다.[171]

4·27선거는 총유권자 1555만 2236명 중에서 1241만 7824명이 투표에 참가해 투표율 79.8퍼센트를 나타냈는데, 이는 67년 5·3선거 때의 83.6퍼센트에 비해 다소 낮은 편이었다. 투표 당일에도 여러 부정선거 시비가 일었다. 심지어 김대중 후보 부부가 투표한 마포구 동교동 제1투표소에서도 투표구 선관위원장이 사인私印 대신 직인을 찍어 1690표가 무효로 처리되었다. 이와 유사한 사례가 도처에서 벌어졌다.

개표 결과 박정희가 634만 2828표를 얻어 539만 5900표를 얻은 김대중을 94만 6928표를 앞질러 당선이 결정되었다. 서울에서는 박정희가 80만 5천여 표를 얻은 데 비해 김대중은 119만 8천여 표를 얻

---

171 일본 NHK 취재반 구성, 김용운 편역, 《역사와 함께 시대와 함께 – 김대중 자서전 1》, 인동, 1999, 249쪽.

어 박정희를 크게 눌렀다. 서울에서는 투·개표 부정이 그만큼 쉽지 않았던 것이다.

4·27선거의 특징적인 현상은 지방색 노출, 표의 동서현상, 여촌야도 부활, 군소정당의 철저한 몰락이었다. 영남에서는 72 대 28의 비율로 박정희 지지표가 쏟아졌고, 호남에서는 65 대 35의 비율로 김대중 표가 많았다.

지고도 이긴 선거

4·27선거는 김대중의 초인적인 선전에도 패배로 끝났다. 쿠데타로 시작해 10년차 집권하면서 국권을 한 손에 쥔 절대권력자와 대결하는 것은 처음부터 다윗과 골리앗의 싸움이었다. 여권은 관권과 방계 조직을 총동원하고 천문학적인 자금을 뿌려댔다. 야당으로 유입되는 자금은 철저히 차단했다. 지역감정을 조장하고 온갖 음해와 용공으로 덧칠한 것도 모자라 투·개표 부정까지 자행하였다. 70만 군인 부재자투표를 거의 조작했다. 반면에 김대중은 야당의 당권을 장악하지 못한 처지여서 당의 전적인 지원도 받지 못한 선거전이었다.

4월 29일 김대중은 〈4·27대통령선거를 마치고〉라는 성명에서 "공화당 정권이 600만 표 이상 조작했으며, 부정선거를 묵인할 수 없다."고 말하고, "하느님과 양심 앞에 부끄럼 없이 싸웠다."고 심경을 밝혔다.

중앙정보부 차장보로서 박정희 후보 선거대책위원회 간사였던 강창성은 뒷날 "모든 부정을 저질러서 박 후보의 당선을 만든 것이 사실이다."고 증언하고, 박정희가 총예산의 10분의 1에 해당하는 약 700억 원을 선거자금으로 썼음을 밝혔다. 커피 한 잔에 50원 하던 시절이니

700억 원은 천문학적인 금액이었다. 결과적으로 박정희는 이기고도 진 선거가 되고, 김대중은 지고도 이긴 선거였다. 대선 출마로 김대중은 야권 지도자로 우뚝 서게 되었지만, 박정희의 정적이라는 피하기 어려운 고난의 면류관을 쓰게 되었다.

선거가 끝난 뒤 대학생과 청년들은 연일 4·27부정선거를 규탄하고 무효를 주장하며 시위를 벌였다.

5월 3일

• 서울대 상대생, 원천적 부정선거 화형식. 고려대 앞까지 침묵시위.

• 서울대 법대생, 학생총회 및 4·27선거 무효 선언 성토대회 개최. 가두 진출.

• 고려대 총학생회와 민주수호투쟁위원회 성명 발표, 부정선거 전면 무효화를 위한 투쟁 결의.

• 민주수호기독청년협의회, 4·27선거 참관 보고대회 갖고 성명서 발표. 4·27선거를 관권이 동원된 다차원적인 부정선거로 규정, 선거 무효를 선언함과 아울러 계속적으로 조국의 민주 수호를 위해 싸울 것을 다짐.

• 문인 선거참관인단, 4·27선거를 '조용한 쿠데타'로 규정.

5월 5일

• 서울 법대생 30여 명, 재선거 요구하며 단식농성.

• 서울대 문리대생 150여 명 '저주한다 동서분열'이란 구호를 외치며 4·27부정선거를 규탄하며 시위.

• 감리교신학대생 100여 명, 4 · 27 참관보고회 갖고 부정선거로
규정.

5월 6일
• 서울대 문리대학생회, 비상학생총회 열고 "4 · 27선거는 불법선
거이므로 무효화해야 한다"는 내용의 성명서 발표.

5월 7일
• 서울대 문리대생, 사이비민주주의 화형식 갖고 시위.

5월 10일
• 이화여대생, 좌담회 열고 "이번 선거는 부정선거였다"고 주장.

5월 11일
• 서울대 문리대생, 4 · 19 기념탑 앞에서 학생총회 열고 '대통령선거
재실시' 및 '중앙정보부 해체' 등을 주장하는 내용의 결의문 채택.

5월 12일
• 고려대생, 민주선언대회 개최, "4 · 27부정선거 다시 하라"와 "교
련 철폐" 등을 요구하며 가두 진출.

5월 13일
• 민주수호기독청년협의회, 4 · 27부정선거는 무효라는 내용의 성

명서 발표.

5월 14일

• 민주수호기독청년협의회, 4·27부정선거 무효 성명 발표.

5월 15일

• 기자협회, 언론자유수호 행동강령 채택.

5월 18일

• 고려대생 100여 명 부정선거와 학생 구속 규탄 시위, 무기한 단식농성 돌입.[172]

김대중의 다음 짧은 술회에서 4·29선거의 부정과, 이후 김대중과 박정희 관계가 어떠했는지 살필 수 있다.

어처구니없게도 대통령후보인 나와 아내가 찍은 표조차 무효로 처리되는, 그런 가공할 부정이 이루어졌던 것이다. 그리고 그렇게까지 하고도 94만여 표 차이밖에 나지 않자 박정희 대통령이 나를 경계하기 시작했던 것은 혹시 아니었는지…….[173]

172   민주화운동기념사업회연구소 편, 《한국민주화운동사 연표》, 2006, 211~212쪽 참조.
173   김대중, 《나의 삶 나의 길》, 산하, 1997, 161쪽.

11장

예고된 유신시대

흔들리는 신민당

박 정권의 조직적인 불법·관권선거와 지역감정으로 정권교체의 꿈이
좌절되었다. 그러나 신민당은 비록 패배했지만 대통령후보 김대중이
540만 표의 지지를 받았다는 데 자부심이 대단했다. 따라서 당면한
제8대 국회의원선거에서 승리해 강력한 견제세력으로 자리를 굳혀 4년
후 대통령선거에 대비해야 한다는 것이 당원들의 일치된 바람이었다.
그런데 문제는 엉뚱한 데서 불거졌다. 5월 25일로 결정된 제8대 국회
의원선거를 앞두고 신민당 내부에서 자중지란이 발생한 것이다.

　사건의 전말은 이렇다. 5·25총선의 국회의원 후보등록 마감일인
5월 6일 당수 유진산이 갑자기 자신의 선거구인 영등포갑구를 포기하
고 전국구 1번 후보로 등록한 것이다. 영등포갑구는 박정희 인척인
장덕진이 공화당 후보로 입후보한 곳이었다.

　이에 분노한 청년당원들이 들고일어났다. 영등포갑구 당원 1백여

명이 상도동 유진산 집으로 몰려가 당수에서 퇴진할 것을 요구하며 항의했다. 다음 날인 5월 7일 관훈동 신민당 중앙당사에서 이 같은 상황이 재연되었다. 각 지구당에서 몰려온 당원들이 유 당수가 지역구를 공화당에 팔아먹었다면서 유진산을 규탄하고 난동을 부려 중앙당이 마비 상태에 빠진 것이다. 이날 당의 원로와 간사 6인이 김대중을 찾아와 당수권한대행을 맡아 당을 수습해줄 것을 요청했다. 하지만 김대중은 거절했다.

일명 '진산파동'은 4일간의 격동을 치른 뒤 5월 10일에야 겨우 수습되었다. 당 중진들의 합의로 유진산 당수와 양일동·고흥문·홍익표 세 운영위원회 부의장을 사퇴시키고, 그다음 서열인 김홍일 전당대회 의장이 당수권한대행을 맡기로 했다.

이 무렵 대선의 부정선거를 이유로 대학생들과 재야 민주세력은 야당에 국회의원선거 거부를 촉구했다. 그때 유진산 당수는 다른 야당과 상의해보고 결정한다는 유보적인 태도를 보였다. 그런데 진산파동이 불거져 이 문제는 뒤로 미루어진 채 총선 정국으로 들어선 것이다.

대통령선거전에서 모처럼 선전해 크게 당세를 확장했던 신민당은 이 사건으로 5·25선거전에 적지 않은 타격을 입었을 뿐만 아니라 국민의 신망도 크게 잃었다.

5월 6일을 기해 입후보등록이 마감되었다. 공화·신민 양당에서 지역구에 153명씩 공천후보를 내세우고, 전국구에 공화당은 40명, 신민당은 33명을 공천했다. 국민당은 지역구 후보 21명에 전국구 후보 14명, 대중당은 53명에 17명, 민중당은 37명에 13명, 통일사회당은 60명에

14명을 각각 내세웠다. 모두 지역구 후보 577명과 전국구 후보 201명이 등록했고, 지역구 후보는 평균 3.8 대 1의 경쟁률을 보였다.

선거전은 공화·신민 양당 후보의 대결로 압축되는 가운데 치열하게 전개되었다. 공화당은 대통령 박정희가, 신민당은 대통령후보였던 김대중이 중심이 되어 전국 지원 유세에 나섰다. 신민당은 김홍일·김영삼 등 중진을 지방 유세에 투입하고, 공화당도 김종필·이효상 등 중진이 취약한 지역을 돌게 했다.

공화당은 "중단 없는 조국근대화"를 구호로 내걸고 원내 안정 의석을 주장하면서 행정조직까지 선거운동에 동원했다. 신민당은 "총통제 음모 분쇄"를 위해 많은 야당의원이 원내에 진출해야 한다면서 과반수 이상의 당선을 호소했다.

김대중은 전국적인 유세 지원을 위해 지역구 대신 전국구 후보로 등록했다. 대선 패배의 상처와 피로를 씻을 겨를도 없이 엉망진창이 되어버린 신민당 지도부를 대신해 공천후보들의 지원 유세에 나섰다. 진산파동을 계기로 언론에서는 신민당이 낡은 지도체제를 청산하고 국민의 지지를 받는 참신한 지도력을 갖출 것을 주장했다. 내용인즉 김대중 등 40대 인사들이 당권을 맡아야 한다는 뜻이었다.

국민의 여망을 거역하는 정치인은 정치적 멸망을 면치 못할 것이다. 먼 지난날의 예를 들 것도 없다. 지난 몇 달 동안 국민의 여망을 무시하고 대의를 외면한 몇몇 원로급 정치인들의 외로운 말로를 보아라. 그들은 혹 권토중래를 꾀할는지도 모른다. 한번 흐려진 이미지는 다시 회복되지 않을 것이며 아마 그들의 정치생명은 이미 끝

났다고 보는 것이 정확한 전망일 것이다.[174]

4·27선거에서 보여준 국민의 큰 성원을 저버리지 않는 체제를 마련해야 한다. 이러한 국민의 성원이 당의 정강정책이었던 또는 김대중 후보 개인의 역량 때문이었든 간에 성원을 구체적으로 분석하는 작업이 앞서야 한다. 또한 이 기회에 당수도 세대교체를 단행, 좀더 박력 있고 새로운 이미지를 가진 인물을 뽑아야 한다. 그래야만 당 자체도 국민의 호응을 받을 수 있다. 지난 선거는 당보다 후보 개인의 노력이 더 작용했다는 얘기도 냈다. 그렇다면 한마디로 당과 개인의 리더십이 조화를 이루어야 한다고 생각한다.[175]

여하간 김대중 후보는 이번 대통령선거전에서 잘 싸웠다. 그는 청년 정치가로서 하늘이 준 그 도량과 그 식견과 그 수완과 그 웅변과 그 정직한 자세를 마음껏 발휘했다.

그는 지금 혜성처럼 광망光芒을 우리 민족에게 비춰주고 있으며 혼탁에 빠진 이 나라 정계에 큰 청신제가 될 것을 부탁해 마지않는다. 승패는 병가의 상사라는 말이 있다. 그러나 싸움이란 이기고 지는 수도 있고 지고도 이기는 수가 있다면 이번 김대중 후보의 경우가 이에 해당할 것이다.

김 후보는 지금 전후의 착잡한 만감에 사로잡혀 있을지 모르나

174　《동아일보》(사설), 1971년 5월 1일.
175　1971년 5월 2일 〈DBS 토론회〉.

하늘은 오히려 그에게 더욱 큰 대임과 대망을 안겨주기 위해 이러한 시련을 주었는지도 모른다.

인간만사가 새옹득실塞翁得失이라고 하지만 인류의 역사는 언제나 '지고도 이기는 자'인 정의의 사도에게 편들어준다는 점을 잊어서는 아니 되겠다. 사람의 행상과 전기傳記는 최종장을 어떻게 마무리 짓느냐가 가장 중요한 대목이다.

만약에 뒷사람들이 김 후보의 전기를 읽을 때면 이 나라의 국기國基를 파먹고 있는 부정과 부패와 과감한 싸움을 벌이다가 한번쯤은 이러한 차질과 실의로 점철된 중장中章과 굴곡이 있어야만 더욱 큰 흥분과 존경심을 억누르지 못할 것이다. 김 후보의 부단한 성장과 최종장의 영광이 있기를 바라마지 않는 바이다.[176]

신민당이 대선 패배와 진산파동의 태풍에서 간신히 벗어나 선거 전열을 갖추고 있을 때, 5월 17일 민주수호전국청년학생연맹과 서울대생 27명이 신민당사를 방문해 총선을 보이콧할 것을 요구하며 농성을 벌였다. 농성장을 찾은 김대중은 선거에 참여해 박 정권과 싸우는 것이 더 현명하고 현실적이라며 이들을 설득했다.

김대중은 제8대 총선이 어느 때보다 중요하다고 인식했다. 박정희 행적으로 보아 강력한 견제세력이 없으면 자신이 대선 과정에서 우려했던 대로 총통제 등 영구 집권체제로 갈 것으로 예상되었기 때문이다. 또 자신을 대통령후보로 만들어준 당이 진산파동으로 언제까지나

176 《동아일보》, 1971년 5월 1일.

내분에 휩쓸려서는 안 된다는 책임감도 따랐다.

　나는 총재대행은 아니었지만 당의 위기를 보고 대통령선거에 이어 다시 선두에 서서 싸우지 않으면 안 된다고 마음을 다졌다. 당에서는 누구보다도 내가 대통령선거를 통해 정권교체에 대한 국민의 기대가 컸다는 점과 그 염원을 대선에서 이루지 못했던 것에 대한 국민의 실망을 피부로 느끼고 있었다. 내가 다시 선두에 서면 국민들도 지난번처럼 일어서줄 것으로 믿고, 곧이어 나는 전국을 순회하기 시작했다. 20일간 선거 기간 중에 내가 돌아다닌 선거구는 대통령선거 때보다 더 많았다.[177]

　진산파동이라는 혹독한 당내 파동을 겪은 신민당 국회의원 후보들은 지역을 불문하고 저마다 김대중의 지원 유세를 필요로 했다. 비록 대선에서는 패했지만, 부정선거를 보며 느낀 분노와 낙선에 대한 동정 그리고 그의 청중을 사로잡는 유려한 연설이 유권자들에게 어필했던 것이다.

　김대중은 다시 전국을 누비는 선거 유세에 나섰다. 대통령선거 때의 유세 활동을 두고 한 신문은 "수륙水陸 6만 리, 주야강행, 지구를 한 바퀴 반 돌다"라고 썼는데, 국회의원선거 때에는 그보다 훨씬 많은, 전국 96개 지역을 돌며 평균 1시간씩 연설을 했다.

●
177　일본 NHK 취재반 구성, 김용운 편역, 《역사와 함께 시대와 함께 – 김대중 자서전 1》, 인동, 1999, 264쪽.

김대중은 가는 곳마다 자신을 반겨주는 국민들의 열광에 지칠 줄을 몰랐다. 교통 사정이나 앞 지역의 일정 때문에 연설회가 밤늦은 시간에 열리거나 연설회 때 비가 쏟아지는데도 흩어지지 않고 기다리는 청중들을 지켜보면서 피곤을 잊고, 민주주의 가능성도 보았다.

연설에서 김대중은 박 대통령은 반드시 또 한 차례 헌법을 개정해 총통제의 영구 집권을 노릴 것이다, 이를 저지할 수 있는 의석을 신민당에게 주어야 한다고 역설했다. 그리고 대선에 이어 총선에서까지 정부·여당이 부정·관권선거를 획책하면 국민은 4월혁명처럼 굳건한 결의로 궐기할 각오를 해야 한다고 주장했다. 곳곳에서 감동적인 일이 벌어졌다.

선거운동 중에 나는 몇 번 감동적인 일을 겪었다. 전남 광주에서 경남 진주까지 차로 가는 도중의 일이었다. 그 길 중간중간 멈춰서, 열 차례 가까운 연설을 거듭하면서 목적지를 향해 달렸다. 예정에 없는 지역 후보자가 몇 명이나 나타나서 지원 연설을 해달라고 했다. 어느 후보자는 내 차 앞에 벌렁 누워서 만약 연설회장에 와주지 않으면 차에 깔려 죽겠다는 말까지 하면서 열성을 보였다. 내가 가는 것이 그 후보에게 조금이나마 도움이 되리라 여기고 무리인 줄 알면서도 발걸음을 옮겼다. 이들 모두가 경상도 지역이었다.

때문에 저녁 7시에 도착 예정이었던 경남 진주에 밤 11시 반에 겨우 도착했다. 늦은 밤이라 연설회장엔 아무도 없으리라 여겨졌으나 기왕 온 김에 연설회장인 남강 옆 공원에 바로 가보기로 했다. 진주 남강은 누구나 알다시피 도요토미 히데요시가 조선을 침략했

을 때, 논개가 자신을 희생해서 적장을 껴안고 투신한 곳이다. 지금
도 애국자 논개를 기리는 사당이 있다. 워낙 한밤중이라 설마 했으
나 예상과 달리 그 공원은 사람들로 입추의 여지 없이 빽빽했다. 나
는 놀람과 동시에 감동했다. 진주는 당시 인구가 겨우 7, 8만의 소
도시였지만, 이날은 근교 농촌에서 온 사람들로 4만을 넘는 청중이
저녁 7시부터 나의 연설을 듣기 위해 기다리고 있었던 것이다.[178]

위장된 사고

이런 김대중에게 위기가 닥쳤다. 마지막 지역인 목포에 들렀다가 서
울과 수원에서 지원 유세를 하기로 스케줄을 짰다. 그런데 선거 하루
전인 5월 24일 상경 길에 목포와 광주 사이에서 '사고'가 일어났다.
갑자기 앞을 가로막은 트럭을 피하려다 승용차가 전복된 것이다. 김
대중은 전치 2주의 진단을 받았다. 사고 현장의 정황으로 보아 의혹
이 짙은 사고였다. 직접 그의 육성을 통해 사고의 내막을 들어보자.

광주, 목포 간 도로의 중간 지점인 무안군 지점에 들어설 때였다.
갑자기 택시 한 대가 내 차와 뒤의 경호차 사이에 끼어들었다. 택시
안에는 앞좌석에 3명, 뒷좌석에 3명이 타고 있었다. 신혼부부인 그
들은 날 보더니 반가워서 아는 체를 하려고 끼어든 것이었다. 그들
은 나에게 손을 흔들어주었다. 이렇게 경호차, 내 차, 택시 그리고
또 한 대 경호차가 일렬이 되어 포장된 길로 광주를 향해 달리고 있

178 일본 NHK 취재반 구성, 앞의 책, 265쪽.

었다. 그런데 내 앞에서 14톤 대형트럭이 맞은편에서 달려오고 있었다.

우리는 별로 신경을 쓰지 않았다. 그런데 내 차와 맞닥뜨리게 된 순간, 그 대형트럭은 반대편 차선에서 내 차를 향해 거의 직각으로 급커브를 틀어 돌진해왔다. 시야에 꽉 차게 돌진하는 모습은 지금 생각해도 몸이 떨릴 정도로 무서웠다. "부딪치겠구나, 틀렸다."고 생각했다.

그런데 다행히 우리 차 운전사가 브레이크를 밟는 대신 순간적으로 액셀러레이터를 밟아 맹렬한 스피드로 앞으로 나아갔다. 그 덕분에 정면충돌은 면했지만 내 차 뒷부분 5분의 1 정도가 부딪혀 파손되었다. 조금 더 앞부분이 부딪혔더라면, 나는 즉사했을 것이다. 이것은 눈 깜짝한 사이에 일어난 일이었다. 아마 1초의 10분의 1 정도 사이에 일어난 일일 것이다.

그 트럭은 내 차에 부딪친 뒤, 뒤에서 달리던 택시와 정면충돌했다. 뒤의 택시도 빨리 피했으면 괜찮았겠지만, 그럴 수 있는 상황이 못 되었다. 그 결과 택시에 타고 있던 세 명은 현장에서 즉사, 나머지 세 명은 중상을 입었다.

내 차는 충돌한 순간, 트럭에 튕겨져서 잠시 공중에 떴다가 논바닥에 그대로 떨어졌다. 누군가 손으로 받쳐준 것 같은 안전한 착지였다. 함께 타고 있던 경호책임자는 중상을 입었지만, 나는 손깍지를 끼고 있었기 때문에 양 손목의 정맥이 끊어져 출혈만 있었다. 거기서 불과 30미터 앞에 작은 연못이 있었다. 만약 거기에서 물속으로 떨어졌더라면 모두 익사했을 것이다. 살 수 있었던 것은 모두 신

교통사고 경위를 설명하는 김대중. 이때의 사고로 평생 다리를 절게 된다.

의 가호였다고 할 수 있다.

　[……]

　트럭 주인은 공화당의 유력자인 변호사였다. 이번 국회의원선거에서는 비례대표제의 전국구 제8위에 올라 당선이 확실한 인물이었다. 나중에 잡힌 운전사는 살인혐의로 기소되었지만, 그 조사에 있어 기소를 결정한 검사는 모두 좌천되고, 바뀐 검사는 이 일을 단순 교통사고로 처리했다.

　이 사건이 일어났을 때 정부는 그 뉴스보도를 막았다. 이 사건은 나를 제거하기 위해 중앙정보부가 계획한 음모였다. 이것은 나에게

는 한국전쟁 당시 인민군에게 처형될 뻔한 일에 이어, 두 번째 죽음의 늪에서 탈출한 사건이었다.[179]

'죽음의 늪'에서 기적적으로 살아난 김대중은 응급치료를 받고 기차로 서울로 올라왔다. 수원 유세는 시간이 없어 포기하고, 영등포역 광장을 비롯해 몇 지역을 돌며 예정되었던 서울 지원 유세를 강행했다. 오른손 팔목에 깁스를 한 불편한 몸이었지만 마지막 날이라 중단할 수는 없었다. 김대중이 뒷날 다리를 절며 지팡이에 의지하게 된 것도 이때 고관절이 부상당했기 때문이다.

선거 결과는 참으로 놀라웠다. 여야는 물론 국민도 놀랐다. 공화당은 지역구에서 86석 전국구에서 27석으로 113석을 차지했고, 신민당은 지역구 65석 전국구 24석을 얻어 무려 89석을 차지한 것이다. 개헌저지선 69석에서 20석을 더 확보한 셈이다. 산술적으로는 여당의 승리였지만 정치적으로는 야당의 대단한 약진이었다. 진산파동이라는 미증유의 내분을 겪으면서, 더욱이 총선을 지휘할 당수조차 부재한 상황에서 얻은 성과라 의미가 더 컸다. 여기엔 김대중의 역할이 컸다고 할 수 있다.

득표율에서도 야당의 약진이 두드러졌다. 투표율 73퍼센트 중 공화당 득표율의 48.8퍼센트, 신민당이 44.5퍼센트였다. 이 선거는 여야 균형 국회를 등장시키는 계기가 되었으며 행정부를 견제하는 세력을 부각시키는 결과도 가져왔다. 유권자들이 장기집권에 들어선 여당

179   일본 NHK 취재반 구성, 앞의 책, 266~267쪽.

김대중과 유진산(오른쪽).

을 견제하려는 심리가 작용된 것으로 풀이되었다.

　이번 선거에서도 어김없이 갖가지 부정이 저질러졌다. 신민당은
정부·여당의 원천적 부정선거 예로 선거인 명부의 이중 등재, 전입·
전출을 이용한 주민등록 조작, 공무원을 근무지 소속 투표구로 전입,
직권말소 등으로 인한 선거권 박탈 등을 들었으며, 표면적인 부정으
로는 경찰의 야당 유세 방해, 야당 후보와 운동원 폭행·협박, 야당 참
관인 매수, 공무원의 선거운동, 사전 기표 용지 배포 등이 제시되었다.

　서울에서는 진산파동의 계기가 된 영등포갑구를 제외한 전 지역에
서 신민당이 석권했고, 부산·대구에서도 여당은 1석밖에 얻지 못했
다. 32개 도시 64개 선거구에서 공화당은 17석밖에 얻지 못했으나 신
민당은 47석을 차지해 두드러진 '야도현상'을 나타냈다. 김대중도 당

선되어 4선의원이 되었다.

총선에서 예상외의 성과를 얻었지만 신민당은 곧이어 당권 문제를 둘러싸고 심각한 내분에 휩싸였다. 그 중심에는 진산파동으로 당권에서 한발 물러나 있던 유진산이 있었다. 멀리는 구 민주당의 신구파 계보와 가까이는 대통령후보 지명 건과 진산파동에서 발생한 역학관계가 복잡하게 얽혀 일어난 분란이었다. 당시 신민당은 유진산을 정점으로 김영삼·이철승의 진산파와 김대중·김홍일·양일동의 반진산파로 갈라져 있었다.

신민당은 이른바 진산파동 특별조사위원회를 구성하고 유진산이 전국구로 후보를 변경하고 결정한 책임이 유진산·김대중 두 사람에게 있다고 결론지었다. 7월 3일 열린 진산파동 처리 문제를 둘러싸고 중앙위원회에서 격론 끝에 김대중은 공개사과를 하고 유진산과 화해했다. 유진산의 돌연한 지역구 포기와 전국구 1번 등록으로 야기된 '진산파동'에 김대중이 중앙위원회의에서 사과를 한 것은 이례적인 일이었다. 진산 계열에서는 김대중과 중앙위원회가 사전에 상의한 일이라고 비판하고, 김대중은 전혀 그런 일이 없다고 반박했다.

주류 측에서는 전격적으로 당기위원회를 열어 김대중 계열을 징계했다. 정일형·홍익표·고흥문 의원 등의 당원 자격을 2년간 정지시켰고, 이윤수·김약산 등은 제명했다.

양대 세력의 감정의 골이 깊어진 가운데 7월 24일 열린 전당대회에서 김대중과 중도계의 지원을 받은 김홍일이 총재로 선출되었다. 독립운동가이자 4성 장군 출신인 김홍일은 한일굴욕회담을 반대하는 등 반박정희 노선을 띤 흔치 않는 군 출신으로 야당 정치인으로 활동해왔다. 상식적으로라면 대선에서 선전하고 총선에서 사력을 다해 좋은 성과를 얻은 김대중이 총재가 되어야 하는데도 신민당의 집안 사정은 그렇지 못했다. 집권세력과 싸울 때는 그처럼 온순하던 사람들이 당내 투쟁에는 사활을 걸곤 했던 것이다.

당의 대통령후보였던 내가 총재가 되지 못한 것은 복잡한 당내 사정에 의한 것이었다. 동시에 중앙정보부의 개입이 패인이 되었다. 우리 비주류파 지지자들에게 중앙정보부는 협박·매수·출석방해 등을 공공연하게 자행하고 당내 투표에도 철저하게 개입했다.

이렇게 새로운 김홍일 체제가 발족하자, 나는 지금까지의 대통령선거·국회의원선거로 인한 피로, 자동차 사고의 후유증으로 반년 이상 병상에 누워서 일상적인 생활만 했다. 교통사고의 부상에 대해 처음에는 손목 정맥만 끊어졌다고 생각했지만, 무릎의 통증이 있어 진찰해보니 고관절에 장애가 생긴 걸 알았다. 그 후 한국 내에서의 치료가 효과가 없었는지 자주 병원에 입원했고 지금까지도 보행에 불편을 겪고 있는 실정이다.[180]

사법파동과 광주대단지사건

대통령선거와 총선을 치르는 과정에서 사회 분위기가 크게 달라졌다. 5·16쿠데타 이후 억눌려 있던 국민의 인권의식이 크게 신장되고 언론도 비교적 자율성을 찾는 등 사회가 서서히 활기를 띠어갔다. 학생

180   일본 NHK 취재반 구성, 앞의 책, 269쪽.

들이 공명선거감시단으로 선거에 참여하는가 하면 지식인들도 제 목소리를 내기 시작했다.

이런 배경에서 1971년 여름 의료파동을 비롯해 사법파동, 광주대단지사건, 월미도사건, 한진기술자 칼KAL빌딩 농성사건, 조세저항사건 등이 터졌다. 이 중 사법파동과 광주대단지사건, 월미도사건이 대표적이다.

사법파동은 7월 28일 서울지방검찰청이 서울형사지법 항소3부 재판장 이범렬 부장판사와 배석 최공웅 판사, 입회서기 이남영을 피의자로 구속영장을 신청한 데 반발해 현직 판사들이 집단사표를 제출하면서 시작되었다. 검찰은 재판부가 국가보안법 위반사건 심리 과정에서 제주도에 출장을 다녀오면서 담당변호인에게서 왕복항공료와 향응을 받았다는 혐의로 영장을 신청한 것이다. 이에 대해 서울형사지법 판사 전원은 이 사건은 대법원의 국가배상법 위헌판결, 형사지법의 잇따른 무죄판결에 따른 감정적 보복이라며 일제히 사표를 제출했다.

사표 제출은 가정법원, 전주·청주·대구·부산지법으로 번졌고, 사법권 수호투쟁이 전국적으로 확산되었다. 국회에서까지 정치적인 문제로 떠오르자 검찰 측이 사건을 백지화함으로써 이 사건은 일단락되었다.

광주대단지사건은 이해 8월 10일 광주대단지 주민 5만여 명이 정부의 무계획적인 도시정책과 졸속 행정에 반발해 일으킨 것이다. 6시간 동안 사실상 광주대단지 전역을 장악한 해방 이후 최초의 대규모 도시빈민투쟁이었다. 주민과 경찰 100여 명이 부상당한 이 사건은 김성배 등 21명이 구속되는 것으로 마무리되었다.

8월 23일엔 인천 앞바다 월미도에 수용 중이던 특수병들이 경비병 23명을 사살한 후 섬을 탈출하는 일이 벌어졌다. 이들은 인천을 거쳐 버스를 타고 서울 영등포까지 총기를 난사하면서 진입하다 군경에 포위되자 자폭했는데, 이것이 월미도사건이다.

이런 사건들은 8대 국회 개원을 전후해 정치문제로 확산되었다. 국회 대정부 질의에서 계속 논란이 되었다. 신민당은 9월 30일 사회를 불안하게 한 광주대단지사건과 월미도사건, 71년 들어 물가가 오르는데 부채질한 공공요금 인상 책임, 사법파동 책임 등을 물어 김학렬 경제기획원장관·오치성 내무부장관·신직수 법무부장관 해임건의안을 제출했다. 신민당은 공화당의 사정과 이 일로 어떤 결과가 나타날지 정확히 꿰뚫고 있었다. 당시 공화당 실권은 김종필 국무총리의 반대 세력인 이른바 '4인방(4인은 김성곤, 백남억, 김진만, 길재호. 김종필과 그 추종 세력을 견제하려고 박정희가 힘을 실어준 이들. 권력욕을 드러내자 박정희가 정계에서 제거했다. ─ 편집자 주)'이 쥐고 있었다. 그러나 오치성이 내무부장관에 취임하면서부터 경찰 요직 개편과 지방관서장 인사이동에서 4인방에 가까운 사람은 거의 다 한직으로 밀려나고 말았다. 이에 4인방이 심하게 반발하고, 4년 후 대권을 놓고 주류·비주류가 대립하게 되었다. 신민당은 바로 이 점을 노린 것이다.

박정희는 공화당에 해임건의안을 부결하라고 강력히 지시했다. 그러나 10월 2일 실시된 국회 표결 결과는 의외였다. 김학렬 경제기획원장관과 신직수 법무부장관은 재석의원 202명 중 찬성 91, 반대 109(무효2)표로 부결되었으나, 오치성 내무부장관은 찬성 103명, 반대 90(무효6)표로 가결된 것이다. 일종의 항명파동이었다. 박정희는 항명을 주도한 김성곤·길재호 두 의원을 출당시켜 의원직을 박탈했고, 김창근·문창택·강성원 의원은 당명 불복종, 내무부장관으로서 해임건의안 대상이 된 오치성 의원은 당론 분열 조성을 이유로 각각 6개월간 권한을 정지시켰다. 김성곤·길재호는 중앙정보부에 끌려가 혹독한 고문도 당했다.

유신 징후

김대중은 여당 중진의원들까지 중앙정보부에 끌려가 고문을 당하는 등 민주주의가 짓밟히는 모습을 심상치 않은 사태로 인식하였다. 자신이 예견해온 총통제의 음모가 진행되는 것이 아닌가 하는 우려에서였다.

내무부장관 불신임안 가결 후에 여당의원 일부가 불합리한 박해를 받을 때 나는 야당의원 전원이 중앙정보부 본부에 가서 규탄해야 한다고 신민당 내에서 주장했다. 우리 모두 남산(중앙정보부는 남산에 있었다)에 가서, "국회의원에게 이런 불법 행위를 한 그들을 규탄하자. 국회의원들에게 폭력조치를 취한다는 것은 용납할 수 없으니 연행된 의원들을 빨리 석방하지 않으면 우리도 똑같은 조치를 기꺼이 받아들이겠다는 태도를 밝히자"고 호소했다. 박 정권에 항명했던 여당의원들은 내심 야당의 궐기와 지원을 간절하게 바랐을 것이다.

하지만 신민당 내에는 영향력 있는 의원들이 많아서 좀처럼 내 뜻대로 적극 행동할 수가 없었다. 우리들은 당내 소수 비주류파였기 때문에 당의 뜻을 움직일 만큼 힘이 부족한 게 사실이었다. 결국 하루 반짝 형식적인 항의성명을 내는 것으로 그쳤다. 중앙정보부의 횡포에 브레이크를 걸고 박 정권에 일침을 가할 기회를 놓쳐버린 것이다.[181]

신민당 지도부는 물론 소속의원들은 사태를 대단히 안이하게 보았다. 중앙정보부에 '찍혔'다가는 여러 가지 불이익이 따를 터여서 '몸조심' 하려는 태도도 깔려 있었다. 그러나 김대중은 이런 중앙정보부 횡포를 더는 두고 볼 수 없다고 판단했다. 10월 23일 국회 본회의 대정부 질의에서 중앙정보부를 신랄하게 비판한다. 이때의 연설은 중앙정보부를 향한 가장 신랄한 비판이었다고 훗날 평가되었다. 몇 개월 뒤 중앙정보부는 도쿄납치사건으로 김대중에게 보복한다.

지금 이 나라에서 중앙정보부는 만능의 폭군이야. 못하는 일이 없어! 선거 때 필요하면 정당을 만들어 조작하고, 부정선거를 자행하고, 여당의 공천에 개입하고, 야당의 분열 공작을 자행하고. 공산당 잡으라는 중앙정보부가 이 나라 정치를 완전히 지배해! 언론은 중앙정보부의 압력에 의해서 자유로운 보도와 비판이 크게 제약당하고 있어! 중앙정보부원이 언론기관에 무시로 출입하고 출입을 안 하더라도 여러 가지 방법으로 괴롭혀!
중앙정보부는 심지어 경제문제까지 개입해가지고 은행의 융자에도 관계하고, 외국에서 도입하는 차관문제도 중앙정보부가 일일

181   일본 NHK 취재반 구성, 앞의 책, 278~279쪽.

이 개입하고, 미군기관의 입찰에는 중앙정보부의 사전허가를 맡고 커미션을 주지 않고서는 아무도 입찰하지 못해, 미군기관의 입찰이 연 약 2억 달러 정도가 된다는 것인데 적어도 달러당 15원 내지 20원의 커미션을 주어야 돼. 중앙정보부는 거기에서만도 3, 40억 원의 돈을 벌고 있어!

문화인이나 교육자기관이나 누구나 중앙정보부의 비위에 거슬려서는 살아남지 못해! 심지어 배우들이 모여서 배우협회 회장 뽑는 데까지 중앙정보부가 간섭을 해!

이 나라에서는 국민들이 또는 정치인들이 국무총리의 욕도 하고 대통령도 욕을 해도 중앙정보부는 무서워서 비판을 못해. 중앙정보부는 완전히 지금 만능의 완전히 이 나라의 3권 위에 올라섰어!

사법파동도 그때 법관들이 들고일어서기는 검찰에서 압력을 가한다고 들고일어섰지만 그 검찰도, 검찰의 공안부라는 것은 중앙정보부의 압력에 의해서 좌우되고 있어! 사법파동의 근원지도 따지고 보면 중앙정보부야! 국회에 대해서는 중앙정보부가 7대에도 국회의원들을 끌어다가 3선개헌 반대한 사람들을 중앙정보부에서 구타를 하고 협박을 하더니 이번에도 또 그래. 입법부가 완전히 중앙정보부에 의해서 유린당해! 우리는 이대로 가면 중앙정보부의 노예가 될 판이야!

정부의 김 총리가 계시지만, 대단히 미안한 말이지만, 이 나라의 지금 행정 각 부의 부처가 중앙정보부의 지시나 요구를 거부할 수 없다 이것입니다.

뿐만 아니라 중앙정보부에 불려가고 조사받지 않을까 날마다 벌벌 떨어야 돼! 여기에 정부의 총리나 각부의 장관, 여야 의원들이 있지만 지금 우리들이 중앙정보부에서 전화 녹음 안 나오는 사람이 단 한 사람이라도 있느냐 이거야! 우리들은 이제 사생활의 자유도 없어!

[……]

나는 내가 이런 중앙정보부에 대한 비난과 규탄을 하다가 비록 내 목숨이 끊어지는 한이 있더라도, 정보정치의 제물이 되는 한이 있더라도 나는 내가 소신으로 얘기를 안 할 수가 없습니다.[182]

또 이날 김대중은 10월 15일에 발동된 위수령에 대해서도 신랄하게 비판하며 총리와 관계 장관들에게 그 위헌성을 지적했다. 대통령 선거 때부터 공명선거를 요구하며 박 정권 비판에 앞장서온 대학생들은 교련교육 반대라는 새로운 이슈를 내걸고 거리로 나섰다. 5·25선거를 전후해 부정부패 척결과 사회개혁을 더 강력히 요구하며 시위를 벌였다. 한일회담에 반대했던 6·3사태 이후 가장 치열한 투쟁이었다. 강력한 야당의 등장과 각종 사건 발생, 집권당의 항명파동, 여기에 학생들의 연이은 대규모 시위 등 나라 안이 어수선해지자 박정희는 불안해졌다. 이에 10월 15일 서울에 위수령을 발동했던 것이다.

1971년 12월 6일에는 느닷없이 국가비상사태를 선포하면서 국가 안보를 최우선시하고, 일체의 사회불안을 용납하지 않으며, 최악의 경우 국민의 자유 일부도 유보할 결의를 해야 한다는 6개 항의 특별 조치를 발표했다.

---

182 《국회본회의속기록》, 1971년 10월 23일.

1. 정부의 시책은 국가안보를 최우선으로 하고 조속히 만전의 안보 태세를 확립한다.

2. 안보상 취약점이 될 일체의 사회불안을 용납하지 않으며, 또 불안 요소를 배제한다.

3. 언론은 무책임한 안보 논의를 삼가야 한다.

4. 모든 국민은 안보상 책임 수행에 자진 성실하여야 한다.

5. 모든 국민은 안보 위주의 새 가치관을 확립하여야 한다.

6. 최악의 경우 우리가 가져야 할 자유의 일부도 유보해야 한다.

위수령 발동과 시위 주동자들에게 가한 가혹한 처벌로 이미 학내는 적잖이 수그러든 상태였다. 전체적인 사회 분위기도 정부의 강경책으로 크게 위축되었다. 이런 시점에서 나온 국가비상사태 선포는 그야말로 마른하늘에서 날벼락 친 일이었다. 박정희는 "최근 중공의 유엔가입을 비롯한 국제 정세의 급변과 이의 한반도에 미치는 영향 및 북괴의 남침 준비에 광분하고 있는 양상을 예의 주시, 검토해본 결과 현재 대한민국은 안전보장상 중대한 차원의 시점에 처해 있는 것으로 단정하기에 이르렀다."며 그 이유를 밝혔다.

박정희의 특별 지시가 내려지자 양택식 서울시장은 즉각 군 당국에 병력 출동을 요청했다. 군 당국은 수도경비사령부와 공수특전단·경찰 병력을 서울대 문리대와 법대, 고대·연대·성대·경희대·서강대·외대 등에 진주시켰다. 그 바람에 서울 상대·전남대 등은 무기한 휴업령을 내리고, 중앙대·국민대·건국대·한신대·숙대·이대 등은 자체 휴강에 들어갔다. 서울 대학가는 거의 문을 닫게 되었다. 23개 대학은 문교부 지시에 따라 학생 177명을 시위 주동자로 몰아 제적했다. 이 같은 조치는 유신쿠데타를 도모하기 위한 전초전 작업이었다.

국가비상사태가 선포되자 신민당은 의원총회를 열고 대책을 협의했다. 1항을 제외한 나머지 5개 항 철회를 촉구하기로 결의하고, 대정부 질의에서 대표위원이 이를 천명하기로 했다. 그러나 정부가 군사시설보호법안, 징발법개정안 등 군 관련 법안 3개를 국회에 제안하고, 12월 21일에는 공화당에서 국가보위에관한특별조치법(이하 국가보위법)을 국회에 제출함으로써 사태는 새로운 양상으로 전개되었다.

신민당은 정무회의를 열어 이 법안들을 결사적으로 저지하기로 결의하는 한편, 공화당의 이런 조치는 비상시국을 빙자한 반민주적 기도라는 성명을 발표했다. 신민당은 이 법안들의 본회의 보고, 발의부터 실력으로 저지한다는 방침이었다. 그러나 국회의장 백두진이 의장 직권으로 법사위에 회부하자 신민당 의원들은 12월 22일 밤부터 본회의장과 국회 제2·3·4별관에서 철야농성에 들어갔다.

신민당의 이런 투쟁에도 공화당은 12월 27일 새벽 3시 국회 제4별관에 있는 외무위원회에서 법사위와 본회의를 잇달아 열고 이 법안을 전격 처리했다. 박정희는 이미 12월 23일 백두진 의장에게 "만일 이번 회기 중에 통과되지 않으면 비상사태를 극복하기 위해 비장한 각오로 임하지 않을 수 없다."는 협박 편지를 보낸 상태였다. 사실상 국가보위법의 변칙 처리를 지시한 것이다.

공화당이 소속의원 110명 이름으로 "국가안보에 효율적으로 대처하고 사회의 안녕질서 유지를 목적"으로 한다는 명분으로 가결한 국가보위법의 주요 내용은 다음과 같다.

- 대통령은 국가비상사태를 선포할 수 있으며
- 경제규제를 명령하고 국가동원령을 선포하며
- 옥외집회나 시위를 규제하고
- 언론·출판에 대한 특별조치를 취하며
- 특정한 근로자의 단체행동권을 제한하며
- 군사상 목적을 위해 세출예산을 조정할 수 있도록 한다.

이렇듯 국가보위법은 자유민주체제를 유지하는 국가에서는 도저히 상상할 수 없는 내용을 담고 있었다. 더욱이 중국이 유엔에 가입한 것을 국가 위기로 위장하는 등 비약적인 안보 논리를 비롯해 국민 기본권인 시위·집회를 규제하고, 노동 3권도 제약했으며, 특히 언론·출판에까지 특별조치를 취할 수 있도록 하는 등 그야말로 군정체제로 회귀시켜놓았다. 이 법은 김대중이 그토록 우려해온 유신으로 가는 징검다리 역할을 했다.

신민당은 1972년 6월 5일부터 4일간 국회 본회의장에서 농성한 후 "비상사태 철회하라" "국가보위법은 무효다"라는 펼침막을 들고 광화문 국회의사당에서 중앙청 정문까지 가두시위를 벌였다. 이 과정에서 경찰과 충돌해 의원 14명이 연행되었다. 김홍일 대표 의원은 국회에서 4일간 단식하면서 국가보위법 철회를 촉구했고, 김대중도 의원들을 독려하면서 박 정권과 대치했다. 하지만 사태는 날이 갈수록 악화되었다.

7·4남북공동성명의 음모

1972년 7월 4일 오전 10시, 이후락 중앙정보부장의 내외신기자회견은 온 국민을 흥분의 도가니로 몰아넣었다. 이후락은 이날 평양에서도 동시에 발표된 남북공동성명을 발표하면서 자신이 북한을 다녀온 사실을 밝혔다. 5월 2일부터 5일까지 평양을 방문해 북한의 김영주 조직지도부장과 만났고, 김영주를 대신해 박성철 제2부수상이 5월 29일부터 6월 1일까지 서울을 방문한 사실도 공개했다. 또 김일성 수상과 회담을 열었고, 박성철도 서울에서 박정희 대통령을 만났다고 밝혔다.

이처럼 이후락은 박정희 밀명을 받고 5월 2일 극비리에 평양을 방문해 4일간 머물렀다. 김영주와 두 차례, 김일성과 두 차례 만나 남북공동성명의 기초를 마련하는 데 성공했다. 이것을 계기로 박성철도 5월 29일부터 4일간 비밀리에 서울을 방문해, 이후락과 두 번, 박정희와 한 번 만나고 돌아갔다.

남북공동성명이 발표되기 전에 남북적십자회담이 열렸다. 1971년 8월 12일 대한적십자사 총재 최두선이 제의하고 이틀 후 북한 적십자사가 수락해 성사되었다. 9월 20일 판문점에서 개최된 제1차 예비회담에서 상설회담 연락사무소 설치와 직통전화 가설 등에 합의함으로써 대치 상태에 놓여 있던 남북 간에 숨통이 트였다.

남북한은 72년 11월 30일 7·4남북공동성명에 따라 합의 사항을 추진하고, 남북한 간에 발생하는 제반 문제들을 개선·해결하며, 통일 문제를 협의·해결할 목적으로 '남북조절위원회'를 설치했다. 남북조절위원회는 '남북조절위원회 구성 및 운영에 관한 합의서'에 양측이 합의해 정식으로 발족되었다.

박정희는 김대중이 남북화해와 4대국보장론, 유엔 동시가입론 등을 주장할 때는 그토록 반대하며 용공분자로 몰아치더니 비밀리에 북과 접촉해 파격적인 7·4남북공동성명을 발표했다. 이 성명과 남북조절위원회는 결국 남북 정부 당국자들이 국민들 몰래 밀담으로 통일문제를 처리하려 했고, 남북문제를 자신들의 권력 기반을 강화하는 데 이용하려는 한계를 안고 있다. 그 결과 남북이 더 불신하고 대치하게 되었다.

김대중은 갑작스런 성명에 당혹해하면서도 이를 환영했다. 자신이 일관되게 주장해온 일이었기 때문이다.

나는 이 성명을 적극적으로 환영해야 한다고 생각했다. 왜냐하면 그동안 남북 쌍방은 상호간에 극도의 혐오심과 무력대결로 긴 세월을 적대시해옴으로써 언제 통일을 가져오게 될는지도 모르는 절망적인 상황에 놓여 있었는데 양측 권력 당사자에 의해 비로소 해결 가능한 실마리를 찾게 되었기 때문이다.

[……]

나는 그동안의 일관된 나의 주장이 이제야 비로소 실현되려 하는 데 대해 깊이 감격했다. 나의 정책을 박 정권이 실시한 데 대해 이를 환영하는 동시에, 한편으로 나의 심정은 착잡하고도 쓸쓸함마저 느끼게 되었다. 그리고 나는 이를 박 정권이라 하더라도 성취시켜야 하며, 그렇게 하는 것만이 국민이 바라고 있는 올바른 방향으로 발전시켜 나아갈 수 있는 것이라 생각했다. 어쨌든 이 심정에서 이와 같이 내가 감개무량해하는 것은 사소한 일에 지나지 않는다. 나는 이번 일에 대해서 즉각 지지 표명을 했다. 그러나 나는 여기서

박 대통령의 지금까지의 식견 없는 행위와 국민을 기만하는 태도를 엄격히 추궁했다.[183]

김대중은 7월 13일 내외신기자회견을 열고 〈7·4남북성명과 나의 주장〉이란 성명을 발표했다. 주요 대목을 뽑는다.

남북성명을 접한 나의 결론은 원칙적으로 이를 지지, 환영하면서도 그러나 박 대통령은 이와 같은 정책을 추진할 자격이 없으며 또 그는 지금 이 민족의 성스럽고도 중대한 과업을 자기의 영구 집권에 악용하고 있지 않나 하는 의혹을 짙게 하고 있다.

나는 그동안 박정희 대통령의 전쟁 지향적이고 폐쇄적인 대북한 정책에 반대하고 평화적이며 개방적인 정책을 주장해왔다. 특히 작년 대통령선거 기간 중에는 남북교류와 공산권 외교의 추진 그리고 미·일·소·중 4대국에 의한 한반도 평화보장정책을 선거공약으로 내세웠다. 최근에는 남북 간의 평화적 공존, 제반 교류 확대, 평화적 통일을 골자로 하는 3단계 통일론을 제창했다.

내가 원칙적으로 이번 남북성명의 의의를 인정하면서도 박 대통령은 이를 추진할 자격이 없다고 주장하는 이유는, 첫째 그는 그를 지지한 유권자를 기만했으며 전 국민을 우롱했다. 박 대통령은 선거

183   김대중, 《행동하는 양심으로》(개정판), 금문당, 2009, 171쪽.

기간 중 남북의 어떠한 접촉의 가능성도 철저히 배제했다. [······]
그는 5·16쿠데타 이후 모든 통일론자를 가차 없이 처단했을 뿐 아
니라 일관해서 통일 논의를 용공시하고 금지해왔다. [······]

둘째, 박 대통령의 이번 조치는 그 방법이 너무도 비민주적이고
위험천만하다. 그는 그의 선거공약의 일대 변질을 감행하면서도 사
전에 한마디도 국민에게 이해를 구하지 않고 국회와 야당에도 아무
런 통고조차 없었다. 심지어 정부·여당까지도 무시하고 그와 중정
부장 단둘이서 전담한 혐의가 농후한데 이는 박 대통령 얼마나
국민과 헌정의 상도를 무시한 독재적 길을 걷고 있는지를 단적으로
반증한다. [······]

셋째, 박 대통령은 남북성명을 그의 독재적 지배체제 강화와 영
구 집권에 악용하려는 것이 명백해져가고 있다. [······]

나의 남북통일의 기본은 "자유 있는 통일을 민주적 절차에 의해서
평화리에 달성한다."는 자유, 민주, 평화의 3대 원칙에 의해 추진한
다는 것이다.[184]

박정희가 국가비상사태를 선포해 독재체제를 강화하고, 남북적십
자회담을 열어 국민의 관심을 외부로 돌리면서 '모종의 음모'를 추진
하고 있는데도 신민당은 당권 투쟁으로 평화로운 날이 없었다. 유진
산 계열에서 본격적인 당권 탈환에 나선 것이다.

•
184 김대중, 앞의 책, 230~237쪽 참조.

김대중은 9월 23일 당의 분열을 막으려고 당수 불출마를 선언했다. 이어서 김홍일·유진산·양일동과 4자회담을 열고, 일단 대의원들에게 전당대회 개최 연기 여부를 직접 묻기로 결정했다. 그런데 26일 진산계가 비주류 3파(김홍일·김대중·양일동)가 불참한 가운데 전당대회를 열어 유진산을 당수로 선출했다. 김대중과 비주류는 불법·무효이며 파당행위라고 비판하면서 5인(김대중, 김홍일, 양일동, 윤제술, 유청) 수권 소위원회를 구성했다. 이로써 전통 야당 신민당은 당권의 정통성 문제로 법정투쟁까지 벌이면서 두 쪽이 나고 말았다.

이후 김대중은 선거 때 '사고'로 다친 고관절이 더 안 좋아져 일본으로 치료를 받으러 떠난다. 유신이 점점 목을 조이려는 즈음이었다.

咸錫憲 함석헌　Ham Suk-Hun

文益煥 문익환　Moon Ik-Whan

金大中 김대중　Kim Dae-Jung

李愚貞 이우정　Lee Oo-Chung

安炳茂 안병무　An Byong-Moo

金芝河 김지하　Kim Chi-Ho

李兌榮 이태영　Lee Tae-Yong

3부. 고난의 십자가

1차 망명

유신쿠데타

김대중은 5·16쿠데타를 계기로 장면 총리의 자장磁場에서 벗어나고, 6·8총선에서 유진오 총재와 박순천 여사에게서 독립하고, 3선개헌반대 투쟁 과정에서 야당 투사의 반열에 오르고, 1971년 대통령선거를 치르면서 정치지도자의 위상을 갖게 되었다. 김대중의 등장은 구시대 장로정치의 종언을 고하고, 신세대 탈근대의 출발점이 되었다. 그는 보수 장로정치(인)의 유산 없이 독자적으로 '김대중 시대'를 열고 '김대중 진영'을 쌓아올렸다. 앞 세대 지도자들이 독립운동의 후광에 기대거나 친일관료·지주라는 출신 배경으로 중앙 정계에 등장한 데 반해 그는 순전히 자수성가한 정치인이었다. 영원한 라이벌이자 동지인 김영삼도 보수야당의 텃밭에서 성장한 '귀족' 출신의 투사였을 뿐이다.

김대중은 1972년 10월 11일 고관절 치료차 일본으로 떠났다. 이날 김대중은 도쿄에서 고노 겐조 참의원 의장을 방문한 뒤 숙소인 데이

코쿠호텔로 돌아와서 쉬었다. 오후 5시경 일본에 있는 친구 최서면에게서 전화가 왔다. 최서면은 장면 박사에게 김대중을 소개해준 이였다. 최서면은 믿을 만한 소식통에게서 들었다면서 저녁 7시에 박정희가 중대 발표를 할 것이고, 계엄선포로 국회 등이 해산될 것이라고 전했다.

그 예견대로 박정희는 10월 17일 군대를 동원해 헌법 기능을 마비시키고 야당의 정치활동을 전면 봉쇄하는 사실상의 친위쿠데타를 감행했다. 5·16쿠데타를 일으킨 지 11년 만에 또다시 쿠데타로 헌정을 짓밟고, 독재권력을 강화한 것이다. 박정희는 이날 저녁 7시를 기해 전국에 비상계엄령을 선포하고 국회해산, 정당·정치활동 중지, 비상국무회의 설치 등 4개 항의 비상조치를 단행했다. 내용은 다음과 같다.

1. 10월 17일 하오 7시를 기해 국회를 해산하고 정당 및 정치활동의 중지 등 현행 헌법의 일부 조항 효력을 정지시킨다.
2. 일부 효력이 정지된 현행 헌법의 기능은 비상국무회의에 의해 수행되며 비상국무회의의 기능은 현행 헌법하의 국무회의가 수행한다.
3. 비상국무회의는 1972년 10월 27일까지 조국의 평화통일을 지향하는 헌법개정안을 공고하며 이를 공고한 날로부터 1개월 내에 국민투표에 부쳐 확정한다.
4. 헌법개정안이 확정되면 헌법 절차에 따라 늦어도 금년 연말 이전에 헌정질서를 정상화한다.

박정희는 "열강의 세력균형의 변화와 남북한 간의 사태 진전에 따른 평화통일과 남북대화를 추진할 주체가 필요한데, 현행 법령과 체제는 냉전시대의 산물로서 오늘날의 상황에 적응할 수 없으며, 대의기구는 파쟁과 정략의 희생이 되어 통일과 남북대화를 뒷받침할 수 없으므로 부득이 비상조치로써 체제 개혁을 단행한다."며 '대통령특별선언' 형식으로 비상조치 발동 이유를 밝혔다.

박정희는 노재현 육군참모총장을 계엄사령관으로 임명하고, 각 대학의 휴교 조치, 정치집회 금지, 언론·출판·보도·방송의 사전검열 등을 담은 포고령 제1호를 전국에 선포했다. 그리고 강경파 신민당 의원 김상현·이세규·최형우·강근호·이종남·조윤형·김한수·조연하 등을 구속해 가혹하게 고문하는 등 공포 분위기 속에서 체제 정비에 나섰다.

정부는 10월 27일 비상국무회의에서 헌법개정안을 의결·공고하고, 한 달간의 공고 기간을 거쳐 11월 21일 국민투표에 부쳤다. 정부의 계몽 활동만 허용될 뿐 반대운동이 일체 금지되었으므로, 개헌안은 91.5퍼센트에 이르는 압도적인 찬성을 얻어 통과되었다. 이렇게 확정된 '유신헌법'은 임기 6년의 대통령을 통일주체국민회의에서 간접선거로 선출하도록 하고, 국회의원 3분의 1도 대통령이 추천하기로 하는 등 '국체변혁'에 가까울 정도의 반민주적인 내용을 담고 있었다.

박정희는 평화통일을 실현하기 위한 강력한 통치체제 구축이라는 명분을 내세워 전제적 1인체제를 제도적으로 뒷받침할 요량으로 '유신헌법'을 만든 것이다. '유신헌법' 주요 내용을 살펴보면 이렇다. 국민 직선제였던 대통령 선거제도를 통일주체국민회의 대의원이 간선제로 뽑도록 바꾸고, 대통령에게 긴급조치권·국회해산권 등 초헌법적 권한을 부여하며, 대통령이 정수의 3분의 1에 해당하는 국회의원과 법관의 임면권을 갖고, 국회의원 선거제도를 소선구제에서 2인선출구제로 바꾼다(여야 의원이 동시에 당선되도록 만듦으로써 야당 의석 수를 제한해 국회의 비판 기능을 전면 마비시키려는 의도가 깔려 있다.)는 것이다. 대통령 1인에게 모든 권력이 집중되고 입법부와 사법부를 정권의 시녀로 전락시킨 반민주적인 내용이었다.

10월유신은 한마디로 영구 집권을 위한 친위쿠데타였다. 박정희는 이미 12·27국가보위법 파동과 7·4남북공동성명 등 내외적인 여건을 조성한 다음 야당 분열을 계기 삼아 또다시 헌정을 유린한 것이다.

당시 신민당은 유진산 사단과 김홍일 사단으로 갈라져 9월 26일과 27일 각각 시민회관과 효창동 김홍일 자택에서 별도로 전당대회를 열어 분당 사태를 빚고 만다. 시민회관대회에는 유진산·고홍문·김영삼·이철승·정해영·신도환 등 이른바 진산사단의 범주류가 참석해 합법성을 주장하고, 효창동대회에는 김홍일·김대중·정일형·양일동 계가 참석해 시민회관대회가 무효임을 선언했다.

망명

앞에서도 말했듯이 박정희는 절묘하게 기회를 포착하고 활용할 줄 아는 사람이다. 1961년 신구파가 분열되어 민주당 정권이 두 조각이 났을 때 5·16쿠데타를 일으켰고, 신민당이 진산계와 반진산계로 분열되었을 때 유신쿠데타를 일으킨 것만 보아도 그렇다. 상대세력이 하나로 뭉쳐 있으면 저항이 일어나기 쉽지만 분열되어 있으면 일을 감행하기가 수월하다. 더욱이 한쪽과 '끈'이라도 대고 있으면 거사는 식은 죽 먹기다.

우연이었는지 박 정권의 치밀한 셈법이었는지는 몰라도 김대중이 해외에 나가 있을 때마다 한국에서 일이 터졌다. 1971년 도쿄 게이오 의대 부속병원에서 고관절 치료를 받고 있을 때 비상사태가 선포되더니, 이번에도 일본에 머물고 있을 때 유신쿠데타가 일어난 것이다.

이번 일련의 조치들은 내용 면에서 완전히 쿠데타였다. 국가 정치의 움직임을 멈추고 헌법을 개정한 것이다. 비상계엄령을 전 국토에 내려서 무력으로 반대세력을 억누르려고 한 것이다. 나는 박 대통령이 자신의 집권 연장을 위해서 쿠데타를 감행하리라고는 생각하지 못했다. 세계에서 유례가 없는 폭력이었다. 1971년 선거에서 싹튼 민주주의의 싹은 이것으로 싹둑 잘리고 말았다.

나는 그날 밤, 이국의 호텔 방에서 잠을 이루지 못했다. 오후 7시 뉴스를 들었을 때 '서울에 있었더라면 싸울 수단을 찾아내지 않았을까?' 하는 자책마저 들었다. 내 자신이 정세 분석을 너무 낙관적으로 해 사태 판단을 잘못했다는 자책도 들었다. 그리고 빨리 서울로 돌아가야 한다고 생각했다. 그러나 조금 시간이 흐르자 냉정하게 한번 더 생각해보았다. '지금 내가 어떻게 해야 국민들에게 도움이 될 수 있을까?' 이것이 문제였다. 대통령선거 때 야당 후보인 나에게 귀중한 한 표를 던져준 540만 국민의 기대에 부응하기 위해서, 야당 정치가로서 뭔가 해야만 했다.

오랫동안 잠을 못 이루고 생각한 끝에, 겨우 한 가지 결론을 내릴 수 있었다. '지금 도쿄에 있는 것은 차라리 하늘이 주신 행운이

아닌가? 만약 서울에 있었으면 특별선언에 따라 일체의 정치활동을
금지당했을 것이다. 그렇다면 국외에서 박 정권이 한국 민주정치를
짓밟고 독재체제를 다지려고 획책하고 있다는 사실을 알리는 편이
낫지 않을까? 적어도 지금 단계에서는 박 정권의 행동을 외부에서
지켜보며 그 비리를 국내외에 호소하는 일이 지금 나의 과제가 아
닌가?' 하고 나는 다시 생각했다.

   물론 박 정권과 싸우는 일은 목숨을 건 투쟁이라고 각오한 뒤였
다. 도쿄와 워싱턴 그리고 뉴욕에서도 끊임없이 중앙정보부의 감시
를 당해왔기 때문이었다. 그들이 얼마나 잔인하고 집요한지 나도
당해 보았던 터라 잘 알고 있었다. 그러나 그것을 무서워해서는 아
무것도 할 수 없다. 끝까지 싸우는 일이 내가 할 수 있는 일이며, 그
것이 또한 국민에 대한 나의 의무와 책임이라고 생각했다.[185]

김대중은 이날 밤, 마침 일본에 와 있던 양일동·송원영 등 신민당
소속의원들과 만나 대책을 논의했다. 김영삼도 일본에 체류 중이었
지만 연락이 닿지 않았다. 신민당 의원들은 모두 한국으로 돌아가기로
했고, 김대중만 혼자 망명을 결정했다. 쉽지 않은 결정, 기약 없는 앞
날이었다. 다음 날 오전 김대중은 일본의 내외 기자들을 불러 박정희
의 헌정 유린과 계엄령 실시를 비판하는 성명을 발표했다. 한국인으
로서는 처음이었다.

185   일본 NHK 취재반 구성, 김용운 편역, 《역사와 함께 시대와 함께 – 김대중 자서전 1》,
      인동, 1999, 293~294쪽.

박정희 대통령의 이번 조치는 통일을 말하면서 자신의 독재적인 영구 집권을 목표로 하는 놀랄 만한 반민주적 조치이다.

이는 완전한 헌법 위반 행위인 동시에 한국 내에서 민주역량의 성장을 통해 북한과 호각互角의 입장에서 하루 속히 조국통일을 성취하려는 국민의 염원을 무참하게 짓밟은 것과 다름없다.

나는 박 대통령의 행위가 세계의 여론으로부터 준엄한 비판을 받는 동시에 민주적 자유를 열망하면서 이승만 독재정권을 타도한 위대한 한국민의 손에 의해 반드시 실패하리라는 것을 확신하는 바이다.

이 성명은 일본과 해외 언론에는 비중 있게 보도되었지만, 국내에서는 단 한 줄도 언급되지 않았다.

망명하면서 김대중의 고난은 본격적으로 시작된다. 몇 차례 선거에서 떨어지고 의원직을 빼앗기는 일은 정치인들이 겪는 '정가상사政家常事'라 할 수 있다. 하지만 절대권력자에게 '찍힌' 야당 정치지도자의 행로는 앞날을 예측하기 어려운 가시밭길이다.

잠깐 망명에 대해 얘기해보자. 1905년 일본과 을사늑약을 맺고 1910년 급기야 일본에 나라를 잃으면서 망명을 택한 애국지사가 적지 않았다. 말이 통하지 않고 생계수단도 없는, 산 설고 물 선 낯선 나라에서 사는 것은 자신은 물론 가족의 희생을 담보로 한다. 망명 이유는 정치적 박해를 피해서, 반독재·반체제 투쟁을 위해서, 권좌에서 밀려나거나 그럴 위험에 직면해서, 쿠데타를 반대하거나 쿠데타 주역과 빚은 불화로 인해서, 반정부적 활동을 벌인 해외 특파원·주재원의 경우 본국 송환과 처벌이 두려워서 등이다. 한국인 중에는 통일문제와 이데올로기를 이유로 남북한 양쪽을 버리고 제3국을 망명지로 택한 사람도 있다.

한국현대사만 들추어보아도 망명자는 꽤 된다. 이승만 정권 때 중립화통일론을 주장하다가 망명한 뒤 미국에서 작고한 김용중, 언론인 출신으로 정보기관에 쫓겨 일본으로 망명해 월간 《코리아 평론》 등을 발행하면서 반독재투쟁을 벌여온 역시 중립화통일론자였던 김삼규, 박정희 정권에 쫓겨 독일에서 활동하다 작고한 음악가 윤이상, 민주당 정권 당시 유엔주재 한국대사로 군사정권에 협력을 거부하고 미국에서 반정부 민주화운동의 선두에 서서 싸운 임창영, 3선개헌반대 범국민투쟁위원회 위원장과 민주수호국민협의회 의장 등을 지내다 캐나다에서 한국 민주화운동과 통일운동을 벌인 김재준, 민주당 정권 당시 서울시장으로 군사정권에 맞서다 미국으로 망명한 김상돈 등이 대표적이다.

김대중도 망명을 택했다. 1년 반 전 4·27대선 당시 정부 발표만으로도 540만 표를 얻은 야당 대통령후보 신분으로선 쉽지 않은 결단이었다. 이로 인해 김대중은 뒷날 생과 사의 갈림길에 처하기도 한다. 김대중을 늘 따라다니던 죽음의 그림자는 더욱 짙어만 갔다.

유신의 내막

박정희는 언제부터 유신쿠데타를 구상했을까. 7대 국회의원선거 이래 틈만 나면 김대중은 박정희의 영구 집권, 총통제 실시를 예견해왔지만 이렇게 빨리 적중하리라고는 생각지 못했다. 4년 임기가 끝나가는 1974, 5년경일 것으로 어림했던 것이다.

당시 국무총리였던 김종필이 나중에 밝힌 유신 구상 시기와 동기는 주목할 만하다. 박정희가 유신쿠데타를 일으킨 이유가 1971년 대선 때 김대중과 득표 격차가 적었기 때문이라는 것이다.

4월 28일, 대통령선거 다음 날 온양 현충사에서 기념식을 마친 다음 온양 관광호텔에서 점심을 먹기 직전 대통령은 불쑥 김종필 총리에게 이렇게 말한다.

"내가 골똘히 생각해보았는데, 이거 안 되겠어."

"뭐가 안 되겠습니까?"

김종필이 전하는 박정희의 독백은 이렇다.

"나는 그래도 빈곤을 추방하려고 열심히 일을 했어. 한 10년 해서 이제 굶지 않을 정도는 됐어. 수출도 100억을 넘는 나라가 됐고… 그런데 글쎄… 이 사람(김대중을 지칭)을 놓고 국민이 나하고 비교해서 날 대접하는 게 바로 요거뿐이야? 민주주의란 것이 선거를 통해서 국민이 주권을 행사하는 것이지만 여기에도 약점이 있어, 우리나라 같은 경우 선거 바람이 잘못 불면 엉뚱한 사람이 언제든지 당선될 가능성을 배제할 수 없어. 그랬을 때 일관성 있게 이 나라가 자유민주주의를 보장받을 수 있는지 의심스러워. 그래서 내가 심히 걱정해."

대통령은 아주 털어놓고 말을 이어간다.

"그래서 요담에 내가 그만두기 전에 그런 면에서 취약점을 확실히 보완할 수 있는 체제를 정비해놓는 게 내가 마지막에 해야 할 일이 아닌가 하는 생각이 요새 들어. 임자는 어떻게 생각해?"[186]

박정희는 여러 콤플렉스에 시달렸다. 일본군 중위 출신이라 광복군 대위 출신인 《사상계》 사장 장준하를 심하게 탄압하고, 남로당과 깊이 연루되었던 전적 때문에 사회주의자와 진보세력을 탄압했으며, 군사쿠데타를 일으킨 원죄로 자유민주주의자로서 언변과 식견이 뛰어난 김대중을 탄압했다. 이런 배경 때문에 선거를 부담스러워했고, 마침내 유신쿠데타를 감행한 것이다.

특히 박정희는 김대중이라는 신진기예의 야당 정치인을 맞수로 맞아 곤욕을 치렀다. 김대중은 1971년 3월 2일 부산에서 연 기자회견에서 "헌법의 대통령 3선 조항을 중임 제한으로 환원시키고, 개헌안 국민발의를 위해 50만 명 서명운동에 나서겠다."고 선언하면서 "이번에 박정희 씨가 당선되면 총통제가 실시돼 국민의 직선제는 이번이 마지막이 될 것"이라고 공격했다. 이렇게 총통제·영구 집권 등 자신의 구상을 김대중이 하나씩 '폭로'하자 박정희는 점점 초조했을 것이다.

김대중의 예견은 장기집권에 신물이 난 국민의 마음을 움직였고, 막다른 곳에 몰린 박정희는 부산 유세에서 어쩔 수 없이 총통제 구상을 부인하고 "3선만 하고 더는 하지 않겠다."고 전격 선언하기에 이른다.

한편 박정희의 이 '위기 탈출' 아이디어는 《조선일보》 측에서 제공했다고 한다. 《조선일보》 회장 방우영의 회고록이다.

---

186   김진배, 《인동초의 새벽》, 동아, 1987, 150쪽.

박 대통령의 부산 유세를 앞두고 이후락 실장이 본사를 찾아와 환담 중에 "결정적 묘안이 없느냐"고 물었다. 이때 최석채 주필이 "3선만 하고는 더 이상은 안 하겠다고 국민 앞에 공약을 하라"고 말해주었다. 그래서인지 박 대통령은 부산 유세에서 처음으로 국민 앞에서 "이번만 하고는 다시는 여러분께 표를 달라고 하지 않겠다"고 말했다.[187]

박정희와 방우영은 오래전부터 가까운 사이였다. 박정희가 대통령 선거 막바지에 위기에 처했을 때 《조선일보》 주필이 '좋은 아이디어'를 내준 것이다. 그 덕에 박정희는 세 번째로 대통령에 당선되고, 김대중이 해외에 나간 틈을 타 유신쿠데타도 일으킨 것이다.

망명지 돌며 펼친 반유신운동

김대중은 도쿄에서 유신헌법안에 반대하는 성명을 발표했다.

1. 이번의 개헌안은 한마디로 말해서 독재적 군림과 영구 집권의 야망으로 불탄 박 대통령의 목적을 달성시켰고, 직접선거로는 도저히 승리할 가능성이 완전히 없어진 그의 안전한 당선을 노린 일종의 총통제 개헌이다. 이에 따라 그가 작년의 대통령선거 당시 자신의 3선을 국민에게 호소하면서 '이번이 마지막'이라고 말한 국민과

---

187 정지환, 〈대통령선거와 언론 – 개가 주인을 무는 풍경〉, 《역사비평》, 2002년 가을호, 123~124쪽.

세계에 대한 공약은 휴지 조각이 되어버렸다.

나는 선거 당시 "만약 이번에 평화적으로 정권이 교체되지 않으면 박 정권의 교체 가능성은 완전히 말살되며 가공할 만한 총통제 시대가 온다"라고 되풀이 경고했는데 불행하게도 이 예언이 적중했다.

2. 그동안 박 대통령은 기회 있을 때마다 공산체제에 비해 민주체제가 우월하다는 것을 말하면서 경쟁적 공존에서의 승리를 주장해왔다. 그러나 이번의 개헌안은 민주주의의 생명인 의회민주주의와 삼권분립을 부정했으며 북에 있어서의 공산 획일체제에 대한 대폭적인 접근을 보여주고 있다.

이는 종래의 그의 주장을 완전히 뒤집은 것일 뿐 아니라 27년간이나 조국의 분단과 동족상잔의 쓰라림을 견디면서 자유를 위해 싸워온 한국민의 투쟁 명분과 신념을 상실케 하는 것이다.

3. 박 대통령은 통일을 위한 개헌 운운해왔지만 결과는 통일과는 아무런 관계도 없는, 그의 권력의 영속화와 강화를 위한 개헌으로 집중시켰다.

나는 국민과의 공약을 깨고 민주주의적인 건국이념과 헌법을 짓밟은 박 대통령의 행위에 대해 계속 투쟁해나갈 결의를 명백히 다짐하는 동시에 자유를 사랑하는 우리나라 국민의 준엄한 심판이 반드시 내려질 것을 확신한다.[188]

---

188   김대중, 《행동하는 양심으로》(개정판), 금문당, 2009, 242~243쪽.

이 성명은 국내 언론에는 거의 보도되지 않았다. 비상계엄으로 언론이 통제된 데다 특히 김대중에 대해선 일체 보도가 금지되었던 것이다. 국회가 해산되고 정당활동이 금지된 상태에서 개헌안은 정부의 일방적인 홍보 속에서 국민투표에 부쳐졌다.

김대중은 11월 21일 워싱턴에서 국민투표를 반대하는 성명을 발표했다. 1주일 전에 일본에서 미국으로 거처를 옮겼는데, 한국 정치에 강력한 영향력을 행사하려면 일본보다 미국이 더 유리하다고 판단했기 때문이다.

1. 어제 한국에서는 박 정권의 각본대로 헌법개정을 위한 국민투표가 실시되었다. 그러나 나는 이것이 완전히 불법이며 무효임을 선언한다. 그 이유로서는 첫째, 개헌안이 현행 한국 헌법에 규정된 대로 국회의 심의를 거치지 않고 국민투표에 부쳐진 점, 둘째로는 개정안의 내용이 의회민주주의와 삼권분립을 부정하고 대통령 1인의 총통적 독재체제를 규정하는 것으로서 자유민주주의의 국시國是를 유린한 점, 셋째로는 개헌안에 대한 모든 반대를 금지하고 계엄령 하의 박 정권과 그 지지세력에 의한 찬부의 자유만이 보장된 반민주적 방법에 따른 점, 넷째로는 부정을 감시하는 선거관리위원회에서 야당 대표가 제외됨으로써 투표율이 얼마든지 날조될 수 있었던 것 등을 지적하지 않을 수 없기 때문이다.

2. 나는 민주주의적 자유를 열망하고 또한 이 때문에 27년간이나 피나는 투쟁을 해온 한국민이 박 정권의 이 같은 불법적인 조치를

결코 용납하지 않는 동시에 머지않아 민주헌법을 회복하리라고 확신한다. 그리고 나는 우리 국민의 선두에 서서 최후까지 그들과 함께 싸움으로써 우리의 목적을 관철시키려는 결의를 밝히는 바이다.[189]

당장 귀국이 어렵다고 판단한 김대중은 미국에서 반유신 민주화운동을 벌이기로 했다. 미국의 저명인사들을 만나 인맥을 구축할 필요가 있고, 여론 조성도 시급한 과제였다. 오래전부터 교류해온 에드워드 케네디 상원의원을 만나 적극적인 지원을 약속받았다. 보스턴에 가서 하버드대 에드윈 라이샤워와 코언 교수를 만나고, 이들 소개로 미국의 아시아정책 형성에 영향력 있는 상하의원과 민주·공화당 원내총무 등도 만났다. 그리고 콜롬비아대, 미주리주립대, 웨스트민스터대, 워싱턴대, 시카고대와 샌프란시스코 공회당 등에서 한국의 실정과 유신헌법의 비민주성, 남북문제에 관해 연설하였다. 재미 동포들을 만나 독재정권으로 치닫는 국내 상황과 인권이 짓밟히는 국민의 실상도 알렸다.

박정희는 12월 23일 통일주체국민회의의 대통령선거에 단독으로 출마해 제8대 대통령에 당선되었다. 유신체제의 출발이었다. 박정희가 무력을 동원한 비상수단으로 체제를 개편한 까닭은 3선개헌에 이어 또다시 개헌을 단행하기란 현실적으로 어렵고, 71년 선거에서 예상 밖으로 고전한 데다 야당이 강력히 정부를 비판하는 통에 정상적인 방법으로는 재집권이 불가능하다는 점을 인식했기 때문이다.

●

189   김대중, 《행동하는 양심으로》(개정판), 금문당, 2009, 244~245쪽.

김대중은 해가 바뀐 1973년 1월 5일 일본으로 건너갔다. 다음과 같은 이유 때문이었다.

미국에 가서 안 사실이지만 항의 활동과 성명을 낼 경우에도 워싱턴보다 도쿄가 뉴스를 타기 쉽고, 한국 정부에 영향력을 발휘하기가 쉽기 때문이었다.[190]

그 사이 국내에서는 유신체제하에서 첫 국회의원선거가 실시되었다. 한 지역에서 2명씩 뽑고, 의석 3분의 1은 대통령이 추천하는 '유신국회의원'으로 충원되었다. 신민당은 진산계가 당권을 장악하고, 반진산계 일부는 탈당한 뒤 민주통일당을 창당해 총선에 임했다. 선거 결과는 전국 73개 선거구 146석 중 공화당 73석, 신민당 52석, 민주통일당 2석, 무소속 19석이었다. 사실상 대통령이 뽑은 73석 의원들은 유신정우회라는 별개 교섭단체를 만들어 '공화당의 2중대', '박정권의 원내 유격대' 역할을 충실히 하였다. 선거 결과를 본 김대중은 국민들이 유신체제를 지지하지 않는다고 확신하고, 더욱 강력히 유신반대운동을 펼치기로 다짐한다.

지난 1971년 국회의원선거 당시 여당은 총 득표수의 52%를 획득했다. 그에 비해 이번의 득표율은 38.7%로 국민의 생각이 어디에 있

190 일본 NHK 취재반 구성, 김용운 편역, 《역사와 함께 시대와 함께 - 김대중 자서전 1》, 인동, 1999, 301쪽.

는지 분명해졌다.

나는 커다란 용기를 얻었고 박 정권에 대한 고독한 투쟁을 일본에서 더욱 넓혀나가기로 했다. 만나는 사람마다 박 정권의 독재정치와 그것이 한·미·일 3국의 공동이익에 반하는 이유를 설명했다. 또한 독재정권의 반민주적인 정치 실정을 호소했다.[191]

김대중은 건설부장관 기무라 다케오와 전 농림부장관 아카기 무네노리 의원, 우츠노미야 도쿠마 의원 등 일본 정계 인사와 여야 의원들을 폭넓게 만났다. 우츠노미야 도쿠마 의원은 자신이 주재하는 아시아·아프리카연구회에 김대중을 초청해 연설을 듣기도 했다. 또 김대중은 사회당 이시바시 마사시 서기장을 비롯해 많은 의원을 만나 아시아문제 등을 놓고 토론하고, 재일한국청년동맹 동기강습회와 민족통일협의회, 민단동경본부가 공동주최한 간부 연수회에서 국내 실정을 소상히 밝히는 강연도 했다. 이 강연회에는 많은 교포가 참석해 성황을 이루었다. 이외에도 일본의 대표적인 월간지 《중앙공론》을 비롯해 여러 매체에 자신의 견해를 밝혔다.

- 〈한국 계엄령에 대하여 직언한다〉, 《주간 아사히》, 1972년 11월 3일.
- 〈나는 한국의 계엄령에 분노한다〉, 《선데이 마이니치》, 1972년 11월 5일.

---

191   일본 NHK 취재반 구성, 앞의 책, 303쪽.

• 〈김대중씨 한국의 위기를 호소한다〉, 《주간 포스트》, 1972년 11월 17일.

• 〈분노하며 한국의 현 상황을 호소한다〉, 《세카이》, 1973년 2월 2일.

• 〈민중은 침묵하지 않는다〉, 《아사히 저널》, 1973년 2월 2일.

• 〈민주화야말로 남북통일의 전제〉, 《이코노미스트》, 1973년 2월 6일.

유신쿠데타 직후 거의 대부분의 야당 정치인들이 당국에 끌려가 고문과 폭행을 당하거나 아예 시류에 영합, 숨을 죽이고 있는 것과는 달리 김대중은 해외라는 지리적 강점을 최대한으로 이용하여 고통받는 동지들을 멀리서 성원하는가 하면 만나는 사람마다 붙들고 박정희의 오늘을 규탄하기에 바빴다. 그가 유신쿠데타 직후 처음 한두 달 동안 얼마나 정력적으로 활동했는가는 그와 접촉한 몇몇 일본 정치인들의 말을 들어보면 곧 알 수 있다.

그는 마치 신들린 사람처럼 뛰어다녔다. 그는 흡사 일제에 조국이 강점되었던 시절 해외에 망명, 독립투쟁을 하던 선열들을 생각하며 민주회복 투쟁을 벌였다.[192]

김대중은 3월 23일 다시 미국으로 떠났다. 여러 곳에서 강연 초청

192 김진배, 《인동초의 새벽》, 동아, 1987, 161~162쪽.

이 있었고, 무엇보다 한국민주회복통일촉진국민회의(이하 한민통) 본부를 미국에서 결성하기 위해서였다. 미국을 토대로 일본, 유럽 여러 지역에도 결성해 한국 민주화와 통일운동을 추진하려는 계획이었다.

미국에 도착한 김대중은 4월 19일, 김상돈·임창영, 5·16쿠데타 이후 반혁명세력으로 몰려 미국으로 망명한 최석남 예비역 장군 등과 뉴욕에서 4·19혁명 기념행사를 열고, 시애틀·시카고 등에서 교포와 유학생들을 대상으로 강연을 했다. 4월 29일 뉴욕 센트럴파크에서 열린 시국강연회에서는 박정희 정권 타도, 남북한 유엔 동시가입 등을 요구하는 교민들의 시위에 참여하였다. 5월 14일 샌프란시스코 인터내셔널홀에서 강연할 때는 영사관 부영사가 한국계 폭력배 10여 명을 데리고 강연장에 난입해 소란을 벌이기도 했다. 이에 앞서 일본에서 한국 청년이 미국 폭력배들이 김대중을 테러, 암살할 가능성이 있으니 각별히 대비하라는 편지를 보내왔다.

김대중은 7월 6일 워싱턴 메이플라워호텔에서 한민통 미국 본부를 결성했다. 임창영·안병국·동원모·김성동 등 30여 명이 참석한 가운데 명예회장으로 선출되었다. 한민통은 명칭대로 한국의 민주 회복과 통일을 위한 교포 지도자들의 모임이었다. 뒷날 한국의 독재정권과 어용화된 사법부는 이를 반국가단체로 규정하고 김대중에게 사형을 선고하였다. 한민통 미국 본부를 결성한 김대중은 7월 9일 일본으로 건너갔다. 일본에서도 한민통을 조직하기 위해서였다.

김대중은 미국과 일본을 오가면서 아시아 민주주의가 군사독재에 짓밟히는 이유를 여러 가지로 생각해보았다. 1970년대엔 태국에서만 해도 여러 차례 쿠데타가 일어났다. 김대중은 공산주의와 상극이면서도 결과적으로 공산화를 더 재촉한 군사독재가 아시아에서 자꾸 나타나는 이유를 먼저 미국의 잘못된 아시아정책에서 찾았다. 당시 미국은 민주주의를 바라는 민중의 바람과 달리 반공만 내세우면 독재정권이든 부패정권이든 가리지 않고 지지해주었다. 반공체제이기만 하면 막대한 군사, 경제 원조도 아끼지 않았다. 그런데 독재자들은 이것을 제 나라 국민을 탄압하는 데 썼다.

김대중은 민중의 힘에 바탕을 두지 않은 잘못 이식된 민주제도와 민주적 지도자의 부재도 아시아에서 군사독재가 등장하는 이유라고 보았다.

김대중은 미국에서 이런 자신의 생각을 정부 관계자와 학자들에게 강조하면서 미국이 진정으로 아시아에서 공산주의의 도미노현상을 막으려면 독재자를 지원해서는 안 된다고 역설했다. 그러는 한편 미국의 긍정적인 역할에 대해서도 언급했다.

이승만 정권 말기, 민주정치 회복에 힘을 빌려줬고, 군사쿠데타에 조속히 반대 입장을 표명했다. 쿠데타 후에 민정으로 복귀할 때에도 미국의 압력이 컸다. 3선개헌 때에도 되도록 이를 저지하려 했고, 비상사태 선언에도 명분이 없다고 반대 성명을 냈다.[193]

김대중은 일본의 아시아정책도 비판한다. 일본은 미국이 취한 "반

---

193 일본 NHK 취재반 구성, 김용운 편역, 《역사와 함께 시대와 함께 – 김대중 자서전 1》, 인동, 1999, 304쪽.

공이면 독재정권도 지지한다."는 노선을 일방적으로 추구하고 있다는 것이다. 한일국교정상화 이후 일본정부는 박정희 정권과 유착하고 있었다. 3선개헌 때 자민당 기와지마 부총재는 "한국에는 장기적 안정 정권이 필요하다."며 노골적으로 박 정권을 지지하고 나섰다. 1971년 대통령선거에 맞추어 경제 원조를 하기도 했다. 그러나 사회당 의원들이나 야당의원들의 입장은 달랐다. 양심적인 지식인, 언론인들도 마찬가지였다. 그래서 김대중은 이들이 취해야 할 방안을 다음처럼 제시했다.

첫째, 아시아의 안정에 대한 인식을 새로이 할 것. 미국을 따라서 '반공안정'이란 잘못된 실패를 반복해서는 안 된다고 생각한다. 그 나라에 자유가 보장되어야만 안정의 길을 걸을 수 있는 것이다. 국민의 불만을 개혁을 통해 해소해주는 정치를 펼쳐야만 국민들이 희망을 갖게 된다는 점을 인식해줬으면 한다. 한국의 박 정권처럼 강권으로 국민을 압박하고 정치적 안정을 유지하고 있는 유신체제는 진정한 안정이 아니다.

둘째, 일본의 원조정책을 대전환해줄 것. 지금까지 원조라는 이름으로 실제는 한국에 진출한 일본 기업의 이익을 챙기기 위해서 원조했던 경우가 많았다. 혹은 상대국 정권과 그 정권 주위의 기업을 이용만 하는 원조로 끝나는 경우도 눈에 띄고 있다. 원조는 상대국 국민에게 이익이 되지 않으면 아무 소용이 없다.

셋째, 아시아에 평화공존 태세를 확립하기 위해 노력할 것. 그래서 일본은 지금 두 가지를 결심해야 할 필요가 있다. 한 가지는 소련·중국과 국교수립이 되어 있으니까, 아시아에서 아직 두 나라와 교류가 없는 나라들을 위해 필요할 때는 대화의 길을 열 것. 그리고 다른 하나는 아시아 지역의 정치적 안정을 위해 미·소·중·일 4개국에 의한 불가침 협정의 추진이다. 이 두 가지를 유의해주었으면 한다.[194]

김대중은 7월 18일 일본에서 영향력이 큰 잡지 《세카이》의 료스케 편집장과 〈한국 민주화의 길〉이란 주제로 대담했다. 14일에는 도쿄에서 라이샤워 하버드대 교수와 아시아문제 등을 주제로 대담했다. 이날 목포 출신으로 민주통일당 국회의원이 된 김경인을 만나 국내 정세를 소상하게 들을 수 있었다. 김경인은 김대중이 투숙한 그랜드팰리스호텔에 투숙하면서 여러 가지 국내 사정을 전해주었다.

국내 정세는 외신보도로 전해진 것보다 훨씬 심각했다. 5·16쿠데타 당시와 비슷한 상황이었다. 7월 25일 김대중은 신병 치료차 일본에 와 있던 민주통일당 양일동 당수와 도쿄 힐튼호텔에서 만났다. 양일동은 신민당 반진산 계열에서 싸우다가 분당해 민주통일당을 창당하고, 제9대 국회위원에 출마했으나 떨어졌다. 장준하도 이때 민주통일당 후보로 나섰다가 낙선했다. 제9대 총선에서 민주통일당은 공화당과 신민당의 협공으로 단 2석밖에 얻지 못했다.

이 무렵 한국의 화물선 용금호가 오사카 항에 은밀히 입항하고 있었다. 용금호는 중앙정보부 소속의 공작선이었다. 죽음의 사신이 점

194 일본 NHK 취재반 구성, 김용운 편역, 《역사와 함께 시대와 함께 – 김대중 자서전 1》, 인동, 1999, 305~306쪽.

점 가까이 다가오는 것도 모른 채 김대중은 한민통 일본 본부 결성에 바쁜 나날을 보내고 있었다. 일본 사회당 서기장을 비롯해 우쓰나미 아와 중의원 등 일본의 유력 정치인들과도 만나 현안을 논의했다.

김대중이 미국과 일본을 오가면서 열정을 바쳐 조직하려 한 한민통의 기본 원칙은 '선先민주화 후後통일'이었다. 오랫동안 해외에서 살아온 교포 지도자들 중에는 통일문제나 박 정권과 관련하여 급진적으로 생각한 사람도 적지 않았다. 심지어 미국에 망명정부를 세워 통일의 교량 역할을 하자는 제안도 했다. 그때마다 김대중은 노선을 분명히 했다. 대한민국의 정체성을 지키면서 선민주화 후통일을 하자는 입장이었다. 이로 인해 교포 상당수가 김대중에게서 등을 돌렸다. 하지만 김대중은 이들을 설득하는 일도 게을리하지 않았다.

한민통 일본 본부를 결성하려고 김대중은 재일교포 지도자들을 폭넓게 만났다. 유진산 추천으로 제7대 신민당 전국구의원에 당선되었고 오랫동안 민단중앙본부 단장을 지낸 김재화를 비롯해 민단본부장 정재준, 민족통일협의회 수석의장 배동호, 전민단 사무총장 조활준, 민단간부 김용원·양상기·김재술·유석준·곽동의·김종충 등 재일교포 사회에서 존경받는 지도급 인사들이었다. 이들을 중심으로 한민통 일본 본부를 결성하도록 하고, 몇 차례 회합을 거쳐 선민주화 후통일의 원칙을 분명히 하는 강령에 합의했다.

김대중이 단시일 안에 재일교포 지도자들의 지지를 받은 것은 하네코를 비롯해 몇 개 도시에서 연설한 것이 교포들 마음을 움직였기 때문이다. 그는 유신쿠데타와 한반도 정세를 열정적으로 알리고, 참석자들 질의에 진지하게 답변했다. 당시 교포 사회에서는 '반한 감정'이 번지고 이로 인해 민단에서 조총련 쪽으로 넘어가는 사람도 적지 않았다.

망명 기간 동안 김대중은 속옷이나 양말을 손수 빨았다. 호텔방에서 자신의 내의를 빠는 모습이 교포 청년들에게 목격되기도 했다. 이런 일이 교포 사회에 알려지면서 지지자들이 더 많아졌다.

김대중이 납치되기 9일 전이었다. 한민통 결성 준비로 한참 바쁜 때였다. 김대중 선생과 약속이 있어 그의 호텔방을 들어서는 젊은 이가 있었다.

김대중은 그가 호텔방에 들어섰는데도 욕실에 들어가서 좀체로 나오지 않았다. 볼일을 보거나 세수를 하는 시간 치고는 너무 긴 시간이었다. 한참 만에 욕실 밖으로 나오는 틈에 언뜻 들여다보이는 욕실 안에는 속옷이 주렁주렁 널려 있었다. 손님은 깜짝 놀랐다. 그는 젊은 재일교포의 한 사람이었다.

"아니 선생님, 이런 건 우리가 해드릴 텐데……."

"괜찮아. 이것을 무슨 세탁이라고 할 수 있는가. 내 마음을 씻는 것일세."

손님은 한동안 그를 보았다.

"나처럼 해외에서 우리 교포들의 깨끗한 돈, 다시 말해서 정성과 진심이 담긴 돈으로 활동하는 입장에서 어찌 이런 빨래까지 세탁소에 맡길 수 있겠는가? 내 마음, 내 기백을 씻는다는 마음으로 하는 것인데 어찌 자네들에게 맡길 수 있겠는가."[195]

한민통 일본 본부는 8월 13일경에 발족하기로 했다. 해방된 지 28주년이 되는 광복절을 성대하게 치르려고 그 전에 발족하기로 한 것이다. 8월 4일 밤, 김대중은 납치 계획이 진행되고 있다는 익명의 전화 제보를 받는다.

•
195   김진배, 앞의 책, 175~176쪽.

13장

도쿄납치사건

증오와 말살의 대상

1970년대 중앙정보부는 못하는 일이 거의 없었다. 5·16쿠데타 직후에 조직된 중정은 박정희의 직할 통치 정보기관으로 국내 정치, 학원 사찰은 물론 경제, 사법에 관여하고 이권에 개입하는 등 무소불위의 권력을 휘둘렀다. 여당 중진의원들까지 붙잡아다 수염을 뽑는 등 크고 작은 고문을 자행하는 것으로도 악명을 날렸다.

1973년 7월 김대중이 미국에서 일본으로 다시 입국하면서부터 주일 한국대사관과, 특수 목적을 위해 파견된 중정요원들은 부산하게 움직이기 시작했다. 중정은 7월 10일 부장 지시 사항으로 주일 파견관에게 김대중을 견제할 대책을 전달하는 한편 김대중의 동향을 철저히 감시해 수시로 보고하도록 명령했다. 이어 13일에는 "책임활동관을 선정해 지시 사항을 수행하라."는 지령을 내리는 등 납치·살해 음모를 착착 진행하고 있었다. 지원팀으로 베테랑 요원들이 속속 일본으로 몰래 파견되었다.

중정은 김대중을 납치·살해 하려고 'KT공작계획안'을 마련해 추진했다. 중정이 김대중을 DJ가 아닌 'KT'로 약칭한 이유는 정확하지 않지만, 미국 중앙정보부CIA 보고서에서 김대중을 "KIM TAE CHUNG"으로 표기한 데서 연유한 것으로 보인다. 계획안을 작성한 핵심 인물은 당시 중정의 정보차장보 이철희, 해외공작단장 윤진원과 주일 파견관 김기완 등이다. 이들은 'KT공작요원 실태조사보고서' 등 납치 관련 보고서도 작성했는데, 이 자료들은 납치사건 발생 뒤 파기된 것으로 알려졌다.

당시 중정 부장은 이후락이었다. 이후락은 7·4남북공동성명 발표 등으로 박정희에게 최고의 신뢰를 받았으나, 1973년 3월 윤필용사건[196]에 연루된 이후 박정희에게 직접 보고하는 횟수가 줄어드는 등 박정희와 점점 소원해지고 있었다.

그 무렵 김대중이 미국과 일본을 오가면서 벌인 반유신운동은 국내외를 막론하고 유일한 저항이자 도전이었다. 그 때문에 현지 대사관과 정보요원들은 김대중 활동을 낱낱이 보고하고 있었다. 김대중의 반유신 활동은 유신체제로 천하를 평정했다고 안도한 박정희의 심기를 크게 건드렸다. 그렇지 않아도 3선개헌 뒤 중정 부장에서 해임된 김형욱이 미국으로 망명해 문제를 일으켜서 심란한 판이었으니, 박정희에게 김대중은 여러 면에서 보통 거북한 존재가 아닐 수 없었다. 박

---

196 1973년 당시 수방사령관이던 윤필용 소장이 이후락에게 "각하의 후계자는 형님이십니다. 김춘추도 당나라에 갔다 와서 왕이 되지 않았습니까?"라고 말해서 불거진 사건. 하나회가 군부의 전면에 등장한 사건이기도 하다.

정희의 뇌리 속에서 김대중은 항상 증오와 말살의 대상이었다. 그래서 중정을 통해 수시로 행적을 조사토록 하고 보고도 받았다.

중정은 납치공작이 한참 진행 중인 73. 7. 24에 〈김대중 재미·일 활동종합〉(제4보, 72. 10. 11~73. 7. 24)제하 보고서를 청와대에 즉보 ('비서실에서 조치 필'이란 메모도 기재되어 있음)한 사실이 확인되었음.[197]

갑신정변의 주역 김옥균이 1884년 일본으로 망명했을 때 민씨 척족 정권은 통리군국사무아문의 주사 지운영 등을 보내 그를 암살하려고 했다. 결국 지운영에 포섭된 프랑스 유학생 출신 홍종우가 김옥균을 상하이로 유인해 1894년 암살하는 데 성공한다. 외교관계상 일본보다 중국이 암살 장소로 더 적합했기 때문이다. 박 정권이 미국이 아닌 일본에서 김대중을 납치·살해 하려던 이유도 유사하다. 한미 역학관계나 인권 문제로 보나 미국보다는 일본이 더 유리했기 때문이다.

상하이에서 암살된 김옥균 사체는 국내에 송환되어 부관참시당하고, 전국 8도의 저잣거리에 효시되었다. 김대중 납치암살단은 김대중을 토막살해 하거나 몸뚱이에 돌을 묶어 수장하려고 기도했다. 한국 정치인들의 반대파 제거 방식은 예나 지금이나 거의 달라지지 않았음을 보여준다.

49세가 된 망명객 김대중은 점점 파쇼로 변해가는 조국 현실에 가

---

197   국가정보원 과거사진실규명을위한발전위원회(이하 진실위), 《김대중납치사건 진실규명》, 2007, 452쪽.

슴 아파했다. 이에 미국과 일본을 오가며 국제 여론을 일으키고, 해외 동포들의 힘을 모아 유신체제에 저항하고자 했다.

김대중이 일본에 입국할 때 교포 측근들이 재일 한국인 야쿠자 사이에서 모종의 음모가 진행된다는 정보가 있으니 각별히 조심해야 한다고 조언했다. 국내에 있던 부인 이희호도 정부의 협박이 있었다는 편지를 보내왔다. 그 전에 일본에 머물 때 자민당 간부는 한국 정부에서 제안한 모종의 일을 전하기도 했다.

나는 짐작 가는 일이 있었다. 그해 초부터 3월 말까지 일본에 있을 때, 박정희 대통령과 친한 자민당 간부가 간접적으로 "박정희 대통령과 타협하는 게 어떤가?"라고 말했다. 그것은 나를 부통령으로 하겠다는 뜻이었다. 물론 거절했다.

또 하나는 중앙정보부의 한 부장(제6국 부장으로 대통령의 특명 조사 담당)이 서울의 우리 집에 와서 아내에게 이렇게 말했다고 한다. "빨리 일본에 있는 김대중에게 편지를 쓰는 것이 좋겠다. 이대로 반정부 운동을 계속하면 좋지 않은 결과가 생긴다. 안전에도 문제가 있을 것이다." 이런 협박을 했다. 그것을 나는 아내의 편지로 알았다.

짐작이 갔지만, 솔직히 그 경고를 심각하게 받아들이지 않았다. 중앙정보부가 이번에는 일본에서 나를 방해하리라는 것은 짐작했지만, 목숨을 노리는 것이라고는 생각지도 못했다. 또한 그만큼 일본의 치안을 믿고 있었고, 세계 제일이라는 일본 경찰의 포위망을 뚫고 그런 엄청난 일을 계획할 수 없을 것이라고 내 나름대로 생각하고 있었기 때문이었다.[198]

김대중은 이 무렵 일본에서 《행동하는 양심으로》[199]를 출간했다. 일본에서 출간한 이유를 〈서문〉에서 다음과 같이 밝혔다.

내가 일본에서 이런 하찮은 책을 발간하게 된 커다란 이유 중의 하나는 60여만 명이나 되는 재일교포에게 작지만 나의 성의를 표시하고 싶어서인 것이다. 그들은 과거 수십 년 동안에 온갖 굴욕을 견디어오면서 오로지 조국의 통일과 한국인으로서의 긍지를 지키려고 노력했음에도 불구하고 오늘날까지 조국은 실망만을 되풀이해서 안겨주었던 것이다. 이 책이 그들에게 용기와 위로가 되어 손과 손을 마주잡고 독재정치를 종결시켜 조국통일을 성취하는 데 협조할 수 있게 된다면 그 이상의 보람이 없겠다는 것이 나의 솔직한 심경이다.[200]

●

198   일본 NHK 취재반 구성, 김용운 편역, 《역사와 함께 시대와 함께 – 김대중 자서전 2》, 인동, 1999, 11쪽.

199   이 책은 서문과 함께 1. 반골의 역사 – 고향 전라도 2. 사상적 방황 – 해방과 나의 시련 3. 사형수의 탈주 – 전쟁과 민족의 수난 4. 현실에의 참여 – 국회의원에 출마 5. 위대한 승리 – 이승만 정권의 종막 6. 나약한 그러나 선량한 국무총리 – 장면 내각의 운명 7. 돌풍의 내습 – 5·16군사정변의 발생 8. 공약空約이 된 공약公約 – 군정 2년 반의 역사 9. 박 정권 최대의 위기 – 한일협정 파동 10. 밀월시대 – 존슨 대통령과 박대통령 11. 예비대통령선거 – 목포의 국회의원선거 12. 양쪽으로부터의 협공 – 청와대 습격과 3선개헌 13. 새로운 시대의 도래 – 40대 후보의 탄생 14. 안팎으로부터 쏠린 눈길 – 남북통일과 4대국 안전보장론 15. 기적과 같은 국민의 열광 – 4·27대통령선거 16. 유사 이래 대진출 – 국회의원선거 17. 배신당한 기대 – 8대 국회하의 정치정세 18. 옷 속의 갑옷 – 위수령과 비상사태 선언 19. 27년 만의 악수 – 남북공동성명 20. 통일에 관한 나의 비전 – 3단계 통일론 21. 적중한 예언 – 10·17 제2쿠데타 22. 허구의 나팔 – 강경조치의 이유 23. 독재의 도미노적 경향 – 우려할 만한 아시아의 현상 24. 아시아 정책의 전환을 – 일본에 대한 제언 25. 무궁화여 영원하라 – 민족을 위한 기도와 신념으로 구성되었다.

200   김대중, 《행동하는 양심으로》, 북미주민주구락부연합회 출판부, 1987, 38쪽.

김대중은 이 책에서 자신의 생애와 정치 신조, 정치활동을 되돌아본다. 그때까지 국내에서 펴낸 책들은 국회연설문 등을 엮은 것인 데 반해 이 책은 자신이 직접 쓴 자전적, 정치평론적 성격의 기록이다.

도쿄납치사건의 전모

측근들은 김대중의 신변을 염려해 신주쿠에 있는 하라다맨션에 방 하나를 얻었다. 망명객이 호텔에서 지내는 것도 외관상 문제가 되는 데다 물가가 비싸기로 소문난 도쿄에서 호텔 생활을 계속하기에는 경비도 넉넉하지 않았다.

20평의 하라다맨션 11층 7호실에 '한국민주제도·통일문제연구소 도쿄사무소'라는 간판을 달고, 김대중은 거기서 먹고 자며 활동하기로 했다. 비서진과 경호원단도 꾸렸다. 민단 동경 본부의 사무차장 조활준이 비서역과 연구소 사무소장을 맡고, 일본에 입국할 때 신원보증인이 돼준 친구 김종충이 보좌관 그리고 유도 3단인 김강수 등이 경호요원으로 일하게 됐다. 그리고 재일한국인 기독교단체에서 추천한 배중도 청년이 연구소에 나와 사무를 도왔다.

맨션에서 지낸 지 일주일이 지난 뒤부터 김대중을 감시하는 눈길이 포착되었다. 개인택시를 타고 온 사람이 집 주위를 감시하다가 김대중이 나오면 어김없이 뒤를 쫓았다. 이 때문에 누구를 만날 경우에는 반드시 약속 장소를 이쪽에서 정하는 등 주의에 주의를 기울였다.

국가정보원 과거사진실위가 펴낸 《김대중납치사건 진실규명》에 따르면 납치는 다음과 같은 과정으로 이루어졌다.

8월 8일 도쿄는 아침부터 몹시 더웠다. 오전 8시에 벌써 섭씨 30도를 넘었고 차량에서 내뿜는 배기가스로 하늘은 무척 흐렸다. 김대중은 민주통일당 당수 양일동과 점심 약속이 있어서 택시를 타고 시내에 있는 그랜드팰리스호텔로 갔다. 이때 김강수 경호원이 수행했다.

11시경 호텔에 도착한 김대중은 경호원과 22층까지 엘리베이터로 올라갔다. 경호원은 1층 로비에서 기다리도록 내려보내고, 호텔 2211호실에 투숙 중인 양일동과 만나 2212호실로 옮겨 대화를 나누었다. 그때 김경인이 들어왔다. 3명이 함께 점심을 시켜 먹고, 김대중은 아카사카에서 자민당 기무라 도시오(전 외무장관) 의원과 만나기로 되어 오후 1시 15분경 먼저 방에서 나왔다. 김경인이 배웅차 따라 나왔다.

그때 2210호와 2215호에서 건장한 남자 6명이 뛰어나왔다. 그들은 김대중의 무릎과 턱을 친 뒤 마취제 수건으로 입을 틀어막았다. 순식간에 벌어진 일이었다. 김대중이 크게 소리치고, 김경인도 "무슨 짓이냐, 누구냐?"고 소리쳤다. 그러자 괴한들은 김대중 입을 막은 채 2210호실로 끌고 갔다.

김경인이 계속 소리치자 괴한들은 유창한 서울말로 "우리는 서울에서 왔다. 국내 문제니까 조용히 처리하자. 곧 끝날 테니 조금만 기다려라." 하고 말했다. 그러고는 양일동, 김경인을 옆방에다 밀어 넣었다.

김대중을 2210호실로 끌고 간 괴한들은 김대중을 침대에 팽개친 뒤 마취제 적신 손수건을 김대중 코에 대고 눌렀다. 김대중은 한순간 정신을 잃었지만 마취제가 그리 독하지 않았는지 완전히 의식을 잃지는 않았다. 괴한들은 "조용히 해라. 말을 듣지 않으면 죽여버리겠다!"며 협박했다. 직접 김대중의 말을 들어보자.

조금 있다 범인들은 나를 일으켜 엘리베이터 쪽으로 끌고 갔다. 나중에 들은 이야기인데, 그들은 배낭과 로프, 티슈를 준비해 와서 처음에는 내 몸을 욕실에서 갈기갈기 찢어 배낭에 넣어 짊어지고 나갈 작정이었던 것 같다. 우리들이 처음에 소리를 질러서 위험을 느낀 그들은 나를 죽이지 않고, 엘리베이터로 옮기기로 계획을 바꾼 것 같다. 엘리베이터로 향하면서, 나는 의식은 있었지만 몽롱한 상태였다.

엘리베이터에 태워져서 17, 8층쯤 내려갔을 때 엘리베이터가 멈추고 남녀 두 명이 들어왔다. 그것을 보고 나는 일본어로 "살인자다. 구해달라"고 두 번 말했다. 그러자 무슨 영문인지 그들은 연루되는 게 두려웠는지, 당황하며 엘리베이터를 다음 층에서 멈추고 내려버렸다. 그러자 납치범들은 나를 때리기도 하고 발로 차기도 했다. 그렇게 기회는 사라져버렸다.[201]

주차장으로 내려온 괴한들은 김대중을 차에 실었다. 김대중 입을 헝겊 조각으로 틀어막은 뒤 상의로 얼굴을 씌운 채 폭행과 마취를 거듭하면서 어디론가 끌고 갔다.

얼마 뒤 김경인이 걱정이 되어 동태를 살피려고 문제의 2210호로 가보았다. 방 앞에는 건장한 남자 둘이 서 있었다. 그들은 김경인이 방안으로 들어가려 하자 가로막았다.

201 일본 NHK 취재반 구성, 김용운 편역, 《역사와 함께 시대와 함께 – 김대중 자서전 2》, 인동, 1999, 24~25쪽.

같은 시각, 1층 로비에서 기다리던 김강수는 2시 약속 시간을 앞두고 시간이 지나도 김대중이 내려오지 않자 호텔 내선전화를 사용해 2211호에 연락을 했다. 그러나 김대중 아닌 다른 사람이 뭔가 한마디 하고는 일방적으로 끊어버렸다. 당시 김강수는 한국말을 잘 몰랐다. 김강수는 당황해서 조활준 비서에게 전화를 했다. 조활준은 "정치 동지들끼리 밀담 중인데 외부에서 방해하면 안 된다."며 조금 더 기다려 보라고 했다.

그러는 사이, 호텔 주차장을 빠져나온 납치 차량은 고속도로에 진입했다. 4, 5킬로미터쯤 달리는가 싶더니 차가 멈추었다. 김대중은 검문하는 것이 아닌가 싶어 구원해달라고 소리치려 했다. 그러나 입이 틀어 막힌 채 범인들 발밑에 몸이 눌려 있어 옴짝달싹할 수 없었다. 훗날 알아본 결과 차는 검문 때문이 아니라 방향을 물으려고 선 것이었다.

김대중 납치 소식을 접한 일본 경시청이 오후 3시 15분에 전국 주요 공항과 항만에 경계 태세를 취하도록 지시했으나 고속도로 검문은 실시하지 않았다.

납치 차량은 5, 6시간을 계속 달렸다. 오후 7, 8시경 오사카 근처의 큰 차고 같은 건물에 도착했다. 다시 김대중의 증언이다.

곧 빌딩 안으로 끌려가서 나는 엘리베이터에 태워졌다. 그리고 그 엘리베이터에서 내려 끌려간 곳은 다다미가 있는 방이었다. 그곳에서 젊은 여자의 목소리가 들렸지만, 뭐라고 하는지 알 수 없었다.

범인들은 나를 묶었던 끈을 일단 풀고, 내가 입고 있던 옷을 팬티와 러닝만 빼고 전부 벗겼다. 그때 양복 주머니를 뒤져서 현금 20만

엔과 신분증명서, 명함, 롤렉스시계를 빼앗았다. 그리고 다시 끈으로 몸을 묶고, 얼굴과 코만 남기고 화물포장용 강력테이프로 몸 전체를 둘둘 감았다. 저녁때가 다 되었는데 나는 그대로 방에 처박혀 있었다.[202]

납치범 6명 중 김동운과 유춘국은 호텔 현장에서 사라지고, 나머지 윤진원·한춘·유영복·홍성채가 김대중을 차에 실어 납치했다. 운전은 유영복이 맡고, 윤진원이 지휘했다.

김강수의 전화를 받고 호텔로 달려온 조활준과 김부근은 김경인을 만나 김대중이 2210호실로 끌려 들어갔다는 말을 듣고, 방에 들어갔으나 아무도 없었다. 수면제 같은 약품 냄새가 코를 찔렀다. 3인이 회담을 한 2212호에는 양일동이 멍하니 소파에 앉아 있었고, 곧이어 양일동의 연락을 받고 왔다는 김기완 주일 공사가 나타났다. 그 시각에 김기완이 어떻게 그곳에 왔는지는 의문이었다. 상황 판단을 한 조활준은 2시 40분경 경찰의 범죄신고 110번에 납치 사실을 신고했다.
　범행 현장인 2210호에는 약품 냄새가 가시지 않았고, 큰 배낭 두 개와 이보다 작은 배낭 1개, 13미터쯤 되는 로프가 남아 있었다. 모두 새것이었다. 범인들이 김대중을 죽인 뒤 사체를 잘라 넣어 나가려고 준비한 물품들이었다.

202　일본 NHK 취재반 구성, 앞의 책, 29쪽.

사이드 테이블 위에는 실탄 7발이 들어 있는 독일제 권총 탄창 1개, 마취제 같은 뿌연 액체가 3분의 1 정도 남아 있는 작은 영양제용 약병 1개, 대형 갈색 봉투, 북한제 담배 2개비가 놓여 있었다. 바닥에는 티슈와 김대중이 애용하던 파이프 1개도 떨어져 있었다.

이들 배낭 등 장비는 윤진원과 김기완이 8월 6일 등산용구점 지요다구 간다 진보초 소재 '사카이야'에서 8월 6일 구입한 것으로 일본 경시청 조사 결과 드러났다.

오래된 탄환은 당시 일본 폭력배들이 사용하던 것으로 밝혀졌다. 범인들은 북한제 담배나 일본 폭력배들이 사용하는 권총 탄환을 놓아두는 등 수사진의 혼란을 노리는 철저한 유류품을 준비한 것이다. 방 안 테이블에는 또 세 사람이 식사했던 음식과 그릇이 그대로 남아 있었다.

김대중의 납치 과정에서 가장 의혹을 받은 인물이 양일동이었다.

9대 총선에서 떨어진 양일동은 7월 16일 신병 치료차 일본으로 건너가 순천당병원에 입원했다. 7월 25일 김대중과 양일동은 도쿄 힐튼호텔에서 회담을 갖고 차후에 다시 만나기로 약속했다. 그는 중앙정보부로부터 외교관 여권을 전달받고 출국한 것으로 밝혀졌다.[203]

양일동이 일본에 머무는 동안 평소 왕래가 있던 현지 책임자 김기완 공사가 양일동에게 끈질기게 접근했다. 양일동이 김대중에게 비판

203 김대중선생 납치사건 진상규명을 위한 시민의 모임 편, 《김대중 납치사건의 진상》, 푸른나무, 1995년 참조.

적이라는 사실을 알고부터는 더욱 달라붙었다. 김기완은 그랜드팰리스호텔에 방 세 개를 얻어 병원에서 퇴원한 양일동에게 2211호를 쓰게 하고, 나머지는 납치범들의 '거사'용으로 사용했다.

김기완이 양일동과 만나 얻은 가장 큰 소득은 양일동과 김대중이 다시 만난다는 정보였다. 앞에서도 언급했듯이 김대중은 내·외국인을 막론하고 극도로 신변 노출을 조심해 납치범들이 행방을 알아내기가 쉽지 않은 터였다. 숙소도 거의 매일 옮기다시피 하고 사람을 만날 때도 시간, 장소를 김대중 쪽에서 지정할 정도였다. 이런 상황에서 양일동이 김대중을 만난다는 정보는 '월척' 그 자체였다. 양일동 뒤만 쫓으면 되었다. 그리고 8월 8일 김대중을 덮친 것이다.

이 사건에서 양일동의 행동은 의문으로 남는다. 이런 엄청난 사건을 목격하고도 40분 내지 1시간 후에야 그것도 일본 경시청이 아닌 김기완에게 연락을 했기 때문이다. 그러나 어디에도 양일동이 납치사건에 개입했다는 증거는 없다. 김형욱도 증언 자료에서 이를 부인했다. 양일동은 다만 자신을 지극히 '모셔주는' 김기완 계략에 빠져 면담 사실을 알려주었고, 그것이 엄청난 결과를 빚었을지도 모른다.

사건이 일어난 날 양일동은 같은 당 소속인 김경인에게 서점에 가서 책을 사 오라고 일렀다. 그런데 김경인이 예상보다 일찍 돌아와 셋이 함께 점심을 먹고 김대중을 배웅하면서 사건을 목격하게 된다. 그 바람에 현장 '토막살해' 계획이 '납치'로 바뀌었을 것이다. 김대중 목숨을 살린 이는 일차적으로 김경인이라 해도 과언이 아니겠다.

다음에 손발을 묶은 뒤 옆 다다미방으로 옮겨졌다. 일으켜 세우더니 끌고 나가 또다시 자동차에 태웠다. 나를 깔고 앉은 채 약 1시간 이상 가더니 바닷가에 이르렀다. 납치범들은 여기서 인계하고 돌아 나온 것 같았다.

나는 예상했던 대로 "바다에 던지는구나" 하고 생각했다. 모터 보트로 옮겨 보자기를 씌운 후 1시간쯤 가더니 큰 배에 옮겨 실었다. 그리고 배는 속력을 내어 한없이 달렸다. 전에 해운업에 손댄 일이 있는 내 경험으로는 아마 북태평양 근방이나 사모아 같은 남양까지 끌고 간 것으로 짐작되었다. 얼마를 가더니 그들은 나를 배에 눕혀놓고 처음으로 결박을 푼 뒤에 다시 온몸을 단단히 묶고 입에 재갈을 물렸다.

바다에 던져질 각오로 십자가를 그었더니 그들은 나를 때렸다. 조금 전 그들끼리 12시 50분이라고 하는 얘기를 들어 어림짐작으로 1시쯤 되는 줄 알았다.

그들은 어떻게나 훈련이 잘돼 있는지 다음 행동을 눈치 채지 못하게 했다. 식사를 주는 사람은 친절했으나 오늘이 무슨 날인지 장소가 어디인지 한마디도 하지 않았다. 배 위에서 끌어내려져 선내 밑바닥으로 옮겨졌다. 묶은 것을 풀고 본격적으로 다시 묶기 시작했다.

그들은 저희끼리 "그렇게 하면 빠진다", "후가(일어로 상어)…" 하는 말을 주고받았다. 그들은 전부 한국어로 말했으며 경상·충청·전라·경기도의 악센트도 있었다.[204]

●

204 〈김대중씨가 말하는 피랍 닷새〉, 《동아일보》, 1973년 8월 14일.

납치범들이 도쿄에서 오사카 간 고속도로를 달려 도착한 오사카 인근의 중정 안가安家로 추정되는 곳에는 납치범 4명 외에 중정요원 박승민·김기도·김명기·박성일과 타자수 김봉실이 있었다. 그녀가 '젊은 여자 목소리'의 주인공이었다.

김대중납치사건은 오후 2시 40분경 110번에 납치사고를 신고하면서 일본 경찰과 언론에 알려졌다. 곧 일본 기자들이 그랜드팰리스호텔 현장에 찾아와 취재를 벌였다. 그런데 양일동과 김경인은 1시 50분경에 이 사실을 알렸다고 김대중사건 특별수사본부에서 진술했다. 양일동은 주일 한국대사관에게, 김경인은 김대중과 절친한 우쓰노미야 의원에게 구원을 요청했다는 것이다.

마침 한민통 일본 본부 창립대회에 초청돼 머물던 임창영이 미국 하버드대 코언 교수에게 연락하면서 이 사건은 곧 미국에도 알려졌다. 그러나 중정 동경 본부와 서울 본부 사이에서 친 무전 연락이 미군 정보망에 포착돼 사건 내막을 안 미 국무부가 행동에 나섰다는 설이 더 유력하다.

"아직 제겐 할 일이 있습니다"

절체절명의 순간을 맞은 김대중은 뒷날 이때 상황을 다음과 같이 썼다.

> 양손을 가슴에 모으게 하고 다시 묶었다. 양발도 묶고 등에 판자를 대고 세 군데를 그렇게 묶었다. 그리고 입에는 나뭇조각을 물게 하고 붕대를 둘렀다. 오른팔과 왼쪽 손목에는 각각 3, 4kg의 추를 달았다. 그 작업을 하면서 그들은 시종 아무 말도 없었다.

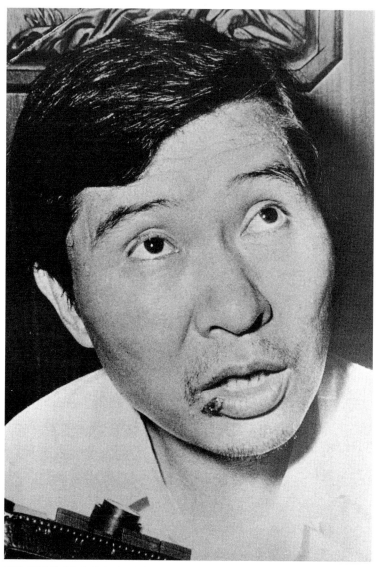

납치되었다 풀려난 후 현장 검증에 응하는 김대중.

[……]

'바닷속에 던져진다면, 물속에서 추를 벗길 수 있을까? 아니 그
것은 무리일 것이다. 바다에 던져지면 몇 분 안에 끝날 것이다. 그
리고 고통도 사라진다. 괜찮지 않을까? 아니다. 상어에게 하반신을
먹혀도 상반신만으로라도 살고 싶다.'

그런 생각들이 반복되었다. 그리고 양 손목의 로프를 끊을 수 있
을지 힘을 주어보았다. 전혀 되질 않았다. 그런데 내 눈앞에 돌연 예
수님이 나타나셨다. 나는 기도할 생각도 하지 못했는데 참으로 불가
사의한 일이었다. 그래서 나는 예수님의 옷자락을 붙들고 매달렸다.

"살려주십시오. 아직 제게는 할 일이 남아 있습니다. 우리 국민
들을 위해서 하지 않으면 안 될 일들이 있습니다. 죽으면 국민들의
기대에 부응할 수 없게 됩니다. 구해주십시오." 하고 말했다.

나는 평소에도 기도를 해왔지만, '구해달라'는 말은 이때가 처
음이었다. 나의 그 말이 끝남과 동시에 감고 있던 눈에 붉은빛이 번
쩍 비쳤다. 배의 엔진이 미친 듯이 움직이기 시작했다. 선실에 있던
사람들이 "비행기다"라고 말함과 동시에 일제히 갑판으로 뛰쳐나
갔다.[205]

죽음의 문턱에서 기적적으로 살아난 김대중은 뒷날 인터뷰에서 다
음과 같이 당시 상황을 설명했다.

205　일본 NHK 취재반 구성, 김용운 편역, 《역사와 함께 시대와 함께 - 김대중 자서전 2》,
　　인동, 1999, 32~33쪽.

한국말을 아주 잘하는 것으로 미루어 재일교포는 아닌 게 분명했다. 나는 이제 마지막 던져지는 단계라고 생각했다. 죽음을 각오하고 마지막으로 천주님께 기도했다. 그러다가 당분간 내 대신 일할 사람이 없으니 살려달라고 했다. (얘기 도중 약 2분 동안 말을 잇지 못하고 울음을 터뜨리며 흐느꼈다.)

이때 갑자기 발동 소리, 비행기 엔진 소리 같은 소리가 터져 나오면서 미친 듯이 배가 요동했다.

꽤 큰 선박이었고, 롤링도 없고 빨라서 1000마력은 되는 것 같았다. 붕대 위로 얼핏 보니 빨간 불빛이 번쩍여 이것이 고비라고 생각했다. 배는 또 10여 시간 달렸다.

그때 "시코쿠[四國]" "도쿠야마"라는 소리가 들려왔다.

항해를 계속, 11일 오전 한국 연안에 이르러 모터보트로 옮겨져 상륙했다. 상륙하기 전 배 위에서 의사가 와서 치료해주는 것 같았다. 혈압을 재어보고 혈압이 낮다며 혈압을 올려주는 주사를 두 대 놓아주었다. 의사는 나를 잘 아는 것 같았다.

육지에서 자동차를 두 번 갈아탔다. 두 번째 차는 침대가 있는 앰뷸런스 같았으나 약 냄새는 나지 않았다. 2~3시간 후 어떤 집에 도착하여 "집이 누추하지만 며칠 있어야겠다."고 누가 말했다. 방바닥을 만져보니 한국의 방바닥의 촉감이었다.[206]

납치범들은 이렇게 납치해온 김대중을 6일 만인 13일 오후 8시경 서

206 김진배, 《인동초의 새벽》, 동아, 1987, 184쪽.

울 동교동 자택 근처에 풀어주고 사라졌다. 자신들을 '구국동맹행동대'라고 불렀지만 그런 단체는 존재하지 않았다. 중앙정보부 짓이었다.

> 그들이 동교동 동사무소 근처에 나를 내려놓으면서 '3분 동안 돌아서서 용변을 보는 체하다가 안대를 풀고 집으로 가라'고 말하기에 진짜 용변을 본 후, 50~60m 떨어진 집으로 걸어갔다.[207]

사건의 배후

섬마을에 살았던 필자의 어릴 적 얘기다. 어부들이 고기잡이를 나갔다가 풍랑을 만났다. 며칠이 지나도 돌아오지 않아서 어부 가족들은 죽은 줄 알았다. 장례를 치른 뒤 7일째 되던 날 씻김굿도 했다. 그런데 어스름 저녁에 갑자기 어부들이 나타났다. 사람들은 귀신인 줄 알았다. 김대중 가족들도 이런 심정이었을 성싶다.

김대중은 중앙정보부 공작선 용금호에 실려 태평양 바다에 수장될 뻔했다가 살아 돌아왔다. 용금호는 북한 대남공작원들이 해상으로 침투하는 것을 막으려고 1966년경 김형욱 특명으로 건조한 것이다. 고성능 무선장치를 갖추었으며, 전장 51.97미터에 시속 10노트였다. 실제는 시속 20 내지 30노트로도 달릴 수 있는 쾌속정이었고, 승무원 20명이 탈 수 있었다.

용금호에는 선장 이순례, 1등기관사 정운길, 2등기관사 정순남을 비롯해 주정효·박재열·이점조·박용승·감순근·오정수·김명호·임

---

207 김진배, 앞의 책, 185쪽.

익춘·김동일·이종조·박해천·김광식·윤창수·강영길·정용석·조시환·박정열 등이 타고 있었다.

〈KT공작요원 실태조사 보고서〉에 따르면, 중앙정보부는 1980년 12월 국가안전기획부(안기부)로 개편될 때까지 공작 가담자와 용금호 선원들이 비밀을 누설하는 것을 막으려고 '특별관리팀'을 구성해 유지했던 것으로 드러났다. 이후락이 중정에서 물러난 뒤에도 중정은 이철희 차장과 해외공작국(8국)을 중심으로 특별관리팀을 구성하고 지원했다. 중정은 공작 가담자 46명의 동향을 정기적으로 파악하고 이들의 입을 막으려고 생계보조금과 보상금 등을 지원했다. 1977년 6월 22일 미 하원 프레이저위원회 공청회에서 김형욱은 '김대중납치 사건에 직간접적으로 가담한 인물들로부터' 자신이 모은 정보를 기초로 김대중납치사건에 관련된 사람들 명단을 공개했다. 6월 24일 프레이저 위원장은 그 리스트를 보고 "미 국무부에서 입수한 정보와 일치하므로 믿을 수 있는 것이."라고 신빙성을 보증했다. 미국 정부와 의회가 인정한 김대중납치사건 관련자 명단은 다음과 같다.

납치·살해 음모 지휘자들
중앙정보부 부장 – 이후락
중앙정보부 차장 – 김치열
중앙정보부 차장보 – 이철희
주일 한국대사관 공사 납치행위 제1책임자 – 김기완

실행그룹

단장(중앙정보부에서 파견) – 윤진원(해병 대령)

주일 한국대사관 참사관 – 윤영로

주일 한국대사관 1등 서기관 – 김동운

주일 요코하마 영사관 영사 – 유영복

주일 한국대사관 참사관 – 홍성채

비밀 공작원 – 유춘국

주일 한국대사관 서기관 – 백철현[208]

납치사건이 알려지자 박정희 정권은 처음부터 끝까지 한국 정부 개입설을 완강히 부인했다. 일본 경찰이 사건 현장에서 범인 지문을 채취하는 등 확실한 증거를 포착하고 사건 관련자 출두를 한국에 요구했지만 거부한다. 일본에서는 '주권침해'라며 비난 여론이 들끓었다. 그로 인해 한일정기각료회의가 연기되고, 대륙붕 석유 탐사를 위한 한일 교섭이 취소되었으며, 경제 협력도 중단되었다. 밀월관계를 유지해오던 한일 정부는 냉각 상태에 빠져들었다.

이후 미국이 배후에서 영향력을 행사하고, 한일 정부가 막후에서 유착하면서 관계정상화가 시도되었다. 그리고 김대중납치사건은 김대중의 해외 체류 중 언동을 면책해주고, 김종필 총리가 일본을 방문해 공식 사과하는 것에 합의하면서 사건 발생 86일 만에 정치적으로

---

208 김대중선생 납치사건 진상규명을 위한 시민의 모임 편, 《김대중 납치사건의 진상》, 푸른나무, 1995, 84쪽.

결말지어졌다. 이 과정에서 막대한 정치자금이 일본으로 흘러들어 갔다는 소문이 나돌았다. 무기한 연기되었던 한일각료회의가 다시 열리고 중단된 차관 사업도 재개되었다. 그러나 일본 주권침해 여부, 중앙정보부 관련설, 범인 수사 등은 사건의 진상과 더불어 미제로 남겨지고 말았다.

약속대로 김종필은 1973년 11월 2일 일본 수상을 찾아가 공식 사과한다. 그 자리에서 "이번 김대중사건이 발생한 것은 대단히 불행한 일로서 각하와 일본 국민에 대하여 유감의 뜻을 표한다. 한국 정부는 두 번 다시 이런 사태가 발생하지 않도록 노력한다."는 박정희의 친서를 전달했다. 치욕스러운 일이었다.

김대중납치사건은 1차적으로는 야당 지도자를 탄압, 말살하려고 기도한 국내 인권 문제이고, 2차적으로는 일본 수도에서 발생한 '일본 주권침해'라는 국제문제였다. 그러나 박정희 정권은 일본정부와 정치적으로 유착된 관계를 이용해 서둘러서 사건을 종결하고, 이 사건을 끝내 미제로 남겨버렸다. 박 정권은 사건 직후 특별수사본부를 설치하는 등 수사하는 제스처를 취했다. 그러나 1년 후인 1974년 8월 14일 아무런 성과 없이 내사 중지 결정을 하고, 다시 1년 후인 1975년 7월 21일 내사 종결을 한다. 이후로 전연 재수사를 하지 않았다. 박 정권 이후 정권들도 마찬가지였다.

1975년 7월 21일 서울지방검찰청 정치근 검사는 서울지방검찰청 검사장에게 다음과 같은 내사 종결 수사 보고서를 보냈다.

1974년 내사 제387호 김대중 특수체포감금 등 사건의 피내사자 김동운 외 성명불허 5명에 대하여 동년 8월 14일 내사 중지 결정한 후 계속 수사를 했으나, 새로운 자료가 발견되지 않아 피내사자 등에 대한 범죄혐의를 인정키 어려우므로 본건은 내사 종결함이 가하다 고 사료되어 보고합니다.[209]

정부 최고위층에서 '정치적'으로 저지른 사건을 검찰이 조사한다 는 것이 당시 상황에서는 불가능했다. 그렇더라도 검찰은 무책임한 태도로 일관했다. "계속 수사를 했으나 새로운 자료가 발견되지 않아 서" 내사 종결한다고 밝혔지만, 당시만 해도 국내외에서 수많은 자료 가 쏟아져 나오고 있었다. 검찰이 조금이라도 성의를 가지고 수사를 계속했다면 김동운 등에게서 혐의를 쉽게 찾아냈을 것이다. 검찰은 1973년 12월 15일에 사실상 수사를 종결하고 답보 상태에 있었다.

그러나 수사본부의 수사 자료에는 상당히 '폭넓게' 수사한 것으로 되어 있다.

- 귀가 현장 중심 수사로서 귀가시 사용된 승용차를 찾기 위해 자 동차 정비공장 836개소, 세차장과 차고주차장 2056개소를 뒤지고 차량 7813대를 조사했으며, 목격자 수사로 동교동 인근 주민 109명 을 조사하고, 테러 용의자 3390명에 대한 검문 실시했음.
- 내국적 선박 44척과 외국적 선박 26척 등 총 70척과 선원 1131명 을 조사했음.

209   김삼웅, 《한국현대사 바로잡기》, 가람기획, 1995, 160쪽.

- 상륙 지점을 찾기 위해 울산 지역 75km, 부산 지역 51km, 포항지역 70km, 마산·진해 지역 60km 등 256km의 해안선을 조사했음.
- 피해자가 한국으로 납치되어 보낸 첫밤에서 귀가 시까지 지낸 시골집과 2층 양옥을 찾기 위해 경북 영천·경산·달성·칠곡·성주 등 5개 군과 3개 읍, 18개 면의 시골집 260동 및 참고인 390명을 청주시·천안시·안성군·연기군·평택군 등 5개 지역 내 2개 시, 4개 읍, 16개 면의 2층 양옥 147동 및 참고인 140명, 의사 63명을 수사했음.
- 소위 구국동맹을 수사하기 위해 대한여론조사소 등 303개 단체를 조사했음.
- 피해자가 귀가 시 착용했던 붕대, 안대, 와이셔츠, 하의, 운동화, 반창고 등에 대하여 그 출처를 찾기 위해 감정을 했음.
- 그밖에도 난동분자 수사 명목으로 함윤식 등에 대한 소재 수사를 계속했음.

수사본부가 광범위한 수사를 했는데 단 하나의 증거도 찾지 못했다는 것은 수사가 형식적이었음을 말해준다. 실제로 당시 수사본부 부본부장(당시 마포경찰서장) 이홍세의 증언에 따르면, 사실상 서류 수사밖에 한 일이 없었다고 한다.

용금호 조리장의 양심선언
1994년 9월 9일 국회 민주당 원내총무실에서는 해묵은 사건 관련자의 '양심선언'이 있었다. 73년 8월 8일 일본에서 납치된 김대중을 한

국까지 싣고 온 것으로 알려진 용금호 조리장이었던 조시환이 기자회견을 열고 당시 상황을 처음으로 공개적으로 증언한 것이다.

다음은 조 씨의 증언 내용이다.

용금호는 원래 미군 수송선으로 중앙정보부가 인수한 공작선이었으며, 73년 8월 8일 부산항을 떠날 때 선원 11명과 정보부 요원 2명이 승선했다. 정보부 요원은 김모, 정모라고 불렀다. 용금호는 8월 8일 저녁 일본 오사카 외항에 정박했으며, 정보부원 2명이 내려가 밤 10시쯤 보트로 김대중을 데리고 왔다. 선생의 양손은 뒤로 묶이고 눈은 테이프로 가린 상태로 로프에 묶여 배에 태워져 배 선미의 닻 보관창고에 감금당했고, 한 명이 걸상을 놓고 감시했다. 용금호는 김대중을 태우고 오사카 항을 출발해 9일 새벽 2~3시쯤 공해상에 도착한 뒤 기관상의 고장이 나지 않은 상황에서 해상에 갑자기 30분쯤 정박해 이상하다고 느꼈으며, 그를 살해하려 한다는 육감을 가졌다. 이때 선원들이 "비행기가 떴다"는 외침과 동시에 비행기 소리가 들렸으며, 배가 갑자기 속력을 내달렸고, 9일 밤인지, 10일 새벽께쯤 부산항에 도착했으나 부두에 접안을 하지 않고 외항에 정박했다. 정보부 요원들은 이곳에서 선원들을 2일간이나 못 나가게 했는데, 그때 김대중을 감금했던 '창고'의 공간을 메워버리고 용금호의 이름을 지우는 등 배의 구조를 고쳤다.

그리고 선원들의 수첩도 회수하고 배의 이름도 유성호로 바꿨다. 용금호에 타지 않았던 윤진원 씨가 총책임자였는데, 그 사람 주관으로 사건 후 두 차례 회식을 가졌다. 당시 선원수첩을 반납하지 않고 아직 갖고 있으며, 사건 이후 그 배는 더 이상 일본 출항을 하지 않았다. 나(조시환 – 필자 주)도 이후 4개월 동안이나 다른 배도 못 타게 돼 생활이 어려워지자 부인 지 씨가 용금호 선장이던 이순계 씨를 찾아갔다.

부인은 이순계로부터 '윤진원 씨를 찾아가라'는 얘기와 함께 당시 승선했던 선원들이 3백만 원씩을 윤진원 씨로부터 받았다는 것을 들었다. 그리고 부인이 윤진원 씨의 주소로 몇 차례 편지를 보내자 윤 씨가 부산으로 부인을 찾아와 2백만 원을 내놓고 돌아갔다. 이후 항해에서 돌아와 내가 다시 상경해서 하얏트호텔 근처에 있는 윤 씨를 찾아갔으나 '2백만 원만 받으라'는 답변만 들었다. 그 후에 용금호 선원이었던 김광식·정순남 씨 등 다른 선원들은 엄청난 사례금을 받고 잘살고 있다는 얘기를 들었다.[210]

박정희 정권이 김대중을 납치한 것은 살해에 목적이 있었을까 아니면 단순히 해외에서 말썽이 나자 국내로 끌어오려는 데 목적이 있었던 걸까. 이에 대해선 당사자인 김대중과 '납치' 책임자로 알려진 이후락의 견해가 크게 엇갈린다.

다음은 《신동아》에 실린 이후락의 증언이다.

[……] 지난 14년 동안 일방적으로 기자분들만이 쓰다 보니까 상당한 부분이 픽션인데, 진실하고는 아주 다릅니다. 즉, 자기는 이것이

210 김삼웅, 앞의 책, 165~166쪽.

납치사건이 아니고 자기를 죽이려는 사건이었다 이렇게 말하는데, 내가 알기에는 이것은 처음부터 납치사건이었지, 죽이려는 그러한 사건은 아니었어요.

호텔에서 두 토막을 내서 휴지에 싸서 뭐 죽이려 했다… 그런 것은 상상하기도 어려운 일이고, 그런 발상을 하는 자체가 참 이해가 가지 않아요. 호텔에서 어떻게 사람을 토막 내서 옮겨 들어서 나갈 수 있겠습니까? 이것은 호텔에서 납치하는 계획 자체지, 살해하려는 것은 아닌 것으로 알고 있습니다."

그럼 배낭, 로프, 탄창 등을 준비한 것도 살해하려는 것이 아니라 납치의 한 수단일 뿐이라는 말씀인가요?

"어떠한 준비가 있었다 해도 그것은 납치를 위한 준비지, 김대중 씨를 죽인다든지 살해하려는 준비는 아니었다고 봅니다. 살해하려는 준비였다면 준비가 상당히 달랐을 거예요."

방금 지금까지 알려진 얘기가 대부분 '픽션'이라고 하셨는데 그렇다면 또 어떤 부분이 가장 '픽션'이라고 생각하십니까?

"김대중 씨는 자기가 배를 타고 가다가 죽을 뻔했는데 미국 사람 때문에 살았다, 비행기가 떠서 어쨌다 하는데 이것도 낭설입니다. 비행기가 뜬 일도 없고 설사 비행기가 그 배에 김대중 씨가 실려 있다, 죽음의 길로 간다 해서 그것을 탐지하고 떴다면 그 배의 항진을 놔두겠습니까? 정지신호를 한다든지, 돌아오게 한다든지 하지 그냥 두겠어요? 이 사건은 내가 알기에 처음부터 끝까지 납치가 목적이었지 김대중 씨를 살해한다, 수장한다 이런 것은 전연 없었던 겁니다. 그리고 뭐 자기를 물에다 넣기 위해 몸에다가 돌을 달았다, 내 그때에 그런 이야기를 듣고 확인해봤어요. 돌 단 일도 없고, 또 돌에 달아 물에 넣을 생각이 있었으면 물에 넣어야지 왜 물에 안 넣었겠어요."

김대중 씨 얘기는 물에 던져지려는 순간 비행기가 떠서 살아났다는 것 아닙니까?

"비행기가 떴으면 김대중 씨를 물에 넣어 죽이려고 하는 마당에 비행기가 떴으면 그럼, 그 배를 붙잡든지 무슨 조치를 해야 할 것 아닙니까? 상식적으로 생각해봐도 안 그래요? 어떻게 그렇게 살인 계획이 진행되고 있는 배를 보고, 비행기가 뭐 관광하러 왔어? 그냥 돌아갈 리가 없는 것 아닙니까? 만약 그렇다 하면 내가 정보부장인데, 미국 측에서 그 당시에 김대중 씨가 현재 어떤 배에서 지금 어떤 기관에 의해서 살해계획이 진행중에 있으니 이것을 중지하라고 연락이 내한테 올 것 아닙니까? 아무런 연락이 없었어요."

그러나 김대중 씨 입장에서 본다면 온몸을 결박당한 채 선창에 갇혀 있는 상태에서 비행기 소리가 나고 살해하려던 작업이 중단됐으니까 미국 비행기가 떠서 추적하고 있고, 미국이 알고 있는 만큼 배에 본국의 무전명령이 내려와 살해계획이 변경된 것으로 해석할 수도 있지 않겠습니까?

"비행기가 선회만 하고 돌아갔다 할 것 같으면 말이 됩니까? 아니 사람이 죽는데, 사람을 죽이려는 배를 보고 비행기가 그냥 빙빙 선회만 하고 갔다, 그렇게 갈 수가 있는 겁니까? 그래 미국 비행기는 빙 한 번 돌고만 가도 사람을 살리나…".[211]

이후락은 "이 사건은 박 대통령이 납치해오라고 이 부장께 직접 '지상명령'을 내렸다는 것이 '정설'처럼 돼 있는데요."라는 질문에는 이렇게 답변했다.

"박 대통령이 지시 내린 적도 없었고, 박 대통령은 이 문제에 대해서는 몰랐습니다. 사실, 내가 이런 상황이 일어났다 하는 것은 대통령께 보고를 했고요. 왜 이런 일이 일어나게 되게끔 되게 됐느냐 하고 야단까지 맞았는데, 박 대통령이 지시했다는 것은 전혀 없었습니다."

"하늘에 맹세하고 박 대통령 지시는 없었습니다. 여러분들이 취재하다 보면 이 사람, 저 사람 만나게 되고 이런 글, 저런 글 보다 보면 그렇게 생각할 수도 있겠지만 하늘에 맹세하고 박 대통령은 지시한 적 없습니다. 물론 이런 일은 있었지. 책임은 일체 없는 여당 간부들이 말이요, '뭐 하고 있느냐, 김대중이 저렇게 씨부리고 다니는데…' 하고 이렇게 말할 수 있는 건더기는 있을 수 있겠지만, 그러나 박 대통령이 나보고 김대중이 데려오라든지, 어떻게 하라는

211 〈이후락 발언! 최초로 밝힌 '김대중 납치' 내막〉, 《신동아》, 1987년 10월호, 183~189쪽.

말은 전연 없었습니다."

이후락은 김대중을 살해할 의도가 전혀 없었다고 주장하고 '비행기의 실체'도 부인했다. 그러나 조시환 증언에 따르면 용금호 상공에 비행기가 분명히 출현했다. 비행기는 미국이 아닌 일본 것으로 알려졌다. 문제 초점은 살의가 있었느냐는 데 모아진다.

1993년 민주당의 '김대중선생 살해미수 납치사건 및 정치사찰 진상조사위원회'는 '살해'에 목적이 있었다고 단언한다. 그래서 진상조사위원회 이름도 '살해미수 납치사건'이다. 조사위원회의 〈살해미수 납치사건 진상조사 보고서〉를 종합하면 이렇다.

김대중이 외국에서 유신정권을 비판하는 것이 문제였다면 그곳에서 없애버리는 작전은 있을 수 있겠지만, 공권력을 투입해 서울 한복판으로 끌어다 놓는다는 건 상식적으로 불가능하다.

납치가 아니라 살해가 목적이었다고 주장하는 이유는 김대중을 살해하려는 시도가 전부터 여러 번 있었기 때문이다. 동경 주재 중정 책임자 김기완이 일본에 있는 야마구치山口의 야나가와柳川라는 재일교포 폭력조직을 매수해 김대중을 살해하려고 계획을 세웠던 일이 있다. 그런데 일본 경찰이 이 사실을 알고 야나가와 조직을 감시, 미행하면서 중정요원이 직접 살해하는 것으로 계획이 바뀌었다. 이러한 사실은 관계자들 진술과 도널드 레너드 당시 미 국무부 한국 담당관이 미 하원 프레이저위원회에서 증언한 것에서도 알 수 있다. 중정이 미국에서 김대중을 죽이려고 살인청부업자를 고용하려던 계획이 있었음을 진상조사위원회가 밝혀낸 것이다.

또한 사건 당시 CIA 서울지부장이었던 전 주한 미국대사 도널드 그레그 증언에 따르면 "사건 당시 주한 미국대사였던 하비브는, 미국에서 김대중 씨의 활동에 대한 한국 정부 측의 방해 공작과 특히 일본에서 한 활동에 대한 한국 정보기관의 방해 공작 등으로 미루어봐서, 분명히 살해할 목적으로 납치했다고 판단을 내렸으며, 그 즉시 박 대통령에게 강력히 항의하고 구명을 요구했다."고 밝히고 있다.

그리고 김대중을 납치한 현장인 호텔에 대형 배낭 2개, 중형 배낭 1개, 수십 미터 길이의 나일론 끈, 휴지 등이 놓여 있었던 사실은 범인들이 당초 호텔방에서 살해할 의도였음을 증명한다. 사체를 토막 내고 피를 욕실 배수구로 흘려보낸 뒤, 토막 낸 사체를 배낭 등에 담아 가지고 나와 바다 깊숙이 버리려는 목적이었다는 것이다. 그리고 김대중을 용금호에 실어갈 당시 범인들은 김대중 눈을 가리고 등에 판자를 대어 손목과 발목을 꽁꽁 묶는다. 그러곤 손목과 발목에 무거운 추를 달았다. 자기들끼리 "던질 때 풀어지지 않도록 단단히 묶어!" "이불을 씌워 던지면 떠오르지 않는다."는 등의 말을 주고받은 것도, 그들이 김대중을 바닷속에 빠뜨려 살해하려 했음을 뒷받침한다.

나를 죽이려는 결심을 할 수 있는 사람은 박정희 대통령뿐입니다. 김형욱 씨의 경우를 보세요. 생명을 걸고 쿠데타를 같이했고, 무리하게 3선개헌을 강행해서 다시 대통령으로 만들어준 사람을 자신의 뜻에 반대한다고 없애버렸습니다. 박 정권은 그런 정권입니다. 누가 나를 죽이라고 했겠어요. 뻔한 것 아닙니까? 나는 이미 박 대통령도 용서했습니다. 그러나 살해 지령은 박 대통령이 내린 것이 확실해요.

'김대중납치사건'의 피해 당사자인 김대중은 《신동아》 1993년 10월호 인터뷰에서 이렇게 자신을 납치·살해하려고 지시한 최고책임자가 박정희 대통령이었음을 분명히 했다. 또 1995년 2월 28일 민주당 '김대중선생 살해미수 납치사건 및 정치사찰 진상조사위원회'에서 당시 사건 내용을 다음과 같이 진술했다.

- 이후락 중앙정보부 부장이 총지휘를 하고, 김치열 차장과 이철희 차장보가 한국 내에서 지휘·감독에 임했으나, 실질적 지휘는 이철희 차장보였다.
- 일본과 국내에서의 총지휘는 김기완 주일 공사가 담당하고, 행동대장은 본국으로부터 파견된 윤진원 중앙정보부 공작 제1단장이었다.
- 일본의 수사당국이 범인 중 한 사람이라고 단정한 김동운을 호텔 복도에서 목격했다.
- 이후락 전 중앙정보부 부장은 친구인 최영근 전 의원에게 "김대중이를 납치한 것은 나지만 살려준 것도 나다"라고 말하고 있다.

김형욱도 박정희 지시설을 인정한다. 《김형욱 회고록》에서 다음과 같이 언급했다.

김대중사건은 박정희의 직접 지령에 의해 결행된 것이라고 나는 확신한다. 내가 앞서 언급한 몇 가지 사실과 직접 납치공작에 가담했던 장본인들로부터의 증언이 이를 뒷받침하고 있다. 박정희는 심지어 정부관서의 국장급이 하는 일까지도 세심한 간섭을 하는 인물이다.

예를 들어, 그는 충무공 이순신을 모신 충남의 현충사로 들어가는 길목 주변의 조경까지도 간섭하고 새로운 수종으로 바꾸라고까지 지시하는 사람이다. 자신의 숙명적인 정적 김대중을 대낮에 납치하거나 죽여버리라는 엄청난 공작명령은 그의 직접 지령에 의하지 않고는 도저히 불가능하다.

나는 사건 후 행동대원의 하나였던 유춘국의 방문을 받은 바 있다. 그는 당시 미국을 방문하던 길에 뉴저지의 내 집을 방문하여 내가 그때까지 알고 있던 모든 정보가 사실임을 확인해주었다. 그는 덧붙여 한 가지 더 놀랄 만한 정보를 토로하였다. 유춘국은 "원래 계획은 김대중을 옆방으로 끌어가 토막을 내어 살해하고 준비해두었던 부대에 담아 내다 버릴 작정이었는데, 김경인이가 따라오는 통에 실행하지 못했다."고 고백하였다.

그 역시 엄청난 범죄 행위에 가담했다는 죄책감으로 고민하고 있었기 때문에 나는 그에게 망명하도록 권유하였다.[212]

박정희가 지시했다

대통령선거에서 제1야당 후보로 나와 46퍼센트 득표하고 외국에서

---

212 김경재, 〈김대중 납치사건과 중앙정보부〉, 김대중선생 납치사건 진상규명을 위한 시민의 모임 편, 《김대중 납치사건의 진상》, 푸른나무, 1995, 301쪽.

지명도도 높은 정치인을 일본에서 납치해 서울까지 끌어오려면 지휘 명령체계가 확실한 훈련된 조직이 아니고는 불가능하다.

그러면 김대중의 '납치·살해' 명령자는 누구일까. 김대중은 박정희를 지목했고, 이후락은 이것을 부인했다. 박정희는 1974년 미국의 저명한 칼럼니스트 잭 앤더슨을 만났을 때 자신은 "하늘을 두고 맹세컨대 그런 사실이 없으며 아마 중앙정보부의 소행일 것"이라고 말했다. 그리고 책임을 물어 이후락을 중정 부장에서 해임했다. 당시 국무총리였던 김종필도 1980년 3월 12일 일본 《아사히신문》 논설주간을 만난 자리에서, 사건 당시 중정 부장이었던 이후락이 피해자를 납치할 계획을 세워놓고, 미국 CIA에도 미리 그 계획을 알려주었다고 말했다.

그런데 이후락의 말은 다르다. 1980년 3월경 이후락은 그와 동향 출신으로 김대중과 사이가 가까웠던 전 국회의원 최영근을 만나 "1973년 봄 박 대통령이 나를 불러 김대중을 죽이라고 지시했다. 나는 곤혹스러운 나머지 실행을 미루고 있는데 박 대통령은 '김종필과도 이야기가 다 돼 있다. 왜 안 하느냐?'고 다그치면서 다시 명령을 내렸다. 하는 수 없이 지상명령을 수행하지 않을 수 없었다. 그러나 '김대중 씨를 납치한 것도 나지만 살려준 것도 나다.'"라고 말했다는 것이다.

1976년 3월 25일 미 하원 국제관계위원회 국제기구소위원회 비밀 청문회에서 미 국무부 전 한국 담당관 도널드 레너드는 "한국의 박정희 대통령이 대한항공 조중훈 사장과 국제흥업사 오사노 겐지를 통해, 당시 수상 다나카에게 3억 엔을 증여하여, 이 사건의 인멸 공작에 성공했다."고 증언했다.

이와 관련해 재미 한국 언론인 문명자는 1977년 3월 《주간 포스트》에 2회에 걸쳐 박 정권이 다나카 수상에게 공작한 내막을 폭로했다. 기사 요지는 이렇다.

납치사건이 발생한 지 일주일 후인 1973년 8월 15일 청와대에 불려간 조중훈 사장은 다나카 수상을 공작할 것을 의뢰받고 일본으로 건너간다. 그리고 도쿄 아카사카에 있는 요정에서 한국 정·재계 인사들과 인연이 깊은 오사노 겐지를 만나 먼저 의뢰금 1억 엔을 건넨다. 그 돈은 박 대통령 지시에 따라, 한국외환은행 도쿄지점에서 인출되었다. 8월 18일 서울로 돌아온 조 사장은 그 결과를 박 대통령에게 보고했고, 그 후 9월 중순에 서울과 동경을 오가면서 '정치 해결'을 위한 공작을 계속했다. 그 사이 오사노에게 1억 엔을 또 건넨다. 9월 21일 하코네 산장에서 드디어 다나카 수상과 만남으로써 '정치 해결' 전망이 밝아진다. 그 사례로 오사노를 거쳐 다시 1억 엔을 건넨다. 박정희는 이 사건을 은폐하려고 일본 쪽에 3억 엔을 제공하고, 1973년 11월 김종필 총리를 보내 일본에 사과하는 굴욕적인 태도를 보였다.

한편 1978년 《마이니치신문》 사회부 데스크, 보도특집 부장 등을 지낸 공안 문제 전문기자 기와베 고쿠로는 이 사건이 발생하기 한 달 전부터 일본공안당국은 알고 있었다고 폭로했다. 일본정부가 주권침해·원상회복 등을 관철시키지 못한 배경으로 박정희와 일본에 있는 만주군관학교 졸업생들의 끈끈한 인맥을 들었다. 특히 한일협력위원회 위원장이던 기시 노부스케와 그 산하 인물들의 관계에 주목했다. 기시는 괴뢰 만주국 건설의 핵심이고 태평양전쟁을 일으킨 도조 히데키 내각에 상공장관으로 참여했다. 패전 뒤 A급 전범으로 수감됐다가 풀려나 총리를 지낸 인물이다. 그는 가끔 한국을 방문했는데 그때마다 국빈 대접을 받았다. 《요미우리신문》 회장과 주필을 지낸 일본 언론계 거물 와타나베 쓰네오는 회고록에서 한국 정부가 "오사노가 다나카에게 건넨 돈은 40억 엔에서 60억 엔에 이르는 것으로 들었다."[213]고 썼다.

박정희는 한일굴욕회담을 맺고 배상금이 아닌 독립축하금 명목으로 무상 3억 달러를 받음으로써 일제의 36년 식민통치를 사해주었고, 정치적 라이벌을 납치해온 문제로 일본에 거액의 정치자금을 안겨주고 국무총리까지 보내 사죄토록 했다. 민족에 굴욕감을 안기고 국고도 낭비한 사건이었다.

피해자인 김대중은 가택연금과 투옥, 정치활동 봉쇄로 박정희가 암살당할 때까지 6년 여간 '자기 땅에서 망명'하는 수인이 되어야 했다.

213 김삼웅 소장 자료.

긴급조치시대

사과 대신 가택연금

여권도 없이 그리고 교통비도 들이지 않고 8월 13일 저녁 홀연히 동교동 자택에 '귀환'한 김대중은, 곧 소식을 듣고 들이닥친 국내외 기자들에게 피랍 6일간을 자세히 설명했다. 소감을 묻는 기자들에게 "어둠 속에서도 태양이 뜬다는 것을 믿으며, 지옥에서도 신의 존재를 의심치 않는다."고 피력했다. 그 후 김대중은 8월 13일을 '제2의 생일'로 기리면서 자축했다.

김대중이 납치되어 국제사회가 떠들썩할 때에도 침묵했던 한국 검찰은 14일부터 바빠졌다. 서울지검은 '김대중사건 특별수사본부'를 설치하고, 내무부 치안국은 이날 새벽 2시를 기해 전국 경찰에 갑호 비상경계를 내리는 한편 서울 시경에 수사본부도 설치했다. 원님 떠난 뒤 나팔 불기, 사후약방문 격이었다.

그런데 15일경 마포경찰서장이 김대중의 동교동 자택을 찾아왔다.

서장은 방문자들을 모두 쫓아내고 방 하나를 차지한 뒤 사복경찰을 상주시켰다. 그러곤 형제와 친인척들까지 출입을 금지시켰다. 김대중은 자기 집에서 망명하는 수인 신세가 되었다. 사실상 유폐이고 연금 상태였다. 곧 조사를 시작한 수사기관도 김대중과 가족을 마치 범죄인처럼 취급했다.

내가 집으로 돌아온 지 사흘째 되는 날, 16일이 되자 수사 방향이 엉뚱하게 변질되고 있었다. 납치 경위를 묻고 범인 체포에 중점을 두는 것이 아니라 나의 해외 활동 일체를 추궁하는 것으로 바뀌었다. 그리고 검찰과 경찰, 중앙정보부 요원들이 가세해서 합동으로 취조했다. 법에 위반되는 행위가 있었는지 알아내기 위해서였다. 그런 조사가 그로부터 일주일간 계속되었다.

　그 취조는 우리 집 일대를 통제구역으로 지정하고, 집을 완전히 봉쇄시킨 상태에서 실시되었다. 비서와 당 관계자는 물론, 친척들조차 돌려보냈다. 16일 이후부터는 사람들의 출입을 금지시키고, 아무도 만나지 못하게 했다. 더구나 전화도 받지 못하게 했다. 집에서 한 발짝도 나갈 수 없었다. 그런 연금 상태에서 합동 취조를 받은 것이다. 게다가 방 하나를 수사본부가 점거하고, 전화를 끌어다 썼다. 그리고 그 밖의 전화를 모두 끊어 외부전화는 그 전화로만 가능했다. 밖에서 걸려오면 없다는 둥 집이 비었다는 둥 적당히 대답하고, 상대편 이름을 끈질기게 물었다. 이래서는 누가 집주인인지 알 수 없었다. 가정부가 시장에 가도 미행을 했고, 초등학교 3학년에 다니던 막내아들 홍걸이가 등하교할 때도 중앙정보부 요원이 뒤

따랐다.

그날 이후 기동대원 몇 명이 우리 집 주변을 맴돌았다. 이웃집을 몇 채 사서 거기에 경찰과 중앙정보부 요원들이 상주했다. 집 주변에는 경찰관 한두 명이 들어갈 수 있는 조립식 감시초소 몇 개가 세워졌다. 일단 취조가 끝났지만, 해외 활동에 어떤 혐의도 뒤집어씌울 수 없었던 것 같다.[214]

박정희 정권은 김대중을 납치해 오고도 김대중에게 사과하거나 국민에게 사건 진상을 밝히는 성명서 하나 내지 않았다. 오히려 김대중을 죄인 취급하면서 동교동 자택을 경찰들로 장벽을 쌓아 감옥처럼 만들어버렸다.

8월 18일 미국 워싱턴 D.C.에서 교민들이 김대중 납치에 항의하는 한편 신변 보호를 요구하는 집회도 열었지만 국내에는 한 줄도 보도되지 않았다.

김대중이 귀환한 후 국내외에서 벌어진 주요 사항을 일지로 정리하면 다음과 같다.

8월 20일 로사츠 미 국무부장관, "미국은 한국 중정의 위법 활동에는 전부터 반대하였다." 언급.

8월 22일 우시로쿠 주한 일본대사, 김용식 외무장관에게 김대중 일

---

214 일본 NHK 취재반 구성, 김용운 편역, 《역사와 함께 시대와 함께 – 김대중 자서전 2》, 인동, 1999, 44~45쪽.

본 재입국 요구.

8월 23일 일본 《요미우리신문》, 한국 정부 측이 김대중납치사건에 중정요원이 관련되었음을 인정했다는 1면 톱기사 게재, 한국 정부는 이 신문의 서울지국 폐쇄.

8월 28일 김종필 총리 주선으로 자택에서 우시로쿠 대사와 면담.

8월 29일 이후락 중정 부장, "중정과 납치사건 무관하며, 직원 1명이라도 관여했으면 책임지겠다." 언급.

9월 4일 신민당, 김대중사건 진상규명 위해 한일협력기구 설치 촉구.

9월 22일 김종필 총리, 국회 답변에서 김대중 해외 활동 내용이 사실이면 중대한 범죄라 언명.

9월 26일 정일형 의원 국회에서 납치사건은 중정 소행이라 언급.

10월 9일 다나카 일본무성장관, 중의원에서 납치사건은 개인적 범행일 수 없고 한국 정부기관이 책임져야 할 문제라고 언명.

'무덤 없는 지옥' 생활

김대중납치사건을 둘러싸고 궁지에 몰린 정부·여당은 이 사건을 자작극이라고 몰아쳤다. 김대중의 해외 활동에 대해서도 중상모략을 일삼았다. 김대중이 미국 정부에 한국 원조를 중단하라고 주장했다고 하는가 하면 외국에서 호화주택을 구입해 향락을 추구했다는 거짓말도 서슴지 않았다.

이런 상황에서 신민당 유진산 총재와 채문식 대변인까지 '자작극' 운운하는 바람에 김대중의 충격은 더욱 컸다. 다만 정일형 의원이 국회에서 "머리 위에 태양이 있는 것은 자명한 이치다. 이 사건도 하늘에 태양이 있는 것과 마찬가지로, 누구나 알 수 있는 일이 아닌가? 손으로 가린 채 하늘에 태양이 없다고 말하는 것과 같다. 뻔한 이치이지 않는가? 여당은 거짓말을 하고 있다."고 발언해 처음으로 납치사건 권력기관 개입설이 물꼬를 텄다. 이 발언에 대해 여당은 파상적인 공격으로 정일형과 김대중을 싸잡아 비난했다.

10월 26일 가택연금이 해제되었다. 연금된 지 70여 일 만의 일이다. 이날 김대중은 자택에서 기자회견을 열고 "해외 활동이 국가에 누를 끼쳤다면 죄송하며, 현재로서는 정치활동을 할 생각이 없다."며 "자신의 사건으로 한일 양국의 우호관계에 금이 가는 일이 없기를 바란다."고 밝혔다. 납치사건을 둘러싸고 일본정부가 한국 정보기관의 소행이란 증거를 대면서 '주권침해론'을 제기해 두 나라 사이에 갈등이 벌어졌던 것이다.

그러나 연금 해제는 하루뿐이었다. 감시는 더욱 삼엄해졌다. 집을 감시하는 초소가 2개 더 설치되고, 그 초소에는 중정과 경찰서에 연락하는 직통전화가 가설되었다. 가족이 외출할 때도 미행하고, 필요에 따라 감시요원은 이삼백 명에서 어느 때는 3천여 명에 이르기까지 했다. 김대중은 이 시기를 '무덤 없는 지옥' 생활이라 표현했다.

경비가 하도 엄중했기 때문에 어떤 사람은 당신 집은 세계에서 제일 안전하다고 농담을 할 정도였다. 장기 연금 상태는 정말 견디기 힘든 정신적 고통이었다.

무덤 없는 지옥이었다. 그래서 나는 사무실에 출근할 때처럼 아침에 넥타이를 매고 양복을 차려 입은 다음 서재로 '출근' 하고 밤

김대중에게 초청장을 전달하는 하버드대 라이샤워 교수.

에 '퇴근' 하는 생활을 지켜 나갔다. 말하자면 나는 매일 동교동 집
안의 서재와 침실을 왕복하면서 생활했다. 그것으로 어느 정도 정
신적 평정을 되찾을 수 있었다.[215]

출입이 통제된 데다 전화도 도청되어 마음대로 통화할 수 없었다.
감시요원들은 김대중의 어린 아들들이 학교에 갈 때도 따라가고, 식
모가 시장에 갈 때는 식품 품목까지 일일이 기록해 상부에 보고했다.
창살 없는 감옥생활이 기약 없이 계속되었다.

이런 연금 생활에 지친 김대중은 미국 유학을 생각했다. 어차피 국

●
215   일본 NHK 취재반 구성, 앞의 책, 57쪽.

내에서는 정치활동이 불가능한 상태이므로 미국으로 건너가 국제적인 견식을 기르고 본격적으로 남북문제도 연구하고 싶었다. 마침 11월 중순 하버드대 에드윈 라이샤워 교수가 방한했다. 그는 김대중에게 줄 하버드대 입학에 필요한 초청장을 가져왔다. 자신이 신분을 보증하겠다고까지 했으나 한국 정부는 끝내 이를 거부했다. 박 정권은 처음에 김대중을 미국으로 축출할 계획이었다. 그런데 웬일인지 방침이 바뀌었다. 이희호 증언이다.

10월 중순 정보부 이용택 국장이 찾아왔다. 그는 이제 자유롭게 되었으니 가족과 더불어 미국으로 떠날 것을 종용했다. 남편도 미국행을 원했다. 재차 방문한 이 국장은 청와대에 들러 박 대통령을 만나고 허가를 받은 사항이라며 서둘렀다. 집안 정리를 하고 나중에 가겠다는 나에게도 즉시 남편과 함께 떠날 준비를 하라고 재촉했다. 부랴부랴 짐을 싸놓고 기다리는데 그다음부터 소식이 없었다.
라이샤워 교수가 가져온 하버드대 초청장으로 여권을 신청해보아도 서류가 반려되었다.[216]

일본에 체류할 때 치료해주던 게이오 의대 고토 유이치로 교수가 동교동을 방문했다. 고토 교수는 입원 치료가 필요하다고 진찰 소견을 밝혔다. 그러나 국내에선 입원 치료가 쉽지 않았고, 자유롭게 병원을 선택할 수도 없었다. 박정희는 12월 3일 이후락 중정 부장, 김용식

216   이희호, 《이희호 자서전 동행》, 웅진지식하우스, 2008, 139쪽.

외무장관, 이호 주일 대사 등을 경질했다. 이후락 경질에는 여러 의미가 함축되어 있었다.

12월 18일 우시로쿠 일본대사가 신임 김동조 외무장관과 회담을 열고, 오히라 일본 외상이 김대중의 출국 허가를 한국 정부에 공식적으로 요청했으나 이행되지 않았다. 이날 일본 대학교수 1천4백여 명이 김대중이 일본을 다시 방문해줄 것을 요청하는 성명서를 발표했다. 12월 27일에는 한일외상회담에서 김대중 출국 문제 등이 논의되었지만, 한국 정부의 완강한 반대로 성사되지 못했다. 일본 측은 주권침해에 따른 '원상회복' 조처로 김대중의 방일을 거듭 요구했다. 그러나 박정희 정권은 끝까지 이를 거부하고, 오로지 밀실에서 야합해 일본 정부의 입을 막고자 하였다.

정치활동 봉쇄

1974년 집에서는 두 가지 희비가 엇갈리는 일이 생겼다. 하나는 2월에 부친이 82세로 작고한 것이다. 부친은 1972년 5월 부인과 사별한 이후 고향 하의도에서 선영을 지키며 외롭게 살아오던 터였다. 일제강점기에는 악덕 지주와 싸우면서 숱한 고난을 겪고, 해방 뒤에는 둘째 아들 김대중 때문에 마음고생으로 편안한 날을 보내지 못했던 부친이었다. 오랫동안 병을 앓았지만 아들의 병문안도 받아보지 못한 채 돌아간 것이다. 연금 상태여서 아버지의 마지막을 지키지 못한 김대중의 설움은 짙었다.

연금 중이라 병상에 있는 아버지를 문병할 수 없었다. 위독하시다는 연락을 받고도 달려갈 수 없었다. 심지어 박정희 정권은 고향 하의도의 장례식에도 참석하지 못하게 가로막았다. 부모의 임종을 지켜보고 장례를 지체 없이 거행하는 것은 자식으로서 가장 큰 의무이기도 하다. 그러나 나는 그 의무를 하나도 이행하지 못했다. 사정이야 어쨌든 큰 불효를 저지르고 말았다. 지금도 그 일을 생각하면 내 가슴은 천근만근 무거워지고 목이 멜 따름이다.[217]

경사도 있었다. 장남 홍일이 결혼한 것이다. 이해 8월 김홍일은 독립운동가 출신 윤경빈의 딸과 결혼식을 올렸다. 신부의 아버지는 장준하 등과 학병을 탈출해 충칭 임시정부에서 김구 주석을 보좌하며 항일운동을 벌였다. 해방 뒤 김구 주석과 함께 귀국한 뒤 백범의 경호 대장 역할을 하다가 백범 서거 후 사업을 해왔다.

홍일의 결혼식에는 잠시 연금이 풀려 그나마 참석할 수 있었다. 강원룡 목사가 주례를 섰다. 아버지 장례식이나 아들의 결혼식 모두 찾는 사람이 별로 없는 초라한 행사였다. 염량세태의 단면이었다.

독재시대에는 예나 지금이나 검찰과 사법부가 권력의 울타리를 지키며 반대세력을 물어뜯는 번견番犬 노릇을 한다. 1974년 6월 1일 서울형사지법은 김대중에게 출석 요구서를 보내왔다. 1963년 대통령선거 때 선거법을 위반했다는 것이다. 당시 김대중은 윤보선 대통령후보 대변인이었다. 박 정권은 김대중의 해외 활동에서 이렇다 할 불법

217　일본 NHK 취재반 구성, 김용운 편역, 《역사와 함께 시대와 함께 – 김대중 자서전 2》, 인동, 1999, 59쪽.

사항을 찾지 못하자 해묵은 선거법 위반을 들어 그의 정치활동을 봉쇄하기로 방침을 바꾼 것이다.

국내 언론과 야당은 침묵했다. 다만 우시로쿠 주한 일본대사가 김용식 외무장관에게 "이번에 선거법 위반사건이 거론되는 배경을 이해하지 못하겠다."며 그 '배경'을 문제 삼았을 뿐이다. 김대중은 6월 5일 재판정에 출두해 1시간 45분 동안 심리에 응했다.

관권·부정선거 등 온갖 비리를 저지른 여당 후보는 면책하고 야당 후보 대변인을 희생양 삼아 법정에 세웠다. 미국과 일본정부의 거듭되는 출국 요청에 외무장관은 "재판 중에는 여권을 발급하지 않는다."는 이유를 들어 이를 거부했다. 묵은 선거법 사건을 검찰이 급히 꺼내 든 까닭은 장기적으로는 김대중이 정치활동을 못하도록 발을 묶기 위해서고, 당장은 여권 발급을 거부하기 위한 명분을 만들기 위해서였다.

이후 1년여 동안 김대중은 선거법 관련으로 검찰·법관과 싸워야 하는 힘겨운 나날을 보냈다. 검찰은 무려 186명을 증인으로 신청했는데 그건 사법사상 최대의 숫자였다. 검찰은 선거 유세 테이프를 청취하면서 증인들을 불러 모았다.

김대중은 서울형사지법에 대한 기피신청을 냈지만 서울고법은 이유 없다며 기각했다. 김대중은 기각된 기피신청을 대법원에 다시 항고했다. 10월 중순에 이르러 법관기피신청 기각 결정에 대한 대법원 항고에 대해 대법원은 원심 판결을 취소하고 고법으로 환송했다. 법원끼리 주고받은 끝에 서울고법은 12월 18일 법관기피신청은 "이유 있다"고 판결을 내렸다.

그런 뒤에도 재판은 다시 이유 없이 지체되었다. 해가 바뀐 1975년 3월 7일 변호인단은 공판 기일을 빨리 지정해줄 것을 요구하는 '공판 기일지정신청'을 서울형사지법에 제출했다. 속개된 공판에서 변호인 단은 관계법 조문이 사문화된 이상 공소를 취하할 것을 요구했다. 대통령선거법이 체육관 선거 제도로 바뀌어, 위반했다는 선거법 조문은 이미 사문화된 지 오래였다. 공판은 단속을 거듭하고 윤보선·김상현·강문봉 등이 증언대에 섰다. 9월 12일 서울형사지법은 선거법위반 혐의로 김대중에게 징역 5년을 구형했다. 다시 법관기피신청과 법원의 기각, 재항고와 기각이 되풀이되었다. 12월 13일 서울형사지법은 금고 1년과 벌금 5만 원을 선고했다.

1976년 김대중은 3·1민주구국선언사건으로 구속되는데, 법원은 선거법 위반사건과 이 사건을 엮어 병합심리하기로 결정한다. '납치·살해' 기도에서 실패한 박 정권은 김대중을 법 조항으로라도 묶으려고 사법부를 동원한 것이다.

김대중이 연금 상태에서 선거법 관련 재판을 받을 즈음 국내 정치 상황은 크게 요동치고 있었다. 유신 폭압으로 정치권과 기성세대가 침묵과 칩거 상태에 빠져 있을 때 새벽에 계명성을 낸 것은 다름 아닌 대학생들이었다.

납치사건으로 촉발된 반유신운동

유신쿠데타가 일어난 지 1년 만인 1973년 10월 2일 서울대 문리대생 250여 명이 교내 4·19기념탑 앞에 모여 비상총회를 열었다. 이들은 자유민주체제 확립을 요구하는 선언문을 낭독한 후 시위를 벌였다.

'김대중납치사건'을 계기로, 유신 선포 이후 처음 학생들이 '유신체제 비판불용'이라는 금기를 깨고 시위를 벌인 것이다.

학생들은 정보·파쇼 통치 즉각 중지와 자유민주체제 확립, 대일 경제예속관계 즉각 중지 및 민족자립경제 확립, 국민생존권 보장, 중앙정보부 즉각 해체와 김대중납치사건 진상규명, 기성 정치인과 언론인의 각성 촉구 등을 요구하면서 2시간 넘게 구호를 외치며 시위를 벌였다.

유신체제 출범 이후 패배주의와 냉소주의에 빠져 있던 학생들과 지식인들을 일깨운 이날의 시위는 반독재투쟁의 기폭제가 되었다. 전국 대학에서 유신 철폐 시위가 일어나고, 재야인사들의 시국선언문이 발표되었으며, 신문사와 방송국 기자들의 자유언론실천선언으로 이어졌다.

이해 12월 24일에는 함석헌·장준하·천관우·계훈제·백기완 등 각계 민주인사들이 서울 YMCA에서 '개헌청원운동본부'를 발족하고 유신헌법 철폐를 위한 운동을 본격적으로 전개했다. 개헌청원운동은 불과 10일 만에 30만 명의 서명을 받는 등 놀라운 속도로 번져나갔다.

당황한 박정희는 12월 29일 "최근 일부 지각없는 인사들 중에 유신체제를 뒤집어엎고 사회 혼란을 조성하려는 불순한 움직임이 있다."면서 개헌 서명을 즉각 중지할 것을 요구했다. 이런 반협박적인 담화에도 개헌서명운동은 날로 확산되었다. 개헌청원운동본부 장준하 대변인은 박 대통령 담화에 반박하는 성명을 냈다. "개헌청원운동은 우리 백성들이 정부 당국과 대화를 하는 최선의 방법으로 채택한 것"이라고 전제한 뒤 "당국은 이 합리적이며 합법적이고 평화적인 운동을 막는 우를 범하지 말라."면서 맞섰다.

전국 주요 대학이 반유신 시위에 나선 가운데 11월 15일 단식농성을 하던 한국신학대생 90여 명이 삭발 농성에 들어갔다. 한국기자협회(기협)는 11월 29일 객관적인 사실을 충실히 보도해 언론의 책임을 다하기로 결의했다. 기협회장단과 한국신문편집인협회도 각각 결의문을 발표하고 민주언론의 창달을 위해 1971년 5월에 채택한 언론자유수호 행동강령 준수를 결의했다. 또 최근 일선 기자들이 각사 단위로 혹은 기협을 거쳐 밝힌 언론자유수호를 위한 결의는 당연하고 순수한 것이므로 이를 뒷받침하겠노라 다짐했다.

12월 13, 14일 이틀 동안 전국대학총학장회의에서는 "우리 총학장 일동은 교수 전원의 협조를 얻어 자율을 바탕으로 학원의 정상화, 면학 분위기 조성이 조속한 시일 내에 이룩되도록 총력을 기울이겠다."고 결의문을 발표했다. 함석헌·김재준·이병린·천관우 등 '민주수호국민협의회' 대표와, 윤보선·김수환·유진오·백낙준·이희승·이인·한경직·김관석·이정규 등 원로들은 12월 13일 서울 YMCA 회의실에 모여 시국간담회를 열고 "현재의 시국은 민주주의체제를 근본부터 또 제도적으로 회복하여 국민의 자유를 소생시키지 않으면 민족적 위기를 초래할 위험이 있다고 보아 이에 대한 대통령의 조처를 기대한다."면서, 정상적인 민주주의체제가 회복되려면 적어도 국민의 기본권을 철저히 보장할 것, 3권분립 체제를 재확립할 것, 선거에 의한 평화적 정권교체의 길을 열 것 등이 포함되어야 한다고 주장했다.

해가 바뀐 1974년 1월 7일에는 공화당 초대총재와 당 의장을 지낸 정구영과 전 사무총장 예춘호가 공화당을 탈당했다. 정구영은 이날 성명에서 "나는 진정한 자유민주주의를 구현코자 공화당 창당에 참여하여 초대총재가 되었으나, 오늘의 사태는 당원으로서 소신을 밝힐 수 있는 최소한의 자유마저 잃은 채 조국의 안위는 백척간두에 서 있다 하여도 과언이 아니므로 오랜 자책 끝에 드디어 당과 결별하기로 작정했다."고 밝히고 개헌서명운동에 참여했다.

같은 날 이희승·이헌구·김광섭·박두진 등 문학인 61명은 헌법개정을 청원하는 것은 국민의 당연한 권리이며 우리는 이 권리를 결코 포기하지 않는다, 국민의 기본적 인권이 제도적으로 보장되어야 하며 빈부 격차가 해소되고 물량 위주 대외 의존적 근대화정책이 근본적으로 시정되어야 한다는 등 4개 항의 결의문을 발표했다. 이들은 "민족의 존망 자체가 위태로운 이 어려운 시기를 맞아 문학인들이 더 이상 침묵할 수 없다."고 밝히고, "국민의 편에 서서 용기와 신념을 갖고 민주주의와 사회정의의 성취를 위해 싸우는 모든 양심적인 지식인들과 더불어 어떠한 가시밭길도 헤쳐 나갈 것을 선언한다."고 다짐했다.

긴급조치시대

1974년 새해가 밝으면서 유신헌법 철폐와 민주회복을 요구하는 국민의 소리는 더욱 거세게 확산되었다. 심지어 박 정권과 정치적 유착설이 나돌던 유진산의 신민당까지 1월 8일 개헌을 요구하기에 이르렀다.

이렇게 되자 정부는 개헌청원서명운동을 저지하는 강압책을 들고 나왔다. 1월 8일 긴급조치 제1, 2호를 선포한 것이다. 유신헌법을 반대·부정·비방하거나 개헌을 주장하는 일체의 행위를 금지하고, 위반자는 영장 없이 체포해 군법회의에서 15년 이하의 징역에 처하며(1

호), 이에 따른 비상군재를 설치한다(2호)는 내용이었다. 긴급조치 1호는 헌법개정 관련 외에도 유언비어의 날조·유포 금지, 금지 행위의 선동·선전 및 방송·보도·출판 등 전파 행위 금지, 이 조치의 위반자 및 비방자는 영장 없이 체포·구속·압수·수색 하며 비상군법회의에서 15년 이하의 징역과 15년 이하의 자격정지에 처하도록 했다.

긴급조치는 원래 천재지변 또는 중대한 재정·경제상의 위기에 처하거나 국가의 안전보장 또는 공공의 안녕질서가 중대한 위협을 받거나 받을 우려가 있어 신속한 조치를 취할 필요가 있다고 판단되는 경우에 대통령이 내정·외교·국방·경제·재정·사법 등 국정 전반에 걸쳐 내리는 특별한 조치다. 그러나 박정희가 만든 유신헌법 제53조에 규정된 대통령 긴급조치권은 단순한 행정명령 하나만으로 국민의 자유와 권리를 무제한으로 제약할 수 있는 초헌법적 권한으로, 사실상 반유신세력을 탄압하는 도구로 악용되었다.

이런 대통령 긴급조치는 1974년 1월 8일 제1, 2호를 시작으로 1975년 5월 13일 제9호가 선포되어 79년 12월 8일 9호가 해제되기까지 만 5년 11개월 동안 계속되었다. 이른바 '긴급조치시대'로, 국민의 기본권을 제약하고 반대세력을 탄압하는 그야말로 권력의 광기가 절정에 오른 암흑의 시대였다.

이에 따라 1월 15일 열린 비상보통군재 검찰부는 전《사상계》사장 장준하와 백범사상연구소 대표 백기완을 긴급조치 위반혐의로 첫 구속하고, 21일 도시산업선교회 김경락 목사 등 종교인 11명도 같은 혐의로 구속하는 등, 종교인·학생들을 다수 구속했다. 정부는 이어 4월 3일 민청학련사건을 기화로 학생들의 반독재투쟁에 족쇄를 채우려고 이번에는 긴급조치 4호를 선포했다.

긴급조치 4호는 전국민주청년학생총연맹(민청학련)과 관련되는 제 단체를 조직하거나 이에 가입 또는 회합·통신·편의 제공 등으로 구성원 활동에 직간접으로 관여하는 일체의 행위 금지, 민청학련 및 관련 단체의 활동에 관한 문서·도화·음반·기타 표현물을 출판·제작·소지·배포·전시·판매하는 일체의 행위 금지, 정당한 이유 없이 출석·수업·시험을 거부하거나 학교 관계자 지도·감독하의 정상적 수업과 연구 활동을 제외한 학내외 집회·시위·성토·농성 기타 일체의 개별적 집단 행위 금지 등 이 조치를 위반하거나 비방한 자에 대해서는 5년 이상의 유기징역에서 최고 사형까지 처할 수 있고, 위반자가 소속된 학교는 폐교 처분할 수 있도록 했다.

이 조치로 치안국은 민청학련 관련자 자진신고기간에 자수하지 않은 서울대생 이철, 서울대 졸업생 유인태·강구철 등을 현상수배하고, 비상보통군재는 7월 16일 민청학련 배후 관련 혐의로 기소된 윤보선·박형규·김동길·김찬국 등을 내란선동 및 긴급조치 위반혐의로 첫 공판을 여는 등 초강경한 탄압정책을 계속했다.

1973년 말 절정에 달했던 학원가의 반독재시위는 긴급조치 선포로 잠시 수그러들었다. 그러다가 이듬해 신학기 시작과 더불어 대학가는 다시 술렁이기 시작했다. 연초부터 떠돌기 시작한 '3, 4월 위기설'이 나도는 가운데 4월 3일 서울대·성균관대·이화여대 등에서 일제히 시위가 벌어졌다. 서울대 의대생 5백여 명은 흰 가운을 입고 시위를 벌이기도 했다. 이날 시위의 특징은 거의 같은 시간에 전국 각 대학이 일제히 시위를 벌였다는 것과 선언문 주체가 '전국민주청년학생총연맹'으로 되어 있었다는 점이다.

7월 21일 열린 비상군법회의 첫 공판에서 이철·유인태·여정남·김병곤·나병식·김지하·이현배 등 9명에게 사형, 유근일 등 7명에게 무기징역 등 가혹한 형벌이 선고되었다. 이에 앞서 7월 8일 열린 인혁당계에 대한 결심공판에서는 서도원·도예종·하재완·송상진·이수병·우홍선·김용원 등 7명에게 사형을, 김한덕 등 8명에게 무기징역, 나머지 6명에게 징역 20년이 각각 구형되었다. 민청학련사건 관련자에 대한 군법회의 재판은 1974년 6월 15일부터 10월 11일까지 119일 동안 계속되었다. 1974년 여름과 가을 내내 긴급조치 피의자들을 다루는 군법회의 공판정은 연일 사형, 무기징역, 20년, 15년 등 유례없는 중형을 선고하여 내외에 큰 충격을 주었다.

이로 인해 구속자 석방을 요구하는 집회와 시위가 학계, 종교계를 중심으로 광범위하게 번져가고 각계각층의 반독재 민주화투쟁이 격화되었다. 한편 박 정권의 이런 파쇼적인 조치는 외교문제로까지 번져 미국 의회에서 한국에 군사·경제원조를 대폭 삭감하자고 논의되는 등 국제 여론도 악화되었다. 이에 당황한 정부는 인혁당 관련자와 반공법 위반자 일부를 제외한 사건 관련자 전원을 석방함으로써 사건이 정치적으로 날조된 것임을 스스로 드러냈다. 이 사건으로 종교계·학계 등 광범위한 세력이 연대의 틀을 마련했고, 지식인들이 변혁운동의 중심에 서게 된다.

긴급조치 제1, 2호에 의해 민주세력이 탄압당하는 현실을 보고도 나는 박 정권에 의해 연금된 상태에 있었기 때문에 어쩔 도리가 없었다. 유신체제에 대한 연이은 반대운동에도 불구하고 나는 연금으로 몸이 묶여 있었기 때문에 직접 참가할 수는 없었다. 그러나 납치 사건의 진상규명 문제도 유신반대 투쟁에 그 목적이 있었기 때문에, 간접적이나마 나도 그 운동에 참여했다고 할 수 있을 것이다. 뉴스를 들으면서 그런 형태로 탄압이 이뤄지는 이 나라 현실이 답답할 뿐이었다. 장차 이 나라 민주정치의 앞날이 어찌될지 하는 암담한 기분이 들었던 것이다.[218]

박정희의 폭압 통치는 그칠 줄을 몰랐다. 1974년 4월 3일 긴급조치 4호가 선포되어 민청학련사건으로 많은 사람이 구속된 지 3주일 후인 4월 25일 중앙정보부장 신직수가 인혁당사건을 다시 공표했다. 국민들은 1차 사건이 있은 지 10년 만에 또 인혁당 이름을 듣게 된 것이다. 혐의 사실도 10년 전과 거의 똑같았다. 정부를 전복하고 노동자, 농민이 정부를 수립하도록 하려는 학생데모를 배후에서 조종했다는 것이다.

정부는 민청학련사건 배후세력으로 인혁당을 지목하면서 이 사건 관련자 서도원·도예종·김용원·우홍선·송상진·여정남·김한덕·유진건·나경일·전재권 등 23명을 재판에 회부했다. 비상군법회의 검찰부는 이들을 국가보안법·반공법·내란예비음모·내란선동 등 혐의로 구속, 기소했다. 비상보통군법회의·비상고등군법회의·대법원 확정판결에 이르기까지 3심을 거치는 동안 이들의 형량은 거의 변함이

218   일본 NHK 취재반 구성, 앞의 책, 58~59쪽.

없었다. 특히 도예종·서도원·하재완·이수병·김용원·우홍선·송상진·여정남 등 피고인 8명은 처음부터 마지막까지 사형이었다.

인혁당사건을 둘러싸고 또다시 고문 조작설이 나돌았다. 피고인들의 법정 진술과 가족들의 증언으로 고문 사실이 알려진 것이다. 이런 사실을 대담하게 터뜨리면서 항의하고 나선 것은 외국인 조지 오글 목사와 제임스 시노트 신부였다. 이들은 인혁당사건은 수사기관이 고문으로 조작한 것이라고 폭로했다가 곧 한국에서 추방당했다.

박정희와 황산덕 법무장관은 인혁당사건의 고문 조작설을 부인하고, 4월 8일 대법원은 피고인 8명에게 사형을 확정했다. 그리고 이례적으로 판결 바로 다음 날인 4월 9일 형을 집행했다. 박 정권은 사체를 유족들에게 인도하면 고문 흔적이 드러날까 봐 사체를 불법적으로 화장하는 등 의혹의 소지를 남겼다. 사형당한 이들은 군사정권이 정권 안보용으로 삼은 명백한 희생양이었다.

1974년 8월 15일 서울 장충동 국립극장에서 열린 광복절 기념식장에서 재일 교포 2세 문세광이 박정희를 저격하려다 육영수가 총탄을 맞고 사망하는 사건이 일어났다. 특별수사본부는 문세광이 일본에서 김대중 연설을 10번 들었다는 이유 등으로 이 사건을 김대중과 엮으려 했다. 그러나 김대중은 일본에 머무는 동안 대중연설을 3회밖에 하지 않았다는 사실이 드러나 '혐의 씌우기'는 성과를 얻지 못했다.

그동안 김대중납치사건으로 수세에 몰렸던 박 정권은 문세광사건으로 일본정부에 되레 사죄를 요구하는 등 이전과는 처지가 바뀌었다. 서울에서는 연일 반일시위가 일어나고, 일본 다나카 수상이 육영수의 국민장에 참석한 데 이어, 9월 19일 일본 특사로 자민당의 시나 부총재가 일본 수상의 친서를 전달, 사과하면서 한일관계는 역전되었다. 일본의 주권침해와 원상회복 요구는 사라지고, 양국은 정치적으로 유착되는 길목에 들어섰다.

들불처럼 번진 반유신운동

1974년 4월 28일 유진산 신민당수가 입원 중이던 한양대 부속병원에서 향년 69세로 세상을 떠났다. 한국 야당의 막후 실력자로서 야당을 좌지우지해왔던 유진산의 갑작스런 죽음으로 야당은 후계를 둘러싸고 심한 진통을 겪게 되었다.

1974년은 긴급조치의 해라고 할 정도로 야당에게도 수난의 시기였다. 김대중을 비롯한 많은 야권인사의 정치 참여도 막혔다. 신민당은 진산계를 중심으로 하는 보수온건세력이 주도권을 장악하고 유신체제의 긴급조치 아래서 간신히 명맥만 유지하고 있었다.

이런 상황에서 당권 경쟁에 나선 인사들은 당수권한대행인 김의택과 김영삼·고흥문 두 부총재와 국회부의장인 이철승 그리고 정해영 5명이었다. 이들은 유신헌법 비판을 금지시킨 긴급조치 때문인지 개헌 문제 등 체제 비판을 자제하면서 "정권적 차원으로 이끌겠다"(김영삼), "수권정당으로 키우겠다"(이철승), "야당다운 야당을 만들겠다"(정해영)는 캐치프레이즈를 내걸고 당권 경쟁에 뛰어들었다.

나는 이 당시 유진산 씨가 취했던 정치스타일 - 정부·여당과 적당히 타협하고 그 타협으로 이득을 얻는다는 무원칙한 정치수법 - 을 고치지 않는 한, 우리나라 민주정치의 회복은 불가능하다고 주장했다. 야당이 정부의 '바람잡이'라고 불려서는 국민의 지지는 고사하고 그 존재조차 위태로워진다고 강하게 주장했다.

그즈음 중앙정보부는 지금까지 한 행동으로 알다시피, 신민당 총재 선거에 개입하여 자기네 구미에 맞는 적당한 후보자를 세우고, 매수와 협박 등의 내부 공작으로 그 후보자를 당선시킬 수 있었다. 그들에게는 그런 힘이 있었다.

나는 연금 중이어서 행동에 제약이 따랐지만 동교동계로 불리는 동지들에게 얘기하여 8월 23일 신민당전당대회에서 새 총재로 김영삼 씨를 추천하게 했다. 그 무렵 신민당 총재 후보 중 김영삼 씨가 제일 강력하게 박 대통령과 싸우고 있었기 때문이었다. 김영삼 씨의 상도동계와 우리 동교동계는 당시 신민당의 2대 세력을 형성하고 있었다. 민주당 장면계인 나와 유진산계인 김영삼 씨와는 당내에서 항상 경쟁하고 있는 입장이었다.

그러나 여기서 문제는 강권을 휘둘러 국민의 기본적 인권을 침해하는 박 정권에 야당으로서 어떻게 싸울 것인가?라는 것이었다. 야당이 민주화운동의 선두에 서지 않으면 우리나라 민주정치에 희망은 없었다.[219]

동교동계 지원을 받은 김영삼이 8월 23일 신민당의 새 총재로 당선되었다. 그는 "우리는 지금 야당다운 야당을 만드는 일이 제일 시급하"고, "야당을 누가 이끄느냐에 따라서 그 얼굴이 달라진다는 것을

219   일본 NHK 취재반 구성, 앞의 책, 63~64쪽.

민주회복국민선언대회에서. 이날 김대중은 독재정권과 맞서려면 재야세력이 단합해야 한다고 강조했다.

오랜 경험을 통해서 잘 알고 있다."면서 국민에게 희망과 용기를 주겠다고 다짐했다.

이날 전당대회에서는 김대중 씨에게 정치활동의 자유와 해외여행의 자유를 줄 것을 촉구한다, 긴급조치 1·4호의 해제를 환영하나 전면 해제를 촉구한다, 조윤형·김상현·김한수·조연하·이종남의 조속한 석방을 촉구한다는 결의문이 추가되었다. 박정희는 신민당 전당대회가 열린 날에 맞춰 긴급조치 1·4호를 해제했다.

군사독재체제의 산물로 '재야세력'이 등장했다. 유신시대에 야당이 제구실을 다하지 못함으로써 재야가 나타난 것이다. 재야란 사전적 표현으로, 야권에 있으면서 정당조직이 아닌 순수 민간조직으로 독재정권에 대항하고 인권과 사회정의를 위해 투쟁하는 양심세력을 의미한다.

　재야인사들이 본격적으로 세력을 형성해 박정희 정권과 대결하고 나선 것은 '민주회복국민회의'가 결성되고부터였다. 이 단체는 1974년 12월 25일 서울 YMCA에서 범민주진영의 연대투쟁기구로서 발족했다. 김대중은 연금 상태에서 민주회복국민회의 발기대회에 윤보선·함석헌·강원룡·백낙준·김영삼 등 각계 대표 31명과 함께 참석했다. 납치사건으로 연금된 이후 10월 29일 구속자석방기도회에 이어 처음으로 대외공식모임에 참석한 것이다.

　민주회복국민회의는 "범국민단체로서 비정치단체이며 정치활동이 아닌 국민운동"을 전개하는 것으로 성격을 규정하고, '자주·평화·양심'을 행동강령으로, '민주회복'을 목표로 선정했다. 이해 8월 23일에 긴급조치 1, 3호가 해제되자 야당·종교계·재야·학계·문인·언론인·법조계·여성계 등 각계 대표 71명이 종로 5가 기독교회관에 모여 민주회복국민선언대회를 열고 '민주회복국민회의'를 발족하기로 결의하면서 결성되었다.

　발족식에서 민주회복국민회의는 현행 헌법의 합리적 절차를 거친 민주헌법으로의 대체, 복역·구속·연금 중인 모든 인사에 대한 석방과 정치적 권리 회복, 언론자유보장 등 6개 항의 '국민선언'을 채택한 뒤 함석헌·이병린·천관우·김홍일·강원룡·이희승·이태영으로 7인 위원회를 구성해 운영 방법과 조직을 책임지도록 했다. 민주회복국민회의는 재야 민주세력의 구심이 되어 강력히 활동하고, 국민들 호응에 힘입어 각 지방에 지부도 결성하였다.

　민주회복국민회의 결성을 계기로 각계 민주인사들이 속속 필요한 단체와 협의체를 구성하기 시작했다. 가장 먼저 결성된 것이 양심범 가족협의회다. 유신체제에서 긴급조치 위반 등으로 구속된 인사들의 가족이 중심이 되다 보니 처음에는 명칭이 구속자가족협의회였다. 구속자 가족들은 1974년 4월에 있었던 민청학련사건으로 처음 모였는데 이 사건으로 총 1024명이 검거되거나 조사를 받았고 이 중 253명이 구속, 송치되었다.

해직교수협의회는 1966년 1월에 창립된 기독자교수협의회 후신이다. 유신체제가 들어서면서 정권과 지식인들 사이의 대결이 첨예해지고 해직교수들이 양산되었다. 기독자교수협의회의 임원 중 12명도 해직교수가 되었다. 이에 명칭을 바꾸고, 《동아일보》 광고 탄압 문제 등에 대처하면서 민주회복운동의 선두에 나섰다.

1974년 10월 24일 《동아일보》《조선일보》 기자들이 자유언론수호 궐기대회를 열고 '10·24자유언론수호' 선언문을 발표했다. 이들은 "자유민주사회 존립의 기본 요건인 자유언론실천에 모든 노력을 다할 것"을 선언하고 이의 실천에 나섰다. 그러다 결국 146명(동아 114, 조선 32)의 기자를 포함한 다수의 언론 종사자가 해직되었다. 그러나 이들은 흩어지지 않고 언론자유를 위해 계속 투쟁했다. 《동아일보》《조선일보》 두 신문이 변질되기 시작한 것이 이 무렵부터라는 시각이 있다.

종교인들도 반유신투쟁에 나섰다. 천주교 원주교구장이었던 지학순 주교가 민청학련사건으로 구속되자, 이를 계기로 1974년 9월 23일 천주교정의구현전국사제단(이하 정의구현사제단)이 구성되었다. 사제단은 인권과 민주회복을 위한 노력에 집중하기로 하고, 이날 5백여 명이 지학순 주교의 석방을 요구하며 가두시위를 벌였다. 한편 천주교 주교회 소속기구로 천주교정의평화위원회가 결성되고, 농촌문제 해결에 도움을 주고자 가톨릭농민회, 노동자 권익 신장과 민주화를 위한 가톨릭노동청년회가 각각 구성되어 활발한 투쟁을 벌였다.

개신교에서도 한국기독교교회협의회 산하 인권위원회가 유신체제 동안 하루도 쉴 날이 없을 정도로 구속된 학생들과 교직자·교인들의 인권을 위해 애썼고, 목요기도회를 열어 민주회복에 앞장섰다. 특히 1975년 3월에 조직된 한국기독청년협의회와 도시산업선교회의 활동은 특기할 만하다.

자유실천문인협의회는 1974년 11월 18일 고은·백낙청 등 지식인이 앞장서서 구성되었으며, 1975년 3월 15일 '165인 선언'을 발표하는 등 지식인으로서 민주화운동에 한몫을 담당했다. 1977년 11월 18일 '구속문학인을 위한 문학의 밤' 행사 등은 기록할 만한 업적이다.

민족청년협의회가 태동한 것은 1978년 5월 12일이었다. 옥고를 치른 청년들을 중심으로 종로5가 기독교회관에 청년 대표들이 모여 민주청년인권협의회를 구성하고, 민주회복운동에 헌신할 것을 다짐했다. 명칭을 민주청년협의회로 바꾸고 활동했는데, 1979년 11월 26일 명동집회 사건에 관여하여 많이 구속되었다.

동아일보 격려광고 제1호

당시 《동아일보》는 민주회복운동의 중심에 서 있었다. 《동아일보》가 1974년 10월 24일 '자유언론수호선언'으로 언론자유수호투쟁을 선도한 데 이어 보도 금지된 시위·집회·기도회 현장을 보도하고 개헌 문제도 사설로 싣자 정부(중앙정보부)가 각 기업체와 기관에 압력을 넣기 시작했다. 그 바람에 무더기 광고 해약 사태가 빚어졌다.

정부의 광고 탄압이 계속되자 기자협회는 정부의 언론탄압 중지, 구독운동 전개, 광고해약회사 상품 불매, 동아일보 철회 광고를 게재한 신문 불매운동 등의 행동강령을 제시함으로써 범시민적 저항운동을 유도했다. 그러자 이에 호응하는 각 민주단체와 일반 시민의 격려광고가 쇄도했다.

격려광고에 물꼬를 튼 사람은 김대중이었다. 김대중은《동아일보》 1975년 1월 1일자 8면 광고란에 '언론의 자유를 지키려는 한 시민'이라는 이름으로 격려광고를 실었다. 이것이 계기가 되어 시민들의 격려광고가 봇물처럼 이어졌다. 내용 중에는 유신독재를 비판하는 촌철살인의 글이 많았다. "동아, 너마저 무너지면 나 이민 갈 거야!"라는 광고 문안은 장안의 화제가 되었다.

1975년 당시《동아일보》광고국장이었던 김인호는 2006년 3월 11일《미디어오늘》기자와 만난 자리에서 "74년 12월 30일자(석간, 31일자는 휴간) 1면에 내 명의로 격려광고 모집 공고를 낸 뒤 과연 광고가 들어올까 생각하고 있는데 31일 오전 10시께 한 사람이 '김대중 선생의 심부름'이라며 친필 광고 문안과 광고료를 갖고 와 내가 직접 이를 접수, 75년 신년호에 게재했다."고 증언했다.

김 전 국장은 "당시 이 광고를 누가 냈는지 알려지면 청와대에서 난리가 나고 광고 게재자에게 피해가 갈 것을 우려해 '한 시민'이 누군지 알리지 않았다."며 "그날 광고를 가져온 사람은 나중에 알고 보니 김옥두 비서였다."고 회고했다.

김대중은 당시 〈언론의 자유를 지키자〉라는 제목의 격려광고에서

"언론 자유는 우리의 생명이다. 그것 없이는 인권도 사회정의도 학원과 종교의 자유도 그리고 국민의 자발적 참여에 의한 국가안보도 존재하지 않는다."며 "나는 언론자유와 민주회복을 열망하는 한 시민으로서 모처럼 타오르기 시작한 언론자유의 촛불을 지키기 위하여 이 광고문을 유료 게재한다."고 밝혔다.

이와 관련해 당시 김대중 총무비서였던 김옥두 전 의원은 〈미디어오늘〉과 한 통화에서 "75년 1월 1일자 '한 시민' 광고는 내가 갖고 간 게 맞다."고 말했다. 김 전 의원은 "당시 김 전 대통령은 (74년 납치사건 이후) 가택연금 상태였는데, 동아 광고 사태를 보고 '나도 어렵지만 동아일보를 살려야 한다.'면서 직접 격려광고를 냈다."며 "주변에도 격려광고를 내도록 적극 권유하고 밤낮으로 동아일보를 지키도록 했다."고 말했다. 김 전 의원은 "김 전 대통령은 신년호뿐만 아니라 그 이후에도 몇 차례 광고를 더 냈다."고 말했다. 왜 '한 시민' 명의로 광고를 냈느냐는 질문에 김 전 의원은 "김 전 대통령이 격려광고를 낸 것을 알면 동아일보에 대한 탄압이 더 가혹해질 것을 우려했기 때문"이라고 말했다. 31년 전 탄압을 무릅쓰고 〈동아일보〉를 격려, 지원했던 김 전 의원은 "지금 동아일보에 대해서는 할 말이 없다."고 덧붙였다.[220]

《동아일보》는 이후 김대중을 비롯한 시민들의 열화와 같은 격려에도 끝내 박 정권에 굴복하여 자유언론투쟁에 앞장선 언론인 다수를 쫓아내고 말았다.

●
220　《미디어오늘》, 2006년 3월 15일.

점점 고조되는 민주화 열기

1975년은 연초부터 민주 대 독재세력 간에 팽팽한 긴장감이 감돌았다. 1월 2일 함석헌·공덕귀·이희호 등 재야인사 70여 명이 구속자를 위한 정기 목요기도회에 참석한 것을 시작으로, 8일에는 장준하가 박대통령에게 민주헌정회복을 촉구하고 아울러 스스로 개헌 발의와 거취를 결단하라는 공개서한을 보냈다. 9일부터 개헌청원 100만인 서명운동이 시작되고, 이날 정의구현사제단이 주최한 전국의 신부와 수녀, 신도 등 2천여 명이 참석한 민주회복을 위한 기도회가 열렸다.

민주화 열기가 전국적으로 확산되자 박정희는 1월 22일 특별담화를 통해 "유신헌법에 대한 국민들의 찬반 여부와 대통령에 대한 국민의 신임 여부를 묻기 위해 국민투표를 실시한다."고 발표했다. 국민의 민주화 열기를 자신에 대한 신임과 결부시켜 국민투표에 부치겠다는 협박이었다.

김대중은 즉각 성명을 통해 "이번 국민투표는 정부의 입장을 합리화하기 위한 요식 행위에 불과하며 앞으로 무서운 탄압을 가져올 구실이 될 우려가 있다."면서 반대 의견을 분명히 밝혔다. 미국 여행 중이던 신민당 김영삼 총재도 국민투표 보이콧 의사를 밝히고, 민주회복국민회의도 국민투표를 전면 거부한다고 발표했다. 재야·종교계·학생들도 한결같았다.

김대중은 윤보선·김영삼과 함께 2월 8일 〈국민투표 거부를 위한 행동강령〉을 발표했다. 국민투표가 실시된 2월 12일 김대중은 함석헌 등 재야 지도자들과 오전 7시부터 명동성당에서 단식 기도회를 열고 〈국민투표는 속임수다. 민주회복 관철하자〉는 제목의 성명서를 발표해 국민투표 결과를 인정할 수 없다고 주장했다.

요식적인 국민투표를 마친 박정희는 2월 15일 특별담화를 발표해 긴급조치 1, 4호 위반자 중 인혁당 관련자와 반공법 위반자를 제외한 구속인사 148명을 석방했다. 일종의 유화책이었다.

석방된 민청학련 관련자들은 물고문과 전기고문, 구타, 허위자백 강요를 폭로하는 등 저항을 멈추지 않았다. 민주회복국민회의는 3·1 운동 56주년을 맞아 〈민주국민헌장〉을 발표했다. 독재권력에 무제한 투쟁하고 비타협·불복종으로 독재에 저항한다는 내용이었다.

이 무렵 정가에서는 야권통합 문제가 논의되었다. 김대중은 신민당 김영삼 총재, 통일당 양일동 총재와 3자 회담을 열고 전당대회의 절차 없이 통합을 추진하기로 원칙적인 합의를 보았다. 야권이 분열된 상태에서는 효과적인 반독재투쟁이 어렵다는 것이 김대중의 뜻이었다.

5월 하순 하버드대 에드윈 라이샤워 교수가 김대중에게 두 번째 초청장을 보내왔다. 그러나 여전히 정부는 '재판 중'이라는 이유로 출국을 막았다.

8월 초순 어느 날 자택으로 장준하가 찾아왔다. 《사상계》가 박 정권의 탄압으로 폐간된 이래 반독재투쟁의 행동전선에 섰던 장준하는 비장한 자세로 재야 지도자들이 연대해 유신체제에 결정적인 타격을 가하자는 논의를 하러 온 것이다. 시국 관련 논의를 마치고 나가는 장준하에게 김대중은 산행이나 지방 여행 때는 혼자 다니지 말라고, 각별히 신변을 조심하라고 당부하였다. 도쿄납치사건을 겪은 처지에서 장준하의 신변이 걱정되었던 것이다.

장준하는 이해 8월 17일 경기도 포천군 이동면 약사봉바위 밑에서 의문의 변사체로 발견되었다. 광복군 출신으로 일본군 장교 출신인 박정희와 치열하게 싸우다가 해방의 달 8월에 싸늘한 시신으로 변한 것이다. 김대중도 2009년 8월 18일 서거했으니, 8월은 이들에게 '잔인한 달'이 되었다.

박정희의 특별석방 조치에서 제외된 이른바 인혁당 관련자 8명은 대법원 판결 다음 날 전격적으로 처형되었다. 최종길 서울법대 교수가 중앙정보부에서 조사를 받던 중 의문의 죽음을 당하기도 했다. 박정희는 1974년 8·15 광복절 행사장에서 부인 육영수가 저격당한 뒤부터 더욱 광폭해졌다.

김대중은 1975년 2월 28일 김영삼·양일동 총재와 공동기자회견을 열고 민주화를 요구하는 공동투쟁을 결의했다. 정부는 이날 다시 가택연금 조치를 취했다.

15장

유신의 종말

3·1민주구국선언사건

1976년 3월 1일 오후 6시 명동성당에서는 사제 20여 명이 공동으로
집전하는 가운데 3·1절 미사를 드렸다. 7백여 명의 가톨릭 신자와 수
십 명의 개신교 신자들도 참석했다.

3·1절을 기념하는 이 미사는 장덕필 신부의 사회로 진행되었으며,
김승훈 신부가 강론을 통해 3·1절의 의의를 되새기고, 3·1 정신에
입각하여 천편일률적인 신문보도, 비판조차 금하고 있는 유신헌법
의 억압성, 사회 기강의 문란, 심각한 경제 문제 등 한국 사회의 제
반 문제들을 지적하면서, 하나님께서 이 모든 어두운 면들을 없애
주기를 기도하였다. 미사를 마친 후 참석자들은 이어서 기도회를
가졌다. 이 기도회에서 〈민주구국선언문〉이 낭독되었다.[221]

선언문은 김대중과 문익환이 각자 별도로 준비했다. 김대중은 2월 초순경 명동성당으로 김수환 추기경을 찾아가 자신이 구속되더라도 국민에게 희망을 주는 새로운 전기를 마련해보고 싶다는 뜻을 전했다. 그리고 22일 오후 정일형을 찾아갔다. 두 사람은 미리 준비해온 200자 원고지 20매 분량의 선언문 초안을 놓고 마주 앉았다. 정 박사 부인 이태영도 동석했다. 정치적 선배이자 김대중보다 나이가 많았던 정일형은 1971년 대선 때 선대본부장을 맡아주는 등 김대중과 관계가 남달랐다. 그는 국회에서 유신체제를 비판했다가 의원직을 상실한 기개 있는 원로 정치인이었다.

두 사람은 뜻을 모아 선언문을 작성하고 그 문건을 정일형 부인 이태영 변호사를 통해 윤보선에게 보내어 의견을 듣기로 했다. 당시 윤보선은 재야 민주세력의 중심인물로 반독재투쟁을 벌이고 있었다.

한편 문익환 목사는 김대중의 삼일절 '의거' 준비 사실을 모른 채 김대중을 찾아와 의논한 뒤 삼일절에 발표할 선언문 초안을 별도로 작성했다. 나중에 이 초안과 김대중 초안이 취합된다. 민주회복국민회의 멤버들을 중심 서명자로 확보해놓고, 끝까지 보안을 유지했다. 그리고 3월 1일 명동성당 미사에서 선언문을 전격적으로 낭독했다. 3·1미주구국선언사건(이하 3·1명동사건)은 대규모 집회가 아니라 기도회였다. 정부는 즉각 조사에 착수했다. 선언문을 낭독한 이우정을 당일 저녁 자택에서 연행하고, 다음 날에는 문동환·윤반웅 목사, 3일에는 이문영·안병무·서남동·은명기·문익환·이해동·이종옥·문호

221 민주화운동기념사업회 연구소 편, 《한국민주화운동사 연표》, 2006, 304쪽.

근·김석중 등을 연행했다. 5일에는 이태영, 6일에는 함세웅·김승훈, 8일에는 김대중·이희호·정일형이 연행되었다. 윤보선은 9일 자택에서 조사를 받았다.

전격적으로 발표된 〈민주구국선언문〉은 이 나라는 민주주의 기반 위에 서야 한다, 경제 입국의 구상과 자세가 근본적으로 재검토되어야 한다, 민족통일은 오늘 이 겨레가 짊어진 최대의 과업이다 등 세 부문으로 구성돼 있다. 또, "이때에 우리에게는 지켜야 할 마지막 선이 있다. 그것은 통일된 이 나라, 이 겨레를 위한 최선의 제도와 정책이 '국민에게서' 나와야 한다는 민주주의의 대헌장이다. 다가오고 있는 그날을 내다보면서 우리는 민주역량을 키우고 있는가. 위축시키고 있는가?"라는 물음으로 끝을 맺는다. 김대중을 비롯해 윤보선·함석헌·이우정·정일형·윤반웅·문동환·안병무·이문영·서남동 등 정계·종교계·학계 지도급 인사들이 이 선언문에 서명했다.

선언문을 발표한 재야인사들과 신자들은 명동성당을 내려오면서 시위를 벌이려고 했으나 출동한 경찰이 강제로 해산시켰다. 그날부터 일주일 사이에 선언문에 서명한 전원이 연행됐으며, 윤보선 전 대통령만이 자택에서 조사를 받았다.

닷새 뒤인 3월 8일에 나는 '유신헌법에 반대' '대통령 긴급조치 제9호 위반'으로 구속되었다. 당국은 다른 서명자들은 물론 내 아내를 비롯하여 그날 성당에 있던 사람들까지 모조리 연행했다.

이것은 나중에 안 사실이지만, 처음에는 문제가 되지 않았던 선언 내용이 나중에 죄로 취급된 것은 박 대통령의 명령 때문인 것 같

유신정권이 구속한 재야 민주지도자 18인 석방을 요구하는 외신보도. 맨 위칸 왼쪽부터 함석헌, 문익환, 김대중, 윤보선, 이우정, 안병무, 김지하, 이태영, 정일형, 서남동, 함세웅, 문동환, 이문영.

다. 박 대통령은 선언 서명자 중에서 내 이름을 발견하자 격노한 나머지 엄벌에 처하도록 했던 것이다. 이렇게 우리들은 구치소로 끌려가서 드디어 재판을 받게 되었다. 우리 피고들은 서로 협의하여 법정에서 유신체제의 불법성, 민주주의 탄압의 부당성을 호소하여 법정투쟁을 확산시키기로 했다.

우리들의 죄란 생각해보면 성명서 한 장을 대성당에서 읽은 것뿐이었다. 그 뒤 모인 사람들과 그 성명서에 대해 토론한다든지, 질의응답을 한다든지 하는 일은 없었다. 성명 낭독을 들은 뒤, 모인 사람들도 우리도 그대로 각자 귀가했다.

국내 신문에는 이 선언 내용에 대해서 한 줄도 보도되지 않았다. 그런데 그것을 정부가 커다란 문제로 들춰서 결과적으로는 전 세계에 알린 꼴이 되었다.

나는 재판 때문에 모인 피고들의 구성에 대해 조소를 금치 못했다. 전직 대통령, 한번 대통령이 되고 싶다고 했던 사람, 국회·야당의 거물, 기독교계 장로, 신구 양 교회의 지도자, 대학교수, 거기에 남자만 있으면 그림이 안 되니까 여성, 그리고 대학교수와 변호사들이 대거 참여해 그 풍부한 다양성으로 정말 극적 효과를 높여주었다. 덕분에 '민주구국선언' 사건은 저절로 큰 사건으로 불거졌고, 우리의 민주회복운동은 이것을 계기로 단숨에 달아오르기도 했다.[222]

222 일본 NHK 취재반 구성, 김용운 편역, 《역사와 함께 시대와 함께 – 김대중 자서전 2》, 인동, 1999, 78쪽.

3·1명동사건은 세계적인 주목을 끌었다. 외신들은 이 사건을 자세히 보도했으나, 국내 언론은 3월 10일까지 한 줄도 보도하지 못했다. 이 사건은 아이러니하게도 정부의 공식 발표로 알려진다.

 서울지검 서정각 검사는 "이번 사건의 주동자인 구 정치인과 재야 일부 인사들은 오랫동안 정권 쟁취를 책동해왔으나, 유신체제의 공고화로 국내 정국이 안정되고 비약적인 경제발전이 이루어져 통상 방법으로는 그 목적 달성이 어려워졌음이 명백하게 되자, 이들은 [……] 일부 신부와 목사, 일부 해직교사 등 반정부인사들과 연합전선을 형성하여 3·1운동 또는 4·19와 같은 학생을 중심으로 한 민중봉기를 기도·획책하고, 이를 달성하기 위해 올해 삼일절을 기해 소위 민주구국선언이란 미명 아래 마치 국가존망의 위기가 목전에 다가온 양 국내외 제반 정세에 관한 허위사실을 유포하고, 유신헌법과 대통령 긴급조치의 철폐 및 현 정권의 퇴진을 주장·선동한 사실이 인정되는 바이고, 이것은 명백히 대통령 긴급조치 9호에 위반되는 것"이라는 수사 결과를 발표했다. 그리고 '정부전복선동'이라는 공안사건으로 단정하고 관련자들을 대대적으로 연행해 수사를 벌였다.

 검찰은 3월 26일 구국선언 관련자 20명 중 김대중·문익환·함세웅·문동환·이문영·서남동·안병무·신현봉·이해동·윤반웅·문정현 11명을 긴급조치 9호 위반혐의로 구속기소하고, 윤보선·정일형·함석헌·이태영·이우정·김승훈·장덕필 7명은 불구속기소했으며, 김택암·안충석 2명은 기소유예로 처분했다.

 재판은 속전속결로 진행되어 사건 기소 후 130일 만인 8월 3일 1심 공판에서 재판부는 전원을 유죄로 인정했다. 징역 2년에서 8년까지의 실형과 같은 기간의 자격정지형을 선고했다. 이때 김대중은 징역 10년, 자격정지 10년을 구형받는다. 12월 20일 김대중은 다음과 같이 최후 진술을 한다.

나는 나의 양심, 내가 믿는 하느님의 명命에 따라 억압당하고 학대받는 국민들을 위해 나의 일생을 바치기로 맹세한다. 정치적 자유, 경제적 평등, 사회적 정의는 나의 기본적인 신념이다. 여기 나의 두 아들이 방청석에 왔다. 그들에게 부끄러운 아버지가 되고 싶지 않다. 우리들의 자손에게 매도당하는 조상이 되고 싶지 않다. 그 때문에 국민들을 위해 일생을 바치고 싶다…….

나는 재판 결과가 어떻든 현 정부가 나에게 어떤 짓을 하든 그러한 것에 좌우되지는 않겠다. 이 나라의 법정이 우리의 석방 또는 무죄를 결정할 수 없다는 것을 잘 알고 있다. 어떠한 결과가 되든 국민과 하느님에 대한 제 약속과 의무를 이행할 뿐이다.

이 자리에 계신 여러분, 그리고 이 법정 밖에 있는 국민 여러분, 우리들 각자의 입장을 초월하여, 국민의 인권이 보장되는 정치적 자유, 평등한 경제적 조건을 보장하는 새로운 경제 질서, 또 정직하고 근면하고 양심적인 사람들이 성공하고, 양심·학문·신앙의 자유가 있는 그러한 정의 위에서 서 있는 사회가 구현되리라는 것을, 진심으로 여러분 한 사람 한 사람의 손을 마주잡고 호소하면서 이 최후진술을 마치고자 한다.[223]

223 일본 NHK 취재반 구성, 앞의 책, 79~80쪽.

항소심에서는 변호인단이 낸 재판부기피신청을 받아들이지 않고 선고공판을 계속하여 12월 29일 다음과 같이 판결을 내린다.

- 윤보선, 김대중, 함석헌, 문익환 : 징역 5년, 자격정지 5년.
- 정일형, 이태영, 이우정, 이문영, 문동환, 함세웅, 신현봉, 문정현, 윤반웅 : 징역 3년, 자격정지 3년.
- 서남동 : 징역 2년 6개월, 자격정지 2년 6개월.
- 안병무, 이해동, 김승훈 : 징역 2년, 자격정지 2년, 집행유예 3년.
- 장덕필 : 징역 1년, 자격정지 1년, 집행유예 2년.

"사법부에 대한 재판이 될 것"

12월 20일 김대중은 최종 진술을 통해 유신체제, 나아가 자신의 정치사상과 철학을 소상하게 밝혔다. "애국적 동포의 유형 무형의 지원, 세계의 민주적 친구들의 지원, 세계 교회의 깊은 지원에 충심으로 감사합니다. 몸은 비록 갇혀 있으나 이 정도는 발언할 수 있는 것은 국민 여러분의 지원, 세계의 여론 덕분입니다. 감사합니다. 그리고 이 모든 일이 하느님의 섭리에 의한 것으로 믿고, 하느님께 감사합니다." 라며 말문을 열었다. 몇 부문을 발췌한다.

한마디로 말하면, 오늘의 유신체제는 통일을 위해서가 아니고, 안보나 반공을 위해서도 아니요, 박정희 한 사람의 영구 집권을 위한 것입니다. 유신헌법은 오직 그러기 위한 수단이며, 다만 그것을 향하여 내용이 구성돼 있을 뿐입니다. 이 사실은 태양이 동쪽에서 떠오르는 것과 같이 명백합니다. 이 체제 아래에서 민주주의 인권과 자유의 보장은 불가능해요. 민주주의와 유신체제는 물과 기름처럼 상극합니다. 수출이 백억 달러, 천억 달러가 돼도, 부익부 빈익빈은 고쳐지지 않아요. 일부는 발전해도 다른 것은 희생시킨다는 불균형이 더욱 치열해질 따름입니다. 독재 아래서는 균형 있는 사회, 경제의 발전은 불가능해요.

사회적으로는 유신체제 아래서는 양심의 자유, 종교의 자유, 학원의 자유는 있을 수가 없어요. 정직하고 근면하며 양심적인 사람이 성공하는 사회정의는 존재하지 않아요. 한 사람을 중심으로 하여 거기 충성을 바치는 체제 아래서는 만인을 위한 정치가 불가능하기 때문이오. 안보도 불가능해, 공산주의와 싸우기 위해서는 민주주의만이 무기인 것입니다.

저는 기도를 드릴 때마다 또 하나, 군사쿠데타나 4·19혁명 때처럼 피를 흘리게 하는 일이 없도록 국민이 주권자로서의 권리와 의무를 깨닫고, 그 국민에 의해서 민주주의가 수립되도록 기도하고 있습니다.

그리고 아직 잠자고 있는 교회, 심지어는 독재에 협력하고 있는 교회가 하느님의 힘에 의해서 눈을 뜨고 국민의 선두에 서기를 기도합니다. 한국의 모든 신부와 목사가 민주주의의 대열에 참가하고 있었더라면, 사태는 아주 달라져 있었을 거예요. 언론인·법조인·재판관·지식인·민주적인 국민이, 월남과 같은 운명을 걱정하며 힘을 다했더라면 지금과는 달라졌을 겁니다. 지금 얼마나 많은 야당 인사가 자진하여 권력에 협력하고 있는 것일까요. 실로 많은 언론인이 유신 국회의원에 진출하여 협력하고 있잖은가. 재판관·종교인·교수의 경우도 그렇다. 그들은 타락하여, 국민 앞에 나타나선 궤변을 말하고 있어요.

그러나 나는 결코 실망하지 않습니다. 우리 국민은 더욱 각성하고 성장할 것입니다. 자극을 받으면 성장해요.

3천5백만 국민의 1할이, 아니 그 1할의 1할인 35만 명이, 아니 1천분의 1의 3만 5천이라도 (감옥에) 들어갈 각오라면 이 정부에게 반성을 촉구하여 우리들의 목적을 평화적으로 달성할 수가 있을 것입니다. 우리 국민은 위대하기도 하거니와 또 바보스럽기도 해요.

끝으로 나는 내 양심, 제가 믿는 하느님의 명에 따라 억압되고 학대받는 국민을 위해 제 일생을 바칠 것을 맹세하고자 합니다. 정치적 자유, 경제적 평등, 사회적 정의는 나의 기본적 신념이에요.

1973년 납치되었을 땝니다. 나는 배 위에서 양팔과 양다리가 묶여 있었어요. 입에는 재갈이 물려 있었습니다. 두 눈에는 스카치테이프가 붙여졌고, 붕대에 감겨 있었죠. 허리에는 널빤지가 묶였고 양손에는 각각 4, 5킬로그램의 물체가 묶여 있었어요. 바다에 던져지려는 순간이었습니다. 갑자기 예수 그리스도가 머리에 떠올랐어요. 나는 환상 속에 나타난 예수님의 옷자락에 매달리며 살려달라고 애원했습니다. 그때 저는, "할 일이 남아 있습니다. 지금 죽다니 어떻게 되는 겁니까?" 하고 호소했어요. 그때 붕붕하고 울리는 소리가 들려왔고, 눈에 뭔가 빨간 빛의 충격이 있었습니다. 선원이 "비행기다" 하고 지나갔습니다. 그것이 생사의 기로에 있던 내가 구제된 계기가 된 것입니다.

이러한 의미에서 나는 재판의 결과가 어찌되었건, 현 정부가 나에게 어떤 짓을 하건, 그런 일에 관심을 가지고 있다 하더라도 그에 따라 좌우되지는 않아요. 이 나라 이 법정이 우리들의 석방 또는 유죄의 결정을 하지 못하는 것을 알고 있어요. 박 대통령 이외의 아무도 그에 대해 결단을 내릴 수는 없기 때문입니다. 따라서 재판소에 대해서 과도한 요구를 할 수 없어요. 어떤 결과가 되건, 국민과 하느님에 대한 제 약속과 의무를 이행할 따름입니다.

이 자리에 계시는 여러분, 그리고 이 법정 밖에 있는 국민 여러분, 우리들 각자의 입장을 초월하여, 국민의 인권이 보장되는 정치적 자유, 평등한 경제적 여건을 보장하는 새로운 경제 질서, 정직하고 근면하고 양심적인 사람들이 성공하고, 양심·학문·신앙의 자유가 있는 그러한 정의 위에 서 있는 사회가 구현되리란 것을, 진심으로 여러분 한 사람 한 사람과 손을 잡고 호소하면서, 이 최종 진술을 마치고자 합니다. 감사합니다.[224]

김대중을 비롯해 피고인 19명 전원은 항소심 판결에 불복해 12월 30일 대법원에 상고했다.

1977년 3월 22일 대법원 전원합의제(재판장 민복기 대법원장)는 민주

---

224 김대중, 〈3·1민주구국선언사건 항소심 최후진술서〉.

구국선언은 사실을 왜곡하고 있고, 긴급조치와 헌법을 비방하고 있으며, 원심에 사실 오인이 없고 공소사실은 인정된다는 판결 이유를 들어 피고인 전원에 대해 상고를 기각했다. 그러자 피고인들이 당당히 법정투쟁으로 맞서면서 체제공방이 벌어졌다. 피고인들은 유신체제는 법적 절차에 당위성이 없고, 유신헌법을 성립시키는 국민투표 과정과 내용에 당위성이 없으며, 정부가 주장하는 유신헌법의 목적에도 당위성이 없고, 유신헌법 내용이 독재적인 헌법으로 민주공화국에선 당위성이 없다는 점 등을 들었다.

김대중은 대법원에서 상고가 기각됨으로써 징역 5년, 자격정지 5년형이 확정되었다. 같은 5년형을 선고받은 윤보선·함석헌은 고령이란 이유로 형 집행이 유예되고 문익환과 김대중 두 사람만 5년 최고형을 선고받아 복역하게 되었다.

김대중은 선고에 앞서 〈상고이유서〉를 보충한 〈상고이유보충서〉를 써서 법원에 제출했다. 〈상고이유보충서〉를 제출한 날은 3·1명동사건 1주년이 되는 1977년 3월 1일이었다. 다음은 그 보충서의 마지막 부분이다.

3·1선언사건은 결코 유죄가 될 수 없습니다.

이 사건은 정부의 가장 비민주적인 정치탄압이요, 가장 졸렬한 보복행위인 것입니다. 이 재판에서 우리에게 무슨 중형이 내려지건 우리들 피고의 양심은 무죄입니다. 국민의 가슴 속의 정의도 이를 무죄라고 외칠 것입니다. 역사의 심판도 무죄를 언도할 것입니다.

오히려 이 재판은 사법부에 대한 재판이 될 것입니다. 사법부가 과연 법의 정의를 지키는 데 얼마 만큼 충실했느냐 하는 재판인 것입니다. 법관이 헌법과 법률과 양심에 따라 법정에서 판결하고 있느냐 하는 재판인 것입니다. 사법부가 그 사명을 다하며 국민과 역사 앞에 책임을 다할 것이냐 하는 재판인 것입니다.

3·1선언사건은 대법원의 확정 판결만으로 끝나버릴 사건은 아닌 것입니다. 이 사건은 반드시 장차 역사가나 필요한 사람들에 의해서 다시 검토될 것입니다. 유감스럽게도 1, 2심 판결은 정당하지도 못했고 완전하지도 못했다고 생각합니다. 바라건대 최고법원에서 지금까지의 잘못을 시정하여 국민과 역사의 기대에 부응하고 스스로의 권위와 신망을 더욱 굳건히 해주시기를 간절히 기원하는 바입니다.

저의 이 상고이유보충서의 내용은 법률 전문가가 볼 때는 반드시 치졸하고 거친 내용이 많이 있을 것으로 자인하고 있습니다. 그러나 법과 국민과 역사의 정의라는 시점에서 본다면 취택取擇하지 않으면 안 될 점이 반드시 있을 것으로 확신합니다.

오늘은 3월 1일입니다. 우리가 3·1민주구국선언을 발표한 지 꼭 일 년이 되었습니다. 나는 매우 나쁜 건강 속에 일 년의 옥고를 치러왔습니다. 그러나 고통은 결코 나를 불행하게 만들지 못했습니다. 나는 우리 국민과 나라를 위하여 바치는 의로운 고통의 대열 속에 동참하게 된 나 자신을 무한히 감사하게 생각하고 있습니다. 또한 우리의 적은 노력과 고통이 이 나라의 인권과 민주회복에 대한 국민적 각성과 세계 벗들의 관심에 기대 이상의 큰 영향을 주고 있는 사실에 대해서도 감사하고 있습니다. 백 년을 두고 외국의 지도

를 받아오던 한국의 기독교가 이제 세계적 관심과 존경의 대상이
된 점에서도 하느님의 큰 역사를 봅니다. 붓을 놓으면서 3·1 선열
들의 영령과 국민과 나라를 위해서 그리고 사법부를 위해 천주님께
기구祈求 드립니다.[225]

유신체제에서 법원은 박정희 정권의 한갓 장식물에 불과했다. 시
국사건과 관련해서 용기 있는 소수의 법관이 없는 것은 아니었지만,
대부분 법관은 검찰의 기소장과 판결문이 다르지 않은 부끄러운 모습
을 보여주었다. 특히 김대중이 관련된 재판에서는 법관의 양식이나
재량권은 찾아보기 어려웠다.

구속자 가족들의 투쟁

3·1명동사건은 한국 민주화운동사에서 몇 가지 특이한 현상을 '부산
물'로 남겼다. 윤보선 전 대통령 부인 공덕귀, 정일형 전 의원 부인 이
태영, 문익환 목사 부인 박용길 그리고 김대중 부인 이희호 등 피고인
부인들이 가족대책협의회를 결성해 남편들 못지않게 투쟁한 것도 그
중 하나다.

가족대책협의회는 공덕귀 여사를 대표로 해서 수감자들의 옥바라
지를 하는 것은 물론 당국의 방청 제한과 연금 등 온갖 인권탄압에 공
개적으로 맞서 싸우고 성명서도 작성해 시민들에게 직접 호소했다.
또 재판 과정이 국내 언론에서 제대로 보도되지 않자 외신기자들과

---

225 김대중, 〈상고이유보충서〉, 1977년 3월 1일.

접촉해 사건을 알리고, 박 정권의 인권유린을 국제사회에 고발했다. 구속된 지 1개월이 지나도록 가족면회는커녕 어디서 조사를 받는지조차 파악할 수 없는 상황이었기 때문이다.

3·1명동사건 관련자들은 대부분 서울구치소에 수감되었다.

이희호 여사는 남편의 지난날 죽음의 고비를 몇 번이나 넘기면서도 그것이 돌발적인 사태였기에 오직 운명은 하늘에 맡긴다는 그러한 자세였다. 그러나 지금은 다르다. 가뜩이나 불편한 몸, 거기에다 그 긴급조치 9호라는 것이 5년이고, 10년이고 저희들 멋대로 부르는 형벌이 아닌가. 홍일, 홍업 등은 벌써 대학을 나와 군대에 있거나 대학에 재학 중이니 그들은 아버지의 입장을 이해하고 어머니의 마음을 위로할 만큼 대견한 아이들이 되어 있었다.

그러나 이제 갓 중학교에 들어간 막내 홍걸 군이 아버지가 어디 가셨느냐, 언제 오시느냐를 물어올 때 어머니는 무어라고 대답할지 망설이지 않을 수 없었다. 대부분의 어린이 머릿속에는 교도소에 들어가는 사람은 누구나 나쁜 짓을 한 사람이라는 생각이 뚜렷하게 박혀 있기 때문이었다.

'아버지는 옳은 일을 하시다가 옥에 갇혔다.'고 말해야 할 것인가.

"아버지는 볼일이 있으셔서 어디 좀 가셨어. 아마 몇 달 걸리실지도 모르지……."

우선 이렇게 미룰 수밖에 없었다. 어느 날 막내 홍걸 군이 헐레벌떡 방 안에 들어와 책가방을 휙 던지더니 엄마에게 와락 달려들었다.

"엄마 내가 모를 줄 알았지? 나도 짐작은 했지만 오늘 내 짝 아이한테 자세하게 이야기 들었어. 엄마 걱정하지 마. 너희 아빠는 얼마나 훌륭한 분이냐고 애들이 나를 부러워하는걸⋯⋯."

어머니 이 여사는 입술을 깨물었다.

'이 애도 다 컸구나!'

그는 이 어린아이 앞에 눈물을 보이고 싶지 않았다.[226]

부활절 전날 밤 철야 기도회를 마친 이희호는 4월 17일 다른 20여 명 3·1명동사건 구속자 가족들과 함께 서울구치소 앞으로 몰려갔다. 새벽 찬송을 부르는 이들의 노랫소리에 주변 사람들도 잠에서 깼다. 수감된 사람들도 이 노래에 귀를 기울였다.

5월 4일 첫 공판이 열리자 법원 당국은 피고 한 사람당 두 명으로 방청권을 제한했다. 서울지방법원 대법정은 거의 3백 명까지 들어갈 수 있는 곳이었다. 그런데 내외신 기자도 극히 제한해 20여 명밖에 들어가지 못했다. 나머지 자리엔 중정요원과 사복형사들이 방청인을 가장해 앉아 있었다.

이런 처사에 구속자 가족들은 강력히 시정을 요구했으나 허사였다. 법정은커녕 법원 입구에서부터 엄중히 통제했을 뿐이다. 구속자 가족 1백여 명은 검은색 비닐테이프로 입을 '+'자 모양으로 봉하고 법원 입구에 서 있는 것으로 항의를 표시했다. 그러나 당국은 끝까지 피고인들과 가족들의 접견은커녕 서신 왕래조차 허용하지 않았다.

●
226   김진배, 《인동초의 새벽》, 동아, 1987, 251~252쪽.

5월 15일의 2회 공판 때는 구속자 가족들은 정보원과 경찰이 법정 주변을 둘러싼 데 항의하여 방청권을 불살라버렸다. 방청 자체를 포기한 것이다. 그날 김대중의 부인 이희호 여사는 다른 구속자 가족들과 마찬가지로 경찰차에 실려져 서울 시내를 빙빙 돌다가 집 근처에 내려졌다.

5월 29일 3회 공판 날에도 구속자 가족들은 당국의 구속자들에 대한 부당한 조치에 항의했다. 그들은 일제히 보라색 한복을 입었다. 그것은 고난과 승리의 상징이었다. 3·1사건 가족들은 3·1사건 관련자들이 한 사람의 예외도 없이 20명 전원이 독실한 기독교인인 것과 마찬가지로 그들 가족들 또한 모두 기독교인들이었다.[227]

3·1명동사건을 계기로 나타난 또 하나 특이한 현상은 기독교 신·구교가 힘을 모아 구속자 가족을 도왔다는 것이다. 신·구교 신자들은 구속자 가족들과 함께 정기적으로 기도회를 열었다. 첫 공판이 열린 1976년 5월 4일 금요일 첫 기도회가 열린 이후 군사독재 기간 매주 빠지지 않고 금요기도회가 열렸다. 이 기도회에는 다른 양심범 가족들과 성직자·교인들도 다수 참석했고, 긴급조치 9호 위반 양심수의 숫자가 늘어나면서 참석자 수는 더욱 늘어났다. 기도회장은 가족들끼리 서로 위로하고 정보를 교환하는 장소가 되고 대정부 항거의 구심점이 되었다. 기도회가 끝나면 손에손에 촛불을 켜 들고 독재타도를 외치며 거리시위에 나서기도 했다.

227　김진배, 앞의 책, 252쪽.

3·1명동사건은 '촛불시위'의 효시가 되었다.

옥중 단식투쟁

1년 1개월여 동안 서울구치소에 있던 김대중은 1977년 4월 14일 멀리 진주교도소로 이감되었다. 사건 관련자 20여 명 중 호남 출신인 김대중과 서남동 목사, 문정현 신부 세 사람만 유독 경상도에 있는 진주교도소로 보낸 것이다.

박 정권의 이런 지역차별정책은 참기 힘들었다. 재판을 끝내고 속세와 떨어진 교도소까지 와서 그런 차별을 받는다고 생각하니 온몸이 부르르 떨렸다. 변호사와 면회가 되고서 맨 처음으로 "나라를 망치는 이런 지역차별만은 분명히 해소되어야 한다."고 부탁했다.

그런데 만약 정부 측이 '전라도 출신 김대중을 경상도 벽지 교도소에 넣으면, 세상 사람들도 주목하지 않겠지.'라고 생각했다면 그건 커다란 오산이었다. 진주에서도 우리를 격려하기 위해 많은 사람들이 모였다. 다 읽지 못할 만큼 편지도 보내주었다. 우리 가족이 면회라도 오면 교도소까지 마중 와서 격려해주려고 진주는 물론이고 부산·하동·김해 등 먼 곳에서도 와주었다. 진주교도소에서는 "빨리 그런 괴물 같은 인간들을 어디로 좀 옮겨달라."고 위에다 청원했다고 한다.[228]

228　일본 NHK 취재반 구성, 김용운 편역, 《역사와 함께 시대와 함께 – 김대중 자서전 2》, 인동, 1999, 81쪽.

진주교도소 독방에 수감된 김대중은 혹독한 수형생활을 했다. 좌우는 물론 맞은편 방을 모두 비워놓았고, 간수 몇 명이 개미 한 마리도 얼씬하지 못하도록 감시했다. 심지어 변호사 접견조차 금지되었고, 가족과 면회할 땐 시사문제를 꺼낼 수 없었다. 시간도 10분 이내로 제한하는 등 노골적으로 인권을 탄압했다.

김대중은 이에 항의해 5월 7일부터 단식에 들어갔다. 일반적으로 단식은 쉽지 않은 '자기학대' 수단인데 감옥에서 하는 것은 이중삼중의 고역이다. 감옥에선 식사의 질량이 크게 모자라 육체적인 고통이 그만큼 더 심하다.

단식 6일 만에 교도소 측은 가족과 변호사의 면회를 허용해주었다. 모두 상급기관에서 결정한 일이었다. 단식으로 김대중이 옥사라도 하면 보통 일이 아니기 때문이다. 가족, 변호사 면회는 법으로 보장된 권리인데도 박 정권은 이런 불법을 밥 먹듯이 자행해왔다. 다음은 이희호 증언이다.

오후에 이택돈 변호사, 둘째 홍업이와 같이 진주로 내려갔다. 그때 진주교도소는 서울에서 가장 먼 교도소였다. 진주에 도착해 하룻밤을 자고 나서 다음 날 첫 면회를 해야 했다. 남편은 기결수라 행형 규칙상 머리를 빡빡 깎고 푸른 수의를 입고 있었다. 꼭 머리카락을 모두 밀어버려야 하는 규칙은 언제부터 생긴 것일까? 뽀얀 머리가 드러난 남편의 모습이 무척 슬펐다. 게다가 전하는 말은 더 비감했다. 진주라 천리길, 먼 경상도 감옥에 독방도 모자라 좌우와 맞은편 방을 모두 비운 완전한 격리 수용이라 했다.

그즈음 나는 화급하게 법전을 독학했다. 행형법을 알아야 했기 때문이다. 남편이 법에 보장된 정당한 처우를 받을 수 있도록 하려면 그 길밖에 없었다. 그러고는 '병상조회 의뢰 신청서'와 '교도소 처우개선 건의서' 등을 법무부뿐만 아니라 대통령에게도 청원했다. 남편 또한 변호사와 직계 가족만으로 면회를 제한하는 처사에 항의해 단식을 계속했다. 그러나 이루어진 것은 아무것도 없었다.[229]

입감 초기부터 김대중은 교통사고로 생긴 고관절 신경통이 가장 고통스러웠다. 심한 통증으로 맨바닥에 앉을 수도, 어떤 자세를 취해도 잠을 잘 수가 없었다. 이를 지켜보던 교도소 측이 나무 책상과 의자를 만들어주었다. 겨울에는 난방기기도 넣어주어 통증을 덜어주었다. 그러나 중앙정보부의 간섭으로 이런 편의도 오래가지는 못했다.

가족이 감옥에 갇히면 남은 식구들도 '창살 없는 감옥살이'를 하게 된다. 독립지사들이 투옥되면 가족과 동지들이 한겨울에도 방에 불을 때지 않고 냉방에서 지냈다는 기록이 있다. 김대중의 가족도 다르지 않았다.

남편이 감옥에 있을 때 나는 겨울이라도 안방에 불을 넣지 말도록 일러두었다. 그는 추위를 몹시 타는 체질이다. 그런 '애들 아버지'가 영하로 내려가는 감방에서 떨고 있을 생각을 하면 집에서 따뜻하게 지낼 수가 없었다. 식구들은 내가 안쓰러운지 자꾸 불을 넣으

229 이희호, 《이희호 자서전 동행》, 웅진지식하우스, 2008, 170~171쪽.

려고 했다. 이해 12월 어느 날 밤 냉방에서 꿇어 엎드려 기도를 하다 쓰러져 잠시 혼절한 일이 있다. 깨어보니 김형국 비서와 낯선 여자 얼굴이 보였다.

"무슨 일 있었어요?"

"한밤중에 신음소리가 나서 들어와 보니 사모님이 의식을 잃고 경련을 일으키셨어요. 근처 병원 문을 두들겨 간호사를 불러왔습니다."

그 후 갑자기 무릎과 발이 부어올랐다. 손가락이 안으로 굽으면서 손목이 아팠다. 병원에서 진단을 받으니 과로와 영양부족으로 인한 관절염이라며 푹 쉬고 영양을 섭취하란다. 깡마른 체구지만 평소 건강을 자신하던 사람인데 몸이 아프니 갑자기 심신의 고달픔이 밀려왔다. 홍업이가 백방으로 약을 구해 와서 먹고 몇 달 더 고생했다.[230]

깊어진 신앙심

김대중에게 진주교도소 생활은 신앙을 굳건히 하는 계기가 되었다. 젊어서 천주교 세례를 받고 신앙인이 되었지만, 신앙생활을 돈독히 해오지는 못하다가 감옥에서 신심이 깊어진 것이다.

나는 진주교도소 생활에서 기독교 신앙을 굳건히 할 수 있었다. 교도소에서 생활하기까지의 내 신앙은 지금 생각해보면 너무 불충분한 것이었다. 아직도 내게 신앙이란 어렴풋한 것이었지만, 신에게

230　이희호, 앞의 책, 173쪽.

가는 길을 식별할 수 있게 된 것은 이 교도소 생활 덕분이었다. 교도소에서 나는 우리나라의 훌륭한 신학자들의 책이나 외국 신학자들의 저작에도 손을 댈 수 있었다.[231]

수감자들은 한 달에 한 번씩 가족에게 편지를 쓸 수 있었다. 이때 봉함엽서만 써야 했다. 김대중도 이 규정을 지켜야 했다. 그래서 부인과 자식들에게 하고 싶은 말을 압축해 짧게 쓰는 방법을 터득했다. 시사문제는 쓸 수 없으므로 학문이나 종교문제가 중심 내용이었다. 감옥에서 기도에 열중하고 종교문제에 천착한 관계로 전할 말이 많았다. 자신은 천주교, 부인은 기독교라는 점이 달랐지만, 종교 갈등 같은 것은 없었다. 신앙의 본질은 같다는 점을 둘 다 알고 있었기 때문이다.

다음은 김대중이 부인에게 보낸 편지 일부다.

예수님은 자신의 십자가를 지고 나를 따르지 않으면 나의 제자가 될 수 없다고 하셨다. 자신의 십자가란 무엇일까? 그것은 신의 사랑을 통해 남을 사랑하는 마음이며, 그것을 위해서는 목숨까지 바친 예수님의 길을 걷는 것이다. 예수님은 어떤 의미에서는 가장 큰 실패자였다. 마지막 처형 때는 믿었던 제자조차 예수님을 버리고 도망쳤다. 또한 그의 교훈은 그의 생전에는 거의 받아들여지지 않

231 일본 NHK 취재반 구성, 김용운 편역, 《역사와 함께 시대와 함께 - 김대중 자서전 2》, 인동, 1999, 82쪽.

았다. 그러나 2천 년이 지난 오늘날, 예수님만큼 성공한 사람도 없다. 그의 희생은 눈부신 공적이 되었다. 현세에 성공한 거장들, 로마의 아우구스투스, 중국의 진시황 등은 지금 예수 앞에 서면 너무나도 초라해지고 빛을 잃는다.

인간이란 본질적으로 패자의 운명 속에서 생겨났다. 왜냐하면 결국은 죽을 수밖에 없기 때문이다. 진리 안에서 죽는 사람만이 그 진리를 통해 자기를 나타내고, 자기를 완성한다. 진리는 우리의 양심을 받아들이는 인간의 길일 것이다. 양심의 길이란 남을 사랑하는 길이며, 우리를 창조하고 우리를 사랑하고 그 독생자까지 보내주신 하느님의 길일 것이다. 그 하느님의 길을 위해 십자가를 진 사람은 예수님과 함께 영원한 승자이며, 지상의 행복을 누리는 사람이다. 물론 그 길은 험난하고 고난의 길이지만 그것은 결코 불행한 길도, 불가능한 길도 아니라고 생각한다.[232]

김대중은 정치 초년 시절부터 학구열이 남달랐다. 틈만 나면 책을 읽고 정치활동을 하면서는 정책 관련 자료를 챙겼다. 대통령선거와 해외망명, 납치 등 고난을 겪으면서 별로 독서할 기회를 갖지 못하다가 진주교도소에 입감된 뒤부터는 많은 책을 읽었다. 그에게는 어느 측면에서 축복이었다.

김대중이 2년 9개월 동안 진주교도소에서 읽은 책은 한다하는 교수나 지식인이 평생 읽을 만큼의 양과 질이었다. 김대중은 이 시기에

232   일본 NHK 취재반 구성, 앞의 책, 82~83쪽.

고전에 속하는 무게감 있는 전문서적도 많이 읽었다. 김대중이 다른 정치인들에 비해 교양과 식견, 전문성을 두루 우수하게 갖출 수 있었던 것은 다방면에 걸쳐 많은 책을 읽었기 때문이다.

김대중은 1980년에 이른바 내란음모사건의 수괴로 몰려 다시 수년 동안 청주교도소에서 옥살이를 했는데 그때도 많은 책을 읽었다. 이 이야기는 뒤에서 다시 하기로 하고, 여기서는 진주교도소에서 기독교에 관한 책을 읽고 자신의 생각을 정리한 부분만 살펴보자. 김대중은 자신이 본 예수의 모습을 부인에게 다음과 같이 썼다. 몇 대목을 발췌한다.

오늘의 예수는 종이신 예수이며 이것은 처음부터 그의 참모습입니다. 섬김을 받으러 온 것이 아니라 섬기러 오신 예수, 제일 낮은 자가 제일 높은 자라 한 예수, 누가복음 1장 51절부터 53절에 기록된 예수, 죄인이며 억눌린 자들을 구원하고 해방하기 위해 찾아왔으며 그들을 위해 헌신하고 싸우다가 십자가에 못 박힌 예수인 것입니다.

[……] 사실 예수의 일생은 자유의지의 일생이었습니다. 그는 자유의지로 눌린 자들을 찾아가 그들의 벗이 되었고, 자유의지로 압제자들의 율법과 안식일과 정결례 등을 내두른 민중 억압과 착취에 대항했으며, 자유의지로 죽음이 기다리는 예루살렘에 입성했으며, 자유의지로 대사제大司祭의 심문에 죽음을 초래하는 답변을 했으며, 자유의지로 십자가형을 받았습니다. "누가 나에게서 목숨을 빼앗아가는 것이 아니라 내가 스스로 바치는 것이다. 나에게는 목숨을 바칠 권리도 있고 다시 얻을 권리도 있다."(요한복음 10 : 18)고 한 장대

한 선언을 우리는 볼 수 있습니다.

그뿐 아니라 예수는 우리를 죄인의 입장에서 무조건 해방시키고 하느님의 아들, 즉 그 자신의 형제의 입장에 끌어올림으로써 우리에게 자유의 권리를 준 것입니다. 우리는 하느님의 아들이며 따라서 당신과 나 일대일의 동등 관계인 것입니다. 우리가 하느님의 역사에 동참한 것은 아들로서의 자유의지에서지 종으로서의 강제는 아닌 것입니다.

그러므로 예수를 통해서 우리의 자유는 천부의 권리인 것이며 불가양不可讓이며 불가침不可侵의 것이 되었습니다. 이러한 기독교 정신이 서구 민주주의의 큰 물줄기인 것이며 바탕인 것입니다.

[……] 서기 313년의 콘스탄티누스 황제의 밀라노 칙령으로 그리스도교가 합법화되기까지 로마에서는 수많은 기독교인의 희생이 있었던 것을 우리는 잘 압니다. 그때도 일반 로마 시민들이 도무지 이해하지 못한 것은 기독교인들이 평소에는 정부의 말에 그토록 순종하면서 왜 고개 한 번 숙이면 되는 카이사에의 참배를 반대하고 죽음을 택하느냐 하는 것이었습니다. 그들은 그것이 신앙과 신앙의 자유에 대한 인간의 본질적 권리, 즉 하느님의 것이라는 것을 이해하지 못했던 것입니다. 그리하여 예수와 그 후계자들의 슬기롭고도 단호한 행동은 마침내 예수를 십자가에 건 그 로마를 불과 300년 내에 정복하는 위업을 이룩한 것입니다. 이것은 또한 인류에 대한 영원한 교훈이기도 합니다.

[……] 예수는 어떻게 보면 가장 큰 실패자였습니다. 마지막 처형될 때는 믿던 제자도 차버리고 도망갔습니다. 물론 그의 교훈은

생전에 세상에서 전혀 받아들여지지 않았습니다. 그러나 2000년이 된 오늘 예수만큼 위대한 성공자는 없습니다. 그의 희생은 결국 눈부신 자기 현현顯現이 되었습니다.

현세에서의 거대한 성공자들, 로마의 아우구스투스, 이집트의 이그티온, 진의 시황제 등이 지금 그 앞에 가면 너무도 초라하고 무색합니다. 인간은 본질적으로 패자의 운명 속에 태어났습니다. 왜냐하면 결국 죽어야 하기 때문입니다. 이 운명은 누구도 피할 수 없습니다. 다만 진리 속에 살다 죽은 사람만이 그 진리를 통해서 자기를 나타내고[顯現] 자기를 완성합니다. 진리란 우리의 양심이 받아들이는 인간의 길일 것입니다. 양심의 길이란 이웃사랑의 길이며 우리를 창조하고 우리를 사랑하여 독생자까지 보내시고 희생시키신 하느님의 길일 것입니다. 그 하느님의 길을 위해 십자가를 진 사람은 예수와 같이 영원한 승자이며 지상의 행복자일 것입니다. 물론 그 길은 험하고 고난의 길이지만 결코 불행의 길도 불가능의 길도 아닐 것입니다.[233]

진주교도소에서 서울대병원으로

1975년 10월 8일 본회의 대정부 질의에 나선 신민당의 '남장의원' 김옥선이 "오늘 우리 의회는 1인 통치를 합리화시켜주는 한갓 장식물에 불과하게끔 되어버린 정치적 현실을 통탄하며… 누가 우리보고 독재국가의 국회의원이라고 낙인을 찍을 때 우리가 설 자리는 어디인가?"

•
233   김대중, 《옥중서신 1》, 시대의창, 2009, 32~38쪽.

라며 신랄한 어조로 유신독재를 비판했다.

  김옥선은 공화당 정권의 파상적인 공격으로 결국 의원직을 사퇴한다. 김 의원과 운명을 같이하기로 했던 김영삼 총재와 신민당 의원들은 꿀 먹은 벙어리가 되어 동료의원이 국회에서 쫓겨나는 것을 지켜봐야 했다. 정일형 의원이 박 정권을 공격했다가 국회에서 쫓겨난 이후 두 번째 희생자였다.

  3·1명동사건이 터지고 재야인사들이 혹독한 탄압을 받고 있을 때, 즉 1976년 5월 신민당은 정기전당대회를 열었지만 김영삼과 이철승 연합세력 간에 각목을 휘두르는 난투극이 벌어져 양분되었다. 비주류 측에 전당대회장을 빼앗긴 주류 측은 당사에서 별도의 전당대회를 열어 김영삼을 총재로 다시 선출했다. 비주류 측도 집단지도체제 당헌을 마련하고, 이철승 등을 최고위원으로 선출했다. 양측은 서로 합법성을 주장하면서 중앙선관위에 당 대표 등록을 신청했다. 중앙선관위는 모두 받아들이지 않았다.

  4개월 뒤에 열린 수습전당대회에서 신민당은 이철승을 대표최고위원으로 선출했다. 이철승은 이른바 '참여하의 개혁'과 '중도통합론'을 내세우며 유신체제를 수용하는 대여온건노선을 취했다. 이제 반유신투쟁에 나선 재야세력은 신민당을 걸림돌로 인식하게 되었다. 유신체제의 '제3중대론'이 제기되면서 국민들도 신민당을 불신하기 시작했다. 공화당 1중대, 유정회 2중대에 이은 제1야당의 3중대론은 치욕적이었다. 급기야 재야세력과 학생들 사이에서 신민당 해체론이 터져나왔다. 반유신투쟁의 한 축이 '연체화'되면서 재야의 힘은 크게 약화되었다.

밖의 사정과는 상관없이 김대중의 힘겨운 옥중생활은 계속되었다. 신문 구독과 라디오 청취가 금지되고 월간지나 시사적인 책의 차입도 금지되었다. 그래서 주로 교양서적과 종교 관련 책을 읽게 되었다.

그러던 중 1977년 10월 31일 김수환 추기경이 김대중을 면회하러 왔다. 정치활동과 민주화운동 과정에서 잘 알게 된 사이였지만 그 먼 곳까지 직접 찾아올 줄은 미처 몰랐다. 중앙정보부도 추기경의 면회를 막지는 못했다. 추기경의 면회는 김대중에게 힘이 되고 격려가 되었다. 신앙적으로도 큰 힘이 되었다. 2009년 2월, 김 추기경이 선종했을 때 김대중은 명동성당에서 열린 추모제에 참석해 김 추기경이 당시 면회 왔을 때 영치금 100만 원을 넣어준 사실을 목멘 소리로 공개했다.

박 정권은 투옥 1년 9개월이 되는 1977년 12월 19일(아래 자서전 내용을 보면 12월 22일로 되어 있으나 사실 확인 결과 19일이 맞다. − 편집자 주) 신병 치료라는 명목으로 김대중을 서울대병원으로 이송시켰다. 3·1명동사건으로 구속되었던 사람은 그 이전에 이런저런 이유로 모두 석방되었다. 그런데 김대중에게만 병원 이송이란 명목으로 새로운 연금조치를 취한 것이다. "독재자가 친절을 베푸는 것은 누구의 인격을 존중해서가 아니라 지조와 정기를 꺾으려는 것이다." 플루타르코스의 《영웅전》에 나오는 말 그대로였다. 국민과 세계 여론의 눈을 가리려는 연막전술이었다.

'3·1민주구국선언'사건으로 투옥된 지 약 1년 9개월이 되는 1977년 12월 22일 나는 신병 치료라는 명목으로 서울대병원으로 이송되었다. 그러나 그것은 표면상 이유였고, 진짜 이유는 국내외의 비난을 막으려는 박 정권의 고육지책이었다. 서울대병원에는 신병을 치료하는 수감자를 수용하는 '특별감(특별감방)'이란 곳이 있었다. 서울대병원 201호실이었다. 그러나 그곳은 교도소보다 더 엄중하게 내 신변을 감시하고 면회를 제한했으며 외부와의 접촉을 아내 한 명으로 제한시켰다.

이 병원 특별감방 생활은 교도소의 2년간 수형생활보다 훨씬 엄했고, 견디기 힘들 정도로 외로웠다. 결국 1년간 여기 있었지만, 무엇보다 참기 힘든 건 한 발짝도 밖에 나갈 수 없다는 사실이었다. 교도소에서는 벽이 두꺼워서, 외로울 때는 큰소리로 성경을 읽는다든지 찬송가를 부르고 때로는 판소리, 민요 등을 부르기도 했다. 특별감방에서는 이러한 일조차 일체 금지되었다.

병원에서는 베니어판 한 장을 사이에 두고 간수가 있어서, 종이 한 장 넘기는 소리까지 전부 감시당했다. 유리창문은 이중의 불투명 유리에 철창으로 꾸며놓아 하늘은커녕 단 한 줄기 빛조차 볼 수 없었다. 아울러 칠흑 공간을 밝히기 위해 병실 안은 24시간 전구를 켜놓고 있었으며 앞방은 정보부 직원과 교도관들이 사용하여 일반인들의 출입을 완전 통제했다. 말하자면 겉으로는 '병원' 생활이었지만 안으로는 교도소보다 더 지독한 '특별감옥'이었다. 그런 괴로운 나날은 지금껏 경험한 적이 없었다.[234]

234 일본 NHK 취재반 구성, 김용운 편역, 《역사와 함께 시대와 함께 – 김대중 자서전 2》, 인동, 1999, 83~84쪽.

신병 치료 명목으로 서울대병원에 입원시켰으나 정부는 치료는커녕 어떤 형태의 진료도 하지 않았다. 매일 체온을 재는 정도일 뿐이었다. 말이 좋아 병원이지 특수감방이었다. 입구에는 매일 교도관 10여 명과 중정요원, 정보과 형사 등 20여 명이 감시하고 있었다. 독방 창문은 모두 폐쇄되어 햇볕이 들지 않았고 하늘을 바라볼 수도 없었다. 서신 왕래도 제한되고 운동도 금지되었다. 잔학한 인권탄압이었다. 김대중은 이희호를 통해 관계 기관과 법무장관에게 진주교도소로 다시 보내달라는 이감 신청을 내도록 했다.

나는 서울구치소장과 법무부장관에게 원래 있던 교도소로 돌려보내 달라고 신청했지만 아무 대답이 없었다. 밖에 나가거나 운동을 할 수도 없었고, 편지를 쓰는 것도 제한받아 몽당연필조차 주어지지 않았다. 메모한 것을 간수에게 맡기고 출옥할 때 받겠다고 했지만 그것마저 거절당했다.

나는 다시 9월 6일을 기해서 "교도소로 보내달라"는 요구를 법무부장관에게 속달로 부치고 무기한 단식투쟁에 들어갔다.

산 채로 관에 들어간 듯한 그런 비인간적인 처사에 항의하는 것 외에, 이제 더 이상의 정치적 속임수를 참을 수 없다는 생각이 강하게 들었다. 정부는 나를 교도소에 가둔 일에 대한 세간의 비난을 뒤집기 위해 인도적인 입장에서 병원으로 옮겼다고 선전하고 있었다. 실제로는 치료를 받은 적이 없기 때문에 그것은 거짓에 지나지 않았다. 그러나 그걸 알지 못하는 사람들은 믿을 수밖에 없었을 것이다. 그런 속임수를 알리기 위해서라도 교도소로 돌려보내 달라고

단식투쟁을 하게 된 것이다.[235]

부당한 처사에 항의해 김대중은 두 번째 옥중 단식투쟁을 시작했다. 이 소식이 알려지자 3·1명동사건 서명자와 관계자 30여 명이 "김대중 선생을 즉각 석방하라. 아니면 우리를 대신 구속하라!"며 항의시위를 벌였다. 이어 김대중 석방을 요구하는 성명서를 내고 동조 단식에 들어갔다. 박 정권은 이를 빌미로 문익환, 윤반웅 목사를 재수감하는 등 강압책으로 일관했다.

김대중은 단식 중 장내 출혈로 고생하고 나날이 피로도 쌓였지만, 병원에서 나오는 식사를 비롯해서 음식을 일체 입에 대지 않았다. 병원 측은 링거주사를 놓으려 하다가 중지했다. 바로 혈압이 떨어지고 맥박이 비정상으로 뛰었기 때문이다. 급히 주사 몇 대를 놓는 수밖에 없었다.

일주일 후인 5월 14일에 김대중은 단식을 중단했다. 어느 정도 효과를 거뒀고, 변호사와 가족들이 더는 무리라고 말렸기 때문이다. 그러나 교도소로 보내질 기미는 전혀 보이지 않았다. 창문 없는 특별감방 생활은 계속되었다.

교도소의 시계는 멈추지 않았다. 제10대 국회의원선거가 1978년 12월 12일 실시되었다. 유신체제 출범 이후 두 번째로 맞은 총선이었다. 국회의원 정원의 3분의 1은 이미 대통령이 지명해놓은 까닭에 3분의 2인 154석만을 놓고 벌인 선거였다.

235 일본 NHK 취재반 구성, 앞의 책, 85쪽.

이보다 앞서 1978년 7월 6일에 치러진 제9대 대통령선거에서 박정희는 단독 입후보해 5선 대통령이 되었다. 통일주체국민회의 대의원 2578명 중 찬성 2577명, 무효 1표라는 코미디 같은 선거를 또 한 차례 치른 결과였다. "독재자는 범을 타고 이리저리 다닌다. 그는 결코 범 위에서 내리려 하지 않는다. 범은 점점 배가 고파가는 법이다." 처칠의 말을 연상시키는 현실이었다.

국회의원선거 결과 공화당 68명, 신민당 61명, 통일당 3명, 무소속 22명이 당선되었다. 53개 지역에서 공화·신민당 후보가 동반 당선되었다. 투표율을 보면 신민당이 32.8퍼센트를 차지해 31.7퍼센트인 공화당보다 1.1퍼센트 앞섰다. 의정사상 최초로 야당이 여당을 앞지른 '이변'을 일으킨 것이다. 국민이 유신체제를 거부한다는 점을 분명히 보여준 증거였다.

박정희 정권의 잔혹성은 일일이 열거하기 쉽지 않다. 감옥의 양심수들에게서 펜을 빼앗아버린 처사도 그중 하나다. 인류문명사를 빛낸 명저 중에는 감옥에서 쓰인 것이 적지 않다. 일제강점기에도 옥중 집필은 어느 정도 허용되었다. 그런데 박 정권은 김대중의 옥중 집필을 철저히 막았다. 서울대병원에선 진주교도소에서 있을 때보다 더 가혹하게 통제했다. 그러나 김대중과 이희호는 이 봉쇄와 차단의 벽을 뚫었다.

하루 두 차례의 면회라고는 하지만 밖의 소식은 전혀 전할 수 없었다. 궁리 끝에 나는 휴지에 몇 자 적어서 침대 위 포장지 밑에 놓았다. 휴지에 글씨가 잘 써지지 않아 뾰족한 못처럼 생긴 철필을 전하

는 데 성공했다. 그리고 준비해간 내 메모
를 화장실 두루마리 휴지 가운데 구멍 속
에 끼워넣었다. 비밀 접선에 성공한 것이
다. 남편은 먹을 것을 싸간 포장지에 꾹꾹
눌러쓰고 이를 둘둘 말아 역시 두루마리
휴지에 넣어 내게 전했다. 하얀 글씨였다.
나는 주머니 속이나 양말 속에 이를 숨겨
서 가지고 나왔다.

   '하얀 편지'는 처음에는 옮기는 데 시
간이 걸렸지만 제대하고 돌아온 홍업이가
곧 해독 전문가가 되었다. 바늘 도둑이 소

철필로 꾹꾹 눌러 쓴 '하얀 편지'.

도둑 된다고 우린 점차 과감해져갔다. 국내외 신문에서 오린 중요
기사와 볼펜의 심을 남편에게 전하는 데 성공했다. 비로소 바깥세
상의 소식을 전할 수 있게 된 것이다. 이 하얀 편지는 보존되어 현
재 김대중도서관에서 전시하고 있다.[236]

박정희가 취임하면서 김대중에게도 기쁜 소식이 날아들었다. 1978년
이 기울어가던 12월 27일 형집행정지로 석방된 것이다. 서울대병원
으로 '이감'된 지 1년여 만이었다. 박정희는 유신을 통한 간접선거로
대통령에 취임한 뒤에야 라이벌 김대중을 풀어준 것이다. 52세에 구
속되어 53, 54세의 생일을 창살 없는 감방에서 보내고 자유의 몸이

236   이희호, 《이희호 자서전 동행》, 웅진지식하우스, 2008, 175~176쪽.

형집행정지로 석방된 김대중.

되었다. 어느덧 그는 50대 장년이 되어 있었다. 한참 활동할 시간을 옥살이와 연금으로 다 흘려보낸 것이다. 뒷날 그는 자기 나이에서 옥살이한 기간을 빼달라며 농담하곤 했다.

또다시 가택연금

2년 9개월의 옥고 끝에 석방되어 집으로 돌아왔지만, 집에서 휴식을 취하고 있기에는 국내 정세가 긴박하게 돌아가고 있었다. 연이은 긴급조치 등 박 정권의 강권통치로 수많은 학생, 지식인, 노동자, 종교인들이 투옥되어 고통을 겪었다. 전국의 감옥은 양심수들로 초만원을 이루었다.

출감한 김대중은 바로 다음 날 종로5가 기독교회관으로 달려가 기도회에서 연설을 하고, 수감 중인 많은 양심수의 석방을 촉구하는 성명서를 발표했다. 이에 정부는 가택연금 조치로 보복했다. 모든 외출을 막고 외부인사들의 출입도 통제했다. 심지어 인사차 찾아왔다가 이를 저지하는 경찰과 실랑이한 한화갑, 김옥두 비서 등을 공무집행방해죄로 몰아 동대문경찰서에 구치시키기까지 했다.

한편 제10대 총선에서 신민당이 여당보다 1.1퍼센트 더 득표하면서 정계는 크게 달라졌다. 특히 긴급조치로 오랫동안 무기력 상태에 빠져 있던 야당의원들이 활력을 찾기 시작했다. 이런 상황에서 1979년 5월 30일로 예정된 신민당 정기전당대회에 국민들의 관심이 모아졌다. 이에 박정희는 온건노선의 이철승 신민당 체제를 비호하면서 김재규 중정 부장과 차지철 경호실장에게 야권을 분열시키고 신민당 전당대회를 방해할 공작을 펴게 했다.

이철승이 당권 사수를 위해 많은 대의원을 포섭하는 가운데 김영삼은 선명의 기치를 내걸고 설욕전에 나섰다. 당내 비주류에서는 5·30전당대회를 두고 "민주회복세력과 친여세력의 대결" "정권도전세력과 정권비호세력 간의 한판 승부"라면서 귀추를 지켜보았다.

주류와 비주류는 집단지도체제의 비능률성을 이유로 단일지도체제로 당헌을 바꾸기로 합의했다. 이에 따라 새 총재 경선에는 이철승·김영삼을 비롯해 신도환·김재광·조윤형·박영록·이기택 7명이 나섰다. 이철승 대표는 고흥문·이충환·유치송 최고위원이 지원하고, 김영삼계는 분열된 상태여서 이철승의 승리가 점쳐지고 있었다.

전당대회는 5월 30일 서울 마포에 신축한 새 당사에서 열기로 했다. 이철승은 자신의 노력으로 야당사상 처음으로 당사를 마련했다고 과시하려던 것이다. 양대 세력은 5월 29일 따로 전야제를 열어 자파 대의원들과 결속을 다짐했다. 그런데 연금 중인 김대중이 돌연 김영삼 계보의 단합대회장인 을지로 아서원에 나타나 "이번 전당대회는 당내의 친유신파와 반유신파의 대결"이라면서 김영삼 지지를 호소했다.

이에 앞서 김대중은 1978년 3월 29일 신민당에 탈당계를 제출했다. 구속·연금·투옥 등 계속되는 정치적 억압 속에서 정치활동을 할 처지도 못 되고, 이철승 체제의 신민당 노선은 도저히 묵과할 수가 없었기 때문이다. 김대중은 당과는 절연한 상태에서 재야세력과 반유신 투쟁을 전개해왔다. 재야에서도 신민당 해체론이 제기되었다.

김대중은 신민당을 정통야당으로 되살리고 반유신투쟁 현장으로 이끌려면 김영삼을 총재로 선출하는 것이 중요하다고 판단했다. 그래서 조윤형·김재광·박영록 등 가까운 중견인사들을 설득해 김영삼을 지지하도록 하고, 자신이 직접 아서원에 나가 대의원들에게도 호소했던 것이다. 이날 김대중은 오랜만에 아서원에서 격정적인 강연을 했다.

10년이면 강산도 변한다는데 1971년 선거 이후에 거의 10년이 되었습니다.

그 후 우리는 유신체제 밑에서 대한민국의 건국 이래 일찍이 경험하지 못한, 온갖 암흑 독재의 고초와 경제적, 사회적 제약의 피해와 인간으로서 겪을 수 없는 수난을 겪었습니다.

또한 과거의 인촌, 해공, 유석, 운석 등 위대한 지도자들의 전통에 빛나는 우리 신민당이 유신체제의 6년 동안에 국민으로부터 농락을 당하고, 조소를 당하고, 야당을 하면서도 여러 동지들은 어깨를 펴고 다니지 못하고 부끄러움 속에서 나날을 보냈습니다.

나는 여러분들이 다 아시다시피 작년에 신민당을 떠났습니다.

그러나 내가 비록 일신상의 사정으로 신민당을 떴지만 마음까지는 떴을 리가 없습니다. 그러나 내 자신은 여러분과 나 사이에는 이제 상당한 거리가 있는 것을 알았습니다. 그렇게 느꼈습니다. 그런데 감옥에 갇혀 있으면서 이야기를 들으니까 여러 동지들이 나 같은 사람을 잊지 않고 거론한다는 이야길 들었습니다. 이번에 전당대회에 임박하니 여러 후배들이 도처에서 나와 협력을 다짐한다는 이야기를 들었습니다.

이렇게 볼 때 나는 다시 생각하기를 내가 비록 형식적으로는 신민당을 떴지만 나는 살아 있는 한, 내가 정치를 포기하지 않는 한 결코 신민당과 끊으려야 끊을 수 없는 처지에 있다는 것을 다시 한 번 느끼게 되었습니다.

여러분!

이와 같이 우리가 10년 동안 많은 변화가 있었지만 그러나 변하지 않은 것은, 1971년 그 당시와 조금도 변하지 않은 것은 우리 국민들의 민주회복에 대한 열망이요, 고문받고 설움받고 천대받은 신민당 동지 여러분들의 위대한 야당으로서의 소생과 내일의 집권을 위한 꿈이요, 그리고 지금 말씀드린 바와 같이 여러분과 나의 우정과 신념과 정치적 소신은 결코 변할 수 없다는 것을 나는 여기서 여러분들에게 강조하지 않을 수 없습니다.

김대중의 갑작스런 출현도 놀라운 일이지만, 그의 주장과 논리는 정통야당의 정체성을 잃고 숨죽여온 당원들을 흥분시키고 분기시키기에 충분했다. 연설은 이어졌다.

중도통합론이 무엇입니까?

중도통합이란 것은 정치학에 없는 것이 아닙니다. 있습니다. 그러나 내가 여러분들에게 보낸 인사장에 올린 바와 같이 같은 원칙에 섰을 때 중도통합이 있는 것입니다. 원칙이 다를 때 방향이 다를 때 중도통합은 없습니다. 선과 악 사이에 중도통합은 없습니다. 공자와 도둑놈 사이에 어떻게 중도통합이 있습니까? 사람을 놓고 하나는 살리자, 하나는 죽이자 하는데 어떻게 반만 죽이자는 중도통합이 있습니까? 민주주의와 독재 사이에는 중도통합이 없습니다. 방향도 다르고 원칙이 다른 겁니다.

[……]

내가 김영삼 동지를 왜 지지하느냐, 김대중이를 여러분들이 생각하기는 혹시 이런 분들도 있습니다. "김영삼 씨가 당신 라이벌 아니냐? 그런데 왜 지지하느냐?" 이런 말을 합니다. 그러나 내가 김 동지를 지지하는 이유는 첫째로 박 정권이 김영삼 씨가 당수 되는 것을 싫어하고, 박 정권이 김영삼 씨를 온갖 박해를 가해서 때려잡으려 하니까 내가 생각해보니 그 이유는 김영삼 씨가 총재가 되면 민주회복이 촉진되고 유신체제가 흔들리기 때문에, 그가 총재가 되었을 때는 늦기 때문에, 지금 때려잡으려 하기에 나는 이것을 저지하기 위해, 나는 김영삼 씨를 지지합니다.

오늘 아까 김영삼 동지가 나에게 찾아와 내 이야기를 했지만 "김영삼 동지와 내가 둘이 합치면 민주회복은 된다, 저 사람들이 제일 싫어하는 것이 우리들이 힘을 합치는 것이다, 그러니 제일 싫어하는 대로 민주회복하자, 나는 감옥이 아니라 죽을 자신이 있다. 내 주위에서 무슨 이야기를 하든, 당신 주위에서 무슨 이야기를 하든 우리가 뭉치자." 이렇게 말했습니다.

[……]

여러분!

김 총재와 나를 라이벌로만 보지 마십시오. 나라가 잘되려면 인물이 많이 커야 합니다. 내가 민주회복 될 때까지 살아남아 있다는 보장이 어디에 있고, 김 총재가 살아남는다는 보장이 어디에 있습니까. 아니 제2, 3의 김대중이와 김 총재가 필요합니다. 이래서 하나가 쓰러지고, 하나가 병들더라도 올바른 대안이 있어야 합니다. 아까도 말했지만 민주회복이 되면 이까짓 것 따질 필요가 없습니다. 그때 국민 여론과 여러분의 의사에 따라 결정하면 그만입니다. 애도 낳기 전에 이름 가지고 싸울 필요가 없습니다. 김 총재는 오늘만 필요한 것이 아니라 장래 이 나라를 위해 필요한 것입니다.[237]

다음 날 열린 전당대회에서 신민당은 김영삼을 새 총재로 선출했다. 김영삼은 재석 751명 중 과반수 선(376표)을 2표 넘은 378표를 얻어 이철승을 11표 차로 누르고 2년 6개월 만에 총재직에 복귀했다. 바야흐로 신민당은 두 번째로 김영삼 시대를 열게 되었다. 김대중의

237 김진배, 《인동초의 새벽》, 동아, 1987, 279~280쪽.

지원이 대세 결정에 큰 역할을 했다.

　가택연금 중이던 김대중이 이날 용케 집을 빠져나와 아서원 대회에 참석할 수 있었던 것은 권력 내부의 헤게모니 싸움에서 기인한다. 당시 김재규 중정 부장과 차지철 청와대 경호실장은 박정희의 신임을 둘러싸고 각축전을 벌이고 있었다. 신민당 대표 선출 건을 놓고는 김재규는 김영삼을, 차지철은 이철승을 지지하는 상태였다. 이처럼 두 사람은 사사건건 대치했고, 차지철이 국정 대소사에 점점 월권을 하면서 김재규의 자존심을 건드리는 일도 잦아졌다. 신민당 전당대회에도 차지철의 입김이 미치고 있다는 정보를 들은 김재규는 차지철을 골탕 먹이려고 이날 김대중의 외출을 모른 척했다. 동교동 감시와 김대중 연금 문제는 중정의 소관이었는데도 말이다. 이 일로 김재규는 박정희에게서 엄중한 질책을 당했고, 5개월 뒤 차지철과 궁정동에서 맞부딪쳤다.

　김대중은 아서원에 참석한 다음 날부터 다시 가택연금이 되었고, 동교동을 향한 감시와 경계는 더욱 심해졌다.

몰락의 조짐

유신체제가 몰락할 조짐이 여기저기서 나타나기 시작했다. 1979년 8월 9일 새벽, YH무역 여성노동자 170여 명이 회사 운영 정상화와 근로자의 생존권 보장을 요구하며 마포 신민당사 4층을 점거한 채 농성에 들어갔다. 이 사건은 한국현대사의 흐름을 크게 바꾸어놓았다. 전태일 죽음으로 막을 연 1970년대는 YH 노동자 김경숙의 죽음으로 이어지면서 파국으로 치달았다.

YH사건은 유신체제 몰락의 서곡이었다. 유신체제에 저항하는 각계의 투쟁에서 노동자들도 결코 뒤지지 않았다. 70년대 말 중화학공업에 과잉 투자해 경제정책이 실패한 데다 여기에 제2차 석유파동까지 겹치면서 직접적인 희생양이 된 기층 민중, 특히 노동자들의 생존권투쟁은 반유신투쟁과 연계되었다. 권력과 어용노총·기업주가 결탁해 자행한 탄압에 온몸으로 맞서 노조를 사수해온 동일방적 노동자들과 YH 노동자들의 투쟁은 처절했다.

YH 노동자들은 평화적인 방법으로 장기농성에 들어갔다. 그러나 물리력에만 의존하던 박 정권은 8월 11일 새벽 2시 이른바 '101호 작전'을 개시했다. 경찰 1천여 명을 신민당사에 투입해 노동자들을 강제해산하고 신민당 의원과 당직자, 취재기자들을 무차별 폭행하고 당사 기물을 닥치는 대로 부수었다. 제1야당을 쑥대밭으로 만들어버린 것이다. 이 과정에서 노동자 김경숙이 4층 옥상에서 추락하는 의문사를 당하고, 1백여 명이 부상당하는 참사가 벌어졌다.

신민당은 경찰의 8·11폭거를 규탄하는 항의농성에 돌입한 데 이어 8월 13일에는 당사에서 김경숙의 영결식을 거행했다. 이와 별도로 김경숙 장례식은 이날 오후 서울 강남구 시립병원 영안실에 마련된 빈소에서 어머니와 동생 등 가족 3명과 경찰 관계자만이 참석한 가운데 '3분 만에' 치러졌다. 그리고 경찰은 연행된 노동자들을 강제로 귀향시켰다.

8·11폭거로 여야는 팽팽하게 맞섰다. 신민당 의원, 당직자들은 당사에서 철야농성을 벌이는 등 강경투쟁에 나섰다. 정부는 여성노동자들의 농성 현장을 방문한 고은, 문동환, 이문영, 인명진 등 재야인사

5명을 배후조종혐의로 구속했다.

박정희는 YH사건의 배후로 도시산업선교회를 지목해다. 8월 16일에는 일부 종교를 빙자한 불순단체와 세력이 산업체와 노동조합에 침투해 노사분규를 선동하고 사회불안을 조성한다면서 특별조사반 구성을 지시했다. 정국은 갈수록 긴장되었다.

이 무렵 법원은 전당대회 이후 갈등을 겪고 있는 신민당의 내분을 이용해 김영삼의 총재직 정지 가처분 결정을 내리는 한편 김 총재의 《뉴욕타임스》 회견 내용을 빌미로 여당이 김 총재를 국회에서 제명하는 등 정국은 극한으로 치달았다. 신민당 의원들의 농성 등 강경투쟁에 종교계·언론인·자유실천문인협의회·해직교수협의회·민주청년협의회 등 여러 민주화운동 세력이 함께하면서 YH사건은 명실공히 노동자에서 야당에 이르는 범민주세력이 공동전선을 형성하는 계기가 되었다. 이것은 곧 부마항쟁으로 이어지고 10·26사태의 도화선이 되었다.

1979년 10월 16일 부산대생 5천여 명은 교내 시위에 이어 저녁 8시경 시청 앞으로 모여들었다. 학생들은 시민들과 합세해 유신철폐, 독재타도, 야당탄압 중지 등을 외치며 경찰과 대치했다. 교내에서 〈민주투쟁선언문〉을 뿌리면서 반유신·반독재 구국투쟁의 대열에 참여할 것을 다짐했다.

서울 각 대학과 전남대, 경북대 등에서 유신체제를 반대하는 시위가 연일 산발적으로 일어나도 부산대생들은 웬일인지 침묵만 지켰다. 그런데 김영삼의 의원직 제명안이 변칙적으로 통과된 직후부터 움직임이 심상치 않았다. 학생들은 교내 시위에 이어 시내까지 진출해 경찰과 대치하다가 파출소, 신문사에 돌을 던지고 경찰차에 불을 지르는 등 이튿날 새벽 2시까지 유신 이후 가장 격렬한 시위를 벌였다. 이날 시위로 학생 282명이 연행되었다.

부산대를 비롯해 동아대, 고려신학대, 수산대 등 부산 시내 각 대학생들은 시청에서 불과 4백 미터 떨어진 국제시장과 부영극장 앞으로 모였다. 오후 6시 30분경 남포동에 모여 있던 학생 4백여 명은 애국가를 부르며 일부는 국제시장 쪽으로, 일부는 충무동 쪽으로 행진했다. 밤이 깊어지면서 시위는 더욱 격렬해졌다. 충무파출소, KBS, 서구청, 세무서가 파손되고 MBC 유리창이 박살났다. 이틀간의 격렬한 시위로 경찰차량 6대가 불타고 12대가 파손되었으며, 21개 파출소가 파손 또는 방화되었다. 이 일로 시민, 학생 1058명이 연행되고 66명이 곧이어 선포된 계엄령에 따라 군사재판에 회부되었다.

박정희는 부산에서 이틀째 유신철폐 시위가 계속되는 동안 청와대 영빈관에서 유신 7주년을 축하하려고 공화당, 유정회 의원들을 초청해 파티를 벌이고 있었다. 부산사태로 파티를 일찍 끝내고 청와대 집무실로 돌아온 박정희는 최규하 국무총리에게 부산 지역에 비상계엄령을 선포하라고 지시했다. 임시국무회의 의결을 거쳐 18일 0시를 기해 부산직할시 일원에 비상계엄령이 선포되었다. 박정희는 계엄선포와 함께 발표한 담화문에서 부산의 시위 군중을 "지각없는 일부 학생들과 불순분자들"로 규정해 부산 시민들을 격분시켰다.

부산지구 계엄사령관으로 임명된 박찬긍 육군중장은 포고문을 통해 일체의 집회·시위를 금지하고, 대학에 휴교를 명령하는 한편 무장 군인들을 시내 요소마다 배치했다. 그러나 학생과 시민들은 무자비한 진압에도 계엄해제를 요구하며 계속 시위를 벌였고, 이것이 마산으로 번져갔다.

시위가 마산으로 옮겨붙어 더욱 양상이 격렬해지자, 정부는 20일 정오를 기해 작전사령관 명의로 마산시와 창원출장소 일원에 위수령을 발동했다. 이와 함께 마산 시내에 즉각 군을 진주시켜 시청·경찰서 등 정부기관과 언론기관, 각 대학교에서 경계하기 시작했다. 그리고 군경은 마산, 창원에서 505명을 연행하고 59명을 군사재판에 회부했다.

부마민중항쟁은 계엄령과 위수령으로 막을 내렸지만 불씨는 사그라지지 않았다. 16일에는 이화여대, 19일에는 서울대와 전남대, 24일에는 계명대 등으로 학생시위가 더욱 확산되었고, 이런 기세는 마침내 10·26사태를 촉발시키는 뇌관이 되었다.

독재자의 최후

"탕!" "탕!"

총소리 두 발이 초저녁 궁정동의 적막을 깼다. 간발의 차이를 두고 총성 수십 발이 콩 볶듯이 뒤를 이었다. 1979년 10월 26일 저녁 7시 35분, 박정희는 궁정동 안가에서 김재규가 쓴 총탄에 쓰러졌다. 철권통치 18년의 막이 내리는 순간이었다.

1961년 5·16부터 79년 10·26까지, 만 18년 5개월 10일 동안 절대권력을 휘두르며 군림해온 박정희는 김재규 중정 부장의 총격으로 생애를 마감했다. 이로써 1인 독재시대는 종말을 고했다.

이 무렵 박정희 신임을 받던 김재규는 정보 업무 수행 과정에서 무능하다는 이유로 박정희에게서 몇 차례 질책을 받았다. 이런 상황에서 차지철 경호실장까지 박정희에게 올리는 보고나 건의에 번번이 제동을 걸었다. 이런 일이 쌓이면서 김재규는 박정희와 차지철에게 불만을 품게 되었다.

마침 궁정동에서 박정희와 만찬을 함께할 기회가 생겼다. 그러자 김재규는 박정희를 암살하기로 결심하고 준비한다. 이날 김재규는 정승화 육군참모총장과 김정섭 중정 차장보를 궁정동 별관에 대기시켰다.

이날 저녁 6시 5분경 만찬이 시작되었다. 식사 중 박정희가 부마사태를 중정의 정보 부재 탓으로 돌려 김재규를 힐난하고 차지철까지 과격한 어조로 공박했다. 흥분한 김재규는 밖으로 나와 2층 집무실에서 권총을 가지고 만찬회장으로 돌아오는 길에 직속 부하 박흥주와 박선호에게 "총소리가 나면 경호원을 사살할 것"을 지시했다. 그리고 만찬회장에 들어선 7시 35분경 차지철과 박정희에게 각각 2발씩 쏘아 절명시킨다.

김재규는 재판 과정에서 시종일관 박정희를 저격한 것은 개인적인 원한이 아니라 민주회복을 위한 의거였다고 진술했다.

1979년 10월 27일 새벽 4시경, 김대중은 미국 LA에 사는 지인에게서 전화 한 통을 받았다.

"박정희 씨가 사살되었다는 소식이 있는데 알고 있는가?"라는 전화였다.

"아닌 밤중의 홍두깨" 격이었다. 박정희가 죽다니…. 믿기지 않았고, 더 이상 자세한 내막을 알 수도 없었다. 가택은 여전히 철통 같은 경계와 감시가 이루어지고 전화는 도청되어서 대외 연락이 두절된 상태에 있었다.

날이 밝으면서 박정희의 사망이 사실로 확인되었고, 정국은 국가 원수의 갑작스런 피살로 계엄령이 선포되었다.

전화를 끊고 바로 아내에게 "이건 당치도 않은 일이다. 실수를 한 것이다."라고 말했다. 보통 장기 독재정권의 장본인이 죽었다고 하면, 개인의 죽음이라는 존엄한 사실을 넘어서 기뻐해야 할 일인지도 모른다. 그러나 나는 그렇게 생각하지 않았다. 나는 민주주의는 국민의 힘이 승리하여 얻는 것이며 암살과 쿠데타로 이뤄져선 안 된다는 신념을 진작부터 갖고 있었고, 또 그렇게 주장해왔다.

이것은 조금 나중의 일이지만 《뉴스위크》와의 인터뷰에서 "김재규 중앙정보부 부장은 이 나라에 다시 민주주의의 길을 열어준 영웅이라고 항간에서 말하고 있는데 어떻게 생각하는가?"라는 질문을 받았다.

나는 "당치도 않다. 사람을 마음대로 죽이고 영웅이 될 수는 없다. 암살로 얻은 민주주의는 진정한 의미의 민주주의가 아니다."라고 대답했다. 당시에 "김재규는 영웅, 독재정권을 쓰러뜨린 훌륭한 사람"이라며 높이 평가하는 경우도 있었다. 그런 시기가 있었다. 그러나 나는 결코 소신을 바꾸지 않았다.[238]

●
238   일본 NHK 취재반 구성, 앞의 책, 92쪽.

자신을 죽이려 하고 숱한 탄압과 정치적 행로를 막아버린 사람, 자신이 그토록 소중한 가치로 신봉해온 민주주의를 짓밟아온 독재자의 부음에 김대중은 진정으로 '10·26사태'를 반기지 않았을까. 그의 속마음을 헤아릴 길은 없지만, 실로 만감이 교차했을 터이다.

이루어지지 못한 만남

한 정치평론가는 박정희와 김대중의 '숙명적'인 관계를 다음과 같이 정리했다.

> 실로 5·16은 이 나라의 모든 것을 왜곡시킨 첫 출발이었다고 말해 과언이 아니다. 가장 먼저 그리고 철저하게 영향을 받은 분야는 정치다. 4·19혁명을 통해 바로잡혀지고, 바야흐로 궤도에 들어서기 시작한 민주정치체제를 하루아침에 뒤틀고서 군사독재체제를 구축한 연원이 5·16이었다.
>
> 그 과정에서 수많은 민간 출신 정치인들이 수난을 당하고 운명이 바뀌었다. 그 가운데서 가장 크고 많이 5·16으로부터 피해를 본 사람이 누구냐고 묻는다면 김대중 씨를 꼽을 수 있을 것이다.
>
> 피해의 정도를 떠나, 한 사람의 정치적 운명이 5·16에 의해 김대중 씨만큼 격렬하게 번롱당한 정치인도 아마 찾기 힘들 것이다. 정치적 운명뿐만 아니라 어쩌면 그의 성격마저도 달라져버린 사람이 김 씨라고 볼 수 있다. 이런 의미에서 5·16을 일으킨 박정희 전 대통령과 김대중 씨의 관계는 가히 숙명적이었다고 말하여 틀림없다.[239]

김대중은 1979년 여름, 그러니까 10·26사태가 있기 3, 4개월 전 평소 절친했던 예춘호·양순직·박종태 전 의원에게 차지철을 통해 박 대통령과 면담할 수 있도록 주선해달라고 부탁했다. 이 세 사람은 1969년 3선개헌을 반대하고 공화당을 떠난 양심적인 정치인이었다.

김대중이 박정희를 처음 만난 것은 1963년 목포에서 국회의원으로 당선된 뒤 청와대로 신년인사를 갔을 때였다. 그날 김대중은 선 채로 5분 정도 박정희와 담소했다. 그것이 처음이자 마지막이었다. 김대중은 박정희를 만나려는 이유를 다음과 같이 들었다.

우리가 서로 대립하고 이야기도 하지 않는 것은 곤란한 일이 아니겠습니까? 당신과 나는 이 나라의 운명을 좌우하는 중요한 관계에 있는 사이가 아니겠습니까? 꼭 한번 만나 뵙고 싶습니다. 나의 조건은 단 한 가지뿐입니다. 대통령께서 나에게 말하고 싶은 것을 뭐든지 말해주십시오. 좋은 얘기든 나쁜 얘기든 무엇이든 말해주십시오. 그 대신 대통령께서도 내 이야기를 충분히 들어주십시오. 서로 상대가 무엇을 생각하고 있는지, 상대의 눈을 보면서, 목소리를 들으면서 대화하는 것이 얼마나 중요한지는 말할 필요도 없습니다. [……] 20년 가까이 대립하고 있으면서 서로 한 번도 마주하고 대화한 적이 없다는 사실 자체가 민족의 수치라고 할 수 있습니다.[240]

239   이상우, 〈김대중과 4인의 대통령〉, 《월간중앙》, 1993년 8월호.
240   일본 NHK 취재반 구성, 앞의 책, 97~98쪽.

두 사람의 면담은 끝내 이루어지지 못했다. 차지철이 중간에서 보고를 하지 않은 것인지, 박정희가 이를 거부한 것인지 여부는 밝혀지지 않았지만, 70년대 한국 정치의 두 주역이 단 한 차례도 만나서 대화하지 못한 것은 한국 정치의 비극이자 불행이고 한계였다. 평민당 대통령후보였던 김대중은 1992년 12월 13일 서울 동작동 국립묘지를 방문해 이승만, 박정희 묘소를 참배했다. 박정희 묘소 앞에서는 한참 동안 말없이 고개를 숙였다. 감회가 깊었을 것이다.

나는 나를 죽이려 했고 감옥에 보내고 연금시킨 박정희 씨의 무덤에 찾아갔습니다. 그가 죽은 뒤에나마 화해하기 위해서였습니다. 나는 박정희 씨가 죽을 때까지 생전에 한 번도 그와 대화를 갖지 못한 것을 가장 큰 아쉬움으로 생각하고 있습니다.[241]

김대중은 박정희 때문에 칼끝으로 심장이 난도질당하는 아픔을 겪었고, 길고 험한 질곡의 세월을 보내야만 했다. 하지만 죽음 앞에서 박정희를 용서하고 그와 화해하고자 했다. 그것은 종교와 역사에 대한 믿음에서 비롯된 것이다.

241 김대중, 《새로운 시작을 위하여》, 김영사, 1994, 217쪽.

4부. 죽음의 끝에서

16장

안개정국

군부의 오해

1979년 늦가을과 1980년 이른 봄 사이를 사람들은 '서울의 봄'이라고 불렀다. 체코의 '프라하의 봄'에서 비롯된 이 말은 많은 사람의 입에 오르내리면서 민주회복을 기대하는 대명사처럼 되었다. 그러나 사람들은 프라하의 봄이 소련군 탱크에 짓밟혔듯이, 곧 서울의 봄이 신군부 장갑차에 산산조각이 날 줄은 미처 예상하지 못했다.

'서울의 봄'은 춘래불사춘(春來不似春, 봄은 왔지만 봄 같지가 않다.)이라는 고사성어 그대로였다. 한겨울에 가끔 개나리가 피는 현상과 비슷했다고나 할까. 박정희가 죽으면 민주화의 봄이 올 것이란 믿음은 순진한 생각이었다. 국민들은 정치는 자연의 순리와 다르다는 것을 뒤늦게야 깨달았다.

박정희는 여느 독재자들이 그러했듯이 후계자를 키우는 대신 부하들의 충성심과 경쟁을 부추기며 권력을 유지해왔다. 중앙정보부장 김재규와 청와대 경호실장 차지철이 박정희를 떠받드는 2강强의 구도였고, 정승화 육군참모총장과 전두환 보안사령관이 군력軍力을 배경으로 2약弱의 형세를 취하고 있었다. 이런 구도에서 2강이 대결하다 1인자를 죽인 것이다. 결국 박정희는 자신이 주무르던 2인자 손에 제거되었다.

'춘래불사춘'이란 고사성어는 김대중에게도 그대로 적용되었다. 국무총리이던 최규하가 '대통령 유고'와 더불어 어느 날 갑자기 대통령권한대행자가 되었다. 최규하는 12월 6일 통일주체국민회의 제3차 회의에서 단독 입후보하여 재적 대의원 2560명 중 11명이 불참한 2549명 가운데 2465표(무효 84표)를 얻어 제10대 대통령이 되었다. 당선 즉시 임기는 시작되어 박정희가 채우지 못한 1984년 12월 26일까지 재임할 수 있었다. 최규하는 11월 10일 특별담화를 발표했다. 남은 임기를 다 채우지 않고 가능한 한 빠른 시일에 헌법을 개정해 제11대 대통령과 국회의원선거를 치르고 정권을 이양하겠다고 밝혔다.

김대중은 11월 10일 10·26사태 이후 처음으로 〈시국에 대한 담화〉를 발표했다. 유신체제의 희생자들에 대한 조속한 석방과 복권 단행, 민주정부 수립까지의 분명한 일정 발표, 거국적인 중립 내각과 범국민적 협의체 구성 등의 내용이었다. 김대중은 담화문에서 "내가 지지하는 것은 간디의 길이지, 호메이니의 그것이 아니다." "과오를 범한 사람은 반성하고 고통을 받은 사람은 관용의 정신으로 이를 극복하는 민족의 슬기와 역량을 보여야 할 시점이다." "나도 박 정권하에서 약간의 고통을 겪은 사람이지만, 나는 내가 겪은 쓰라림이 앞으로는 이 나라에서 다시 되풀이되지 않기를 나의 신앙과 양심에 비추어

바라는 바이다."라고 소견도 밝혔다.

　최규하가 대통령권한대행에 이어 과도기 대통령에 취임했지만, 권력의 실세가 된 계엄사령관 정승화는 최 대통령에게 대단히 오만불손했다. 정승화는 이해 11월 28일 언론사 간부들을 세 차례나 육군본부로 초대해 정치적 발언을 서슴지 않았다. 특히 차기 대권을 둘러싸고 국민의 관심이 쏠린 세 사람을 극렬하게 비난했다. 김대중은 사상이 의심스럽고, 김영삼은 무능하며, 김종필은 너무 부패했다는 발언이었다. '비보도'를 전제로 한다는 연막을 쳤지만, 정치적으로 민감한 시기에 3김을 도매금으로 매도하는 계엄사령관의 발언이 보도되지 않을 리 없었다.

　이날 정승화 발언은 김대중에게 방점이 찍혀 있었다. 김대중은 "최고사령관인 대통령은 고사하고 일개 소위도 할 자격이 없다."며 정승화를 맹비난했다. 박 정권 18년 동안 정치군인들은 김대중을 붉은색으로 덧칠했고, 그렇게 인식하고 있었다.

　정승화는 뒷날 "중앙정보부의 'DJ파일'을 보고 그렇게 생각했다. 그런데 내가 당하고 나서 '정승화 파일'이라는 것을 들어보니 날조된 것이 많았다. 지금은 그런 '문서'에 대한 내 생각이 달라졌다."면서 김대중 측에 사과했다.

　김대중에게 반감을 품은 군부인사들은 정승화뿐이 아니었다. 전두환도 마찬가지였다. 3월 초순 10·26 후 해운항만청장에서 해임된 전 보안사령관 강창성을 초청한 자리에서 전두환은 '3김'에 반대하면서 자신이 나설 뜻을 은근히 내비쳤다.

전두환 사령관 3김, 저것들이 설치고 있는데, 저 사람들 가지고는 어디 되겠습니까? 김종필이는 흠이 많고 경솔하며 김영삼이는 아직 어려서 능력이 부족한 것 같고 김대중이는 사상을 도무지 믿을 수가 있어야지요.

강 씨 그래도 좀 시간을 두고 시국을 수습하면서 시류에 따라 3김씨 또는 그밖의 다른 사람일지라도 이번만은 국민들이 자유롭게 직접 뽑은 문민 정치인에게 정부를 이양하는 편이 가장 현명한 길인 줄 아오.

전 사령관 그러나 선배님, 많은 사람들이 저에게 군이 당분간 정권을 맡아줘야겠다고 졸라댑니다. 심지어 지도급에 있는 야당 정치인까지 저를 찾아와 제가 직접 대권을 맡아야 한다고 주장하고 있습니다. 박종규 실장도 저를 찾아와 "만약에 전 장군이 아닌 다른 사람이 정권을 잡겠다고 섣불리 나서기만 하면 당장 쥐도 새도 모르게 없애버리겠다."고 흥분하면서 저를 적극 지지하겠다는 것입니다.[242]

이 자리에서 전두환은 "최 대통령은 참 멍청한 인물이다. 그런 사람에게 정권을 맡겨둘 수는 없는 일이다. 그러니 만큼 그 사람은 그대로 놔두고 군부가 실권을 장악한 뒤 정국을 주도해나가는 것이 어떻겠습니까."라고 속내를 털어놨다. 10·26사태 이후부터 전두환이 정권 장악을 기도하고 있었음을 보여준다.

●
242 이도성, 《남산의 부장들 3》, 동아일보사, 1993, 131~132쪽.

《워싱턴포스트》에서 25년간 언론인으로 활동하면서 동북아시아 문제를 다뤄온 한국 문제 전문가 돈 오버도퍼는 《두 개의 한국》에서 다음과 같이 썼다.

1980년 필자와의 대담에서 일부 고위 군 관련 인사들은 김대중이 과거에 북한의 사주를 받았거나 현재까지도 받고 있는 공산주의자라고 주장했다. 그러나 이들 중 대다수는 김대중을 만나본 적도 없는 사람이었다. 김대중과 여러 차례에 걸쳐 인터뷰를 해온 필자로서는 그가 공산주의자라는 주장을 믿지 않았다. 김대중은 대단한 야심가인 동시에 남한의 현재와 미래를 누구보다도 혁신적인 시각으로 바라보는 정치인이었다. 80년대 말 CIA 전문 요원 출신인 제임스 릴리 미국대사는 각종 기밀보고서와 경찰 파일을 포함한 김대중의 과거 행적을 면밀히 조사한 뒤 그가 공산당에 가담했다는 주장은 전혀 근거가 없다는 결론을 내렸다.[243]

10·26사태 이후 김영삼의 신민당 지도부는 최규하 과도정부기에 적절히 대처하지 못하고, 차기 집권을 담보한 듯이 행동했다. 정승화의 망언이 드러나도 신민당에서는 별다른 대응을 취하지 않았다. 이때 무소속 이용희 의원과 주한 미국대사 윌리엄 글라이스틴이 '방어'에 나섰다.

•
243 돈 오버도퍼, 이종길 역, 《두 개의 한국》, 길산, 2002, 212~213쪽.

이때 나에게 두 명의 은인이 나타났다. 한 명은 무소속 이용희 의원이었다. 그는 나를 형님이라고 부르는 막역한 사이였다. 이 의원은 즉시 국회에서 국방장관 노재현 씨에게 "나는 김대중 씨와 수십 년 간 정치적 행동을 같이해왔다. 그분만큼 진정한 반공주의자도 없다. 그가 용공이라면 나도 용공이다. 무슨 근거로 그를 용공이라고 하는가?"라고 따졌다. 결국 국방장관은 당치도 않는 발언을 한 참모총장을 대신해서 국회에서 사과했다.

또 한 사람, 결정적인 역할을 한 사람은 당시 주한 미국대사 W. 글라이스틴 씨였다. 그는 정승화 계엄사령관의 말을 듣자마자, 대변인을 통해 기자단에게 발표했다. "미 대사관의 김대중 씨에 대한 의견은 전혀 다르다. 우리는 김대중 씨를 신뢰할 수 있는 민주주의자이며, 공산주의 반대론자라고 생각한다. 만약 군 당국이 그러한 왜곡된 견해를 공표한다면 미국의 견해를 공표하겠다."라고 확고한 태도를 보였다.[244]

정승화의 발언은 다목적이었다. 그는 최규하 과도체제를 정상체제로 바꾸어 유지하거나, 자신을 중심으로 하는 새로운 군사정권을 세우려는 망상을 품고 있었다. '3김 거부권' 발언도 이 같은 연장선상에서 나온 것이다. 그는 계엄사령관에 취임하면서 곧바로 수도권 지역 주요 지휘관을 자파 세력으로 개편했다. 이에 전두환 등이 불만을 품

244 일본 NHK 취재반 구성, 김용운 편역, 《역사와 함께 시대와 함께 – 김대중 자서전 2》, 인동, 1999, 102~103쪽.

고 12·12 하극상을 일으킨다.

12·12쿠데타

최규하 대통령의 취임을 계기로 12월 8일 긴급조치 9호가 해제되고
김대중의 가택연금도 풀렸다. 김대중은 이날 〈조속한 민주정부 수립
의 합의 위에 국민적 화해와 단결을 성취하고자〉라는 제목의 성명문
을 발표했다. 성명에서 "긴급조치가 해제되고 상당수의 민주인사들이
석방된 것은 만시지탄은 있지만 환영한다. 그러나 아직도 그들의 복
권이 이루어지지 않았으며 기타 죄명으로 옥중에 있는 인사들의 석방
조치가 병행되지 않는 데 대해서 유감된 심정을 금할 수 없다."고 밝
혔다. 이어서 "10·26사태 이후 우리 국민은 자제와 협력으로 민주시
민으로서의 위대한 자질을 국내외에 과시했다. 우려했던 안보도 미국
의 신속하고 적절한 조치와 국민과 국군의 일체 협력으로 자신 있게
위기를 극복해왔다고 본다."고 덧붙였다.

유신세력이 정권을 연장하려고 통일주체국민회의에서 대통령선거
를 서두르자, 윤보선·함석헌·양순직·박종태·김병걸 등 재야인사들
은 1979년 11월 24일 이른바 'YWCA 위장결혼식'을 가장하여 통일
주체국민회의 대통령 선출 저지, 유신 철폐, 계엄해제를 요구하며
시위를 벌였다. 10·26사태 계엄하에서 시도된 최초의 집단 시위였
다. 그런데 이 사건은 계엄 당국이 사전에 정보를 알고도 막지 않은,
일종의 유인책이 되었다. '사회 혼란'을 부추겨 자기들의 야심을 추진
하려는 전략이었다. 김대중은 이 집회에 대해 반대 입장을 분명히 했
다. 대통령 보궐선거를 저지하고 최규하 대행을 퇴진시키면 무정부

상태가 온다고 우려한 것이다.

전두환을 우두머리로 하는 청
와대 경호실, 보안사, 수경사, 특
전단 등 수도권 핵심 지역에서 박
정희의 비호 아래 세력을 키워온,
육사 11기 '하나회' 출신의 정치
군인들은 권력 공백기를 틈타 재
빨리 육군참모총장 겸 계엄사령

12·12쿠데타로 서울의 봄은 일찍 저물었다.
사진은 국가기록원 제공.

관을 체포하고 군권을 장악했다. 12·12사태였다.

5·16쿠데타 이후 권력의 양지에서 기생하면서 온갖 정치공작과
술수를 익혀온 이들은 공백기에 권력 핵심을 제거하고 그 자리를 차
지하는 데 성공했다.

국가에 위기가 닥치면 참군인은 전선으로 달려가지만 정치군인은
후방으로 도망친다는 말 그대로였다. '하나회' 정치군인들은 주군主君
이 사라진 권력의 공간에서 국가안보나 휴전선의 위기보다 권력 쟁탈
에 혈안이 되어 군사력을 동원했다. 5·16 때와 똑같았다.

김대중이 박정희 암살 소식을 듣고 우려했던 것도 이 같은 정치군
인들의 속성과 실태를 알고 있었기 때문이다. '신군부'로 통칭되는 박
정희 권력의 사생아들은 정승화 육군참모총장이 김재규의 10·26 거
사 때 궁정동에 함께 있었다는 이유로, 총장 공관에서 총격전을 벌이
면서 그를 연행했다. 권력 과도기에 계엄사령관을 하급 군인들이 체
포한 것은 자칫 국가 안위가 걸린 위험천만한 사태다. 그리고 엄연한
하극상이었다. 전두환은 박정희가 5·16쿠데타 뒤에 설치한 국가재건

최고회의에서 1년간 박정희의 민원비서관으로 근무하면서 박정희와 인연을 맺고, 그의 측근으로 활동해왔다.

군 내부의 하극상인 12·12사태와 관련해 글라이스틴 주한 미국대사는 워싱턴에 다음과 같은 보고서를 보냈다.

남한은 사실상 군사쿠데타가 벌어진 상황이다. 유약한 문민정부가 명목상으로 존재하지만 실질 권력은 없으며, 모든 정황으로 보아 한국군의 핵심 조직들은 전두환 소장이 이끄는 '신군부' 집단의 치밀한 계획하에 완전히 장악당했다.

[……]

우리의 입장에서 볼 때 12월 12일 밤의 사태는 나쁜 소식이다. 지난 18년간에 걸친 박정희의 권위주의적이고 강력한 통치 아래 놀라울 만큼 단합된 모습을 보여주었던 남한의 군부가 이제 부하 장교에 의해 상관이 군권을 박탈당하는 하극상을 경험하게 됐다. 이 사건은 치유하는 데 오랜 시간이 걸릴지 모르는 군사반란의 선례를 세웠다. 이 과정에서 쿠데타 세력은 한·미 연합사령부에 대한 책무를 완전히 무시했다.

그들은 이번 사태가 미국에 가할 충격을 아예 무시했거나, 미국도 별 수 없을 것이라고 계산했는지도 모른다. 게다가 북한의 대응에 대한 진지한 고려도 없이 반란을 일으킴으로써 심각한 위험을 초래할지도 모르는 모험을 감행했다.[245]

245 돈 오버도퍼, 앞의 책, 189~190쪽.

미국에서는 이렇게 12·12사태를 '사실상 군사쿠데타'로 심각하게 인식했다. 그러나 한국 정계에서는 대수롭지 않게 여겼다. 김영삼의 신민당 지도부가 그랬고, 재야 지도부도 별로 다르지 않았다. 12·12 사태의 실상과 실체를 잘 몰랐기 때문이었을 것이다.

최규하 과도체제에서 명실상부하게 권력의 '실세'로 등장한 전두환 중심의 '하나회' 출신들은 보안사 정보처 내에 언론조종반을 만들었다. "단결된 군부의 기반을 주축으로 지속적인 국력 신장을 위한 안정 세력을 구축함에 있다."는 명분을 내걸면서 이른바 'K-공작계획'을 추진했다. 이 계획은 바로 5·17을 향해 진군하기 시작한, 정권을 탈취하려는 치밀한 음모였다.

12·12사태 핵심인 전두환은 박 대통령 암살사건을 수사한다는 명분으로 계엄사령관이자 육군참모총장을 군통수권자의 허락 없이 체포하는 하극상을 주도하고, 또 다른 핵심인 노태우는 전방부대를 군통수권자의 재가 없이 수도로 빼돌려 하극상에 동원하는 반란 행동을 주도했다.

12·12사태를 주도한 세력은 승승장구하여 육군참모총장이자 계엄사령관에 이희성 중장을 임명한 데 이어 수도경비사령관에 노태우, 특전사령관에 정호용 소장을 임명했다. 이밖에도 유병현·황영시·김복동·유학성·박준병 등 자신들의 측근 세력을 군 요직에 두루 앉혔다.

12·12 하극상으로 완벽하게 군권을 탈취한 신군부 측은 13일 새벽부터 국방부·육군본부·수경사 등 군 중추부를 차례로 장악하고, 각 방송국·신문사·통신사를 통제했다. 이들은 정승화를 비롯해 그의 추종세력인 3군사령관 이건영, 특전사령관 정병주, 수도경비사령관

장태완 등을 1980년 1월 20일자로 모두 예편시키고, 정승화에게는 징역 10년형을 선고했다.

이런 정변적인 상황에서 최규하는 12월 21일 서울 장충체육관에서 열린 제10대 대통령 취임식에서 "앞으로 1년 정도면 국민 대다수가 찬성할 수 있는 내용이 담긴 헌법을 마련할 수 있을 것"이라며 과도정부의 기간을 늦추어 잡았다. '3김'을 비롯해 정당과 재야인사들은 이런 최 대통령의 발언을 강하게 비판했다. 신민당도 반발하고 나섰다. 과도정부는 정부 주도의 개헌안을 마련한다는 방침을 세워 국회 헌법개정특별위원회와 마찰을 빚기도 했다. 최규하 정부는 국회의 개헌특위에 협조하지 않고 별도로 이원집정부제 개헌안을 마련하려는 의도를 보여 '안개정국'의 요인이 되었다.

군부의 유혹

한국현대사에서 파란으로 점철된 1979년이 저물고 살육으로 얼룩진 1980년이 되었다. 김대중에게 1980년은 토막살해 위기에 이어 또 한 차례 생애에서 가장 힘든 시기가 된다.

1월 6일은 김대중의 56번째 생일이었다. 이날 지도급 재야인사들이 생일을 축하하러 동교동을 찾았다. 김대중과 재야인사들은 진정한 민주정부를 수립하려면 대체세력의 형성이 시급한 과제라는 데에 의견을 모았다. 그리고 계엄해제, 정치범 복권 문제, 재야와 최규하 대통령 간의 협의를 위한 대책을 논의했다.

연말연초가 되면서 언론에서는 점차 '안개정국'이란 표현을 쓰기 시작했다. 최규하 정부는 정치 일정을 명확하게 제시하지 않고, 별도

개헌안을 마련하려 하고, 12·12세력은 여기저기에서 두드러지게 정치에 관여하는 등 정국은 점차 혼미 상태에 빠져들었다. 전두환 보안사령관이 군·경찰·중정 등 국가의 모든 수사기관을 장악한 합동수사본부장으로 활동하면서 그의 전횡이 극심하게 나타났다.

김대중은 이 점을 주목하고 우려했다. 계엄령체제에서 무소불위의 권력을 휘두르는 전두환을 제동하지 않으면 국가적으로 큰 재앙이 닥치리라 내다봤다. 이런 이유로 신민당 김영삼 총재와 공화당 김종필 총재에게 조속히 계엄령을 해제해 전두환의 활동 영역을 축소해야 한다고 제기했다. 하지만 두 사람은 이 말에 별로 귀를 기울이려 하지 않았다. 아직 공민권이 회복되지 않은 김대중은 직접 나설 수 없는 것이 안타까울 뿐이었다. 아직 '김대중'이라는 이름 석 자도 언론에서 쓰지 못하고 '재야인사'라는 추상명사로 불릴 만큼, 그는 '서울의 봄' 공간에서 여전히 아웃사이더였다.

1월 말 어느 날 전두환 측근이 은밀히 김대중의 측근 이용희 의원을 통해 전두환이 김대중을 만나고 싶어한다는 뜻을 전해왔다. 김대중은 고민 끝에 이용희 의원과 함께 그들이 지정한 장소로 갔다. 보안사 서울 분실로 쓰이는 '안가'인 내자호텔이었다.

> 1월 말에 재미있는 일이 있었다. 전두환 장군이 나를 만나고 싶다고 한 것이다. 그래서 나는 중앙청 앞에 있는 합동수사본부 '안가'에 갔다. 그런데 전 장군은 나오지 않고, 그 아랫사람 두 명이 나왔다. 그리고 나에게 자기들에게 협력한다는 서약을 하면 복권시켜 주겠다고 했다.[246]

언뜻 내용을 읽어보니 시국 안정에 협력한다, 사회 불안을 일으키는 소란 행위를 하지 않겠다, 6월 말까지 외국에 나가지 않는다는 등의 내용이었다.[247]

나는 "그런 일이라면 복권시켜주지 않아도 괜찮다. 당신들이 지금도 내 공민권을 제한하고 있는 것 자체가 부당한 일이기 때문에 부당한 일을 없애기 위해 내가 각서를 쓸 필요는 없다. 그런 각서를 쓸 정도면 복권되지 않아도 좋다."고 말하고 나왔다. 그것으로 복권될 가능성은 없어졌다고 각오했다. 그런데 뜻밖에도 3월 1일 복권하게 되었다. 역시 국민의 강한 여론과 국제적 압력이 신군부에 가해졌기 때문이라고 여겨진다.[248]

이날 김대중을 만난 전두환 대리인은 보안사 대령 이학봉 대공처장과 권정달 인사처장이었다. 이들은 전두환 최측근으로 5공의 핵심 인물이 된다.

신군부 전두환 세력은 김대중과 '빅딜'을 하고자 시도했다. 협력해주면 복권시켜주겠다는 노골적인 흥정이었다. 유신 때 박정희의 부통령제 제안을 거부했다가 토막살해, 수장 위기를 겪은 김대중으로서는 또 한 차례 위기의 순간이 닥친 것이다. 신군부는 이미 국가권력의 핵심을 장악한 실세였다. 이들의 요구를 거절했을 때 어떤 결과가 나타

246 일본 NHK 취재반 구성, 앞의 책, 112쪽
247 이도성, 앞의 책, 124~125쪽.
248 일본 NHK 취재반 구성, 앞의 책, 112쪽.

날지는 충분히 예상할 수 있었다. 하지만 김대중은 이를 거부했고, 그리고 얼마 뒤에 복권이 되었다.

9년 만의 복권

1월 30일 김대중은 윤보선·김영삼·양일동과 만나 계엄해제, 사면복권, 정치범 석방을 요구하는 기자회견을 열었다. 한 달이 지난 2월 29일 최규하 대통령은 김대중을 비롯해 윤보선·문익환·함석헌·정일형·지학순·김찬국·리영희·백낙청 등 687명(정치인 22명, 종교인 42명, 학생 373명, 교직자 24명, 언론인 9명, 기타 217명)을 복권시켰다.

김대중의 복권은 유신-망명-납치-연금의 역경 끝에 찾아온 9년만의 일이었다. 그는 비로소 정치인이라는 '본업'으로 돌아왔다. 40대 후반에서 50대 중반까지 그야말로 정치인의 황금기를 손과 발이 묶이고 입에 재갈이 물린 채 지내다가 이제야 광명을 되찾은 것이다.

김대중은 복권을 계기로 3월 1일 "대통령 당선보다는 민주제도 확립에 우선 관심을 가지고 있으며, 최 대통령과 면담할 용의가 있다." 는 내용의 성명을 발표했다. 또 이날 민주주의와 민족통일을 위한 국민연합(이하 국민연합)이 주최한 3·1운동 61주년 기념 연설에서 현안 6가지를 해결하라고 촉구했다. 6가지는 이렇다. 첫째, 유신독재 아래서 박해받고 억압받았던 인사들을 즉각 석방·복권·복직시켜라. 둘째, 조속한 시일에 계엄령을 해제하여 언론검열을 비롯해 일체의 사회활동을 정상화하고 긴장을 완화하라. 셋째, 개헌과 정치 일정을 앞당겨 조속한 시일에 새 정부를 수립하라. 넷째, 남북대화는 정권의 차원을 넘는 일이기에 이의 정책 수립과 시행에 국민의 폭넓은 참여를

복권된 직후 기자회견을 하는 김대중.

허용하고 개방된 입장을 취하라. 다섯째, 노동자·농민의 생존권을 보
장하며 이들의 정치적, 경제적 참여를 제약하는 일체의 법적 제약을
철폐하라. 여섯째, 학원의 민주화와 자율화를 기하라.

　복권되면서 김대중은 활동 영역을 차츰 넓혀나갔다. 3월 6일에는
김영삼 신민당 총재와 만나 지역감정 해소를 위해 노력하고, 협의연
락기구를 설치하자고 제의하는 내용을 담은 공동발표문도 발표했다.
그러나 신민당은 다음 날 이를 거절했다. 최규하 대통령에게 면담을
공개적으로 요청했지만 이것도 성사되지 않았다.

　1980년 '서울의 봄'은 변덕스러운 봄 날씨처럼 하루가 다르게 변
해갔다.

　김영삼은 2월 12일 신민당 충남도지부 결성대회에서 대통령후보

출마를 간접적으로 시사했다. 대선에 관한 최초의 공개적인 발언이었다. 이에 대해 김대중은 3월 1일 기자회견에서 "신민당에 들어가 경쟁을 벌일 경우 민주화를 바라지 않는 세력들에게 어부지리를 줄 것"이라면서 신민당 입당 문제를 신중하게 유보했다.

2월 중순이 되어도 신민당과 재야의 통합이 접점을 찾지 못하면서 양김은 각자의 길로 나아갔다. 공화당 총재로 선출된 김종필도 대통령후보를 선언하여 정국은 이른바 본격적인 '3김시대'로 들어섰다.

김대중은 반유신투쟁에 크게 기여한 재야 민주인사들과 신민당이 통합해 범야 단일세력을 이루어 대통령후보를 선출하자고 주장했다. 그러나 김영삼은 신민당의 기득권을 배경으로 단독 출마를 고수했다. 양김은 분열의 갈림길에 서게 되었다.

김대중과 재야인사들의 복권으로 '동교동 감옥'이 활짝 열렸다. 경찰·중정요원들이 철수하고, 그들이 거처하던 아지트도 철거되었다. 마침내 동교동에도 봄은 왔다. 당연히 주인들은 바빠졌다. 다음은 동교동 '안주인'의 소회다.

그는 실로 오랜만에 이름 석 자 '김대중'을 찾았다. 모습을 드러낸 김대중으로 인해 나도 덩달아 언론과 인터뷰하는 등 조명을 받았다. '동교동 감옥'이 활짝 열리고 경찰이 철수한 자리에 곧바로 하루 수백 명의 방문객이 문전성시를 이루었다. 강연 요청 또한 물밀듯이 쇄도했다. YWCA, 동국대, 한신대 등에서 그는 대중강연을 시작했다. 9년 만의 광명이었다. 망명·납치·감옥·연금의 세월이 그렇게 흘러간 것이었다.

돌아보면 무덤 속같이 어둡고 긴 터널이었다. 다시 광장으로 나선 그는 물 만난 물고기처럼 활발했다. 도대체 김대중은 어떤 사람인지, 박 대통령이 왜 병적으로 그를 싫어하고 두려워했는지, 그는 정말 위험인물인지 궁금했을 것이다. 9년이라면 초등학생이 대학생이 되고도 남는 긴 세월이 아니던가. 금지 낙인이 찍힌 위험인물 김대중은 특히 젊은이들에게 호기심의 대상이었다. 그는 강연·인터뷰 등 기회가 올 때마다 학생들에게 호소했다.

군부에 '빌미'를 줄 행동을 자제하자고 늘 설득했다. 안개정국 안에서 여기저기 많은 광장이 생겨나 그야말로 백가쟁명이었다. 그러나 정작 권력의 심층부는 여전히 오리무중이었다.[249]

정국에 짙은 안개가 끼면서 대학가는 요동치기 시작했다. 반유신 투쟁 최전선에서 싸웠던 학생들은 박정희가 죽고도 곧바로 민주화가 이루어지지 않고 유신세력과 정치군인들이 활개 치는 모습을 지켜보면서 다시 전열을 가다듬고 시위에 나섰다.

그동안 억압받고 저임금에 시달려온 노동자들도 거리로 뛰쳐나왔다. 박정희 폭압에 맞섰다가 투옥되었던 재야인사들도 신군부의 정치적 움직임을 비판하고 나섰다. 김대중도 복권과 함께 활발하게 움직였다. 여기저기서 강연을 하고 재야인사들의 모임에도 함께했다. 그 중 3월 26일 YWCA 수요 강좌에서 한 강연은 망명·납치·연금으로 얼룩진 간고한 세월을 보낸 뒤 9년 만에 일반 국민을 상대로 한 첫 연

249 이희호, 《이희호 자서전 동행》, 웅진지식하우스, 2008, 195~196쪽.

설이었다. 〈민족혼〉이란 제목으로 1시간 넘게 진행된 이날 강연은 김대중의 철학과 사상 그리고 시국 인식을 보여주는 자리였다. 김대중은 강연 말미에 간접 화법으로 대통령 출마 의사를 처음으로 밝혀 관심을 모았다. 몇 대목을 발췌한다.

나는 그동안 유신체제 7년 동안에, 혹은 망명 생활에서, 혹은 납치를 당하면서, 혹은 3년의 감옥생활에서, 혹은 병중에서, 연금 생활에서, 공민권을 박탈당하면서 여러분과 함께 아픔을 같이하여 왔고, 여러분의 고난에 동참할 수 있었습니다. 그러나 이제 10·26사태 이후 오늘 이 사람이 독재자의 칼날에 죽지 않고 살아서 '병신이 되었다' '식물인간이 되었다' '머리가 돌았다' 하던 그 김대중이가 건강한 모습으로 여러분의 힘에 의해서 공민권을 부활해서 오늘 이 자리에, 여러분 앞에 나오게 된 것을 감사하게 생각합니다.

　여러분! 어떤 사람이 말하기를 민주주의는 한국 민족에게는 적합지 않다고 그럽니다. 과연 민주주의가 우리 민족에게 적합지 않는가? 우리 민주주의가 이 땅에서 뿌리박을 수 없는가? 양자강의 유자가 북방으로 가면 탱자가 되듯이 민주주의는 여기에 자리 잡을 수 없는가? 나는 여러분에게 우리의 역사에 나타나는 사실을 통해서 우리가 민주주의를 할 수 있는 민족이고, 우리 민족의 내부에서 서구민주주의는 예수그리스도의 자유의지 – 예수가 예루살렘의 십자가에 못 박히려 올라가면서… (환호로 잠시 연설 중단).
　[……]
　여러분! 나는 국민에게 충성을 다하는 것을 정치인으로서의 최대의 기본으로 생각하기 때문에 나는, 지금 신문에 대통령후보 운운하지만, 무엇이 되기 위해 사는 사람이 아닙니다. 대통령은 둘째, 셋째입니다. 나는 무엇이 되기 위해 사는 것이 아니라 국민과 내 양심에 충실하기 위해서 사는 사람입니다. 국민과 하느님이 주신 내 양심에 충실하다가 기회가 있어서 대통령을 맡게 되면 봉사할 것입니다.

[……]

열 사람 국민 중에 열 사람이 다 반대하면, 집권자는 태도를 바꿔야 합니다. [……] 우리는 이 사회의 일원으로서 "이 사회가 어떻게 되어 가느냐?" "정부가 무엇을 하느냐?" "정부가 어떤 계획을 갖고 어떠한 정책을 가지고 어떠한 음모를 가지고 우리에게 임하느냐?" 이것을 항상 감시하고, 옳지 않을 때는 과감하게 반항하고 싸우고 '행동하는 양심'이 되어야 한다는 것입니다. 그러기 때문에 내가 여러분에게 '행동하지 않는 양심은 악의 편'이라는 것을 되풀이 강조하는 이유가 거기에 있는 것입니다.

어떤 사람이 말하기를 "김대중이가 여당이 되면 정치보복을 할 것이다" "왜? 제가 워낙 당했기 때문에 정치보복을 하지 않고 가만두겠느냐?" 일리 있는 말입니다. 그런데 여러분! [……] 나는 기독교 신도입니다. [……] 내 믿음을 기초로 해서 내가 결심했습니다. [……] 우리 민족의 이조 이래 내려온 보복, 이것을 만일 김대중이가 용서한다면, 이것은 김대중의 대에서 정치보복을 끊는 단호한 계기가 되지 않겠느냐 하고 생각했습니다.[250]

250   김진배, 《인동초의 새벽》, 동아, 1987, 296~299쪽.

시국강연회에서 환호하는 청중에게 답하는 김대중.

　4월 11일에는 가톨릭농민회 초청으로 대전 가톨릭문화회관에서 전국 농민대표들을 대상으로 〈민주주의와 농민의 권리〉라는 제목으로 강연하고, 4월 16일에는 한국신학대에서 〈도덕정치의 구현〉, 4월 18일 동국대에서는 〈4·19와 민주통일〉, 4월 25일 관훈클럽 모임에서는 〈80년대의 좌표－자유·정의·통일의 구현을 위하여〉라는 주제로 강연했다. 4월 28일 충무공 탄생 기념일을 맞아 현충사를 방문하고, 4월 29일에는 윤봉길의사 의거 48주년을 맞아 충렬사와 윤 의사 생가를 방문하는 등 바쁜 일정을 소화했다.

　1980년 3월 신학기부터 각 대학에서 학생회와 평교수회가 부활하고, 2·29 복권 조치에 따라 긴급조치로 해직, 제적되었던 교수와 학생들이 학원으로 돌아왔다. 이에 따라 학원가에서는 '학원민주화'를 외치는 토론회가 열리고, 농성·교내 시위가 벌어지기 시작했다. 3월 27일 조선대 교내 시위를 시발로 서울과 지방 각 대학으로 번져나갔다. 구호도 학원 내 언론자유, 어용교수 퇴진, 재단운영 개선 등으로 구체화되었다.

권력 찬탈 빌미 준 시위 물결

4월로 접어들면서 학생운동권은 병영집체훈련 폐지를 새로운 쟁점으로 내걸었다. 정부의 강경한 이념적 공세와 비판적 여론으로 난관에 봉착하자 병영집체훈련에 응소하는 한편, 4월 14일 전두환 보안사령관이 중앙정보부장 서리를 겸임하는 등 유신 잔당과 신군부 세력이 체제 개편 음모를 노골적으로 드러내자 학원민주화에서 사회민주화 투쟁으로 전환했다.

5월 2일에는 1만여 명의 학생이 참가한 서울대 '민주화대총회'를 시발로 각 대학이 '민주화대행진'에 돌입했다. 이들은 유신세력 퇴진, 계엄철폐, 이원집정부제 반대, 정부주도 개헌반대 등의 정치적인 이슈를 내걸고 거리로 나섰다. 학생들의 가두시위는 5월 15일 전국 대학생의 계엄해제 요구 시위에서 절정을 이루었다.

합동수사본부장이자 보안사령관인 전두환이 중앙정보부장 서리직까지 겸한 것은 과도기 권력이 1인에게 집중된 충격적인 사건이었다. 김대중은 이 일이 크게 우려된다는 뜻을 언론을 통해 발표했지만 별로 주목을 받지 못했다. 공화당과 신민당에서도 대수롭지 않게 받아들였다.

신민당 김영삼 총재는 "도도히 흐르는 민주화의 물결을 아무도 막을 수 없다."며 사태의 심각성을 무시한 채 낙관했다. 그러나 화창한 봄날의 무대 뒤쪽에서 전두환을 중심으로 한 정치군인들은 군사작전을 방불케 하는 새로운 정치지형도를 그리면서 치밀하게 거사를 준비하고 있었다. 미국의 정보능력과 관측은 예리했다.

미 대사관 측은 "전두환이 대통령 자리를 넘보고 있음을 확신하게 됐다. 전두환의 이러한 움직임에 대한 반발의 표시로 미 정부는 최고 군 관계자들의 연례회의인 한·미 안보회의를 '무기한 연기'하고 남한 군 장교들에게 그 이유를 통보했다."[251] 그런데도 신민당은 차기 집권이라는 일장춘몽에 빠져들고, 학생·노동자들의 가두시위는 날이 갈수록 격렬해졌다. 김대중은 위기감을 느꼈다. 그래서 학생들에게 자제해줄 것을 요청했다. 과격한 시위가 민주화를 거부하는 세력에게 빌미를 줄 수 있다는 우려에서였다.

나는 학생들에게 몇 차례씩 자제를 요청했다. "만약 여기서 소동이 일어나면 민주주의를 저해하려는 세력에게 절호의 기회를 주게 된다. 국민들이 걱정하고 있다."고 설득했다. 그때 국민들은 "5월 20일까지 계엄령이 해제되지 않는다면, 국회는 즉각 해산결의를 실시한다."는 여야 합의 경과를 보고 난 뒤에 시위를 해도 늦지 않다고 생각하고 있었다. 내 생각도 마찬가지였다. 그러나 학생들 가운데는 자제하지 못하고 문제를 확대시켜 폭력으로 일을 해결하려는 세력이 있었고, 그 세력이 결국 주도권을 잡았다. 13일 저녁 늦게, 서울 고

251 돈 오버도퍼, 앞의 책, 197~198쪽.

려대 학생회관에서 전국 33개 대학의 대표 35명이 모였다.

14일부터 전국 대학의 학생들이 민주화를 요구하며 반정부 시위를 하기로 결정했다. 학원 내에서는 몰라도 어쨌든 가두시위는 계엄령 위반 행위로 처벌 대상이 되는데도 불구하고 굳이 강행하려고 한 것이다. 이는 탄압의 빌미를 노리고 있던 신군부 측이 원하던 바였다.[252]

김대중의 우려에도 서울의 봄은 가파르게 굴러가고 있었다. 마치 1960년 4월혁명 뒤의 '자유화의 물결'처럼, 1980년 5월도, 그와 비슷하게 흘러갔다. 김대중은 5월 13일 신민당 입당 의사가 없음을 밝히고, 시국성명을 통해 학생들이 폭력 시위를 자제해줄 것을 거듭 호소했다.

14일에는 글라이스틴 주한 미국대사가 동교동으로 찾아와 "긴박한 이 상황을 멈추려면 당신의 역할이 중요하다. 사태 수습에 적극 나서 달라."고 요청했다. 김대중은 즉각 기자회견을 열어 학생들에게 자제해줄 것을 거듭 촉구했지만 이 내용은 신문 귀퉁이에 작게 실렸을 뿐이다. 《동아일보》 기자가 찾아와서 인터뷰도 했지만 그 기사는 검열되어 전면 삭제되었다.

5월 13일 밤 서울 광화문 일대에서 6개 대학 학생 2천5백여 명이 '계엄철폐'를 외치며 가두시위를 감행했다. 서울 시내 27개 대학 학

252   일본 NHK 취재반 구성, 김용운 편역, 《역사와 함께 시대와 함께 – 김대중 자서전 2》, 인동, 1999, 115쪽.

생대표들은 이날 밤 회의를 열어 14일부터 일제히 가두시위에 돌입할 것을 결의했다. 14일 서울 시내 21개 대학 학생 5만여 명이 빗속에서 밤늦게까지 종로, 광화문, 시청 앞 등 도심지에서 가두시위를 벌였다. 지방 10개 도시의 11개 대학도 가두시위에 돌입했다.

전국적인 격렬한 시위는 15일에도 이어졌다. 이날 저녁 서울역 광장에는 학생 10만, 시민 5만 명이 집결해 계엄철폐와 유신 잔당 퇴진을 요구했다. 이 과정에서 전경대원 1명이 사망하고 경찰과 학생 다수가 부상당했다. 학생 6백여 명이 연행되고, 대형가스차 1대가 전소되고 차량 7대가 파손되었다.

노동운동도 격렬하게 전개되었다. 신규노조 결성, 어용노조 민주화, 임금인상, 근로조건 개선 등이 요구되었다.

비폭력 온건주의 주장

5월 14일 오후 2시경, 재야인사들이 동교동을 찾았다. 문익환·이문영·예춘호·이해동 등 반유신, 반신군부 투쟁을 이끌어온 지도자들로 김대중과 평소 동지적 관계였던 이들이었다. 이들은 강경한 내용의 시국선언문 문안을 작성해와 김대중에게 서명을 요청했다. 이미 윤보선 등 지도급 인사들은 서명한 상태였다. 군인들은 무장을 거부하고, 노동자들은 파업을 벌이고, 상인들은 철시하고, 서울 시민은 검은 리본을 달고 장충단공원으로, 지방에서는 도청으로 집결할 것을 촉구하는 내용이었다. 이날 김대중을 찾아온 재야 지도자들은 연일 시위대가 서울을 비롯해 전국 주요 도시를 휩쓰는 '혁명 전야'와 같은 상황에서 자신들이 강경한 노선으로 앞장서야 한다고 주장했다.

김대중은 그 내용을 단호히 반대하면서, "계엄령해제와 전두환·신현확 퇴진"으로 제한할 것을 설득해 이를 관철시켰다. 섣불리 강경한 주장을 내놨다가 기회만 노리는 신군부 측에 빌미만 주게 된다는 이유에서였다. 이때 김대중의 결정은 호구虎口에서 벗어날 수 있는 위기일발의 순간이었다. 5·17 뒤에 신군부가 이른바 김대중내란음모사건을 조작했을 때 이 성명서가 원안대로 발표되었다면, 꼼짝없이 내란선동, 국기문란의 혐의를 뒤집어썼을 것이다. 실제로 재판 과정에서 김대중을 조사하던 수사관이 혼잣말처럼 "당신이 이 성명서에 서명을 했어야 일이 수월했을 터인데…." 하며 안타까워했다고 한다.

여기에서도 김대중의 비폭력 온건주의 노선이 드러난다. 그는 독재권력과 싸우면서 결정적인 순간이 되어도 변칙이나 물리력을 동원하기보다 법리와 제도에 따른 절차를 중요시했다. 민주주의 원리를 신봉한 것이다. 이것이 자신을 지키는 길이었고, 민주적 질서와 가치를 정착시키는 데 기여했다.

전두환은 5월 13일 느닷없이 '북한 카드'를 꺼내들었다. 그는 주한미군사령관 위컴에게 "학생시위 배후에는 평양이 있으며 북한의 대남공격이 임박했다."고 주장했다. 위컴은 전두환이 북한의 남침 의혹을 강조한 것은 청와대 입성을 위한 구실로 보인다고 국무부에 보고했다. 미국은 북한군의 대남 공격 조짐을 발견할 수 없다는 결론을 내리고 이런 사실을 공개했다. 하지만 한국 언론에는 거의 보도되지 않았다. 전두환 신군부 측은 학생·노동자들의 시위 사태를 적절히 유도, 이용하면서 호심탐탐 덮칠 기회만 노리고 있었다.

전두환의 등장 시점과 김대중의 복권 시기가 거의 일치하면서 '충돌'은 이미 예상되었다.

박 대통령 암살사건 이후 그가 가택연금에서 풀려나 다시 정치권 전면으로 급부상하자 박 대통령 측근들은 심각한 위기의식을 느꼈다.

당시 대통령선거를 앞두고 있는 남한에서 만일 자유롭고 공정한 대통령선거가 실시될 경우 김대중이 승리할 가능성은 높아졌다. 그가 박정희 정권하에서 겪었던 온갖 고초에 대한 국민적 존경심과 인기, 그리고 군부통치에 대한 국민들의 강한 저항감 등 이 모든 상황을 종합해볼 때 그것은 결코 무리한 추측이 아니었다. 전두환의 등장과 김대중의 급부상이 시기적으로 일치하면서 글라이스틴은 3월 중순부터 장차 양자의 충돌이 불가피함을 예견했고, 이러한 갈등이 궁극적으로 해결돼야 하지만 "언제, 어떤 방식으로 해결될지는 아무도 모른다."고 보고했다.[253]

김대중은 5월 16일 김영삼과 긴급히 회동하고 정부에 계엄령해제, 정치범 석방, 정치 일정 연내 완결 등 시국 수습책 6개 항을 실시하라고 촉구했다. 공화당도 계엄령해제 요구에 공조할 것을 약속했다. 이날 서울의 거리는 폭풍 전야처럼 고요했다. 국민적 관심을 모았던 이화여대에서 열린 전국대학생회장단도 신군부에 빌미를 줘서는 안 된다는 이유로 시위를 중단하고 학교로 돌아가기로 결의했다. 서울 시내는 평온을 되찾았다. 신록은 푸르고, 5월의 햇살은 찬란했다.

●
253　돈 오버도퍼, 앞의 책, 200~201쪽.

17장

무고한 사형수

김대중을 겨냥한 5 · 17쿠데타

화창한 서울의 봄, 그러나 투명하지 않은 '안개정국' 속에서 신군부는 디데이를 토요일인 5월 17일로 잡았다. 16일은 5 · 16쿠데타의 날과 겹치고, 주말을 넘기면 국회에서 계엄령해제 결의가 이루어질지 모른다. 신민당과 공화당은 이미 계엄해제에 뜻을 모았다. 그러면 무장해제를 당할 것이 뻔하기 때문에 조급해져서 17일로 결정한 것이다.

신군부는 중동을 방문 중인 최 대통령을 서둘러 귀국시키고, 17일 밤 11시에 청와대에서 긴급 대책회의를 열었다. 그리고 18일 0시를 기해 제주도를 포함시킨 비상계엄 전국확대조치를 감행했다. 이로써 12 · 12사태에 이은 본격적인 군사쿠데타가 시작되었다.

5 · 17쿠데타는 살육과 암흑의 세계로 들어가는 신호탄이었다. 5 · 16쿠데타가 일어난 지 19년, 박정희가 암살된 지 200여 일 만의 일이었다. 한국 민주주의 희망의 대명사이던 '서울의 봄'을 전두환 신군부

512

는 1968년 체코 둡체크 정부를 무너뜨린 소련의 탱크부대처럼 사정없이 짓밟고 말았다. 김대중과 동교동은 연금이 해제된 지 130일 만에 다시 사활의 갈림길에 놓였다. 김대중은 다시 길고 어두운 죽음의 터널로 빠져들었다. 늑대를 피하려다가 승냥이를 만난 격이 되었다.

'서울의 봄' 정국에서 우려했던 일이 현실로 나타났다. 김대중은 '안개정국' 속에서 음모의 낌새를 느끼면서 신민당과 재야, 학생들에게 자중을 요청했었다. 5월 16일 이후에는 다행히 신군부에 구실을 줘서는 안 된다는 공감대가 이루어지면서 학생들도 자제해주었다. 하지만 오래전부터 권력의 꿀맛에 길들여진 정치군인들은 행동을 멈추지 않았다. 어쩌면 그들은 박정희가 암살될 때부터 권력을 탈취할 야심을 품고 있었을 것이다.

5월 17일 토요일 밤에 이름을 밝히지 않은 한 기자가 다급하게 전화를 했다. 계엄사가 이화여대에서 대책회의 중이던 전국대학생 회장들을 덮쳐 학생들이 개머리판에 맞아 피투성이가 된 채 끌려갔다는 것이었다.

역시 이름을 밝히지 않은 채 한 정보부 요원이 전화로 알려주었다. 그는 "천지가 개벽되었다. 김대중 선생님이 위험하다."라고 말했다. 또 한 사람은 김대중 지지자임을 밝히고 "모두 끝장났다. 신변을 조심하라."라고 말한 뒤 일방적으로 끊었다. 곧 비서가 집 밖을 살피고 들어왔다. 근처의 보안등이 꺼져 있고 검은 세단 8대가 포진하고 있다는 것이었다. 남편은 5월에 들어서부터 부쩍 신변의 위협을 느껴왔다. 몇몇 지인이 미국 대사관으로 피신하라는 권고를

해오던 터였다.[254]

　　주한 미대사관에서는 신군부가 김대중을 체포할 것 같아 우려하고 있었다. "연행 몇 시간 전부터 이미 세간에는 김대중이 학생시위를 선동한 혐의로 체포될 것이라는 소문이 나돌았고, 글라이스틴은 대통령 비서실장 최광수에게 정국불안이 고조되고 있는 상황에서 정치인들을 체포하는 것은 '신중하지 않은 조치'이며, 특히 김대중을 체포하는 것은 '볏단에 불을 들고 뛰어가는 것'과 같다고 경고했다."[255]

　　우려하던 사태가 닥쳤다. 신군부는 자신들 집권에 가장 큰 걸림돌이 된다고 판단한 김대중의 집을 덮쳤다. 17일 밤 10시쯤 한 무리의 무장군인들이(수도경비사령부 소속 군인) 집 대문을 부수고 쳐들어와 김대중 가슴에 장총을 겨누었다. 비서들도 폭행을 당했다. 그들은 집을 샅샅이 뒤져 닥치는 대로 자료와 물품을 실어갔다. 이런 상황에서 체포영장이나 압수수색영장을 얘기하는 것은 사치스러운 일일 터이다.

　　내가 연행된 것은 그날 밤이었다. 17일 밤 10시쯤 문을 열라며 장총 개머리판으로 쾅쾅 두들기는 소리가 났다. 경호원들이 문을 열려고 하지 않아, 내가 열기 위해 일어서는 찰나였다. 그때 대문을 부수고 군인 몇 명이 들어왔다. 잠시 우리 경호원들과 실랑이가 있었다. 나는 경호원들에게 그만두라고 했다. 군인들은 응접실 의자에서 일어

254　이희호, 《이희호 자서전 동행》, 웅진지식하우스, 2008, 200~201쪽.
255　돈 오버도퍼, 이종길 역, 《두 개의 한국》, 길산, 2002, 201쪽.

나려던 내 가슴에 총구를 겨눴다. 무슨 일이냐고 하자, 그들은 한마디로 "가자"고 했다. 나는 "가자고 하면 가겠지만 총을 치우라."고 말하고서 옷을 갈아입었다. 나중에 들은 바로는, 만약 나와 내 경호원들이 본격적으로 저항을 하면 총살해도 좋다는 명령이 있었다고 한다. 나는 어쨌든 옷을 갈아입고 그 군인들 뒤를 따라갔다.[256]

5월 17일 밤 우리 집에 왔던 한 무리의 수도경비사령부 군인 중 서울구치소로 파견 나가 정치범들을 감시했던 한 명이 비서들에게 들려준 말이다.

"5월 17일 저녁 수경사에서 간첩을 잡으러 간다고 우리를 동원했습니다. 착검한 채 동교동 쪽으로 갔는데 가보니 김대중 선생 댁이더군요. 그때 우리는 부대 지휘자로부터 반항하면 쏘라는 명령을 받았습니다. 이제는 우리도 진실을 알고 있습니다."[257]

서울의 봄에 일진광풍을 일으킨 신군부의 쿠데타는, 김대중 집을 포위하고 집주인 가슴팍에 대검 꽂힌 장총을 겨누면서 살벌하게 시작되었다. 체포된 김대중은 그 길로 남산에 있는 중앙정보부 지하실로 끌려갔다. 다음은 한 언론인의 기록이다.

10시 40분경, 골목 어귀 가로등이 꺼지고 초인종이 울렸다. 대문을

256 일본 NHK 취재반 구성, 김용운 편역, 《역사와 함께 시대와 함께 – 김대중 자서전 2》,
      인동, 1999, 118~119쪽.
257 이희호, 앞의 책, 209쪽.

열자마자 M16 소총을 든 검은 그림자들이 쏟아져 들어오며 닥치는 대로 개머리판을 휘둘렀다.

"이 새끼들 까불면 모두 죽여버려." 지휘자가 고함쳤다. 거실에 있다가 뛰어나온 김옥두, 이협, 유훈근 등 비서들의 턱밑에도 M16 총검이 겨누어졌다. 비서들은 모두 마당에 꿇어앉혀졌다. 개머리판에 머리를 맞은 정승희는 정신을 잃은 채 피를 흘리고 있었다.

안전국 요원들이 구둣발로 거실에 들어섰다. 그들은 잠자코 의자에 앉아 있던 김대중 씨의 양팔을 꼈다. "내 발로 갈 테니까 가만히들 있게." 김 씨는 잡힌 팔을 뿌리쳤다. 앞서서 대문을 나서는 김 씨의 등 뒤를 총검이 에워쌌다. 이때가 11시 10분경.

김 씨를 태운 승용차가 남산 지하실을 향하면서부터 겪기 어려운 수모가 시작됐다. 김 씨는 차 안에서 내내 무릎 사이까지 머리를 숙여야 했다.[258]

초토화된 동교동

신군부는 5월 초순부터 이른바 '충정작전'(군인으로 시위대를 진압하는 작전)을 구실로 충정부대를 5월 17일 이전에 서울에 투입해놓은 상태였다. 서울과 광주에는 공수부대 중 핵심부대가 파견되었다.

치밀하게 짜인 작전 계획에 따라 신군부는 5월 18일 0시를 기해 지역계엄을 전국계엄으로 확대하고 계엄포고령 제10호를 발표했다. 모든 정치활동의 중지 및 옥내외 집회·시위의 금지, 언론·출판·보도

●
258 이도성, 《남산의 부장들 3》, 동아일보사, 1993, 180~181쪽.

및 방송의 사전검열, 각 대학의 휴교령, 직장 이탈 및 태업·파업 금지 등의 조치를 취함으로써 정치인들 손발을 묶고 국민이 더는 저항하지 못하도록 쐐기를 박았다. 18일부터 김대중을 시작으로 김상현·김종필·이후락 등 정치인 26명을 학원·노사 분규 선동과, 권력형 부정축재 혐의로 연행했다. 며칠 뒤 김영삼을 가택연금 하는 등 대대적인 정치 탄압을 자행했다.

5·17쿠데타는 김대중을 겨냥한 것이었다. 김종필 등 구 정치인들은 합수부에 연행하고, 김영삼은 가택연금 했지만, 김대중과 그의 비서들을 비롯한 측근들을 '일망타진'하여 중앙정보부 지하실에 감금했다. 시쳇말로 동교동계 사람들을 '싹쓸이'한 것이다.

신군부는 김대중 체포와 거의 동시에 장남 홍일, 동생 대현 등 가족과 친인척을 비롯해 문익환·예춘호·김녹영·김상현·이용희·이문영·장을병·송건호·리영희·한승헌·고은·김종완·김윤식·김승훈·함세웅·한화갑·김옥두 등도 구속해 중정 지하실에 감금했다. 흔히 '김대중 계열'로 알려진 재야인사들과, 정치와 무관한 종교·학계·언론계 인사 26명을 한번에 구속, 수감한 것이다.

조금 후 수사관 2명이 다시 오더니 서랍에 있던 10만 원권 수표 27매와 약간의 외화(6000여 달러)도 내놓으라 했다. 그들이 떠난 후 집안을 돌아보니 집사 등 몇 사람이 한 방에 갇혀 있었다. 가정부는 안방 구석에 꿇어 엎드려 있었다. 새벽 4시쯤 막내가 잠이 안 온다고 안방으로 건너왔다. 우리 모자는 두 손을 마주 잡은 채 기도했다.

"왜 하나님께서 우리에게 이렇게 엄청난 고난을 거듭 주시는 겁니까?"

막내와 두 손을 부여잡고 한없이 울었다. 그렇게 거의 밤을 새웠다. 아침이 밝자 몇몇 분이 찾아왔다. 신문기자들도 왔다. 그중 한 기자는 상도동을 들러 왔노라고 했다. 그런데 그곳은 평온하다고 했다. 그는 김영삼 총재가 들른다고 했는데 만나지 않는 게 좋겠다고 당부했다. 그러나 나는 그가 왔을 때 고마운 마음으로 맞았다. 그는 돌아간 후 20일부터 가택연금이 되었다.

남편이 체포되어 떠난 이후 큰아들과 시동생이 바로 잡혀갔다. 그뿐만 아니라 비서 한화갑·김옥두를 비롯해 경호실장 박성철 장군과 경호원들이 모두 잡혀갔다. 그날 저녁 이화여대에 갔던 권노갑 특보와 이협 비서는 도망다니다가 후에 잡혔다. 둘째아들은 마침 집에 없었다. 들어오면 자진출두시키라고 했지만 나는 아침에 귀가한 그를 《아사히신문》 특파원 차에 태워 피신시켰다. 며칠만 소나기를 피하면 되겠지 했는데 홍업이는 3개월간 숨어 다니다가 2개월 동안 중앙정보부에 감금당했다.[259]

중정 지하실에 끌려온 김대중은 팬티만 남긴 채 발가벗겨졌다. 두 손은 등 뒤로 돌려져 수갑이 채워졌다. 수사관들은 야전침대 각목을 휘두르면서 혹독하게 조사를 시작했다. 이학봉 대령을 필두로 김근수 중정 안전국장, 검찰에서 파견 나온 이종남, 정경식 검사 등이 수사를 지휘했다.

---

259 이희호, 앞의 책, 201~202쪽.

같은 시각 전두환은 지하실 바로 위층에 있는 안전국장실에서 이런 과정을 폐쇄회로TV로 지켜보았다. 아마도 야생 호랑이를 붙잡아다 희롱하는 기분이었을 것이다. 이제 청와대로 입성하는 데 거치적거릴 것이 없어졌다고 쾌재를 부르며 고급 양주를 마셨을지도 모른다. 히틀러의 수하들은 유태인들을 고문하면서 바그너의 음악을 들었다고 하지 않는가.

김대중이 있는 지하실 옆방에서는 연신 처절한 비명소리가 들려왔다. '동교동 사람들'이 고문을 견디다 못해 내지르는 절규였다. 김대중을 압박하려고 바로 옆방을 고문 장소로 택한 것이다. 일제강점기에 경찰, 헌병이 독립운동가를 고문하던 수법이었다.

혹독한 고문이 시작됐다. 연행된 동교동 사람들 중 김 씨의 수족과 다름없는 총무비서 김옥두 씨도 극심한 고문을 당했다.

[……]

"김대중은 빨갱이다."

"김대중의 지시로 이북에 몇 번 갔다 왔는가?"

"밤에 이북방송을 듣고 김대중에게 어떻게 보고했는가?"

"재야와 학생들에게 자금을 얼마나 주었는가?"

버티면 버틸수록 고문은 심해졌다. 각목을 입속에 쑤셔넣고 집게로 혓바닥을 잡아당겼다. 몽둥이로 머리를 맞아 핏줄기가 솟았으나 걸레질이 고작이었다.[260]

전두환의 목적은 김대중이 학생과 노동자들을 선동하여 사회 혼란을 부추기고 북한으로부터 불순자금을 받아왔다는 것으로 내란음모 사건을 엮으려 들었다. 그래서 측근들을 혹독하게 고문하고 '자백'을 받으려 했다. 그런 중에 수사관들에게 한 가지 '호재'가 생겼다. 38세의 전남대 복학생 정동년이 얼마 전에 동교동을 방문했다는 사실을 방명록에서 찾아내고, 5월 18일부터 김대중 석방, 전두환 퇴진 등을 요구하며 벌어진 '광주사태'(광주항쟁)와 김대중을 연계시키기로 한 것이다.

정동년이 동교동을 방문한 것은 사실이지만, 마침 김대중이 부재중이어서 만나지 못하고, 방명록에만 이름을 남겼다고 말했지만, 수사관들의 고문은 계속되었다. 살인적 고문으로 정동년이 견디다 못해 자살을 시도했다. 김상현을 고문 끝에 받아낸 '자백'을 중간에 끼워넣어 정동년이 김대중에게서 자금을 받아 폭동을 주도한 것으로 조작했다.

그러나 용이한 일이 아니었다. 김 씨가 지하실로 연행된 뒤에 벌어진 광주사태를 시간을 거슬러 김 씨의 배후 조정에 의해 일어난 사건으로 만들고, 또 나라 안팎에서 이해시킨다는 것은 중정의 '특수기술'로도 거의 불가능에 가까운 일이었다.[261]

이런 배경에서 신군부는 고문으로 사건을 조작하려던 것이다.

●
260 이도성, 앞의 책, 184쪽.
261 이도성, 앞의 책, 185쪽.

6월 15일, 수사관들은 김 씨(김상현 - 필자 주)와 정 씨(정동년 - 필자 주)의 진술서를 김대중 씨 앞에 내놓았다. 그리고 김 씨(김대중 - 필자 주)의 옷을 벗기고 군복으로 갈아입혔다. 지하실로 연행된 뒤 한 달 가까이 당해보지 못한 수모가 시작됐다.

다른 사람들처럼 매질은 당하지 않았지만 욕설과 폭언으로 김 씨의 '기氣'를 꺾으려 했다. 전 장군은 바로 위층 안전국장실에서 TV 모니터를 통해 이 모습을 내려다보고 있었다.

"당신이 부인하면 다른 사람들이 더 고통을 받는다."는 얘기를 들으며 김 씨도 더 이상 버티는 것이 무의미하다고 생각했다.[262]

20세기 마지막 비극

신군부가 김대중을 체포한 사실이 알려지면서 5월 18일 첫날에는 광주의 학생들이, 다음 날부터는 시민들이 합세해 들고일어났다. 가로수 신록이 여느 해처럼 싱그러운 1980년 5월 18일 아침, 전남대생들은 교내로 들어가려다 총을 든 군인들에게 제지를 당하자 투석으로 맞섰다. 신군부는 공수부대 핵심인 7공수여단의 33대대와 35대대를 광주에 파견하고 그중 33대대 주력이 전남대를 장악했다.

당시 어느 외국 언론이 표현한 대로 '20세기 마지막 비극'인 광주학살과 민중항쟁은 여기서부터 시작되었다. 17일 자정을 기해 비상계엄이 확대되고 계엄포고령 제10호로 휴교령이 내려졌다. 전남대생들은 휴교령에도 학교 앞에서 모이기로 한 사전 합의대로 하다가 계엄

---

262 이도성, 앞의 책, 188쪽.

군과 대치하게 된 것이다.

학교 앞에서 계엄군에게 쫓긴 학생들은 거리로 뛰쳐나와 연좌시위를 벌였고, 경찰이 최루탄과 경찰봉으로 해산시키려 하자 다시 투석전으로 맞섰다. 신군부는 경찰력으로 진압에 실패하자 오후 3시경 공수부대를 투입했다. 착검한 M16에 방망이로 무장한 공수대원들은 남녀학생들을 가리지 않고 붙잡아 마구 난타했다. 격분한 학생들이 보도블록을 깨서 집어던졌다. 시민들이 지켜보고 있는데도 공수대원들은 학생들을 군홧발로 짓밟거나 반항하는 경우 M16에 꽂은 대검으로 등과 허벅지를 사정없이 찔러댔다. 피 흘리는 학생들은 굴비처럼 엮여 군 트럭에 실려갔다. 통금이 밤 9시로 앞당겨지자 귀가하는 학생, 청년들을 닥치는 대로 두들겨 패서 연행하고, 만류하는 시민들까지 개머리판으로 마구 때렸다.

다음 날인 19일 시민들이 술렁거렸다. 금남로 일대에 많은 시민이 모여들었다. 공수대원들은 난폭하게 시민들을 해산하려고 들었다. 공수대원들의 잔인성을 목격한 군중들은 분노를 참지 못하고 마침내 총궐기에 나섰다.

계엄군은 시민, 학생들을 닥치는 대로 폭행하고 저항하는 사람은 칼로 옆구리를 찌르거나 등을 'X'자로 그어대는 등 천인공노할 만행을 저질렀다. 가톨릭센터·공용터미널 등 광주 시내 곳곳에서 시민들을 살상했다. 공수대원들의 무차별 만행에 시민들은 자신들을 방어할 방법을 찾기 시작했다. 택시운전사들이 차를 몰아 도청광장으로 돌진하다가 무참히 살해되는 등 계엄군의 발포로 많은 사상자가 생겼다.

이에 격분한 시민들은 인근 경찰서에 들어가 경찰 예비군용 총기·

87년 처음 찾은 망월동 묘역에서 추도사를 하다 오열하는 김대중.

실탄·수류탄을 빼앗아 무장한 뒤 계엄군과 대치했다. 시민군에 쫓겨 외곽으로 퇴각하던 계엄군의 총격으로 많은 시민이 죽거나 다쳤다.

학생들은 시내 치안을 담당하면서 도청을 임시본부로 삼아 시민궐기대회를 열었다. "전두환 퇴진" "김대중 석방" "구속자 석방" 등의 구호를 외치며 질서 있게 대회를 마쳤다. 수습위원회가 구성되었다. 수습위원들은 유혈 사태를 막으려고 시내 진입을 않겠다는 계엄군의 약속을 받고 무기를 거두어들였다.

이 같은 시민들의 노력에도 계엄군은 5월 27일 새벽 2시 섬광탄을 쏘면서 다시 시가지를 장악하면서 무수한 희생자를 냈다. 피를 부르며 시가지를 장악한 계엄군은 마치 적진을 탈환한 것 같은 승리감에 차 있었다고 일본의 《아사히신문》은 전했다.

많은 총기가 시민들 손에 쥐어졌는데도 항쟁 기간 동안 은행·백화점·금은방 등에서 강도사건이 전혀 없었다. 학생들은 치안대를 조직해 은행과 농협 쌀 창고를 지켰다. 총격으로 부상당한 환자가 급증해 피가 부족해지자 헌혈하는 시민의 수가 무수히 늘어났다. 여성들은 시위대는 물론 계엄군에게도 음식과 약품을 제공했다.

공수부대 만행과 시민항쟁을 매도하는 정부 당국의 언행에 격분한 시민들은 20일 다시 들고일어났다. 시내버스와 택시운전사들은 차량시위를 벌였다. 21일 계엄군의 발포에 맞서 시민들도 무장을 하는 등 적극적인 자구책을 강구함으로써 시위는 삽시간에 시가전으로 변했다. 21일 오후 6시경 도청을 접수한 시민군은 치안과 방위를 담당할 조직을 편성하는 한편, 《투사회보》를 발행해 선전활동을 하고 매일 시민궐기대회를 열어 시민의 뜻을 모아 행동에 옮겼다.

시민군은 사후 보복 금지, 사망자 보상 등을 요구하자는 '수습대책위'와 현 정부 퇴진, 계엄령해제, 학살 원흉 처단, 구국 과도정부 수립 등을 내세운 '결사항쟁세력'으로 나뉘는데, 그 사이에 전두환 신군부는 강경세력이 주장하는 조기 진압 방침으로 결정을 내린다. 그 결과 계엄군은 27일 새벽 2시 극비리에 작전을 개시해 1시간 40여 분 만에 도청을 점령한다. 이 과정에서 도청을 사수하던 결사대원 다수가 희생되었다.

광주시민을 무참히 학살한 신군부는 5월 20일 이미 소집 공고된 임시국회를 무산시키려고 수도군단 30사단 101연대 병력으로 국회의사당을 봉쇄한다. 헌법에 규정된 국회 통보 절차조차 밟지 않은 채 사실상 국회를 해산시켜버린 국헌 문란을 자행한 것이다.

실질적인 물리력을 장악한 신군부는 정치, 사회 일반의 모든 권력을 쥐고자 국가보위비상대책위원회(국보위)를 설치하고 전두환을 상임위원장에 앉힌다. 국보위는 초법적인 권력기관으로 등장해 정권을 탈취하며 5공정권 수립에 주춧돌 역할을 했다. 《조선일보》 등 보수언론들은 '광주폭도'라고 쓰면서 광주의 민주항쟁을 왜곡했다.

협력이냐 죽음이냐

광주에서 피의 살육전이 자행된 사실을 알 리 없는 김대중은 연일 혹독한 취조와 옆방에서 고문당하는 동지들의 절규를 들으며 힘든 나날을 보냈다.

> 나는 내가 연행된 다음 날부터 광주에서 엄청난 일이 일어나고 있다는 것을 전혀 알지 못했다. 중앙정보부 지하실로 끌려온 뒤로는 매일같이 잠을 못 자고 같은 질문을 반복해서 들었다. 몇 번이나 대답을 거부하기도 하고, 무엇을 들어도 침묵으로 싸웠지만 그것도 한계가 있었다. 할 수 없이 대답하면 똑같은 것을 묻고, 또 그것을 반복했다. 대답할 때마다 인간이기에 조금씩 다른 표현이 나올 수 있는데도 이번에는 그것을 추궁했다. 질문하는 상대는 바뀌었지만, 대답하는 사람은 나 혼자뿐이기 때문에 이것은 고문보다 더 괴로운 것이었다.[263]

263 일본 NHK 취재반 구성, 앞의 책, 122~123쪽.

김대중의 증언은 이어진다.

내가 광주사건을 알게 된 것은 사건 발생 42일 후인 6월 28일이었다. 물론 그 사이 취조는 계속되고 있었다. 그날 일을 기억하고 있는 이유는, 나에게 합동수사본부의 실력자였던 남자가 왔기 때문이다. 그는 이렇게 말했다. "당신이 우리에게 협력해준다면, 대통령직이외의 어떤 직책이라도 제공하겠다. 만약 협조하지 않겠다면 우리는 당신을 살려둘 수 없다. 재판은 어디까지나 형식에 지나지 않을 것이다."

나는 여기서 죽고 싶지 않다. 게다가 이미 50일 가까이 끌려와 내내 취조를 받고 있었기 때문에 의식도 희미해져 있었다. 당연히 몸도 마음도 완전히 녹초가 된 상태였다. 뭐라 대답해야 좋을지 몰라 가만히 있자 그는 "갑작스런 얘기라 결정할 수 없는 것 같으니 사흘 후에 다시 오겠다."고 했다. 그는 2월에 중앙청 앞 '안가'에서 만난 남자(이학봉 – 필자 주)였다. 그의 태도는 정중했지만 태도는 단호했다.

그가 돌아간 후 직원이 신문을 갖고 왔다. 그 신문을 읽고 비로소 광주사건이 일어난 것을 알았다. 시민들이 민주화와 나의 석방을 요구하며 일어선 일, 열흘간의 항쟁 결과 계엄군이 광주시를 제압한 일, 희생된 시민 중 100명 이상의 사상자가 포함되어 있다는 것을 알고 의식이 멀어졌다. 기절을 했던 것이다. 50일간의 가혹한 취조로 고혈압에 시달렸는데 사상자 수를 알고 갑자기 혈압이 올라간 것이다. 나는 그날 의사의 치료를 받았다.

그날 밤, 나는 여러 가지 생각을 했다. 죽고 싶지 않았기 때문에 어떻게 하면 살 수 있을까 생각했다. '오스트리아 같은 곳에 가서 조용히 가족과 살까?' 하는 생각도 해보았다. 그러나 그럴 수는 없었다. 민주주의를 위해 싸워온 한 사람으로서 다시 이름만 바꾼 군사독재정권에 협력할 수는 없는 노릇이었다. 나를 열렬히 지지해준 젊은 학생들을 배신할 수는 없었다. 광주에서 죽은 사람들, 김대중 석방을 외치며 죽어간 사람들을 생각하면 무슨 일이 있어도 협력할 수는 없었다. 나를 그토록 신뢰하고 존경하는 가족들의 자긍심을 배신할 수 없었다. '역시 죽어야 한다. 여기서 죽는 것이 사는 것이다.'라고 생각을 정리할 수 있었다. 죽을 결심이 선 것이다.

사흘 후에 약속대로 그가 왔다. 나는 협력할 수 없으며, 죽음이 곧 삶이라는 마음을 굳혔다는 얘기를 했다. 그는 무척 당황한 표정이었다. 그리고 설득하려 했지만, 내 결심이 확고해서 들으려 하지 않자 또 오겠다며 나가버렸다.

그리고 이틀 후 그가 다시 왔다. 나는 이미 각오를 했기 때문에 대답은 변함이 없었다. 나는 그의 회유를 단호히 거절했다.[264]

삶과 죽음이 갈리는 절체절명의 순간에 서면 사람들은 대부분 살길을 택한다. 하지만 그렇지 않은 사람들도 있다. 사마천은 《사기》에서 사약이냐 남근 제거냐의 갈림길에서 "비사자난非死者難 처사자난處死者難" 즉, "죽는다는 것은 어려운 일이 아니다. 죽음에 처하는 것이

264   일본 NHK 취재반 구성, 앞의 책, 131쪽.

어려운 것이다."라고 썼다. 전봉준은 일본군에게 붙잡혔을 때 협력하면 일본에 망명시켜 뒷날을 도모하도록 해주겠다는 일제의 회유를 뿌리쳤다. 안중근도 마찬가지였다. 이들은 형장의 이슬로 사라졌지만, 그 대신 영원한 생을 얻었다.

전봉준과 안중근을 좋아하고 존경했던 김대중도 사는 길 대신 죽음을 택했다. 도쿄납치사건 때 이미 죽었던 몸, 이제껏 살아 있었던 것은 삶의 '여벌'이었다고 생각했을지도 모른다.

조작된 내란음모사건

전두환의 심복 이학봉이 말한 대로 '형식에 불과'한 재판이 시작되었다. 1980년 7월 3일, 계엄사령부는 "광주사태와 관련, 연행된 사람 가운데 1825명을 훈방하고, 죄질이 무거운 375명에 대해서는 앞으로 더 조사할 방침"이라고 발표했다. 그리고 7월 4일에는 "김대중을 비롯한 37명을 우선 내란음모죄, 반공법·외환관리법·계엄포고령 위반 등의 혐의로 계엄보통군법회의 검찰부에 구속, 송치할 방침이다. 김대중과 추종분자 일당은 국민연합을 주축으로 하고 복학생을 행동대원으로 내세워 학생선동 → 대중규합 → 민중봉기 → 정부전복 → 김대중을 수반으로 하는 과도정권 수립 등을 목표로 비합법적 투쟁을 추구, 마침내 내란선동과 음모에까지 이르게 됐다."[265]고 이른바 '김대중 일당 내란음모사건'의 수사 결과를 발표했다.

이런 내용은 언론에 대서특필되고, 김대중은 '내란수괴'로 이미지

•
265 《서울신문》, 1980년 7월 4일.

화되었다. TV에서는 엉터리 다큐멘터리를 제작해 저녁 황금시간대에 방영했다. 김대중은 영락없이 내란을 기도한 '수괴'가 되고, '북한 공산집단의 앞잡이 한민통'을 조직한 공산주의자로 포장되었다.

계엄사령부 합동수사본부는 7월 12일 김대중 등 37명을 육군본부 계엄보통군법회의 검찰부로 송치했다. 이들은 나뉘어 육군교도소와 서울구치소에 수용되었다. 김대중은 남한산성에 있는 육군교도소로 배정되었다. 민간인들에게서 좀더 멀리 격리시키려고 특별히 육군교도소에 수감한 것이다. 중정 지하실에 갇힌 지 두 달 만이었다.

재판을 준비하기 위해 수사본부는 나를 육군교도소로 이송시켰다. 중앙정보부 지하실에 갇힌 지 60일 만에 나는 바깥 구경을 했다. 육군교도소로 옮겨진 뒤에도 육군 대령인 교도소장이 몇 차례 찾아왔다. 말은 하지 않고 내 안색만 살폈다. 나는 그에게 "당신이 왜 왔는지 알고 있으며, 내 마음은 변함이 없다고 상부에 전하라."고 했다. 소장은 "정말 훌륭한 태도다. 존경한다."고 했다. 그리고 내가 요구한 책과 커피 그리고 담배까지 넣어주었다.[266]

육군본부 계엄보통군법회의 검찰부는 8월 14일 김대중을 기소했다. 공소장의 죄목은 내란음모·내란선동·계엄법위반·계엄법위반교사·국가보안법위반·반공법위반·외국환관리법위반으로 무려 7가지였다. 군검찰부는 검찰부장 정기용 중령, 검찰관 이병옥 소령, 정인봉

266 일본 NHK 취재반 구성, 앞의 책, 132~133쪽.

대위, 김인규·홍경식·김대권 중위 6명이다. 여기에 이종남·이건개·정경식·변진우 등이 군사재판의 법률적 자문 역할을 맡은 '지도검사'들이었다.

김대중과 함께 군법회의에 기소된 사람은 24명이었다. 문익환(목사), 이문영(교수), 예춘호(정치인), 고은(시인), 김상현(정치인), 이신범(학생), 조성우(학생), 이해찬(학생), 이석표(무직), 송기원(학생), 설훈(학생), 심재철(학생), 서남동(교수), 김종완(정치인), 한승헌(변호사), 이해동(목사), 김윤식(정치인), 한완상(교수), 송건호(언론인), 이호철(작가), 이택돈(변호사), 김녹영(정치인) 등이었다.

국민들은 큰 충격에 휩싸였다. 평소에 존경하던 인물들이 내란음모죄를 저질렀다는 사실이 믿기지 않았지만, 언론은 검찰 발표만을 대대적으로 보도했다. 구속자 가족들은 처음에 이들이 어디로 끌려가서 어떠한 고초를 당하고 있는지 알 도리가 없었다. 사방으로 수소문했지만 알 길이 막막했다.

김대중의 구속과 신변에 대해 해외에서 관심이 높아지고 거센 비판이 일었다. 국내에서도 갖가지 풍문이 나돌았다. "심한 고문으로 반신불수가 되었다." "정신 이상이 됐다더라."는 등 종잡을 수 없는 얘기들이었다. 무소불위한 신군부도 이런 국내외 시선을 언제까지나 덮어둘 수만은 없었다. 7월 25일 이희성 계엄사령관은 직접 나서서 서울 주재 외신기자회견을 열고, "그(김대중)가 신문 과정에서 부상했다는 풍설은 근거 없다. 그의 건강 상태에 대해 일일 보고를 받고 있다. 그는 재판정에 제 발로 걸어 들어갈 것이다."라고 밝혔다.

김대중과 '그 일당'은 중정의 조사 기간은 물론 군검찰부의 조사가 모두 끝나고 재판에 회부될 때까지 변호사를 선임할 수 없었다. 가족 면회도 일체 차단되었다. 이희호가 "군 교도소에 수감되어 군사재판에 회부됐으니 변호인을 선정하라"는 우편 통지를 받은 것은 남편이 체포된 지 55일 만인 7월 12일이었다.

군 교도소 면접과장이 전화한 것은 8월 8일이었다. 다음 날 면회가 허용된다고 알렸다. 앞에는 마포경찰서, 뒤에는 정보부 차량의 호위를 받으며 서울 거리를 가로질러 달렸다. 두 달 만에 집밖으로 나와 보니 문득 세상이 몹시 낯설었다. 차창 밖 거리에서 손을 잡고 아이를 앞세우고 걷는 다정한 부부의 모습을 보자 나도 모르게 눈물이 났다. 그들은 나와는 딴 세상 사람처럼 보였다.

9일은 토요일이었다. 군 교도소 면접실에는 보안사 사람과 군 교도관이 앉아 있고 책상 위에는 녹음기가 놓여 있었다. 그동안 면회를 한 지인들이 건강해보였다고 한 것은 가족을 안심시키기 위한 말이었다. 그는 몸이 반쪽이 되어 있었다. 가족을 오랜만에 만났는데도 반가워하는 기색은 전혀 없었다. 교도소라면 어지간히 익숙한 나도 말문이 막혔다. 나는 그저 정신이 아뜩했다. 가까스로 정신을 차린 후에야 건강은 어떤지 물었다. 물은 내가 바보였다. 그의 모습이 바로 눈앞에서 웅변하고 있지 않는가. 나는 시동생과 홍일이, 비서들은 아직 어디 있는지 모르고 홍업이는 수배 중이라고 남편에게 알렸다. 정해진 10분이 어떻게 지나갔는지 몰랐다. 돌아오는 차 안에서 겨우 정신을 수습하고 나는 두 손을 모았다.

'하나님, 살아 있는 것만으로도 감사합니다.'[267]

김대중은 재판을 앞두고 가족면회와 변호인 선임을 요구하며 단식을 시작했다. 그렇지 않아도 햇볕이 들지 않는 중정 지하실에서 두 달 이상 갇혀 있어 상한 몸이 더욱 말이 아니게 되었다. 아무리 군사재판이지만 가족면회와 변호인 선임권은 기본 인권이었다. 이런 것조차 지키지 않는 당국과 싸우는 길은 자기학대인 단식투쟁밖에 달리 방법이 없었다.

단식이 계속되자 교도소 측에서 "제발 식사를 해달라."고 간청했다. 공판이 시작되면 미 국무부 고문변호사가 입국하고 유럽, 일본 등 각국 대사관에서도 방청할 뿐 아니라 내외 언론의 취재로 세계 이목이 집중된다.

사형 위해 국보법 적용

신군부는 내란음모죄로는 법정형이 사형까지 갈 수 없다는 사실을 알고는 당황한다. 그래서 일본에서 조직하려던 한민통과 관련시켜 국가보안법 1조 1항을 근거로 사형을 선고하려 했다. 한민통 일본 본부는 김대중이 납치된 1973년 8월 8일 이후인 8월 15일에 창립되었다. 한민통 창립준비회의에서 김대중은 '선민주화 후통일' 원칙과, '대한민국 절대 지지, 독재 반대' 의견을 분명히 밝혔다. 또 일부에서 제기한 조총련과 합작하는 것도 거부했다.

신군부가 김대중에게 국보법 1조 1항을 적용하여 처형하려는 사실을 안 문익환 목사는 자신도 구속돼 중형을 눈앞에 둔 처지임에도 김

---

267 이희호, 앞의 책, 208~209쪽.

대중 담당검찰관 정기용 중령(수석검찰관)에게 면담을 요청했다.

자신에 대한 조사가 모두 끝난 뒤 문 목사는 정 중령과 면담할 수 있었다. 문 목사는 김대중 죄목 중 국가보안법 위반 부분을 **빼**달라고 간곡히 사정했다.

"김 씨는 애국자다. 76년 3·1구국선언사건으로 구속됐을 때 면회 온 부인에게 '미 대사관에 가서 김대중이 보내왔다고 하고 미군철수는 반대한다고 전하라'고 하는 것을 보았다. 자기는 재판을 받으면서 안보문제에 관한 한 정적인 박정희 씨를 도와주려 한 김 씨가 어떻게 공산주의자냐, 나는 당신들이 써달라는 대로 다 써주겠다. 그러나 김 씨를 죽이면 안 된다. 역사가 심판할 때 당신들은 반드시 궁지에 몰리게 된다."[268]

재판을 진행하려면 형식적인 요건이 필요하다. 국선이나 사선 변호사를 세우는 것도 '형식 요건'이었다. 더욱이 국제적인 이목이 집중되는 사건이었다. 어느 날 교도소로 일면식도, 신청한 적도 없는 박영호·김동정 변호사가 찾아와 변호사 선임 도장을 받아가고, 신민당 의원인 허경만 변호사가 변론을 맡겠다고 찾아왔다. 그러나 김대중이 요청한 변호사는 한 사람도 인정이 되지 않았다.

재판을 앞두고 전두환은 8월 7일 스스로 4성장군이 되어 전역을 준비하고 있었다. '형식적인 절차'인 재판을 거쳐 김대중을 처형하려

---

268 이도성, 앞의 책, 272쪽.

는 시나리오가 진행되고, 전두환이 대통령이 되려면 전역 절차는 불가피한 과정이었다. 박정희도 육군소장으로 5·16쿠데타를 일으켜 별두 개를 더 달고 전역한 뒤에 '민정이양'을 통해 대통령이 되었다. 바로 그 복사판이었다.

《LA타임즈》샘 제이미슨과 《AP통신》의 테리 앤더슨 기자와 인터뷰에서 전두환이 곧 대통령에 취임할 것이며, "각계각층의 사람들이 마치 쥐(레밍) 떼처럼 그의 뒤에 줄을 서고 그를 추종하고 있다."고 말했다. 이어서 위컴은 전두환이 합법적으로 정권을 장악해 광범한 국민적 지지를 획득하고 한반도 안보 상황을 저해하지만 않는다면 미국은 그의 대통령 취임을 지지할 것이라고 덧붙였다.[269]

당시 위컴의 '레밍' 발언을 다룬 한국 언론은 "한국 국민은 들쥐와 같아서 누가 대통령이 되든 상관없이 따라갈 것이다" "한국인은 들쥐와 같아서 누가 지도자가 되든 복종할 것이며…"와 같이 '들쥐'로 번역해 큰 파문을 일으켰다.[270]

레밍lemming은 핀란드, 스칸디나비아 반도 중북부에서 서식하는 설치류로, 몇 년마다 크게 증식해 이동하는 까닭에 나그네쥐라고 불린다. 집단을 이루고 직선적으로 이동해 호수나 바다에 빠져 죽는 일

●

269   돈 오버도퍼, 앞의 책, 210~211쪽.
270   돈 오버도퍼, 앞의 책, 211쪽.

도 있다. 권력자를 추종하는 이들을 비아냥거린 위컴의 '레밍'이 한국인 자체를 '들쥐'로 칭한 것으로 번역, 보도되면서 한국에서는 때 아닌 '민족주의 열풍'이 휘몰아쳤다. 위컴의 의도가 무엇이든 그 뒤에 나타난 언론과 한국인의 태도를 보면 우리의 아픈 곳을 찌른 '촌철살인'의 발언임에는 분명하다.

8월 14일, 한여름 뙤약볕에도 아랑곳없이 육군보통군법회의 대법정에서 첫 재판이 열렸다.

8월 14일 오전 9시 38분.

흰 바지저고리에 붉은 수인 번호 '201'을 가슴에 단 김 씨가 법정에 들어섰다. 비록 극소수 관계자들만이 지켜볼 수밖에 없었지만 '5·17' 밤 중정에 연행된 후 90일 만에 공개석상에 나타난 모습이었다. 이 계엄사령관의 말대로 부축 없이 걸어서 입정했으나 눈에 띄게 수척한 모습이었다. 김 씨는 자신에게 쏠린 눈길에 아랑곳하지 않고 표정 없이 정면만 응시했다.

이어 김녹영·문익환·이문영 씨 등 피의자들이 속속 입정했다. 피의자들은 물론 가족들도 모두 얼어붙은 표정이었다. 숨소리가 들릴 만큼 무거운 침묵이 흘렀다. 그들에게 이 재판은 곧 '죽음의 의식'으로 느껴졌다. 김 씨 한 사람을 형장으로 보내기 위해 동원된 자신들의 운명이 한심스러웠다.

9시 57분, 피의자들의 손목에 채워졌던 철제수갑이 풀어졌다. 그리고 문 소장 등 재판부가 입정했다.[271]

첫 공판의 재판장은 문응식 소장, 심판관은 박명철·이재흥·여운건 준장, 검찰관은 정기용 중령이었다. 김대중과 23명의 변론을 맡은 변호인은 소종팔·신호양·고재혁 등 국선 5명과, 허경만·강대헌·이세중·김기옥 등 사선 10명이었다. 이 사선 변호사들은 당국이 종용해 선정된 것이다. 피고인들이 선정한 변호사는 대부분 당국이 거부했다.

첫날 공판에서 검사들은 김대중에 대한 피의사실을 13만 자에 달하는 공소장을 만들어 6명의 검찰관이 번갈아가며 낭독하는 진기록을 세웠다. 낭독하는 데만 6시간 20분이 걸렸다. 김대중은 6대 국회에서 김준연 의원의 구속을 막기 위해 필리버스터로 무려 5시간 19분을 물 한 모금 마시지 않고 발언한 기록을 세운 바 있다. 그런데 무슨 운명의 장난인지, 검사 6명이 6시간여 동안 "무슨 내용인지 알아들을 수 없을 정도로 우물우물하며 공소장을 읽어 내려갔다."[272]

검찰이 작성한 공소장 제목은 〈김대중일당 내란음모 등 사건〉이었다. 앞에서 지적한 대로 내란음모로는 법정 최고형인 사형이 되지 않으므로 죄목의 핵심은 국가보안법이 되었다. 그렇게 되면 도쿄납치사건 때 일본정부와 결론지은 "일본 체류 중 언동에 대해 불문한다"는 합의를 어기게 된다. 신군부로서는 이만저만 곤란한 문제가 아닐 수 없었다. 하지만 뒷일이야 어찌되든 그들에게는 우선 김대중의 처형이 시급한 과제였다.

•

271   이도성, 앞의 책, 275쪽.
272   이도성, 앞의 책, 277쪽.

재판이 진행되는 동안 8월 16일 최규하 대통령이 '돌연' 사임한다. 여기서 '돌연'이란 표현을 썼지만 사실은 이미 예정된 수순이었다. 헌법 규정에 따라 박충훈 국무총리가 대통령권한대행을 맡고, 8월 27일 육군대장으로 예편한 전두환이 통일주체국민회의 제7차 회의에서 제11대 대통령으로 선출된다. 대통령선거는 서울 장충체육관에서 열렸고, 단일후보인 전두환 후보가 2524표를 얻어 99.9퍼센트 득표율을 보였다. 이날 당선통지서를 받은 전두환은 "국정 운영에 있어 항상 국민의 소리에 귀를 기울이고 정직하고 능률적인 정부가 되도록 최선을 다하겠다."고 당선 소감을 밝히고, "새 역사 창조를 위한 제반 과업을 과감히 계속 추진해나가겠다."고 말했다.

전두환은 9월 29일 정부의 개헌심의위원회가 만든 대통령 임기 7년 단임과 대통령 선출 간선제를 골자로 한 헌법개정안을 공고했다. 10월 22일 국민투표가 실시되었는데 우리나라 투표사상 최고인 95.5퍼센트 투표율과 91.6퍼센트 찬성률이라는 '압도적인 지지'를 받았다. 새 헌법은 10월 27일 공포되었다. 국민투표 과정에서 '선거계도'라는 구실로 행정력이 동원되고 심지어 입원 중인 환자들까지도 투표에 동원하는 등 전례 드문 부정이 저질러졌다.

전두환의 목표는 보궐선거로 대통령직에 오르는 것이 아니었다. 이것은 하나의 과정에 불과했다. 제5공화국 헌법에 따라 제12대 대통령선거는 대통령선거인단의 간접선거로 1981년 2월 25일 실시되었다. 민주정의당의 전두환, 민주한국당의 유치송, 한국국민당의 김종철, 민권당의 김의택 총재가 각각 들러리로 대통령후보로 입후보했다. 총 선거인 5277명 중 5271명이 투표에 참가했으며, 전두환 후보

가 득표율 90.2퍼센트에 이르는 4755표를 얻어 당선되었다. 또 한 차
례 국민주권이 농락당하는 정치쇼가 벌어진 것이다. 위컴의 '조롱' 섞
인 '레밍'이라는 비유를 반추하는 국민도 적지 않았을 것이다.

용기 있는 증언

'김대중 일당'의 재판은 빠른 속도로 진행되었다. 8월 14일부터
9월 17일까지 19회에 걸쳐 공판이 계속되었다. 광복절과 토요일, 일
요일을 빼면 거의 매일 재판이 열린 셈이다. 이것도 유례가 없는 일이
었다. "신군부 쪽으로서는 다급했다. 이미 최 대통령은 하야했고 전
장군이 권좌에 올랐다. 하루라도 빨리 최대의 정치적 반대세력인 김대
중 진영 제거를 마무리 짓고 '홀가분하게' 새 출발을 하고 싶었다."[273]

피고인들이 수감 중에 혹독한 고문을 당했다는 사실이 폭로되었지
만 재판은 아랑곳없이 진행되었다. 검찰은 주로 김대중의 '용공혐의'
에 초점을 맞추었다. 한민통 일본지부 구성원들을 공산주의자로 몰아
가고, 김대중이 그런 점을 알면서 그들에게서 자금을 받고 의장에 취
임했다는 주장이었다.

변호인 측이 신청한 이태영이 증인으로 채택되었다. 이태영은 당
국의 압력에도 구속될 각오를 하고 9월 4일 15차 공판에서 1시간 동
안 증언했다. 1971년 대통령선거 당시 이화여대 학장직을 던지고 선
거유세에 나섰던 여장부다웠다.

•
273   이도성, 앞의 책, 283쪽.

허경만 변호사 75년 9월경 김대중 피고인의 집을 방문했을 때 김 피고가 증인에게 "일본에 가시거든 김종충을 만나 한민통 일본지부의 의장을 맡기로 합의한 바도 없고 현재 의장이 아니니 나의 이름을 **빼도록** 해달라."고 부탁한 사실이 있는지.

이태영 증인 있다. 김종충은 "알았다. 내가 알아서 조치하겠으니 염려 말라고 전해달라."고 했다.

허 변호사 또 김 피고가 해외교포들에게 반정부는 하되 반한은 하지 말라고 부탁한 사실도 있는가.

이 증인 그렇다. 김 선생은 나한테 "이 선생의 책임이 무겁다. 그들이 너무 오래 해외에 나가 있으니 남북이 잘 분간 안 되는 모양인데, 반한은 말도록 해야 한다."고 말했다. 나는 김 선생의 안부를 묻는 모든 사람들에게 이 말을 전했다.

허 변호사 평소 피고인을 용공이라고 생각해본 적이 있는가.

이 증인 김 선생과는 20여 년 교제가 있었다. 정말 독실한 기독교 신자다. 또 여러 번 국회의원을 했고, 지금 그의 비서실장이었던 사람(천명기)이 장관이 되지 않았는가. 그는 신민당의 대통령후보를 한 사람이다. 신민당 사람 모두가 바보 아니면 공산주의자란 말인가. 도저히 믿을 수 없다.

김대중 피고인 몇 가지 직접 여쭤보겠다. 한민통은 미국과 일본에 각각 결성됐다. 두 개의 차이에 대해 들은 적이 있는지.

이 증인 미국에 가서 한민통 사람들을 만났을 때 그들 얘기가 자기네들은 김대중 선생과 노선(미군철수와 원조중단 반대)을 같이하는데 동경은 다르다고 했다.

김 피고인 75년 9월 우리 집을 방문했을 때 라이샤워 교수가 "한국과 같이 인권을 탄압하는 국가는 지킬 필요가 없으니 미군은 철수해야 한다."고 연설한 것을 읽고 깜짝 놀라 "미국에 가거든 제발 그런 소리 하지 말라. 반체제 인사들도 미군철수는 반대한다."는 얘기를 라이샤워는 물론 미 국무부와 의회 관계자들에게 전해달라고 부탁한 사실을 기억하는가.

이 증인 기억한다. 그들을 만날 때마다 부탁했다.

정기용 검찰관 피고가 지금 유도신문을 하고 있다. 중단시켜달라.

이 증인 내가 유도신문에 넘어갈 사람이 아니다.

김 피고인 그동안 내 정치생활이나 일반생활에서 공산주의 냄새나 용공적인 정책을 본 기억이 있는지.

이 증인 없다. 한 나라의 대통령후보가 된 사람이 어떻게 그럴 수 있는가. '10·26' 이후에 어떻게 갑자기 공산주의자가 될 수 있는가.

이 씨는 증언 도중 몇 차례나 '분憤'을 누르지 못했다. 이 씨는 검찰관을 향해 자신의 안경을 벗어던지려 하면서 "눈이 나빠 사람이 잘 안 보이면 이 안경을 하나 더 쓰고 사람을 똑똑히 보라. 김 선생이나 나를 뭘로 보고 이 따위 행동들을 하느냐."고 호통을 쳤다.[274]

수많은 지식인, '야당 투사' 그리고 '동지'들이 피 냄새 나는 전두환의 5공 초기에 김대중 재판의 증언대에 서기를 꺼려할 때 이태영은

274 이도성, 앞의 책, 287~289쪽.

군사정권 시대 김대중의 구명을 위해 증언대에 섰던 이태영(왼쪽).

자원해 당당하게 소신을 밝혔다. 부군 정일형 의원이 유신체제를 비판
하다 의원직을 빼앗긴 일을 상기하면 '부창부수', 의기 있는 부부였다.

"정치보복 없도록" 최후진술
9월 11일 제16차 공판에서 검찰관 정기용은 김대중에게 사형을 구형
했다.

재판 과정에서 김대중과 관련 피고인들은 한결같이 자신들은 반국
가행위 내란음모를 한 일이 없다고 주장했으나 이미 '짜인 각본'은 바
뀌지 않았다. 사형이 구형되자 가족과 피고인들이 "내란은 총칼을 가
진 놈들이 했지 우리가 무슨 내란을 했느냐."고 고함쳤다. 이에 검찰
관들은 재빨리 법정을 빠져나가고 재판부는 서둘러 폐정을 선언했다.

다음 날부터 피고인들의 최후진술이 있었다. 다음은 김대중에 관한 몇 사람의 최후진술 요지다.

김종완 이미 당신들이 김 씨를 죽이기로 결정했고 이 재판은 요식행위에 불과하다. 때문에 내가 무슨 말을 해도 소용이 없겠지만 그를 죽이는 것은 역사에 씻지 못할 죄를 짓는 것이다.

예춘호 관대한 처분을 구걸할 생각은 없다. 그러나 김대중 선생은 다시 생각해달라. 이 나라의 정치지도자를 죽이는 것은 불행한 일이다.

문익환 나는 무죄이지만 석방을 기대하지는 않는다. 나는 앞으로 기도를 할 것이다. 첫째 김대중 선생을 위해 기도하겠다. "김대중 선생님을 살려달라."고 벽을 향해 앉아 내 몸이 뜨거워질 때까지 기도하겠다.

이해동 내가 죽지 못하고 수사조서를 시인해 김대중 선생께서 사형 구형까지 당하게 돼 죄송하다.

송기원 내가 공소사실을 시인해 김대중·고은 선생님께 누를 끼친 점 사과드린다. 공소장과 논고문은 3류 주간지 소설보다 못하다. 현재 정권은 《토지》라는 소설에 나오는 임이네와 같은 작태를 보이고 있다.

이해찬 여태까지 살아 있어 죄송하다. 강요에 못 이겨 허위사실을 시인한 사람을 사형 구형까지 당하도록 한 데 대해 뭐라 할 말이 없다. 현 정권은 합법을 가장하여 정적을 살해하려 하고 있다. 조봉암 선생 재판 때와 유사하다.

김대중은 9월 13일 18차 공판 날에 최후진술을 했다. 재판부는 다른 피고인들이 영향받을 것을 우려해선지 24명 중 김대중을 맨 끝에 배치했다. 최후진술은 1시간 48분 동안 진행되었다. 유언이라도 하듯 비장하면서도 담담하게 이어졌으며 법정을 완전히 압도했다. 모니터실의 합수부 사람들도 인간적 감회는 어쩔 수 없었다. 당시 합수부 핵심 관계자는 이렇게 회고했다. "그의 최후진술을 들으면서 왜 사람들이 그를 '선생님'이라고 부르는지 알게 됐습니다."[275]

다음은 최후진술 중 일부이다.

나는 총 한 방 쏠 줄 모르는 사람입니다. 내가 제일 바랐던 것은 선거였습니다. 나는 비폭력 저항주의자입니다. 나는 해방 당시 스무 살이었습니다. 해방 후 건국을 한다기에 건준에 가담해서 심부름을 좀 했습니다. 그 후 신민당에 가입했으나 좌익임을 알고 46년 여름에 싸우고 나왔습니다. 그 이후 한 번도 좌익이라고 기소된 적이 없고, 6·25 때는 공산당에 의해 구속됐다가 처형 직전 탈옥했습니다.

한민통 관계는 지금 내 목숨을 앗아가려는 중대한 문제가 돼 있는데 공소 내용과 사실이 다릅니다. 나의 해외에서의 활동이 어떻게 기소됐는지 그 이유를 모르겠습니다. 나는 햇빛도 없는 중앙정보부 지하실에서 60일간 조사를 받았습니다. 그런 상황에서는 멀쩡한 사람도 공산주의자로 만들 수 있는 것입니다. 옆방에서 고문당하는 소리가 들리고 발가벗기고 공포 분위기 속에서 조사를 받았습니다.

275 이도성, 앞의 책, 296쪽.

납치 후 6년의 기간 중 3년은 감옥에 있었고 3년은 연금 상태에 있었습니다. 주일 한국대사관의 공사가 미국으로 망명하여 "한민통이 조총련의 배후 조종을 받는지 내사를 해보았으나 아니다라는 결론을 얻었다."고 말했고, 이것이 일본 신문에 크게 보도됐다는 소식을 들은 적도 있습니다. 내란음모 부분에 있어서도 나는 엉뚱하게 몰린 느낌이 있습니다. 내가 10·26 이후 만난 몇 만 명 중에서 데모하라고 종용하거나 정부를 전복하자고 얘기한 사람은 한 사람도 없습니다. 적어도 내란음모를 했다면 어떤 활동 흔적이 있어야 하는데 아무것도 없지 않습니까. 내란음모란 상상도 할 수 없는 일입니다.

당국이 나의 형을 집행하려 한다면 불가능한 일은 아닐 것입니다. 그러나 이것이 과연 법의 정의에 합당하며 민주국가로서 옳은 일인가를 심사숙고해주기 바랍니다. 나는 나에 대한 관대한 처분보다는 다른 피고들에 대한 관용을 바랍니다.

지금 나를 이렇게 만든 사람들을 용서하고 이해합니다. 여기 앉아 계신 피고인들에게 부탁드립니다. 내가 죽더라도 다시는 이러한 정치보복이 없어야 한다는 것을 유언으로 남기고 싶습니다.[276]

김대중의 최후진술이 끝나자 피고인들과 가족, 방청객들은 일제히 일어나 애국가를 부르고 이어 〈우리 승리하리라〉를 합창했다. 그리고 "김대중 만세!"를 외쳤다. 재판장과 배석판사들이 슬금슬금 빠져나가 버린 법정은 어느새 '민주화 광장'이 되었다. 너무나 돌발적인 상황에

---

276 김삼웅, 《한 권으로 보는 해방후 정치사 100장면》, 가람기획, 1994, 321~322쪽.

놀란 헌병들이 가족들을 끌어내고, 피고인들은 다시 수갑이 채워져 끌려 나갔다. 김대중은 다시 남한산성으로 끌려갔다.

사형에서 무기징역으로

1심 선고공판은 9월 17일 오전 10시 육군본부 대법정에서 열렸다. 겨드랑이 양쪽으로 헌병들의 부축을 받으며 김대중이 입정하고 재판이 시작되었다. 군법무관 양신기 중령이 판결과 양형 이유를 6분 동안 낭독했다. 육군소장 문응식 재판관이 판결하려고 일어섰다. 1심 판결을 보면 신군부 의도를 알 수 있기 때문에 국내외의 시선이 집중되었다. 바깥은 아직 초가을 잔열이 남아 있었지만 법정 안에는 냉기가 흘렀다.

나는 물론 죽고 싶지 않았다. 하지만 타협할 수 없었다. '정말로 인간이란 모순된 동물이구나.' 하고 나는 혼자서 피식 웃은 적도 있었다. 당연히 어떻게든 사형을 면하고, 무기징역이 되도록 내심 바라고 있었다. 법정에서 재판장이 형을 선고할 때 입술이 바싹바싹 타도록 기도했다. 나는 남들이 눈치 채지 못하도록 한 모금의 침을 꿀꺽 삼켰다. 그러고는 재판장의 입 모양을 뚫어져라 응시하였다.

만약 선고하는 순간에 재판장의 입 모양새가 앞으로 둥글게 내밀어진다면 그건 '무기징역'이리라. 그러나 반대로 입이 안쪽으로 들어가게 된다면 그건 들으나 마나 '사형'이었다. 참으로 긴장되는 순간이었다. 나는 먼저 재판장의 입술 움직임을 통해 그가 판결하게 될 형량을 확인하려 했다. 그렇게 활시위가 팽팽히 잔뜩 당겨진 것 같은 긴장된 몇 초가 흘러갔다.

"김대중… 사형!"

재판장의 입 모양새를 통해 사형인지 무기징역인지 미처 느끼기도 전에 그 긴장을 깨뜨리는 목소리가 법정에 울려 퍼졌다.[277]

재판장 문응식의 입은 안쪽으로 들어갔다. 사형을 선고한 것이다. 재판장 본심이 어떤지는 알 수 없으나 그는 하수인 노릇을 톡톡히 했다. "선고문이 낭독되면 이제 도저히 죽음을 면할 수 없다고 생각합니다. 바로 여기에 무서운 고통이 있습니다. 이보다 더 혹독한 고통은 세상에 다시 없을 것입니다." 젊은 시절에 사형선고를 받은 적이 있는 러시아의 문호 도스토옙스키가 자신의 경험을 소설 《백치》에서 이렇게 표현한 바 있다. 그는 또 사형은 "영혼에 대한 모독"이라고도 했다. 나폴레옹 3세와 싸우다가 해외로 추방되어 20여 년간 망명 생활을 한 작가 빅토르 위고는 《사형수 최후의 날》에서 사형은 "신의 권한에 대한 도전"이라고 썼다. 마침내 김대중은 사형을 선고받았다. 어렸을 적부터 남달리 겁이 많았던 그가 얼마나 두려웠을까.

사형선고 죄목은 '내란음모'와 '반국가단체 수괴'였다. 앞의 것은 정동년 학생에게 돈을 주고 '광주폭동'을 일으키게 했다는 것이고, 뒤의 것은 한민통 일본지부 의장이란 이유였다. 광주항쟁은 5월 18일 신군부의 계엄 확대 조치와 김대중 구속에 항거하여 일어난 것인데, 그 전

277 일본 NHK 취재반 구성, 김용운 편역, 《역사와 함께 시대와 함께 – 김대중 자서전 2》, 인동, 1999, 142쪽.

날에 구속된 김대중이 폭동을 사주했다는 것은 귀신이 곡할 노릇이었다. 한민통도 도쿄에서 납치된 뒤에 창립되었고, 창립 준비 과정에서 김대중은 대한민국 지지, 독재 반대, 조총련과 연대 반대라는 3대 원칙을 분명히 하고, 한민통과 관련해선 한국 정부가 더는 문제 삼지 않겠다고 일본정부와 합의도 했다.

사형선고는 전 세계에 큰 충격을 주었다. 미국 정부는 '억지far-fetched 혐의'라며 비난하고, 미국 에드먼드 머스키 국무장관·서독의 헬무트 콜 수상·일본 스즈키 젠코 수상 등이 한국 정부에 강력히 항의했다.

일본과는 외교문제가 복잡해졌다. 전두환 정권이 고안한 방법은 상식과 외교관계를 무시한 처사였다. 사형 판결문을 공개하지 않았고, 변호인들에게도 판결문 사본을 주지 않았다. 사법사상 전무후무한 일이다. 판결문이 공소장과 내용이 똑같았다는 사실이 뒷날 밝혀졌다.

검찰 기소장은 법정에서 낭독할 것과 일본으로 보낼 것이 별도로 만들어졌다. '일본용' 기소장을 변조한 것이다. 법치국가에서는 상상도 할 수 없는 일이었다. 전두환 세력은 이렇게 국민과 국제사회를 속이면서까지 김대중을 처형하려고 했다. 이희호는 남편에게 사형이 선고되던 날에도 연금 상태여서 법정에 나갈 수 없었다.

1980년 9월 13일 사형이 언도된 날 저녁 함석헌 선생이 전화를 했다.

"오늘 군법회의를 방청하러 갔는데 금지당했습니다. 반드시 하느님께서 지켜주실 것입니다."

김대중을 비롯해 내란음모사건으로 구속된 사람들의 석방을 요구하며 시위를 벌이는 재일교포와 일본 인권단체 관계자들.

다음 날은 김수환 추기경께서 위로와 함께 기도를 한다고 전화를 하셨다. 미국에서는 임병규 박사·심기섭·김경재·송정률 목사·문동환 박사·이우정 교수 등이 전화를 했다. 그러나 같이 정치를 했던 정치인들은 전화가 없었다.[278]

세태가 무심한 가운데 재판은 계속되었다. 대법원의 상고심 역시 각본대로 요식 행위에 불과했다. 김대중의 운명을 쥔 죽음의 사신이 시시각각 다가오고 있었다. 한 가닥 희망은 미국 등 국제사회 여론의 힘이었다. '인권외교'를 기치로 내건 지미 카터가 미국 대통령에 재선되면 한 가닥 기대를 걸어볼 수 있었다.

애석하게도 항소심 선고공판이 열린 다음 날 카터가 아닌 보수파의 레이건이 당선되었다. "드디어 사형이란 말인가? 신은 나를 버렸구나." 김대중은 남한산성 군 교도소에서 이 소식을 듣고 눈물을 흘렸다. 절망감이 엄습했다.

육군대법정에서 11월 3일 열린 고등군법회의 항소심 선고공판 재판장 유근환 육군소장은 김대중의 항소를 기각하여 1심대로 사형을 선고했다. 이제 마지막 기댈 곳은 대법원뿐이었다. 김대중은 변호사와 의논하여 11월 10일 대법원에 상고이유서를 제출했다.

1981년 초, 김대중이 생과 사의 갈림길에서 헤맬 때 교도소로 담당관이 찾아왔다. 감형을 탄원하는 글을 써달라는 것이었다. 형량을 줄이려면 국무회의 의결이 필요한데, 정부 안에는 감형을 반대하는 강

278 이희호, 앞의 책, 221쪽.

력한 그룹이 있으니 탄원서가 꼭 필요하다는 것이다. 그는 결코 탄원서를 외부로 공개하지 않겠다고 다짐했다.

김대중은 망설이다 탄원서를 쓰기로 했다. 지푸라기라도 잡는 심정이었다. 개죽음을 당하느니 살아서 민주주의를 회복하고 싶었다. "나는 앞으로 되도록 언행을 신중히 하고 정치에 참가하지 않을 것을 약속한다. 그리고 우리 조국의 민주주의 발전과 국가의 안전보장을 위해 적극적으로 협력할 각오이다."

그러나 정부는 약속을 어기고 이것을 공개해버렸다. 김대중이 전두환에게 구명을 탄원한 것처럼 이용했다. 이후 김대중 반대세력과 김대중을 음해하는 언론인들도 이를 정치적으로 악용하였다. 발버둥치며 지푸라기라도 잡으려는 바다에 빠진 사람을 두고, 그 사람을 바다에 빠뜨린 사람과 그것에 동조한 사람들이 비겁하다고 욕하는 꼴이라 하겠다.

1월 23일 오전 '인권의 최후 보루' 대법원은 김대중의 상고를 기각하고 사형을 확정했다. 그런데 오후에 열린 임시국무회의에서 사형을 무기징역으로 감형했다. 김대중은 이날 하루 지옥과 천국을 오가는 경험을 했다. 해방 후 한국정치사에서 이런 일은 처음이었다.

감형 이유는 신군부 측의 인정이나 휴머니즘 때문이 아니었다. 국내에선 김수환 추기경이 천주교 신자인 유학성 안기부 부장을 통해 구명운동을 펴고, 강원룡 목사가 자신을 던져 전두환과 협상을 벌였다. 전두환은 자신의 정권에 정통성이 없다는 것을 알고, 각계 지도자들을 국정자문위원으로 동원해 울타리로 삼고자 했다. 강원룡도 그 대상이었다. 강원룡은 처음에 단호히 거부했다가 자신의 참여와 김대중의 구명을 맞바꾸기로 했다.

> 국정자문위원이 되는 것이 나로서는 여러 가지 문제가 있지만 만약
> 두 가지 전제 조건이 받아들여진다면 그 제의를 수락하겠습니다.
> 우선 전 대통령과 한 시간 동안 단독 면담을 하고 싶고 그리고 이
> 일을 신문에는 절대로 보도하지 않았으면 합니다.[279]

　김수환이 천주교계 지도자라면 강원룡은 기독교계 지도자였다. 그
는 1980년 11월 25일 청와대에서 국정자문위원 위촉장을 받고 전두
환과 1시간 10분 동안 얘기했다. "이미 우리나라는 광주사태로 전 세
계에서 비난을 받고 있는데, 이제 김대중까지 죽인다면 그 들끓는 여
론을 어떻게 감당하려고 그러십니까? 새 정부의 첫 출발을 사형으로
시작하면 되겠습니까?"[280]
　강원룡이 이렇게 적극적인 구명운동에 나선 것은 기독교적인 신앙
심과 더불어 정일형의 간곡한 부탁 때문이었다. 병석에 누워 있던 정
일형은 강원룡의 병문안을 받는 자리에서 "김대중을 살리라."고 간절
히 부탁했던 것이다.

'빨갱이' 김대중을 창작한 보안사
국제적인 외교 압력도 적지 않았다. 김대중 문제는 한미, 한일관계의

279　강원용, 《역사의 언덕에서 4》, 한길사, 2003, 169쪽.
280　강원용, 앞의 책, 176쪽.

현안이 되었다. 전두환은 김대중 목숨을 냉담해진 한미관계를 푸는 교두보로 삼으려는 전략이었다.

임기 마지막 몇 달 동안 카터 정부는 여러 다른 중요한 사안들이 산적해 있는데도 김대중 문제를 한미관계의 최대 현안으로 여겼다. 일본에서도 마찬가지였다. 일본인들 마음속엔 아직도 김대중납치사건 때의 분노가 남아 있었다.

카터는 12월 중순 퇴임이 얼마 남지 않은 시점에서 각료급 인사의 한국 방문 금지 조치를 해제하고 김대중 사면 문제를 논의하러 브라운 국방부장관을 서울로 급파했다. 브라운을 수행했던 도널드 그레그에 따르면 전두환은 브라운에게 "나는 군부로부터 김대중을 처형하라는 강력한 압력을 받고 있다."고 말했다.[281] 그레그는 도쿄납치사건이 일어났을 때 CIA 서울 부장이었다.

레이건 정부는 취임 후 전두환을 외국의 국가원수로 처음 맞아들이기로 하고, 김대중 사형 집행을 막았다. 전두환은 김대중 감형 조치가 취해진 다음 날 백악관에서 레이건의 극진한 환대를 받았다. 김대중이 그토록 우려했던 보수파 레이건이 카터의 요청을 받아들여 김대중 구명에 앞장선 것은 동양적 표현으로 '새옹지마'다.

서독의 빌리 브란트 전 수상, 오스트리아의 브루노 크라이스키 수상, 스웨덴의 올로프 팔메 수상, 프랑스의 프랑수아 미테랑 대통령 등도 김대중 구명을 위해 노력했다. 서독의 슈미트 수상은 연방의회에서 김대중 석방을 한국 정부에 촉구하는 연설을 하는 등 열정을 보였

281　돈 오버도퍼, 앞의 책, 213~214쪽.

다. 교황 요한 바오로 2세가 전두환에게 두 차례나 구명 친서를 보내는 등 국제 종교·인권 단체의 압력도 잇따랐다.

전두환 세력은 김대중을 제거하려고 다방면으로 준비해왔다. 보안사가 〈김대중의 실상〉이란 문건을 만들어 전 군부대와 언론사·정부 산하기관·기업·대학 등에 보낸 것도 그 일환이다. 이 문건은 1970년대 중앙정보부에서 만든 자료를 보강한 것으로 31쪽이다. '참고자료' 목록에 1980년 8월 13일자로 된 자료까지 있는 것으로 보아 김대중의 사형에 대비해 9, 10월경에 제작된 것으로 보인다. 1심에서 사형이 선고되고 항소심이 진행되던 시점이다.

전두환이 사령관으로 있던 보안사는 바로 12·12와 5·17쿠데타를 일으킨 신군부 세력의 본거지이다. 원래 보안사는 군 내부의 정보를 모으려는 목적으로 만들어졌다. 박정희 정권은 중정과 함께 보안사를 양대 정보기관으로 활용해왔다. 이처럼 군 기관이 특정인을 음해하려고 정치활동은 물론 심지어 족보까지, 허위와 날조로 가득 찬 문건을 제작해 배포한 것만 보더라도 이들이 김대중이란 인물을 얼마나 두려워했는지 알 수 있다.

〈김대중의 실상〉 머리말에는 "우리 국민은 10·26의 비운을 탈피, 북한 공산집단의 남침 위협과 국가적 비상 난국을 슬기롭게 극복, 새 국가 영도자인 전두환 대통령각하를 구심점으로 새 역사 창조의 장을 열어, 민주복지국가 건설과 사회정의 구현을 향해 힘찬 전진을 해나가고 있다."고 쓰여 있다. 이어 "그러나 김대중은 국가혼란의 와중을 틈타, 사회 계급의식을 조장, 대중을 선동하는 등 공산주의식 폭력혁명 수법으로 정권을 탈취코자 민주주의를 매도한 공산주의자의 마각

을 드러내어 학원소요와 비극적인 광주사태를 유발, 폭동화함으로써
국가의 존립과 국민의 생존이 경각에 처하는 일촉즉발의 전쟁위기를
맞게 하였던 반정부 용공분자의 원흉임이 밝혀졌습니다."라며 김대중
이 '용공분자'로 각색, 왜곡되어 있다.

또 그 문건에 따르면 김대중은 "비천한 가정환경으로 주위의 질시
속에 유년부터 반항적이고 교활한 성격이 형성"되었고, "1944년 3월,
어업에 종사하면서 현실 불만 의식과 부정적 사고를 노골화"하는 등
유년 시절부터 '불량 청소년'이었다. "현실 불만 의식과 부정적 사고"
도 그를 비난하려고 동원한 글이지만 일제 말기에 친일파 족속 외에
의식 있는 청년이라면 당연히 '현실 불만'과 '부정적 사고'를 가져야
하는 것이 정상이었다.

문건 내용이 대부분 이런 식이었다. "민주주의 나무는 국민의 피를
먹고 자란다."(동국대 연설), "동학농민혁명, 4·19혁명은 민중·민족·
민주운동의 집약적 표현이며 민중운동, 민권투쟁의 승리이다."(관훈클
럽 연설)라는 대목을 거두절미해 인용하고는 김대중이 폭동을 교사했
다고 왜곡했다.

신문에는 연일 김대중을 내란수괴와 공산주의자로 꾸며낸 특집 기
사가 실리고, 이런 내용은 TV드라마로도 방영되었다. 중세 암흑기
'마녀사냥'이 재현된 것이다. 어용지식인과 사이비 언론인들은 광란
의 칼춤을 추고, '전두환과 그 일당'은 이들에게 감투와 고깃덩이를 던
져주며 '권력의 미주'를 마시고 있었다.

18장

옥중서신

수인 번호 '9'

"감옥은 노예의 나라에서 자유인이 명예롭게 살 수 있는 유일한 집이다." 소로의 말이다. 1980년대 초 한국 사회는 소로의 말처럼 자유인들이 감옥을 택할 수밖에 없었던 '노예의 나라'였다.

사형에서 무기로 감형된 김대중은 1981년 1월 24일 육군교도소에서 청주교도소로 이감되었다. 이감을 앞두고 머리 깎이고 푸른 죄수복에 수인 번호 '9'를 단 그를 수감하려고 정부는 1,742평의 특별감방을 만들었다.

독방 양옆은 비워놓고 벽돌로 감방 주위를 쌓아서 아무나 들어올 수 없도록 차단했다. 2명씩 한 조를 이룬 간수들이 24시간 교대로 감시했다. 감방에는 작은 창이 하나 나 있었는데, 이마저도 2중 철망으로 돼 있어 하늘을 바라볼 수도 없었다. '수인囚人'이란 한자 형상 그대로 사방이 막힌 공간에 사람을 가둔 꼴이었다.

내 감방은 세 겹으로 막아져서 교도소의 다른 곳과는 완전 격리되었다. 나는 감방 한가운데 수용되어 다른 한군데는 나를 감시하는 간수가 묵고 있었고, 다른 한 곳은 욕실이었다. 거기에는 샤워할 때 쓰는 바가지 한 개만 놓여 있었다.

5명의 간수 중 2명이 한 조가 되어 항상 나를 지키고 있었다. 그리고 각각의 감방에는 10명 정도의 수감자가 있었다. 그래서 간수와 수감자의 비율은 보통 1 대 100 정도지만, 내 경우에는 5 대 1의 비율이었고 500배나 감시가 강화된 것이었다. 전두환 정권이 그만큼 나를 두려워한 것일까?[282]

1월 하순은 계절적으로 가장 추운 절기다. 난방이 안 되는 청주교도소 독방은 영하 15도 때론 18도까지 내려갔다. 하필 혹한기에 수감된 김대중은 긴긴 겨울 동안 춥고 눅눅한 감방에서 지내야 했다. 추위에 약한 체질이라 더 고통스러웠다. 여기에 고관절의 통증으로 바닥에 앉지도, 그렇다고 가부좌도 틀지 못하는 상황이었다. 이런 이유로 많은 시간을 서 있거나 비스듬히 누워 있을 수밖에 없었다. 이런 상태를 보다 못해 교도소에서 딱딱한 나무 책걸상과 작은 전기스토브를 들여보내 주었다. 그러나 스토브가 원체 작아서 감방엔 얼음이 얼 정도였다.

---

282 일본 NHK 취재반 구성, 김용운 편역, 《역사와 함께 시대와 함께 — 김대중 자서전 2》, 인동, 1999, 154쪽.

나무 침상과 얇은 모포 석 장, 딱딱한 나무 책걸상, 벽에 덩그러니 걸린 비와 쓰레받기, 누렇게 변한 좌변기? 충북 청주교도소는 김대중 대통령의 노벨평화상 수상을 기념해 김 대통령이 19년 전 수감됐던 1.742평 독방을 15일 언론에 공개했다. 교도소 측은 김 대통령이 취임한 직후 이 감방을 비워 당시의 모습대로 복원했다.

이 감방에 이르려면 높은 교도소 담장 한쪽에 마련된 육중한 철제 출입문을 통과한 뒤 100여 m의 긴 복도를 지그재그로 지나야 한다. 김 대통령은 신군부 시절 군사법원에서 내란음모죄로 사형을 선고받고 무기수로 감형된 81년 1월 31일 이 감방에 수감된 뒤 다음해 12월 16일까지 2년 가까운 세월을 보냈다.[283]

뒷날 언론에 보도된 청주교도소 모습이다. 전두환 정권은 청주교도소에서도 가장 구석진 음습한 독방에 김대중을 가뒀다. 무기수로 감옥에 가두고도 비인도적인 방법으로 탄압한 것이다. 법률로 보장된 주일 성당예배도 못 드리게 막고, 한 달에 한 번씩 30분 동안 보장된 가족면회 시간도 10분으로 제한했다. 감방에 가족이 보낸 편지를 보관하는 것도, 손녀들의 사진을 몸에 지니는 것도 허락하지 않고 모두 빼앗아갔다.

매정하기 그지없는 처사였다. 여러 달 뒤에야 법률 조항과 교도소 수칙을 들어 담당관들과 논쟁 끝에 가족면회를 월 2회, 20분으로 늘릴 수 있었다. 그러나 편지 수신은 철저하게 통제되어 직계 가족과 형

---

283 《동아일보》, 2000년 10월 16일.

제들만으로 제한되었다.

나는 당국과 셀 수 없을 정도로 논쟁한 끝에 겨우 면회를 월 2회,
시간은 20분으로 늘릴 수 있었다. 그러나 직계 가족에 한해서만 면
회가 허락되었을 뿐이다. 그나마 대화만 할 수 있게끔 구멍이 뚫린
두꺼운 유리가 가로막힌 탓에 가족들이 와도 손조차 잡을 수 없었
다. 이런 상태로 2년간 나는 가족의 얼굴을 확실히 볼 수 없었다.
물론 우리의 대화는 모두 녹음되었고, 교도관에 의해 기록까지 되
고 있었다.[284]

마음의 스승, 토인비

김대중이 감옥에서 할 수 있는 일은 책을 읽는 것뿐이었다. 하루 평균
10시간 이상 책을 읽으면서 고달픈 옥살이를 견뎌냈다. 하지만 책 차
입이 10권 이내로 제한되어 차입이 늦어질 때면 읽은 책을 다시 보기
도 했다. 이것 역시 교섭 끝에 30권까지 보관할 수 있게 되었다. 좁은
감방에 읽고 싶은 책 30여 권을 쌓아놓을 때는 동교동 집 서재에 앉아
있는 것처럼 흐뭇해졌다.

나는 양서를 읽을 때마다 "만약 내가 여기 오지 않았다면 이 진리를
알 수 없었을 것"이라며 감격했다. 그런 의미에서 교도소에 수감된
것을 정말 다행스럽게 생각했다. 독서를 하면서 나는 인간에게는

284   일본 NHK 취재반 구성, 앞의 책, 155쪽.

완벽한 불행은 없다는 것을 절실히 느꼈다.[285]

김대중은 언제 풀려날지 모르는 기약 없는 옥중생활을 사색하고 책을 읽으면서 내면을 채우는 시간으로 삼았다. '완벽한 불행'이 없다는 것은 이런 연유에서 나온 말이리라.

미하엘 엔데는 《자유의 감옥》에서 "인간이 자기에게 내면의 세계가 있다는 것을 잊어버리면 자신의 진정한 가치도 잊는 것이다. 우리는 그것을 바깥세상과 연결시켜주어야 하고, 늘 새로워지도록 끊임없이 보살펴주어야 한다. 그런데 우리가 가끔씩 내면의 세계로 여행을 떠나 자신의 가치를 찾아내지 않으면, 그것은 영영 잃어버리게 된다."고 의미 있는 말을 남겼다.

청주교도소로 이감된 뒤부터 김대중은 편지 말미에 "책을 넣어달라."면서 읽고 싶은 책의 저자와 책명을 기록해 보냈다. 그 책들은 다음과 같다.

칸트 — 《실천이성비판》《도덕형이상학원론》
갤브레이스 — 《불확실성의 시대》
솔제니친 — 《암병동》(영문)
월터 닉 — 《프리드리히 니체》《도스토옙스키》《위대한 성인들》
《인간적인 너무나 인간적인》《안티크리스트》
니체 — 《차라투스트라는 이렇게 말했다》《이 사람을 보라》

285 일본 NHK 취재반 구성, 앞의 책, 157쪽.

러셀 −《서양철학사》(상하)

마루야마 마사오 −《일본의 현대사상》

존 힉 −《종교철학》

플라톤 −《플라톤의 대화》

지브스 −《과학 정신과 기독교 신앙》

리프먼 −《민주주의의 몰락과 재건》

진단震檀학회 −《한국사》(전 7권)

동북아세아연구회 −《일본문화의 원류로서의 비교한국문화》

윌리엄 바클레이 −《바울의 인간과 사상》

존 로빈슨 −《신에게 솔직히》

코헨 −《만존의 탈무드》

노먼 제이콥스 −《대중시대의 문화와 예술》

레이먼드 버넌 −《다국적 기업》

변형윤 −《한국경제의 진단과 반성》

임종철 −《국제경제론》

토인비 −《역사의 연구》

E. M. 얼 −《신전략 사상사》

유동식 −《한국종교와 기독교》

도스토옙스키 −《백치》《악령》《미성년》

톨스토이 −《부활》《전쟁과 평화》

고골리 −《죽은 혼》

카 뮈 −《이방인》《시시포스의 신화》《적지와 왕국》

디킨스 −《크리스마스캐럴》《두 도시 이야기》《데이비드 코퍼필드》

서머싯 몸 - 《인간의 굴레》

파스테르나크 - 《의사 지바고》

시바 료타로 - 《도쿠가와 이에야스》(상하)《故鄕忘じかたく候》

카를 야스퍼스 - 《소크라테스 불타 공자 예수》《철학적 신앙》《니체와 기독교》

루스 베네닉트 - 《문화의 유형》

김준섭 - 《실존철학》

칼 군나르 뮈르달 - 《아시아의 드라마》《경제학 비판》

앙리 샤리에르 - 《빠삐용》

최남선 - 《조선상식》

애덤 스미스 - 《국부론》

윤성범 - 《한국학과 기독교》

유홍렬 - 《한국천주교회사》

슘페터 - 《자본주의 민주주의 사회주의》

헤밍웨이 - 《누구를 위하여 좋은 울리나》《노인과 바다》

마거릿 미첼 - 《바람과 함께 사라지다》

황석영 - 《어둠의 자식들》

레몽 아롱 - 《사회철학사》《사회사상의 흐름》

이만갑 - 《한국사회 : 미국인이 본 일본의 기적과 교훈》

진순신 - 《중국인과 일본인》

에즈라 보겔 - 《Japan as No.1 : 미국인이 본 일본의 기적과 교훈》

신용석 - 《유럽합중국》

스탕달 - 《적과 흑》

앙드레 모루아 − 《프랑스사》《미국사》

소흥렬 − 《논리와 사고》

L. 뢰벤탈 − 《문학과 인간상》

요제프 회프너 − 《그리스도교 사회론》

G. 구티에레즈 − 《해방신학》

마르틴 E. 마르티 − 《본회퍼의 사상》

《법전》

손무 − 《손자》

푸시킨 − 《예브게니 오네긴》

G. 지멜 − 《사회학》

서인석 − 《성서의 가난한 사람들》

J. 듀이 − 《경험과 자연》《논리학》

J. 몰트만 − 《희망의 신학》

P. 보마르셰 − 《피가로의 결혼》

A. 뒤마 − 《몽테크리스토 백작》

증선지曾先之 − 《십팔사략》

강주진 − 《기고봉奇高峯의 생애와 사상》

한스 켈젠 − 《민주주의와 철학·종교·경제》

E. 프롬 − 《소유냐 존재냐》

최준명 − 《경영인》

가이온지 초고로海音寺潮五郎 역 − 《시경詩經》

가이온지海音寺·시바司馬 대담 − 《日本歷史を點檢する》

《일본역사》《중국역사》(전집으로 된 것)

I. 프렌젤 − 《니체의 생애와 사상》

이환 − 《파스칼의 생애와 사상》

이민수 − 《제자백가》

이상일 외 − 《한국사상의 원천》《야스퍼스의 생애와 사상》

한스 큉 − 《왜 그리스도인인가?》

천주교 서울교구 편 − 《한국 가톨릭 지도서》

에드먼드 윌슨 − 《악셀의 성》

김열규 − 《어떻게 읽고 쓸 것인가》

E. H. 카 − 《도스토옙스키》《역사란 무엇인가》

이어령 − 《축소지향의 일본인縮小指向の日本人》(일어판)

김홍신 − 《해방영장》

민경배 − 《한국기독교회사》

사토 도모유키佐藤友之 − 《도다이바쓰東大閤》

황석영 − 《돼지꿈》

캘빈 S. 홀 − 《프로이트 심리학입문》

레이먼드 무디 − 《잠깐 보고 온 사후의 세계》

노명식 − 《현대역사사상》

박현채 − 《민중과 경제》

M. 카노이 − 《교육과 문화적 식민주의》

M. 엘리아데 − 《우주와 역사》

유동식 − 《민속종교와 한국문화》

조승혁 − 《도시산업선교의 인식》

《성서》(영문판, 가톨릭의 것)

《맹자》

《장자》

매슈 B. 리지웨이 － 《한국전쟁》

송건호 － 《서재필과 이승만》

주석균 － 《농민을 위하여》

피터 현Peter Hyun 편 － 《Introducing Korea》

안드레이 사하로프 － 《사하로프의 목소리》

이순열 － 《음악을 찾아서》

괴테 － 《젊은 베르테르의 슬픔》

메이야르 드 샤르뎅 신부 － 《The Divine Milieu》《Letters from a
Traveller》《The Future of Man》《Hymn of the Universe》《The
Phenomenon of Man》《The Appearance of Man》《The Making
of a Mind》《Man's Place in Nature》《The Vision of the Past》
《Writings in Time of War》

요세푸스 － 《유대 전쟁사The Jewish War》

B. 러셀 외 － 《인생이란 무엇인가》

H. 콘첼만 － 《신약성서신학》

유인호 － 《농업경제의 실상과 허상》

차인석 － 《현대 정치와 철학》

장을병 － 《정치의 패러독스》

J. 네루 － 《세계사 편력》

이 중 김대중이 큰 영향을 받은 책이 토인비의 《역사의 연구》가 아

닐까 싶다. 강연할 때 가끔 토인비의 말을 인용하고, 자신의 저서에서
도 언급하곤 했다. "나는 그에게서 직접 배운 바는 없지만 항상 그를
마음의 스승의 한 분으로 생각하고 있습니다."라고 할 만큼 여러 차례
그의 책을 읽으면서 자신의 사관과 역사철학을 정립해왔다고 밝혔다.
이희호에게 보낸 편지에서도 그런 사실을 알 수 있다.

> 한편 토인비의 도전과 응전의 관계에서 파악한 역사철학이 나에게
> 많은 깨우침과 신념을 주었습니다. 당신이 아시다시피 나는 그의
> 저서를 거의 읽었는데 그의 역사 파악의 기본 시점視點은 도전과 응
> 전의 관계에서 문명의 발생, 성장, 쇠퇴, 붕괴가 결정되어가는 거대
> 한 드라마라는 입장에 서 있습니다. 물론 나는 그에게서 직접 배운
> 바는 없지만 항시 그를 마음의 스승의 한 분으로 생각하고 있습니
> 다. 우리 가족과 친지들이 이 유례없는 고난의 도전에 처해서 우리
> 의 후회 없는 응전을 마련하기 위해서 토인비의 교훈을 중심으로
> 내 의견을 적어봅니다. 첫째는 약한 내 자신의 확신을 위해서, 다음
> 에는 당신과 자식들의 도움을 위해서입니다.[286]

그는 토인비가 인류 문명을 '도전과 응전'이라는 틀로 해석한 데
크게 감명받았던 것이 틀림없다. 토인비는 《역사의 연구》에서 역사
이래 지상에 발생한 문명을 20여 개로 분류하면서, 문명의 성장·쇠
퇴·해체·사멸의 과정에서 공통적인 리듬과 유형적인 현상을 발견하

●
286   김대중, 《옥중서신 1》, 시대의창, 2009, 233~234쪽.

고, 문명 간의 접촉과 계승의 문제도 깊이 다룬다. 거시적이고 포괄적인 문명사관을 보여준다.

토인비의 문제의식은 문명의 운명, 특히 서구문명에 대한 물음에서 출발하는데, 이 물음은 궁극적으로 지상 문명의 배후에 신의 의지가 있음을 예감하는 종교관과 결부되어 있다. 이런 토인비 역사관에 김대중은 공감한 듯하다.

도전에 대해서 적극적이고 창조적인 응전을 한다 해서 그 당대에 반드시 성공하는 것은 아닙니다. 아담 이래 인류의 죄악에 대한 예수님의 응전은 가장 훌륭한 것이었습니다. 그러나 그분의 당대에는 참담한 실패로 귀착되었습니다. 그러나 그 실패는 우리의 일시적인 환각이었을 뿐 예수님께서 행하신 바 종래의 징벌의 하느님으로부터 사랑의 하느님으로서의 진리 설파, 십자가상에서의 인류 죄악의 대속, 죽음에서의 부활로 이루어진 일련의 응전은 인간의 역사를 완전히 바꿔놓은 사상 최대의 승리였습니다. 우리 역사에서의 사육신, 최수운, 전봉준, 안중근, 윤봉길, 이봉창, 기독교 박해의 순교자들 모두 그 당대의 성공자라고는 할 수 없습니다. 그러나 오늘 우리 국민 누구도 그들이 자기 당대의 최대 성공자였던 신숙주나 이완용보다 실패한 이들이라고는 꿈에도 생각지 않습니다. 사실 우리 역사에서 그들의 이름이 없다고 가정할 때 그것이 얼마나 우리 역사를 적막한 황무지로 만들며, 얼마나 우리의 긍지를 빼앗는 일이 되겠습니까? 그러므로 우리의 응전은 운명적으로 유한한 자기 당대에서의 성패에다 결승의 깃발을 꽂는 근시안을 버려야 할 것입니다.

다만 하느님의 정의와 인간의 양심에 충실한 응전자에게는 일시적
인 좌절은 있어도 영원한 패배는 결코 없다는 신념 속에 사는 것만
이 우리의 생의 태도가 되어야 할 것입니다.[287]

이 무렵 김대중은 자신의 역사관도 새롭게 정립한다. 인간으로서
견디기 어려운 시련을 겪으면서도 거기에 응전할 수 있는 철학과 신
념의 근거가 바로 토인비의 문명사관이었다. 즉, "궁극적으로 지상 문
명의 배후에 신의 의지가 있음"을 믿었던 것이다.

6백여 통의 옥중서신

김대중은 청주교도소에서 수도사처럼 '내면의 세계'를 찾고자 많은 책
을 읽고, 틈나는 대로 부인과 가족에게 편지를 썼다. 이희호도 하루도
빼놓지 않고 남편에게 편지를 썼다. 편지는 2년간 6백40여 통이나 되
었다. 아들 셋이 보낸 편지는 2백여 통이었다. 흔치 않은 사례였다.

하루 평균 10시간씩 계속된 책 읽기는 김대중에게 지식과 식견을
더욱 넓고 깊게 만들어주었다. 그는 이 기간에 책 수백 권을 독파했
다. 이희호가 구해서 차입한 책만도 5백여 권이었다. 김대중은 '독후
감'을 가족에게 보낸 봉함엽서에 오롯이 담아냈다. 뒷날 독후감을 비
롯해 이 시절 주고받은 편지는 《김대중 옥중서신》으로 출간되었다.

무기수에 대한 전두환 정권의 박해는 세월이 가도 달라지지 않았
다. 한 달에 한 번밖에 편지를 쓰지 못하도록 하고, 그나마 봉함엽서

---

287 김대중, 앞의 책, 236~237쪽.

로 국한시켰다. 그래서 김대중은 내용을 요약하고 문자를 축소해서 쓰는 '기술'을 연마했다. 편지지 한 장에 200자 원고지 104매 분량의 글을 쓴 적도 있었다.

나는 월 1회에 한 해 한 장의 편지지에만 편지를 쓸 수 있었다. 그런 제한은 어떤 교도소에도 없었다. 나는 용지를 더 달라고 요청했지만 헛수고였다. 결국 문자를 축소해서 쓰는 습관을 들였다. 일본 매스컴이 내 글씨 크기가 쌀알 반 정도라고 묘사했지만 그건 결코 과장이 아니다. 나는 편지지 한 장에 약 1만 4천 자나 써넣을 수 있었기 때문이었다. 잔글씨로 편지 한 통을 다 쓰려면 거의 12시간 내지 13시간이나 걸렸고 때로 이틀간이나 걸릴 때도 있었다.[288]

《옥중서신 1》[289]에서 한승헌 변호사는 추천사 〈불행한 공간, 위대한 증언〉에서 다음과 같이 썼다.

'옥중'은 불행한 공간의 극極입니다. 김대중 대통령께서는 그런 숨 막히는 극한상황 속에서 전후 6년 동안이나 갇혀 사셨습니다. 이 책에 담긴 '옥중서신'은 그런 불행 속에서 싹트고 자라서 꽃이 핀 위대한 간증의 글입니다. 김 대통령께서 독재자의 거듭된 박해로

288 일본 NHK 취재반 구성, 김용운 편역, 《역사와 함께 시대와 함께 – 김대중 자서전 2》, 인동, 1999, 156쪽.
289 1984년 청사 출판사에서 처음 출간되었고, 2000년 한울 출판사에서 다시 출간되었다. 김대중 사후인 2009년 9월 시대의창 출판사에서 대폭 보완해 다시 냈다.

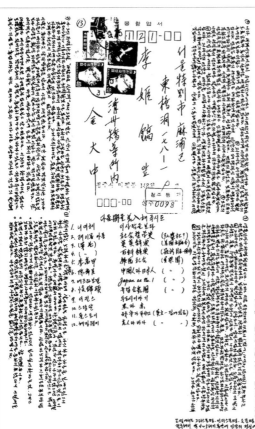

깨알같이 써넣은 편지.

감옥에 드나들지 않으셨다면 이런 기념비적인 편지 모음은 세상에 나오지도 않았을 것입니다.

다시 말해서 김 대통령께서 군사독재를 물리치기 위한 민주화투쟁의 선봉에 서서 치열하게 싸웠기 때문에 '옥중'으로 가셨고, 거기서 '서신'이 나오게 된 것일진대, 여기 수록된 옥중편지는 그것을 주고받은 내외분 사이의 서신에 그치지 아니하고, 한국현대사를 밝혀보는 감정문서라고도 할 수 있습니다.[290]

1980년 11월 21일 김대중은 처음으로 옥중서신을 썼다. 부인 이희호에게였다. 남한산성 육군교도소에 수감되었을 때로, 사형선고에서 무기징역으로 감형되기 전이었다. 그러니까 그 옥중서신은 '사형수'가 유언장처럼 남긴 글인 셈이다. 이런 성격의 편지는 1981년 1월 23일 감형조치가 내려지기 전까지 5통이었다. 다음은 그 내용이다.

존경하며 사랑하는 당신에게

지난 5월 17일 이래 우리 집안이 겪어온 엄청난 시련의 연속은 우리가 일생을 두고 겪은 모든 것을 합친다 해도 이에 미치지 못할 것입니다. 그중에서도 당신이 맡아서 감당해야 했던 고뇌와 신산辛酸은 그 누구의 것보다 컸고 심한 것이었습니다. 그럼에도 불구하고 믿음과 자제로써 이를 극복해온 당신의 신앙과 용기에 대해서 나는 한없이 감사하며, 이러한 믿음과 힘을 당신에게 주신 하느님의 은

290   김대중, 《옥중서신 1》, 시대의창, 2009, 6~7쪽.

혜를 감사해 마지않고 있습니다. 하느님의 사랑 그리고 당신의 힘이 없었던들 우리가 어떻게 이 반년을 지탱해올 수 있었겠습니까?

이번 일에 있어서 무엇보다 기쁘고 감사한 것은 당신과 나를 포함해서 우리 가정과 주위가 더욱 굳은 믿음으로 나아갈 수 있었다는 것입니다. 고난을 겪은 두 자식이 다 같이 큰 믿음의 발전을 보였으며, 대현(막내 아우)이와 기타 고난 중인 비서실 동지들의 신앙의 소식을 들을 때 사람의 믿음은 고난 속에서 자란다는 사실을 새삼 절감하게 되었습니다.

나는 지금까지 나 자신이 어느 정도의 신앙을 가지고 있다고 믿었습니다. 그러나 막상 이제 죽음을 내다보는 한계상황 속에서의 자기실존이라는 것이 얼마나 허약한 믿음 속의 그것인가 하는 것을 매일같이 체험하고 있습니다.

희망과 좌절, 기쁨과 공포 그리고 해결과 의혹의 갈등과 번민을 매일같이 되풀이해왔고 지금도 이를 벗어나지 못하고 있습니다. 눈에 보이지 않는 하느님의 존재를 믿으며 그분이 나와 같이 계시며, 나를 지극히 사랑하시며, 그 사랑 때문에 지금의 이 고난을 허락하셨으며, 나를 위하여 모든 사소한 일까지도 돌보시며, 지금 이 시간에도 모든 것을 합하여 선을 이루시기 위한 역사役事를 쉬지 않고 하고 계신다는 것을 믿는다는 것이 나의 감정이나 지식으로 해서 얼마나 받아들이기 힘든 것인가 하는 것을 새삼스럽게 통감하면서 부족한 믿음에 절망하고 화를 낸 것이 한두 번이 아니었습니다.

그러나 나는 수많은 갈등과 방황 속에서 '믿음이란 느낌이나 지식에 기반을 두는 것이 아니라 인간의 자유로운 의지의 결단으로 이루어지는 것이며, 이러한 의지의 결단은 의식적이고 자발적인 것이어야 한다. 우리의 기쁨과 감사와 찬양도 먼저 의지로써 행하고 감각이 뒤따라가는 것이다.'는 판단 아래 오직 눈을 우리의 주님께 고정시키고 흔들리지 않도록 성신께서 도와주시도록 기구祈求하고 있습니다.

나의 의지의 결단을 세운 최대의 기초는 주님의 복음이며 그중에서도 핵심은 예수님의 부활을 믿는 것이었습니다. 예수님의 부활을 믿을 수 있다면 하느님의 계심, 죄의 구속, 성신의 같이 계심과 그 인도, 언제나 돌보시는 하느님의 사랑 그리고 천국영복天國永福의 소망 등 모든 것이 믿어질 수 있다고 생각되었습니다.

예수님의 부활은 신앙의 신비이기도 하지만, 역사적 사실로서도 근거가 상당히 객관적이라고 생각됩니다. 예수님의 수난 때 그분을 버리고 자기 살기 위해서 도망쳤던 사도들이 그분이 그렇게도 비참하고 무력하게 돌아가신 후에 새삼스럽게 목숨을 건 신앙을 가지고 온갖 고난과 죽음을 감수하면서 복음 전달에 헌신할 수 있었던 것은 부활하신 예수의 체험 없이는 불가능한 일이었습니다. 더구나 예수 생존 시는 대면조차 없었으며 그가 돌아가신 후에는 열정과 사명감을 가지고 그리스도 교도를 박해한 사도 바울의 회심과 그의 초인간적이며 결사적인 포교 활동 그리고 마침내 겪은 순교는 그가 체험한 부활하신 예수 없이는 설명할 길이 없다고 생각됩니다.

예수님의 부활을 확신하는 것이 현재 나의 믿음을 지탱하는 최대의 힘입니다. 언제나 눈을 그분에게 고정하고 결코 그분의 옷소매를 놓치지 않으려고 안간힘을 쓰고 있습니다. 그러면서 항시 '하느님이 저를 사랑하시는 것을 제가 믿습니다. 저의 현재의 환경도 주님이 주신 것이며, 주님이 보실 때 이것이 저를 위하여 최선이 아니면 허락하시지 않으셨을 것입니다. 제가 주님의 뜻하심과 앞으로의 계획하심을 알 수는 없으나 오직 주님의 사랑만을 믿고 순종하며 찬양하겠습니다.'라고 기도하고 있습니다. 나는 나의 감정이 어떠하든, 외부적 환경이 얼마나 가혹하든, 내일의 운명이 어떻게 되든, 주님이 나와 같이 계시며 나를 결코 버리시지 않는다는 소망으로 일관할 결심입니다.

이러한 주님의 같이 계심과 깊은 사랑이 당신과 우리 자식들 그리고 우리의 모든 정다운 형제들에게도 함께하심을 믿고 기구하고 있습니다.

세속적으로 볼 때 나는 결코 좋은 남편도 못 되며, 좋은 아버지도 못 되었습니다. 그리고 형제들, 친척들에게 얼마나 누를 끼쳤습니까? 또한 가슴 아픈 것은 나로 인하여 많은 사람들이 희생과 고난을 당한 사실인데, 생각할 때마다 가슴이 메어지는 듯합니다. 내가 할 수 있는 일은 오직 이 모든 일을 위해서 주님의 은총이 내려지도록 기구하고 또 기구하는 것뿐입니다.[291]

사형선고를 받고 상고심을 기다리는 기간에 쓴 편지다. 양심수 김대중의 심경을 읽을 수 있는 주기도문 같은 첫 편지여서 뒷부분의 가족관계를 빼고 전문을 실었다. 김대중은 가톨릭 신앙인으로서 절체절

291 김대중, 앞의 책, 165~167쪽.

명의 상황에서도 예수의 부활사상을 믿었다. 하느님께 의지하며 자신을 지키려 했다. "눈을 그분에게 고정시키고 결코 그분의 옷소매를 놓치지 않으려고 안간힘을 쓰고 있"는 김대중의 절박하면서도 확고한 신앙심은 극한의 상황을 견디게 하는 구원의 손길이었다. 이 '옥중서신'에서 김대중의 '내면'을 볼 수 있다. 무기징역으로 감형되기 전까지 쓴 옥중서신 5통에는 종교적인 내용이 주로 담겨 있다. 그 후 편지에는 신학·역사·민족·사회·도덕·운명·문명·사랑·민중·경제·한반도·평화·철학 등 다방면에 걸친 폭넓은 사유와 독후감이 기술되어 있다.

한민족의 장단점 연구

옥중서신 중에서 가장 관심 깊게 살펴봐야 할 것이 1981년 9월 30일에 쓴 〈우리 민족의 장점과 단점〉이 아닐까 싶다. 과거 여러 사람이 한민족의 장단점을 연구해왔다. 일제강점기 춘원 이광수는 한민족의 부정적 측면을 강조하는 〈민족개조론〉을 써서 일제가 '일선융화론'의 교재로 삼기도 했다.

이 글에서 김대중은 우리 민족의 우수한 점 5가지를 든다.

첫째, 자주독립성. 통일신라 때부터 1910년 일제 병탄 때까지 1200여 년간 독립을 유지해온 세계적으로 유례가 드문 위대한 능력이다. 중국은 원·청 등에 수백 년 지배를 받았고, 인도는 마우리아 왕조와 굽타 왕조 때를 제외하곤 거의 수백 년간 이민족 지배를 받았다. 영국, 프랑스도 다르진 않다. 이에 반해 한민족은 지리적으로 불리한데도 당나라·몽골·일본 등의 침략에도 독립국가를 유지했다. 몽골족, 만주족이 중국에 동화된 것에 비하면 우리 조상들의 저력은 위대하다.

둘째, 형식적인 사대를 할 때도 유지한 주체성. 한민족은 때로 어쩔 수 없이 형식적으로라도 사대를 해야 했지만, 일반 민중은 자기 주체성을 유지해왔다. 중국문명의 영향을 받으면서도 의복·음식·언어·주거 등 문화 전반에 걸쳐 자기 특색이 뚜렷했고, 화교의 경제 침투와 지배를 완전히 봉쇄했다.

셋째, 조상들의 높은 교육열. 중국문명에 속했지만, 교육이나 문화 수준은 중국에 뒤지지 않았다. 이런 전통이 70년대 아시아에서 중국문명권 국가들, 홍콩·대만·싱가포르와 같은 중진국 대열에 서게 된 저력이었으리라 분석한다.

넷째, 강력한 동화력. 평안도와 함경도 상당 부분은 세종 대에 이르러서야 완전히 한민족에 편입되고, 거기에는 여진족 등 이민족도 많이 포함되었다. 그런데 이들을 흔적도 없이 동화시켰다. 근대까지 백정·무당·노비 등 천민이 전 인구의 2, 3할에 이르렀는데도 지금은 계급이 사라져 서로 완전히 동화되었다.

다섯째, 매우 지적이고 유능한 민족. 우리에 맞게 승화·발전시킨 불교, 한글 창제, 인쇄술 발명, 우수한 도자기 제조 기술을 비롯해 최근 국내외에서 보이는 우수한 기질을 높이 평가한다.

다음은 부끄러운 단점이다. 첫째, 편협하고 관용성이 부족한 정치. 조선왕조의 유교정치가 불교를 유린하고 구국의 신흥종교 동학을 짓밟았다. 근대화에 기여한 천주교를 탄압해 교인 1만 명을 학

살했다. 유교 안에서도 주자학 이외에는 사문난적斯文亂賊으로 금지
하고, 주자학끼리도 예송禮訟문제 따위로 갈려 보복전을 펼친다. 이
런 파당적인 불관용은 민족 전체의 특성이라기보다 지배계급 내 양
반들의 악습이었지만, 불행한 전통이 현재까지 이어지고 해독을 끼
친다.

둘째, 진취성 부족. 이 예로 고구려 장수왕이 국내성에서 반도
안 평양으로 천도한 것, 통일신라 후 대동강 이북 만주 땅을 포기하
고 수도를 경주로 고정한 것, 이성계가 고려 말엽 북진정책을 겪고
도 개성 이남에 수도를 정한 것, 삼면이 바다인데도 해양 진출을 외
면하고 왜구에 시달려온 일, 유형원·이익·홍대용·박제가·박지
원·정약용 등 실학자들이 민중이 이해할 수 있는 국문(한글)으로 저
술하지 않은 것 등이 있다.

셋째, 지나친 형식주의. 지나치게 명분을 따져 실리를 등한시하
고, 너무 체면을 차려 능력도 없이 허세를 부리며 낭비를 일삼는다.
형식주의는 관료주의 폐단과 창조성을 억압하는 사회 현상으로 나
타났다.

넷째, 심각성 부족. 국민들 특성이 명랑하고 낙천적이나 철학적
전통이 얕아 불교·유교 등 종교가 현세적 복락만을 바라는 샤머니
즘적 성향으로 흘렀다. 오늘의 기독교 신앙에도 그런 경향과 폐단
이 나타나고 있다.[292]

---

292 김대중, 《옥중서신 1》, 시대의창, 2009, 250~254쪽.

김대중은 부인과 세 아들 그리고 며느리들에게 편지를 쓰면서 어린 손녀들과 친지·동지들의 안부를 묻는 것도 잊지 않았다. 하지만 가장 많이 편지를 보낸 사람은 동지이자 부인인 이희호였다. 이희호에게 보낸 편지는 늘 "존경하고 사랑하는 당신에게"로 시작되었다. 김대중과 이희호처럼 부부 이상의 동지 관계를 유지하며 산 경우도 드물 것이다. 김대중은 인간적인 극한 상황에서 신앙심으로 자신을 격려하고, 가정을 지켜준 부인에게 뜨거운 감사와 애틋한 사랑을 표현하였다.

> 오늘로 내가 집을 뜬 지 만 8개월이 되었소. 그동안 당신과 가족 친지들의 고초가 얼마나 컸습니까? 당신에 대해서는 감사한 말뿐이오. 하느님이 돌보셔서 우리 가족과 형제들이 모두 그분 사랑 아래 모이게 되었으며, 믿음을 통해서 난관을 극복해왔으니 크신 은혜가 아니고 무엇이겠소. 나는 자랑스러운 아내, 사랑스러운 자식들 그리고 며느리와 손녀들을 가지고 있으니 참 행복하오. 형제들에게도 사랑하는 마음뿐이오.
>
> 나는 내 운명이 어떻게 되더라도 모든 것을 주님께 맡기고 그분 뜻대로 이루어지기만을 매일 기구합니다. 나는 온 세상 사람이 예수님을 부인해도 그분을 사랑하겠소. 나는 모든 신학자들이 예수님이 하느님의 아들이 아니라 해도 그분을 믿겠소. 모든 과학자들이 그분의 부활을 조롱해도 나의 신념에는 변함이 없소.[293]

●
293   김대중, 《옥중서신 1》, 시대의창, 2009, 184쪽.

출옥 뒤에 붙인 '옥중서신' 주제(제목)는 다음과 같다(괄호 안은 편지 쓴 날짜).

제1신 – 죽음 앞에서의 결단(1980년 11월 21일).

제2신 – 사랑 없이는 평화도 화해도 없다(1980년 11월 24일).

제3신 – 누구를 단죄할 수 있겠는가(1980년 12월 7일).

제4신 – 무리도 말고 쉬지도 말자(1980년 12월 19일).

제5신 – 부활에의 확신(1981년 1월 17일).

제6신 – 고뇌에 찬 새로운 삶의 출발(1981년 1월 29일).

제7신 – 죽음의 고비 뒤에 오는 고독(1981년 2월 21일).

제8신 – 최대의 선물인 자유(1981년 3월 19일).

제9신 – 대전교도소에서 온 큰아들의 편지(1981년 4월 22일).

제10신 – 은혜와 감사(1981년 5월 22일).

제11신 – 성자들이 가는 길(1981년 6월 23일).

제12신 – 토인비에게 배우는 도전과 응전(1981년 7월 29일).

제13신 – 미래의 삶을 위하여(1981년 8월 23일).

제14신 – 우리 민족의 장점과 단점(1981년 9월 30일).

제15신 – 개인의 구원과 사회적 구원은 하나(1981년 10월 28일).

제16신 – 위대한 선각자 원효, 율곡, 수운(1981년 11월 27일).

제17신 – 예수 탄생과 코페르니쿠스적 전환(1981년 12월 16일).

제18신 – 현대사회의 도덕적 위기와 그 원인(1982년 1월 29일).

제19신 – 조선왕조의 자기 형벌(1982년 2월 23일).

제20신 – 운명을 사랑한다(1982년 3월 25일).

1982년 3월 2일, 5공 출범 1주년 기념 대사면으로 김대중은 무기형에서 징역 20년으로 감형되었다. 58세인 김대중에게 그건 '오십보 백보'의 형량에 불과했다. 그러나 전두환은 크게 생색을 내면서 '은전'을 베풀었다고 떠들어댔다. 하지만 수형생활에서는 나아진 것이 아무것도 없었다. 신문·TV·라디오는 여전히 금지되었다. 너무 커피가 마시고 싶어 교도소장에게 요청해 몇 차례 커피를 마실 수 있었는데, 안기부에서 이 사실을 알고는 바로 금지시킨 일도 있다. 그럴수록 커피를 마시고 싶은 마음은 더욱 간절했지만 '금지'란 푯말은 치워지지 않았다.

1982년 1월 6일은 김대중의 58세 생일날이었다. 면회 온 세 아들은 시멘트 바닥에 무릎을 꿇고 큰절을 올렸다. 아비는 감동해서 편지지에 36행의 즉흥 시조를 지었다.

옥중단시

면회실 마루 위에 세자식이 큰절하며
새해와 생일하례 보는 이 애끊는다.
아내여 서러워 마라 이자식들이 있잖소.

이 몸이 사는뜻을 뉘라서 묻는다면
우리가 살아온 서러운 그세월을
후손에 떠넘겨주는 못난조상 아니고저.

추야장 긴긴밤에 감방안에 홀로 누워
나라일 생각하며 전전반측 잠못잘때
명월은 만건곤하나 내마음은 어둡다.

둥실뜬 저구름아 너를빌려 잠시돌자.
강산도 보고싶고 겨레도 찾고싶다.
생시에 아니되겠으면 꿈이라면 어떨까.

지난겨울 모진추위 눈물로 지샜는데
무정한 꽃샘바람 끝끝내 한을맺네
우습다 천지이치를 심술편들 어쩌리.

내게도 올것인가 자유의 기쁜날이

와야만 할것인데 올때가 되었는데
시인의 애타는심정 이내한을 읊었나.

가족이 보고싶다 벗들이 보고싶다.
강산도 보고싶고 겨레도 보고 싶다.
그렇다 종소리퍼지는날 얼싸안고 보리라.[294]

전통적인 정형시조라고 하기엔 격식이나 시어詩語가 걸맞진 않지만, 시구 사이사이에서 통절함이 배어나는 옥중시다.

꽃을 좋아한 '투사'

독서 외에 김대중에겐 또 하나 즐거움이 있었다. 길이 약 1.2미터, 폭 30센티미터 정도의 꽃밭에서 꽃을 가꾸는 일이었다. 수형자들은 점심을 먹은 뒤 매일 1시간 동안 운동을 할 수 있는데, 김대중은 그 시간에 화단에서 꽃을 가꾸었다. 화단에 국화·진달래·데이지를 비롯해 여러 꽃을 심고 정성들여 길렀다. 김대중은 꽃을 좋아해 동교동 자택에서도 틈만 나면 꽃을 가꾸어 이 방면엔 일가견이 있었다.

나는 꽃에게 말을 걸었다. 어떤 꽃이 잘 자라지 않을 땐 기분이 울적했다. 나는 어느 날 그 꽃에게 이렇게 말을 걸었다. "실망스럽구나, 나는 진심으로 너를 돌봤는데 전혀 몰라주는구나." 그 후 이상

294 김대중, 앞의 책, 401~408쪽.

하게도 그 꽃은 조금씩 좋아지기 시
작했다. 가지치기를 할 때 나는 꽃
에게 이렇게 말했다. "미안하구나,
가여운 것, 이건 너희들 꽃을 위한
것이니까 용서하거라." 그리고 내
가 화단에서 일하는 동안 간수들은
점점 화단에 물 주는 일을 돕기 시
작했다. 아무리 더운 여름이라도 모
자를 쓰지 못하게 해서 나는 땀이
뒤범벅된 채 일했다. 늘 그것은 나

꽃 가꾸기를 좋아한 김대중.

에게는 특별한 체험이었다. 화단을 가꾸면서 그 시간만큼은 슬픔과
걱정을 잊고 황홀경에 빠질 수 있었다.

꽃들은 나의 진심에 화답해주었다. 늦가을이 되어도 내가 가꾼
꽃은 다른 화단의 꽃보다 적어도 한 달 이상 더 꽃을 피웠다. 우리
나라 속담에 "어린이와 꽃은 정성을 들이면 들일수록 어여쁘게 된
다."는 말이 있다. 나는 화단 가꾸기를 통해 그 속담이 진짜임을 일
부나마 입증하게 되었다.[295]

지난날 백만 군중 앞에서 노호하던 투사가 '머리 깎인 삼손'처럼
수의를 입고 꽃을 가꾸는 모습은 가히 상상이 되지 않는다. 하지만 지

---

295 일본 NHK 취재반 구성, 김용운 편역, 《역사와 함께 시대와 함께 – 김대중 자서전 2》,
     인동, 157~158쪽.

인들은 김대중이 얼마나 꽃을 좋아하고 가꾸기를 즐겨하는지 안다. 다음은 한때 정계를 은퇴하고 영국으로 '유학' 갔을 때 글이다.

> 내가 고국에 두고 온 친구는 사람만이 아니었습니다. 영국으로 떠나오기 전날까지 정성스레 가꾸었던 우리 집의 화초도 나의 잊을 수 없는 친구였습니다. 꽃은 내가 감옥에 있을 때나 바깥세상과 단절돼 연금 상태에 있을 때 내 마음을 달래주고 위로해주던 좋은 친구였습니다. 나는 꽃의 정직성에 반했습니다. 정성을 쏟으면 쏟은 만큼 아름다운 모습을 오랫동안 간직해주었습니다.[296]

김대중은 꽃이나 화초를 좋아했지만 분재는 싫어했다. 간혹 잘 기른 분재를 선물로 받으면 다른 사람에게 주어버렸다. 나무를 철사로 꽁꽁 묶어 난쟁이로 만드는 건 자연 학대라는 이유에서였다. '투사' 김대중만 떠올리는 사람들은 고개를 갸우뚱하겠지만, 어쩌면 이것이 김대중의 '본모습'일지도 모른다.

●
296 김대중, 《새로운 시작을 위하여》, 김영사, 1992, 51~52쪽.

19장

2차 망명

전두환과 담판 지은 이희호

김대중이 청주교도소에서 고통의 세월을 보낼 때 전두환은 절대권력을 누리면서 '태평성대'를 누렸다. 권력을 위협했던 김대중은 장기수가 되어 옥중에 유폐되고, 김영삼은 정계은퇴를 선언하고 가택연금 상태에 놓여 있었다.

제11대 총선에서는 여당 민정당이 151석을 차지하고, 민한당 82석, 국민당이 25석 등을 얻었는데, 이마저도 '정치풍토쇄신을위한특별조치법'으로 정치활동을 '허용'받은 정치인들로만 구성되었다. 비판과 견제 기능을 상실한 국회와 정당은 5공체제의 들러리에 불과했다. 하여 민정당 제1중대, 민한당 제2중대, 국민당 제3중대라는 지탄이 따를 만큼 국민의 신뢰를 잃고 있었다.

1982년이 되면서 두 가지 '돌발사건'이 터졌다. 먼저, 3월 18일 일어난 부산미문화원 방화사건이다. 국민에게 큰 충격을 준 이 사건은

12·12사태와 광주학살 그리고 전두환 정권 수립, 이 과정에 관여한 미국을 못마땅해온 학생들의 분노가 폭발해 벌어진 것이다. 경찰의 진압 과정에서 미문화원 1층이 모두 불타고, 그 과정에서 대학생과 경찰이 불에 타 숨졌으며, 여러 명이 중상을 입었다. 이 사건은 국민에게 "과연 미국은 우리에게 어떤 존재인가"를 묻게 했으며, 80년대 반미의식으로 확대되었다. 바야흐로 학생운동은 정치체제의 변혁을 지향하며 변하고 있었다.

두 번째는 거액의 어음사기사건이다. 이 사건의 주인공은 전두환 인척으로 유신체제 이래 독재권력의 비호를 받으며 사채시장의 '큰손'으로 군림해온 장영자와 그의 남편 이철희였다. 전두환 처삼촌 이규광(광업진흥공사 사장)의 처제인 장영자와 육사 2기 출신으로 중앙정보부 차장과 유정회 의원을 지낸 이철희는 권력의 후광을 앞세워 1981년 2월부터 1982년 4월까지 6404억 원에 달하는 거액의 어음사기 행각을 벌였다. 건국 이래 최대의 부정축재 사건이었다. 이철희는 김대중납치사건 당시 중정 차장으로 핵심 역할을 했다. 5공정권은 집권 2년 만에 핵심부에서부터 부패하고 있었다. 이 사건으로 장관 11명이 무더기로 경질되었다.

이 두 사건은 그렇지 않아도 취약한 전두환 정권의 도덕적 기반을 뒤흔들어놓았다. 철권통치에 도전세력이 생기고, 권력 심장부가 썩으면서 '정의사회'라는 구호가 허구임이 속속 드러났다.

김대중이 청주교도소로 이감된 이후 서울과 청주를 오가고, 매일 편지도 쓰느라 옥중의 남편 못지않게 심신이 피로해진 이희호에게 1982년 2월 초 뜬금없이 전화 한 통이 걸려왔다. 이른바 5공의 '스리 허許' 중 하나인 허화평의 전화였다.

실세라는 '스리 허' 중의 한 사람이라 나는 깜짝 놀랐다. 이틀 후 프
라자호텔 21층에서 만나자고 했다. 허화평 씨는 자그마한 체구로
이지적이며 냉철해 보였다. 웃음기라곤 전혀 없었다.

"왜 해외에서 구명운동을 하십니까?"

"그분들이 스스로 우리를 돕는 것이지요."

"국내에서 구명운동을 하시지 않겠습니까?"

"……?"

"각하를 뵐 의향이 있습니까?"

그들은 꼭 '각하'라고 했다.

"만나 주신다면 뵙지요."

"그럼 나중에 날짜와 시간을 알려드리겠습니다."

그리고 명함에 전화번호를 적어서 주었다.[297]

이에 앞서 1981년 12월 10일 청주교도소 담당관이 김대중에게 느
닷없이 "미국으로 치료하러 가지 않겠느냐?"고 물었다. 이 무렵 김대
중은 이명증과 고관절염 때문에 고통스러워하고 있었다. 특히 고관절
염이 심해져 이대로 치료를 받지 못하면 못 걷게 되는 건 아닐까 염려
하던 참이었다.

김대중은 그 자리에서 거절했다. 그리고 "한국에서 석방시켜달라.

297   이희호, 《이희호 자서전 동행》, 웅진지식하우스, 2008, 229~230쪽.

김대중 평생의 동지, 이희호.

국내에서 치료받고 싶다."고 말했다. 감옥에는 자기 때문에 고난을 받고 있는 사람들이 아직도 여럿 남아 있고, 다수의 정치범도 투옥 중이었다. 그 사람들보다 자기가 먼저 나갈 수는 없다고 생각했던 것이다.

김대중의 단호한 태도에 정부 당국은 난감했다. 그래서 부인 이희호가 설득하게 하려고 전두환과 이희호의 면담을 주선했던 것이다.

나는 주변 인사들과 의논했다. 그들은 만나라고 했다. 얼마 후 전화가 왔다.

"오늘이 '그날'입니다."

그리고 곧 공중전화로 걸어달라고 했다. 그들도 도청은 싫어했다.

"6시에 박물관 서쪽 문으로 오시면 정 비서가 모실 것입니다."

[……]

조금 기다리니 전 대통령이 들어오기에 사전 교육을 받은 대로 일어났다가 탁자를 마주하고 앉았다. 뭐랄까, 스스럼이 없었다. 이 얘기 저 얘기 끝이 없었다. 그리고 물었다.

"이 여사, 고생이 많으시지요?"

"석방해주시면 감사하겠습니다."

"그건 나 혼자서 결정을 못합니다. 다른 사람들도 있고 해서 석방은 어렵습니다. 그러나 앞으로 나아질 것입니다."

본론은 이 세 마디였다. 허화평 씨는 '김대중 씨'라고 불렀고 전 대통령은 '김대중 선생'이라고 호칭했던 것 같다. 부인과 딸이 성경을 읽고 있다고 했으며 그의 아들들과 가족 이야기도 섞어서 했다. 청와대를 나오면서 시계를 보니 8시가 훨씬 넘었다. 2시간 남짓한 만남이었다.[298]

역사를 10년, 20년 뒤에서 보면 역전과 반전이 교차하는 드라마와 유사하다는 것을 알게 된다. 특히 한국처럼 변화가 심한 나라의 정치사는 아무리 유능한 드라마작가라도 상상력을 발휘하기가 쉽진 않다.

전두환 전 대통령이 14일 김대중 전 대통령이 입원한 연세대 세브란스병원을 찾았다.

[……]

298 이희호, 앞의 책, 230~231쪽.

전 전 대통령은 20층 엘리베이터에서 내리자마자 이희호 여사의 손을 잡고 "아이고, 얼마나 고생이 많으십니까."라고 위로했다. 그는 "자꾸 나빠지는 것 같아 휴가 중에 올라왔다"며 "틀림없이 완쾌해서 영부인이 즐거운 마음으로 모시고 나갈 것"이라고 말했다.

전 전 대통령은 "김 전 대통령이 현직에 계실 때 10번 가까이 초대받는 등 전직 대통령들이 제일 행복했다"면서 "그런 전통이 다음부터 없어졌는데 이명박 대통령도 전직 대통령의 의견을 들었으면한다"고 밝혔다.[299]

장기수의 아내 이희호가 대통령 전두환의 초청을 받고 청와대에 들어갔다 나온 지 15년이 지난 뒤 김대중은 살아남아서 대통령이 되고, 전두환은 내란죄 등으로 구속된다. 그리고 아이러니하게도 자신이 사형시키려던 김대중 당선자의 도움으로 1997년 12월 22일 사면된다. 12년 뒤 전두환은 김대중이 입원한 병원으로 찾아와 이희호의 손을 잡으며 위로의 말을 건넨다. 김대중이 서거할 때까지 쓴 일기장에는 "인생은 아름답고 역사는 발전한다."고 쓰여 있었다.

'친필 각서' 요구한 전두환

큰 물고기를 어항에 가둬둘 수는 없다. 국제사회에서 대표적인 양심수로 떠오른 김대중은 '잡어'가 아닌 거대한 한 마리 고래였다. 전두환은 언제까지나 김대중을 감옥에 수감할 수만은 없었다. 무엇보다

299 《경향신문》, 2009년 8월 15일.

국제 여론이 만만치 않았다. 예상과 달리 미국 레이건 정부의 압력이 그치지 않았고, 유럽 여러 나라의 정상과 의회 그리고 국제인권단체에서 끊임없이 석방을 요구했다. 더욱이 국내에서도 학생, 지식인들 사이에서 반미·반체제의 저항운동이 점차 거세져 대외적인 유화 제스처를 취하지 않을 수 없었다.

> 전 대통령을 만나고 나서 희망을 갖고 면회 때 남편의 머리부터 살펴보았다. 석방할 즈음엔 머리를 기르게 한다는데 빡빡 깎아놓아 석방의 기미가 보이지 않았다. 고대하던 3·1절 특별사면에서 20년으로 감형되었다. [……] 무기나 20년이나 감옥에서 정치생명이 끝나기는 마찬가지 아닌가. 많은 사람이 그렇게 해서 한자리 얻었던 것처럼 나도 엎드려 간청하여 매달렸더라면 더 감형이 되었을까? 그러나 남편이나 나나 그 점에서는 마찬가지였다. 죽으면 죽었지, 할 수 없는 굴종이었던 것이다.[300]

이희호는 면회 갈 때마다 무엇보다 남편의 건강이 걱정되었다. 신앙심과 역사에 대한 믿음으로 잘 버티고는 있었지만, 고관절 통증이 심해져 다리가 붓고 이명증에 시달리면서 심신이 망가지지 않을까 염려스러웠다. 김대중은 1981년 11월 2일 면회 온 부인에게 다음과 같은, 한때의 절박했던 심경을 밝혔다.

300   이희호, 앞의 책, 231쪽

이제 비로소 말하는데 그동안 발광 직전까지 고통이 있었다. 내 평생 이같이 치욕스럽고 괴로워해 본 적이 없다. 조남기 목사(청담교회 목사 - 필자 주)와의 면회 때도 말했지만 '왜 하나님이 나를 살리셨나.' 하고 원망하는 생각까지 했다. 잠을 자다가도 숨이 탁 막히면 발광할 것 같았다. 일어나 가까스로 진정하고 극복하여 이젠 그 고비를 넘겼기 때문에 말을 한다.[301]

이희호는 남편의 생명을 구하는 일이 급선무였다. 전두환 정권으로서는 김대중이 옥사라도 하는 날이면 감당하기 어려운 사태가 벌어질지 몰라 옥사를 우려했다. 이런 이유로 수인번호 '9'의 신상은 시시각각 정부 최고위층에 보고되었다.

1982년 12월 14일 안기부장 노신영의 연락으로 이희호는 프라자호텔 21층에서 그와 만났다. 안기부 '안가'로 쓰이는 방이었다. 노신영은 "내 재임 중에 이 문제를 해결하고 싶다. 2~3년 미국에서 병 치료를 하도록 권해보라. 응답을 알려주면 대통령 각하에게 건의해 가족과 함께 떠나도록 하겠다. 단, 개인의 생각이니 비밀로 해달라."[302]는 주문이었다. 안기부장의 조건 역시 '김대중의 친필 각서'였다.

이희호는 안병무·예춘호·지학순 등과 만나 이 문제를 상의했다. 한결같이 각서를 써주고 건강을 위해서라도 미국으로 가라고 했다. 이희호는 청주로 내려가 남편을 설득했다. 그때만은 간수나 입회인이

301　이희호, 앞의 책, 240쪽.
302　이희호, 앞의 책, 239쪽.

자리를 피해줘 처음으로 단 둘이 대화를 나누었다.

> 교도소에 도착하니 안기부 직원이 먼저 와 있었다. 즉시 특별면회가 이루어졌다. 조금 자라 있던 남편의 머리는 다시 짧게 깎여 있었다. 내가 미국에 가자고 권유하자 남편은 오전 내내, "미국에는 가고 싶지도 않고 갈 필요도 없으니 가지 않겠다. 같이 구속된 많은 사람이 아직 옥중에 있는데 내가 어떻게 그곳에 갈 수 있느냐. 또 가족이 다 가서 2년간을 그곳에서 살고 수술까지 하려면, 적어도 15만 불은 가져야 할 터인데 어떻게 그런 돈을 장만할 수 있느냐."면서 완강히 거절했다. 나는 "우리와 친한 몇 분도 건강을 생각해서 미국에 가는 편이 좋겠다고 한다."는 말을 전했으나, 남편은 자기와 관련된 구속자의 석방을 염려했다.
>
> 남편은 몇 번이고 미국에 가지 않겠다고 하므로, 나는 그대로 면회실을 나오는 수밖에 없었다.
>
> 안기부 직원이 무슨 연락을 취하더니, 자기와 함께 다시 한번 만나보자고 했다. 오후 2시경 또 남편을 면회했다. 오후 4시가 넘도록 대답을 하지 않기에, 나는 미국에 가자는 것을 강력하게 권하면서 "우리가 미국으로 떠나야 같이 구속됐던 분들도 나오게 된다."고 말을 전했다.[303]

김대중은 고심에 고심을 거듭했다. 자신이 떠남으로써 이른바 김

---

303 이희호, 《어둠에서 빛을 향해》, 일월서각, 1987, 142~143쪽.

대중내란음모사건으로 애먼 죄를 뒤집어쓰고 아직까지 옥고를 치루는 동지들이 석방될 수 있다는 데에 마음이 움직였다. 더 버티기엔 건강도 갈수록 악화되었다. 서울대병원으로 옮겼을 때 진찰한 의사는 고관절 상태가 좋지 않아 이대로 병세가 진행되면 걷지 못할지도 모른다고 우려했다.

김대중이 각서 쓰기를 거듭 거부하자 안기부 국장은, "각하에게 건의하려면 문건이 필요합니다. '병 치료에만 전념하고 정치활동 안 하겠다'는 한 장이면 됩니다. 내부용이니까 외부에 공개되는 일은 없을 것입니다."라며 다짐했다.

> 남편이 각서 쓰기를 거부하자 내가 대신 쓰는 안을 제안했다. 그는 사형에서 무기로 감형될 때 탄원서로 그들에게 기만당한 경험이 있었다. 그들은 남편의 자필 각서를 고집했다. 내가 더 간절하게 설득하자 남편은 마지못해 썼다.[304]

미국에서는 치료만 하고 정치활동은 하지 않겠다는 '자필 탄원서'를 쓰고 3일 뒤 서울대병원으로 이감되었다.

전두환 정권은 이 각서도 악용했다. 청주교도소에서 서울대병원으로 이감된 1982년 12월 16일, 이진희 문공부장관이 기자회견을 열어 김대중이 전두환 대통령에게 신병 치료를 위해 방미를 허용해달라는 탄원서를 제출했다고 공개한 것이다. 철저히 흠집을 내서 김대중을

304   이희호, 《이희호 자서전 동행》, 웅진지식하우스, 2008, 241쪽.

정치무대에서 완전히 매장하려는 수법이었다. 김대중은 전두환이 약속을 어기고 각서를 공표했기 때문에 자신도 이제 정치활동을 하지 않겠다는 약속을 지키지 않아도 된다고 생각했다. 오히려 홀가분한 생각도 들었다.

그뿐만이 아니었다. 노신영 안기부장은 박형규·김관석·이해동 목사 등 김대중과 가까운 종교지도자들에게 "김대중 씨에게 15만 달러를 주었다."고 거짓말을 해 김대중의 도덕성에 상처를 입혔다.

> 미국에서 고관절 수술을 받으려면 돈이 많이 들 것이기에 나는 여러모로 걱정이 많았다. 제부가 은행에 다니는 여동생에게 특별하게 부탁해 변통한 돈을 그들에게 환전을 부탁했던 것이다. 두 차례나 집안을 샅샅이 뒤져 현금과 약간의 외화까지 압수해간 사람들이 누구인가. 그날 이후 남편은 안기부 지하실, 남한산성 육군교도소, 청주교도소 특별감방에 갇혀 목숨 하나도 보전하기 힘들었으며 국내외 독지가들의 도움으로 연명해온 우리였다.[305]

김대중의 '자필탄원서'와 '15만 달러 수수설'은 이후 그의 반대세력에게 좋은 '먹잇감'이 되었다. 부당한 재판으로 사형과 무기징역형을 선고받고 생명이 경각에 달렸을 때는 변론 한마디하지 않던 정당·언론인·지식인들이, 이 '자필탄원서'를 '김대중 죽이기'의 자료로 활용한 것이다. 전두환 정권은 마지못해 그를 석방하여 해외로 추

---

305 이희호, 앞의 책, 243쪽.

방하면서도 '생명 구걸'과 '검은 돈'의 족쇄를 채우고자 했다.

김대중은 1982년 12월 16일 서울대병원 12층 1병동 21호실로 이감되었다. 3·1명동사건으로 서울대병원에 수감되던 때와 병실은 크게 달랐다. 정부 고관 등이 이용할 법한 귀빈용이었다.

정부는 이희호에게 남편의 직계 가족 전부와 12월 23일 미국으로 떠나라고 통보했다. 19시발 대한항공기에 탑승하라고 했다. 그러나 장남 홍일은 끝까지 출국을 거부해 동교동에 남았다. 김대중 부부는 차남 홍업, 삼남 홍걸과 함께 병원 앰뷸런스를 이용하여 김포공항으로 향했다. 국내에 남은 자식과 비서들, 동지들에게 변변한 작별 인사도 나누지 못하고 반강제적으로 끌려가다시피 했다.

언제 다시 돌아올지 모를 기약 없는 출국이었다. 당국에서 대한항공기라고 말해 비행기표도 구입했는데, 막상 탑승한 비행기는 노스웨스트항공기였다. 비행기 기종까지 속여가면서 추방한 것이다.

전두환은 김대중 '추방작전'을 군사작전식으로 치밀하게 진행했다. 대한항공에 탑승하는 것처럼 위장하고는 노스웨스트항공기로 바꿔 태우고, 안기부 요원들까지 탑승시켜 기내에서 일반인들과 접촉하지 못하도록 했다. 가족들은 여권과 항공권을 기내에서야 받을 수 있었다. 비행기가 이륙하기 직전 청주교도소 부소장이 올라와 김대중에게 형집행정지 통고서를 전달했다.

대한항공으로 출국하는 줄 알고 미리 탑승했던 외신기자들은 어이없이 '물 먹은' 것이다. 김대중 가족은 23일 낮 시애틀에 도착했다가 워싱턴행 노스웨스트항공기로 갈아탔다. 그때까지 안기부 요원들은 김대중 가족을 특별석에 가두어놓다시피 했다.

김대중은 출국을 앞두고 〈이제가면〉이란 시 한 수를 지었다.

잘있거라 내강산아 사랑하는 겨레여
몸은비록 가지만은 마음은 두고간다.
이국땅 낯설어도 그대위해 살리라.

이제가면 언제올까 기약없는 길이지만
반드시 돌아오리 새벽처럼 돌아오리
돌아와 종을치리 자유종을 치리라.

잘있거라 내강산아 사랑하는 겨레여
믿음으로 굳게뭉쳐 민주회복 이룩하자.
사랑으로 굳게뭉쳐 조국통일 이룩하자.[306]

기약 없는 추방

김대중과 가족은 1982년 12월 23일 오후 10시 45분(현지 시간) 워싱턴
D.C. 국제공항에 도착했다. 늦은 시간인데도 문동환 목사와 한완상,
최성일 박사를 비롯해 미국 가톨릭·개신교 대표, 인권단체 대표, 교
포 등 환영객 3백여 명이 나와 있었다. 이들은 "김대중!"을 연호하며
"행동하는 양심"이라 쓰인 펼침막과 사진을 들고 망명객을 열렬히 환
영해주었다. 세계 각국 기자들의 취재 열기도 뜨거웠다. 미국과 일본

---

306   김대중, 《옥중서신 1》, 시대의창, 2009, 511쪽.

기자들이 많았다.

에드워드 케네디 상원의원의 수석보좌관이 환영 메시지를 낭독해 분위기를 돋웠다. 김대중은 즉석에서 기자회견을 열고 구명에 힘써준 카터, 레이건, 케네디 등 미국 전·현직 대통령과 세계 각국 사람들에게 감사의 인사를 하고, "민주주의를 위해 헌신하겠다는 나의 결의에는 추호도 변함이 없다."고 다짐했다.

사형수에서 망명객이 된 김대중은 제1차 망명기인 1973년 7월 10일 미국에서 한민통 일본 본부 창립을 위해 일본으로 떠난 지 거의 10년 만에 다시 망명객 신분으로 미국에 입국했다.

미국은 한국 근현대 정치사에서 우리 독립운동가들이 자주 찾은 망명지였다. 서재필은 갑신정변이 실패한 뒤 1885년 스무 살 때 미국으로 망명했다. 이승만은 독립협회사건으로 구속되었다가 석방된 뒤 1904년 스물아홉 나이에 미국으로 망명해 조지워싱턴대와 하버드대에서 수학했다. 안창호는 1911년 안중근의 이토 히로부미 저격 사건과 관련되었다는 혐의로 구속되었다가 석방된 뒤 미국으로 망명해 독립운동을 펼쳤다. 그의 나이 서른세 살 때 일이다. 이 밖에도 일제강점기와 해방 뒤에 많은 사람이 미국으로 망명해 조국독립과 통일, 민주화운동에 기여했다.

20세기의 망명객 김대중도 미국에 정착했다. 1차 망명은 유신체제에 반대한 자의적인 망명이었다면 이번 망명은 타의에 따른 일종의 추방이었다. 1차가 단신이었던 데 비해 2차는 가족과 함께여서 그나마 다행이라면 다행이었다.

김대중은 거처할 집이 마련될 때까지 교포들이 마련해준 힐튼호텔에서 머물렀다. 다음 날 아침 《워싱턴포스트》 외신부장과 인터뷰한 것을 시작으로 연일 바쁜 일정이 계속되었다. 해가 바뀐 1983년 1월 3일 구명운동에 앞장섰던 스티븐 솔라즈 하원의원이 자신의 저택에서 만찬을 베풀어주었다. 하버드대 코언 교수의 초청도 있었다.

김대중 가족은 1983년 1월 8일 버지니아 주 알렉산드리아에 있는 워터게이트 랜드마크 아파트 3동 16층에 입주했다. 방 3개에 응접실이 딸린 제법 넓은 아파트였다. 주방에는 냉장고와 세탁기가 갖춰져 있고, 나머지 가구들은 1차 망명 때 쓰던 것들이었다. 방세는 전기, 수도세를 포함해 월 9백 달러 정도였다. 이를 두고 국내 정보기관은 최고급 아파트에서 호화생활을 한다고 언론에 보도케 하는 등 흑색선전을 일삼았다.

1월 20일 조지타운대병원에 입원해 신체검사를 받았다. 조지타운대는 1년쯤 전에 김대중이 풀려나 미국에 오면 무료로 치료해주겠다는 편지를 한국에 보냈었다. 그런데 교도소 측이 이를 전해주지 않았다. 정밀 검진 결과 고관절은 수술이 필요한 정도는 아니고, 왼쪽 귀엔 이명 증상이 있었다. 잇몸은 손상돼 치료가 필요하고, 양쪽 다리 아래쪽이 붓는 것은 운동과 식이요법으로 치료할 수 있다는 진단이 나왔다. 전반적으로 건강 상태는 양호했다. 정신력과 신앙심이 육체에 가해진 혹독한 시련을 이겨낸 것이다.

김대중은 어떠한 고난이나 역경에도 굴하지 않고 극복하려는 의지형이다. 그리고 근면하다. 그는 무사안일을 가장 싫어했으며, 이런 이유로 뒷날 정당 간부나 비서진을 구성할 때 무사안일형을 배제시켰다.

김대중은 다시 일을 시작했다. 1983년 7월 워싱턴에 민주화운동기지로 한국인권문제연구소를 설립했다. 이 연구소는 민주주의와 인권에 대해 연구하고 이를 미국 각계에 널리 알리는 데 목적이 있었다. 정식으로 사단법인체로 등록해 면세 혜택도 받았다. 미 의회와 종교계·학계의 저명인사들을 명예회원으로 하고, 한국인과 미국인 2명씩을 유급 연구원으로 두었다. 그 외 김경재, 정동채, 이근팔 등이 업무를 지원했다. 연구소에서는 매달 《행동하는 양심》이란 신문도 발행했는데, 3천여 부씩 찍어 미국 주요 기관과 교포, 유럽과 일본 등의 유지들에게 발송했다.

연구소 경비는 주로 교포들의 회비 성금으로 충당했다. LA와 뉴욕에서 서예 전시회를 열기도 했는데, 김대중 부부가 틈나는 대로 쓴 작품 160폭이 전시되어, 거의 다 판매되었다. 한 폭에 1000~1200달러씩에 팔려 연구소 기금 마련에 큰 도움이 되었다.[307]

김대중이 미국에 도착하면서부터 주미 한국대사관은 바빠졌다. 김대중이 일체 정치활동을 하지 않겠다고 서약한 일을 퍼뜨리고, 교포들을 불러 김대중과 접촉하지 말도록 압력을 넣었다.

미국에 가기 싫다고 하는 나를 억지로 강제하여 밀려나왔는데 마치 정치활동을 하지 않는다는 조건으로 온 것 같이 떠들어댄 것이다.

내 자신 출국할 때 정치활동을 하지 않겠다고 약속한 것은 사실이었다. 그러나 나는 한편으로는 인권과 민주주의에 관한 이야기만큼은 하지 않을 수 없다고 정부에 대해서 분명히 했다. 아무튼 대사

307   김대중, 〈미국 체류 2년의 회고〉, 《신동아》, 1985년 7월호, 223~224쪽.

관 측의 선전에다가 꼬치꼬치 따지고 묻는 언론 앞에서는 침묵만
지킬 수도 없게 되었다. 사태가 이렇게 되고 보니 나는 정치활동 하
지 않겠다는 약속을 광의의 정치활동이란 의미에서는 지킬 수가 없
게 되었다고 판단했다.

　　나는 결심을 했다. 미국에 머무는 동안 우리나라의 민주주의와
인권 신장에 도움이 되는 일이라면 무슨 일이라도 하겠다고…….
그리고 언젠가는 귀국하겠지만 이 같은 나의 행동이 정치활동 않겠
다는 약속에 위배된다고 하여 귀국 후 또다시 감옥에 집어넣는다면
이를 달게 받겠다고……. 이러한 결심을 유병현 대사, 기타 정부 관
리들에게도 분명히 이야기했었다. 즉, 체미 중의 나의 활동이 정치
활동 금지의 조항에 위배된다면 귀국 후 법적인 책임을 지겠다고
말했다.[308]

미국 순회 강연

미국에 도착한 후 김대중이 벌인 초기의 활동을 정리하면 이렇다.

1월 1일　도쿄납치사건 미해결 현황에 대해 유감의 뜻 표명하는 서
한 발표, 뉴욕에서 〈민주와 통일이 목표〉라는 제목으로 연설.
1월 15일　워싱턴에서 열린 문부식, 김현장 구명집회 참석, 한국 정
부와 대법원에 특별 배려 호소.
1월 31일　《뉴스위크》와 인터뷰. 〈한국은 민주주의 나라가 되어야

308　김대중, 앞의 잡지, 200쪽.

한다〉라는 제목으로 보도.

2월 15일 미 의사당에서 열린 케네디 의원 초청 리셉션에서 〈미국의 대한 지원은 민주 실현에〉라는 주제로 강연.

2월 26일 윌리엄 글라이스틴 전 주한 미국대사와 요담. 레이건 대통령의 인권정책, 5·17사태와 미국의 역할, 광주항쟁과 미국의 역할 등 논의.

2월 27일 퀸스칼리지에서 삼일절 기념 강연.

3월 7일 미 의사당 건물 내에서 국제문제연구소 주최 오찬에 참석.

3월 10일 하버드대에서 〈한국 역사에서의 민주주의〉라는 제목으로 강연.

3월 12일 조지워싱턴대 강당에서 〈한국 민주주의에 희망은 있는가〉란 주제로 강연.

3월 27일 뉴욕지구한인천주교회 합동 미사에 참석. 〈하느님은 계시는가?〉라는 주제로 신앙 체험담 발표.

3월 28일 컬럼비아대 인권연구센터에서 〈한국에서의 인권〉이란 주제로 강연.

3월 30일 카터 전 미국 대통령과 요담. 에모리대에서 〈한국의 기독교와 인권〉이라는 주제로 강연.

4월 21일 프린스턴대에서 〈한국 민주주의 전망〉이라는 주제로 강연.

5월 1일 워싱턴대에서 〈조국의 운명과 행동하는 양심〉이란 주제로 강연. 이날 이희호는 시애틀 미연합감리교회에서 〈아시아 여성과 인권〉이란 주제로 강연.

5월 7일 테네시 주 내슈빌 시에서 명예시민증 받음.

5월 11일 스탠퍼드대 부소장, 연구원들과 정책 토론.

5월 12일 샌프란시스코에서 열린 미국기독교협의회 주최 모임에서 〈나의 신앙과 정치 참여〉란 주제로 강연.

5월 13일 버클리대의 한국학회 방문. 스칼라피노 교수와 한국, 동아시아 문제에 관해 토론.

5월 14일 샌프란시스코에서 〈한국의 현실과 재미교포의 사명〉이란 주제로 강연.

5월 16일 애틀랜타의 에모리대 졸업식에서 명예법학박사 학위 받음.

5월 22일 워싱턴에서 한미 양국 유지들이 주최한 광주항쟁 3주년 희생자 추모식에 참석, 추모사 낭독.

5월 24일 김영삼 전 신민당 총재 단식투쟁 지지 성명.

5월 25일 시카고 레인텍 고교 대강당에서 〈80년대의 전망과 재미교포의 사명〉이란 주제로 강연.

5월 27일 NBC 쇼 〈Everyman〉 녹화.

6월 9일 《뉴욕타임스》에 〈김영삼의 단식투쟁〉이란 글 기고.

6월 10일 에모리대에서 〈한 정치범의 보고서〉란 주제로 강연.

6월 11일 애틀랜타 한인천주교회에서 〈조국의 운명과 나의 신앙〉이란 주제로 강연.

6월 12일 워싱턴 D.C. 필그림교회의 〈민주화를 위한 단식투쟁 궐기대회〉에 참석해 강연.

7월 25일 미 국무부 인권담당 차관보 에이브럼스 초대로 차관보실 방문, 한국의 인권 문제로 회담.

8월 12일 서울의 김영삼과 함께 〈민주화투쟁은 민족의 독립과 해방을 위한 투쟁이다〉란 주제로 8·15 38주년 기념 성명서 발표.

8월 21일 필리핀의 지도자 베니그노 아키노의 비보를 듣고, 민주주의 동지의 죽음에 애도를 표하며 필리핀 정부 규탄 성명.

9월 1일 일본 《세카이》 9월호에 〈한국현대사가 묻는 것 – 우리는 어떻게 살아야 할 것인가?〉란 제목으로 인터뷰 기사 실림.

9월 2일 《시카고 선타임스》와 인터뷰.

9월 15일 《더 보스턴 글로브》와 대담.

10월 6일 예일대 로스쿨에서 〈인권을 위한 한국 민중들의 투쟁〉이란 주제로 강연.

10월 10일 미얀마 아웅산 폭파 사건과 관련해 야만적 폭력 행위 규탄 성명.

10월 12일 클리블랜드주립대에서 〈미국 정책 : 한국 상황, 중앙아메리카 그리고 제3세계〉란 주제로 강연.

10월 14일 《LA타임즈》와 인터뷰. 한인 사회에서 강연.

10월 20일 하버드대에서 〈한국에서의 문화적 전통과 민주주의〉란 주제로 강연.

이렇듯 김대중은 바쁜 나날을 보냈다. 일주일에 한번 꼴로 강연을 하고 미국 전역을 순회하면서 교포들도 만났다. 망명 2년여 동안 150여 차례에 걸쳐 강연을 했다. 미국의 저명한 학자, 정치인들과 한반도 문제를 비롯해 한국의 인권문제 등도 폭넓게 논의했다.

대학과 교포들을 대상으로 한 강연회에는 많은 사람이 참석하고,

어떤 때는 청중이 1만여 명이 모이는 성황을 이루었다. 개인주의가 생활화된 미국 사회에서는 보기 드문 현상이었다. 김대중은 전두환 정권의 인권탄압을 강한 어조로 비판하며 한국의 민주화를 촉구했다.

김대중은 워싱턴에서 자리가 잡히면서 의욕적으로 활동에 나섰다. 이를 두고 이희호는 다음과 같이 기억한다. "남편은 감옥에서 응축된 에너지를 폭발적으로 뿜어냈다. 초인적으로 미국 전역을 무대로 대학, 교포, 종교, 인권단체에서 강연하며 한국의 민주주의와 인권을 주제로 삼았다."[309]

나는 미국에 있는 동안 수시로 미국 정부 요인들과 의회의원들을 만나 한국 문제에 관해 논의했다. 그동안 접촉한 상하 양원 의원만도 약 80명에 이르렀다. 그들 가운데는 에드워드 케네디, 유진 오닐, 버니 프랭크, 폴 사이먼, 앨런 크랜스턴, 크레이봄 펠, 앨런 스펙터, 윌리엄 그레이, 스테판 솔라즈, 토니 홀, 짐 리치 의원 등이 있었다.

그 밖에 카터 전 대통령과 머스키 전 국무장관, 그리고 세계변호사협회 회장인 버틀러 씨, 뉴욕변호사협회 회장 드윈드 씨, 학자로는 하버드대학의 페어뱅크, 라이샤워, 코언 교수들과 친교를 맺었다.[310]

김대중은 마치 투옥 기간의 공백을 벌충이라도 하려는 듯이 맹렬

309 이희호, 앞의 책, 246쪽.
310 김대중, 〈미국 체류 2년의 회고〉, 《신동아》, 1985년 7월호, 204쪽.

미국 교포들에게 감사 인사를 하며 민주주의 신념을 밝히는 김대중.

하게 의욕적으로 활동했다.

다음으로 내가 만난 사람들 가운데 인상이 깊었던 인물은 이번에
나와 함께 한국에도 온, 전 국무부 인권담당 차관보 패트 데리언 여
사이다. 이 사람은 국무부 대변인이었던 호딩 카터 씨의 부인인데,
그 당시 두 사람이 홀아비와 과부로 같은 국무부에 근무하고 있다
가 결혼한 사이였다.

데리언 여사는 인권담당 차관보로 있을 당시 자기 방문 앞에
'SAVE KIM DAE JUNG'이라고 쓴 스티커를 붙여놓을 만큼 내 문
제에 깊은 관심을 갖고, 나의 구명에 온갖 노력을 다해준 사람이었
다. 이런 분들과 미국에서 만나 나는 새삼스레 감사를 표명했고, 체

미 동안 꾸준히 평생지기처럼 지냈다.

그녀는 나를 로버트 케네디 의원의 인권관계 자문위원으로 추천했으며 나를 이 시대의 인권투쟁의 영웅이라고 소개했다.

이 밖에도 앞서 이야기한 솔라즈, 토니 홀, 톰 하킨스, 케네디, 버니 프랭크 등 상하의원들은 내 문제를 자기 일처럼 걱정하고 도와준 사람들인데 미국에서 만나 회포를 풀었다.[311]

김대중은 미국의 주요 대학도 빠지지 않고 방문해 강연했다.

나는 미국에 있는 동안 저명한 대학은 거의 다 방문했다. 하버드, 예일, 컬럼비아, 프린스턴, 코넬, 에모리, 미시간, UCLA, 캘리포니아대 버클리 분교, 남가주, 아이오와, 코네티컷, 브라운 등 많은 대학에 초청되어 연설을 했다. 아마도 방문한 대학은 약 30여 개교쯤 될 것 같다. 대학을 방문할 때마다 나는 그곳 교수들과 한국 문제에 관한 광범위한 의견을 나누는 한편, 우의를 돈독히 했다. 이번에 내가 귀국할 때도 몇 사람의 교수가 일부러 나와 동행해주었다.

미국에 있는 동안 나에 대해 가장 많은 지지를 보내준 곳은 종교계였다. 나는 가톨릭이지만 가톨릭보다는 신교 쪽에서 훨씬 많은 지지를 보내주었다. 미국 NCC(기독교교회협의회)는 내가 미국에 도착하자마자 환영오찬회를 베풀어 나에게 기념품을 전달해주었다. 이 자리에서 미국여성교회협의회는 아내에게는 '용감한 여성Valiant

311 　김대중, 앞의 잡지, 207~208쪽.

Woman'상을 주었다.

그 밖에 수많은 장로교, 감리교회들과 가톨릭교회에 초청되어 강연을 했고, 내가 어려운 일에 부딪힐 때마다 교회의 도움을 받았다. 나와 교회와의 밀접한 관계는 내가 미국에서 활동하는 데 음양으로 커다란 배경이 되었다.

앰네스티 인터내셔널(국제사면위원회)과도 나는 밀접한 관계를 지니고 있었다. 내가 미국에 도착한 후 이 기관의 미국본부와 영국 런던에 있는 세계본부 등에서 나를 찾아와 나에 관한 체험을 기록해서 출판했다. 83년 7월 앰네스티 미국총회가 애틀랜타에서 열렸을 때, 나는 초청연사로 초대되어 연설한 적이 있다. 앤드류 영 전 유엔대사가 나를 한국의 '마틴 루터 킹'이라고 소개했을 때, 총회 참석자들은 전원이 기립하여 박수를 하는 '스탠딩 오베이션standing ovation'으로 나를 맞이해주었다.[312]

김대중이 미국에서 만난 많은 사람 가운데 카터 전 대통령은 의미가 각별하다. 인권을 지키려는 그의 정신을 높이 평가했기 때문이다. 김대중은 1983년 3월 30일 애틀랜타의 에모리대에 있는 카터 인권연구소를 찾아가 카터와 만났다.

카터 대통령은 내가 사형 언도를 받았을 때 몹시 상심하여 나의 구명을 위해 갖은 노력을 다한 분이었다.

●
312   김대중, 앞의 잡지, 208쪽.

여러 경로를 통해 구명을 호소했으나 여의치 않자 나중에는 그 당시 NATO 회의에 참석 중이던 국방부장관을 일부러 한국에 파견하여 정부 당국에 내 구명을 호소하기까지 했었다.

그 직후 카터 대통령은 레이건과의 대결에서 패배했는데 정권을 인계할 때 특별히 내 구명을 레이건 정부에 당부했다. 이런 사실은 카터 회고록에도 기록되어 있다.

이렇게 나를 위해 힘써준 카터 대통령을 만나게 된 것은 나에게 있어 특별한 감회를 갖게 했다. 카터 자신도 그가 관심을 갖고 지켜보아 온 내가 죽지 않고 살아서 해후하게 된 것을 무척 감격스럽게 여기고 있었다. 그날 카터와 나는 꽤 오랜 시간을 그의 인권정책, 한국의 상황, 내가 겪어온 일들에 관해 이야기를 나누었다. 그 자리에는 에모리대학 총장 레이니 박사도 동석했는데, 카터는 나중에 레이니 박사에게 "내 일생 이렇게 감동스런 이야기를 들은 적은 없다."고 말했다.[313]

이날 김대중은 카터에게 인권침해국 방문과 국제인권센터 설립, 카터의 이름을 딴 인권상 제정 등을 제안했다. 카터는 좋은 제안이라며 이를 적극 수용할 뜻을 밝혔다.

김대중의 활동은 미국에 국한되지 않았다. 유럽의 지도자들과 편지도 주고받았다. 그러나 그들의 초청에 응할 수는 없었다. 한국 정부가 발행한 여권으로는 미국 밖으로 나갈 수 없었기 때문이다.

●
313   김대중, 앞의 잡지, 204쪽.

나는 유럽의 지도자들과도 편지 교환 등으로 접촉을 가졌다. 바오로 교황, 서독의 바이츠제커 대통령, 프랑스의 미테랑 대통령, 서독의 빌리 브란트 전 수상, 슈미트 전 수상, 스웨덴의 팔메 수상, 오스트리아의 브루노 크라이스키 전 수상 등으로부터 나의 안부를 묻는 편지를 받았고, 이에 답장을 써, 편지 교환을 통한 접촉을 계속했다.

이들 가운데 서독의 바이츠제커 대통령은 그가 대통령이 되기 이전에 한국의 내 집을 두 번이나 방문한 적이 있었고, 프랑스의 미테랑 대통령은 친필로 내 안부를 물어왔다. 빌리 브란트 전 수상은 73년 내가 동경에서 납치돼온 이래 일관해서 나를 지지해준 사람이며 슈미트 전 수상은 내가 사형선고를 받았을 때 독일의회에서 내 구명을 위한 결의문을 만장일치로 가결시키도록 노력해준 분이고, 스웨덴의 팔메 수상은 73년 이래 나에 대해서 계속 지원한 분이고 작년 4월에는 하버드대학에 연설차 와서 나와 만난 일이 있다. 그는 나의 그간의 지원에 대한 감사말에 자기는 할 일을 한 것뿐이라면서 꼭 한번 유럽에 와달라고 권하기도 했다. 최근에 내가 귀국한 후에도 편지를 보내 관심을 표명해준 사람이다.[314]

김대중은 미국의 언론을 한없이 부러워했다. 자유롭게 보도하고 공정하게 논평할 수 있었기 때문이다. 주요 언론사를 방문해 간부들과 사귀고 한국 문제 등도 논의했다.

---

314 김대중, 앞의 잡지, 212~213쪽.

나는 미국의 언론에서 미국의 가치와 힘을 발견했다. 그들은 언론의 자유, 언론의 신빙성, 언론의 책임성에 너무도 투철하고 헌신적이다. 미국 언론은 미국 민주주의의 핵이요 견인차이다. 이런 관점에서, 나는 《뉴욕타임스》《워싱턴포스트》《월스트리트저널》《보스턴 글로브》《볼티모어 선》《크리스천사이언스모니터스》《필라델피아 인콰이어러》《시카고 선타임스》《시카고 트리뷴》《샌프란시스코 크로니클》《샌프란시스코 이그재미너》《로스앤젤레스타임스》《애틀랜타 저널》등 미국의 이렇다 하는 신문은 거의 모두 찾아갔다. 그리고 그들을 설득했다. 그때의 접촉 결과가 오늘날 미국의 한국에 대한 여론에 상당한 영향을 끼쳤지 않나 하고 자부하고 있다.[315]

김영삼 단식 지지

국내에서는 1983년 5월 광주항쟁 3주년을 기해 가택연금 중이던 김영삼이 무기한 단식투쟁을 시작했다는 소식이 들려왔다. 국내 언론은 보도관제로 침묵한 것을 《AP통신》이 성명서를 입수해 보도한 것이다.

김영삼 씨는 가택연금 상태에서 모든 정치활동을 금지당했는데, 민주주의 회복에 대한 우리 국민의 뜨거운 염원을 극적으로 표출하기 위해 무기한 단식을 시작했던 것이다. 그것은 정말 결사적이며 또한 가장 효과적인 투쟁이었다. 나는 강렬한 감동과 함께 동지적 연대감을 느꼈다. [……]

●
315 김대중, 앞의 잡지, 211~212쪽.

나는 이 단식이 앞으로 중요한 정치적 의미를 가질 것이라고 생각했다. 전두환 정권하에서 제정된 '정치규제법'에 의해 침묵을 강요당해온 야당 정치가가 처음으로 정권에 대해 투쟁한 것이다. 그 투쟁은 정치가뿐 아니라 재야 민주세력을 다시 한번 결집시켰다.[316]

김대중은 즉각 행동에 나섰다. 5월 24일 김영삼에게 단식투쟁을 지지한다는 전화를 건네 이어 성명도 발표한다. 6월 4일에는 교포 70여 명이 워싱턴의 듀폰 서클Dupont Circle에서 "김영삼을 구출하라"는 등의 피켓을 들고 시위했는데, 김대중도 피켓을 들고 한국대사관과 미국 국무부, 백악관으로 이어지는 길목에서 시위를 벌였다. 또 6월 9일에는 《뉴욕타임스》에 〈김영삼의 단식투쟁〉이란 글을 기고했다. 다음은 기고문 뒷부분이다.

어떤 이는 한국은 아직 민주주의에 대한 준비가 안 되어 있다고 할지도 모른다. 하지만 200년 전 민주주의가 확립되었던 당시의 미국보다 현재의 한국인의 교육수준·문화수준 그리고 경제수준이 훨씬 높다는 사실을 생각해보면, 그런 주장은 지지할 수 없다. 지금은 미국 정부가 한국 내의 자유의 중요성을 재확인해야 할 시기이다. 민주정부와 민주적 제도를 회복하지 않으면 한국은 안정될 수 없다. 김영삼 씨의 단식과 그에 따른 정치적 충격은, 미국 정부가 정책을

316 일본 NHK 취재반 구성, 김용운 편역, 《역사와 함께 시대와 함께 – 김대중 자서전 2》, 인동, 1999, 178쪽.

재고해야 한다는 심각한 도전장을 던지고 있는 것이다.[317]

    기고문의 영역英譯을 도와준 코언 교수는 "당신은 김영삼 씨와 오랜 라이벌이 아닌가? 그런데도 그를 위해 애쓰고 있다니 강한 감동을 받았다."고 소감을 밝혔다. 이에 대해 김대중은 "그는 나의 라이벌이기도 하지만 동지"라고 말해주었다.

    김대중은 6월 12일 워싱턴 D.C.의 필그림교회에서 열린 교포들의 김영삼 단식투쟁 지지 궐기대회에도 참석해 지지 연설을 했다. 교포들과 한국의 민주회복에 관해서 토론도 벌였다. 김영삼의 단식투쟁이 끝난 뒤 김대중은 김영삼과 함께 8·15 38주년을 맞아 8월 12일에 〈민주화투쟁은 민족의 독립과 해방을 위한 투쟁이다〉라는 주제로 성명서를 발표했다. 1980년 '서울의 봄' 당시 갈라졌던 두 사람이 다시 합심해 발표한 공동성명이었다. 이 성명은 두 김씨의 최측근들의 은밀한 노력으로 이루어졌다.

    두 김씨의 8·15 공동성명은 국내 보도가 통제된 가운데 외신을 통해 전해졌다.

    일본 〈아사히신문〉은 '김대중과 김영삼 씨 연대하여 민주화투쟁'이란 제목의 서울발 기사에서 "이 성명은 김대중·김영삼 씨가 공동명의로 서울과 워싱턴에서 동시에 발표되었으며 두 김씨의 민주화를 위한 성명은 처음 있던 일이다."라고 전제, "한국에서 반

---

317 《뉴욕타임스》, 1983년 6월 9일.

체제 세력을 둘로 나누고 있던 양 파의 결합은 이후 민주화투쟁에 큰 영향을 끼칠 것으로 보인다."고 보도했다.

이 신문은 또 "미국 레이건 대통령의 방한이 독재정권을 지원하고 국민에 대한 탄압을 인정하는 행태가 되었다."고 유감을 표시했다고 보도했다. 이어서 두 김씨가 "1) 정치범과 양심범의 석방·복권 2) 제적학생·해임교수 복교복직 3) 추방된 언론인 복직 4) 언론자유 보장 5) 정치활동 해금 등을 요구했다."고 보도하고, "두 사람은 전 국민의 민주화에 대한 열망에 답하고 민족과 민주제단에 두 손 모아 하나가 되어 모든 것을 바치겠다."고 다짐했다고 보도했다.

이 신문은 또 워싱턴의 오다 특파원발 기사로 "미국 체재 중인 김대중 전 대통령 후보의 보좌관은 15일 한국해방 기념일을 맞아 김영삼 전 신민당 총재와 연명하여 한국에 민주회복을 외치며 성명을 발표했다."고 보도하고 "사이가 나빴던 두 사람 야당 정치인의 이러한 행동은 재미 한국인들의 주목을 받고 있다."고 전했다.[318]

김대중은 몸은 비록 미국에 가 있지만 마음은 한국에 와 있었다. 한국의 인권·민주화·평화통일은 항상 그의 마음을 떠나지 않는 그와 떼려야 뗄 수 없는 신념이었다. 김영삼의 용기 있는 행동에 지원을 아끼지 않고, 이를 계기로 두 사람은 5공정권을 붕괴시키고 6월 민주항쟁을 이끄는 데 초석이 되는 민주화추친협의회(이하 민추협)를 결성하게 되었다.

●
318 《아사히신문》, 1983년 8월 15일.

하버드대 연구원

1983년 9월부터 김대중은 하버드대 국제문제연구소에 객원연구원으로 적을 두었다. 그때 막 연구 코스를 끝낸 필리핀의 야당 지도자 베니그노 아키노와 만나 사귀었다. 동병상련이라고 할 두 사람은 금방 친해졌고, 아시아의 민주주의 문제를 비롯해 여러 가지 얘기를 나누었다.

> 나와 아키노 씨는 모두 고국을 떠나서 민주화운동을 추진하는 동병상련의 처지였기 때문에 자주 만나서 이야기를 나눴다. 민주주의를 위해 노력하자고 서로 격려했다. 한마디로 동지인 셈이었다. 그래서 공동으로 아시아 민주화운동 조직을 만드는 것까지 의논했다.[319]

이런 인연으로 하여 김대중은, 그해 8월 21일 귀국하자마자 아키노가 피살된 뒤 여러 지역에서 열린 재미 필리핀 인들의 항의집회에 연사로 초청받곤 했다. 생전에 만났던 아키노의 인품과 민주화를 향한 열정을 담아 연설하면서 그를 추모했다. 김대중이 귀국한 후 아키노 측근이 아키노가 쓰던 낡은 타이프라이터를 김대중에게 전해주었는데, 이 유품은 현재 김대중도서관에 전시되어 있다.

코라손 아키노는 남편이 암살당한 뒤 필리핀 민주화를 위해 선봉에 서고, 남편을 대신해 대통령에 당선되어 민주화를 크게 진척시켰다.

---

319 일본 NHK 취재반 구성, 김용운 편역, 《역사와 함께 시대와 함께 – 김대중 자서전 2》, 인동, 1999, 181쪽.

김대중의 대통령취임식에도 참석하는 등 우의를 나누다가 2009년 여름에 사망했다. 다음은 이희호의 회고 내용이다.

> 한 번은 그가 우리 부부를 조찬에 초대했다. 코라손과 나는 남편들
> 이 조국의 민주화를 위해 열변을 토하고 아시아 민주화운동을 함께
> 하자고 의기투합하는 모습을 조용히 지켜보았다. 코라손 역시 나처
> 럼 말수가 적었다. 이후에 그가 필리핀 대통령이 되었을 때 우리 내
> 외는 무척 놀라웠고 그리고 기뻤다.[320]

하버드대에서 수강할 때 김대중의 어려움 중 하나는 모든 강의를 알아들을 수 없는 영어 실력이었다. 그동안 감옥에서 열심히 독학하여 영어 인터뷰나 강연은 어느 정도 자신했으나 학문적인 전문 용어는 여전히 알아듣기 어려웠다. 이런 부분적인 언어 장벽에도 10개월간의 하버드대 생활은 보람이 컸다. 무엇보다 김대중은 보스턴 시와 하버드대의 지적인 분위기를 좋아했다. 수료식을 앞둔 어느 날 총장 데릭 벅 박사의 특강이 있었다. 미국 교육정책에 관한 것이었다. 강의가 끝나자 김대중은 정중하게 물었다.

> 미국은 민주주의 국가이고 대학은 미국 민주주의의 정신적 요람이
> 다. 특히 하버드나 예일과 같은 일류대학은 세계적인 권위를 지니
> 고 있으며 한국에서는 하버드대학이라고 하면 특별한 성가를 지니

320   이희호, 앞의 책, 250쪽.

고 있다. 그런데 하버드 같은 일류대학에서 유학하고 온 한국인은 거의 예외 없이 귀국 후 독재자 편에 붙고 만다.

처음 대학교에서 교편을 잡을 때는 민주주의의 화신처럼 떠들다가도 일단 독재자에게 발탁되기만 하면 그날부터 딴소리를 하기 시작한다. 독재자를 위해 온갖 지혜를 짜내고, 국민을 바보로 만들기 위한 이론을 전개하며 그릇된 경제정책을 합리화시키는 짓을 한다. 하버드대학은 미국의 민주주의 정신의 한 발상지라고 하는데, 이곳에서 공부한 사람이 현실에 참여한 후에는 그토록 반민주적이 되는 이유가 무엇인가. 그 사람의 결함에서 오는 것인가, 아니면 미국 교육의 결함에서 오는 것인가. 총장은 그 원인이 어디에 있다고 보는가.

나의 질문에 대해 벅 총장은 "그것은 그 사람 개인의 결함도 아니요, 미국 교육의 결함도 아니며 인간의 기본적인 결함에서 온다. 인간은 권력과 유혹 앞에 약한 존재이다."라고 답변했다. 나는 이 대답에 대해 수긍할 수가 없었다. 만일 그렇다면 하버드대학에 다니지 않은 한국의 수많은 학생들은 왜 유혹을 뿌리치고 억압을 겁내지 않고 민주주의를 위해 싸우고 기꺼이 감옥에 간단 말인가. 우리나라에서도 일류대학 학생들은 순탄하게 공부만 한다면 졸업 후 좋은 직장이 보장되고 아름다운 배필감이 기다리고 있다. 그것을 다 뿌리치고서, 감옥에 갈 것을 각오하고 싸우는 이유가 무엇인가. 총장의 답변으로는 이런 현상을 설명할 수는 없다고 생각되었다.[321]

321 김대중, 〈미국 체류 2년의 회고〉, 《신동아》, 1985년 7월호, 219쪽.

김대중은 하버드대 국제문제연구소 연구원으로 머무르면서 한국 경제에 대한 자신의 견해와 대안을 제시하는 논문 〈대중참여경제론 *Mass Participatory Economy*〉을 제출했다. 이 논문은 교수들로 구성된 심사회의에서 채택되고, 하버드대 출판부에서 간행되어 부교재로 쓰였다. 뒷날 국내에서도 번역, 출판되었다.

김대중은 책 서문에서 논문을 쓰게 된 배경을 다음과 같이 밝혔다.

지금 한국 경제의 최대 취약점이 분배의 불균형에 있다는 것은 이미 경제전문가들이 지적한 터이며 세계적으로 공지된 사실이다. 이 책을 쓴 나의 의도는, 박정희 정권과 전두환 정권의 경제정책에 대한 나의 반대 입장이, 내가 보다 나은 대안을 갖고 있다는 확신감에서 기인한다는 것을 보여주고 나의 정책을 제시함으로써 관심 있는 분들이 토의할 수 있도록 하자는 데 있다.[322]

김대중은 《대중참여경제론》[323]을 1960년대부터 줄기차게 탐구하며 정책 대안으로 제시해온 '대중경제론'을 기초해서 집필했다. 대중경제론은 60년대 신민당 정책의장 시절에 박정희의 근대화론에 맞서 창

322 김대중, 《대중참여경제론》(제1판 서문), 산하, 1997, 10~11쪽.
323 이 책 차례는 다음처럼 구성돼 있다. 제1장. 한국 경제에 대한 나의 비전 제2장. 경제 개혁 프로그램의 목표와 기본 원칙 제3장. 전후 한국 경제 약사 제4장. 박정희·전두환 정권의 경제정책 제5장. 노태우 정권하의 한국 경제 제6장. 물가안정 제7장. 토지투기 와 주택문제 제8장. 금융자유화 제9장. 형평성과 효율성을 위한 재정 개혁 제10장. 수 출위기와 근본대책 제11장. 중소기업과 대기업 제12장. 노사협력체제의 확립 제13장. 농촌경제를 어떻게 되살릴 것인가 제14장. 21세기를 대비한 교육·과학기술 제15장. 분배적 정의와 사회복지 제16장. 맺는 말.

안한 경제이론으로, 김대중은 1969년 경희대 대학원 석사학위 논문으로 〈대중경제의 한국적 전개를 위한 연구〉를 쓴 바 있다. 중산층과 중소기업을 육성하고, 농업과 공업을 함께 발전시키자는 것이 주요 내용이었다. 이 논문은 1971년 대통령선거를 앞두고 《김대중씨의 대중경제 – 100문 100답》이란 소책자로 발행되었다. 이 책에서 김대중은 대중경제체제를 "대중을 위한 대중의 경제체제"라고 정의한다. 대중경제론이 정립되는 데 경제학자 박현채 교수의 이론적 조언이 있었고, 하버드대에 제출한 논문을 쓸 때는 미국 뉴저지 주 경제연구소에서 근무하던 유종근 박사의 협력이 있었다.

1983년 말에는 미국에서 옥중서신 《민족의 한을 안고》를 출간했다. 청주교도소에서 가족에게 보낸 편지 29편을 국내에 남아 있던 장남 홍일이 용케 챙겨서 보내주어 한 편도 빼놓지 않고 고스란히 활자로 담을 수 있었다. 필라델피아 등 몇 곳에서 출판기념회가 열리고, 많은 교포가 책을 사주었다.

김대중은 각종 강연료와 휘호 판매비, 인세와 국내외 동포들의 성금 그리고 국내에서 장남 홍일이 음식점을 운영하면서 보내온 돈 등으로 생활비를 충당했다. '사인여천事人如天' '인내천人乃天' '실사구시實事求是' 등의 휘호를 주로 썼다. 그러나 전두환 정권은 김대중이 고급 승용차를 굴리며 호화로운 생활을 한다는 등 각종 유언비어를 퍼뜨려 김대중의 명예를 훼손했다.

귀국 준비

망명 2년차가 되는 1984년으로 해가 바뀌었다. 김대중은 차츰 귀국

시기를 생각했다. 2월 13일 미 국무부 인권담당 차관보 에이브럼스를 그의 사무실에서 만나 한국 인권문제에 관해 논의했다. 이 자리에서 김대중은 미국의 한국에 대한 정책에 일대 전환이 있어야 한다고 역설했다.

이해 3월, 가정에 모처럼 경사가 있었다. 차남 홍업이 결혼한 것이다. 5·17사태 이후 도피와 구속을 거듭해오던 홍업은 친구 신혼 집들이에서 주한 캐나다대사관에서 근무하던 신선련을 처음 만나 비밀리에 사귀었다. 신선련은 홍업의 은신처도 마련해주었다. 정부의 해외추방 조처로 홍업이 부모와 함께 미국으로 떠나면서 둘은 헤어졌다. 그러나 신선련이 미국 대학으로 유학을 오는 형식으로 출국해 두 사람은 1984년 3월 메릴랜드성당에서 결혼식을 올렸다. 신부 측 하객은 하나도 없고 문동환 박사가 신부 아버지 역할을 했다.

미국 교포들은 이 결혼을 '로미오와 줄리엣' 결혼식이라고 불렀다. 이유인즉, 신부 아버지가 청와대 고위직에 있었기 때문이다. 따라서 딸이 사귄 신랑 후보가 김대중 아들임을 안 아버지는 사표를 냈고, 이 사정을 안 전두환은 두 사람의 결혼을 축하해주라며 신부 아버지에게 휴가를 주었다고 한다. 결혼식이 끝난 뒤 신부 부모는 미국에 와서 사돈이 된 김대중 부부와 상견례를 했다.

김대중이 정부의 반대에도 귀국을 결심했을 때, 전두환은 귀국을 만류하는 '사절'로 신부의 아버지를 미국에 파견했다. 인간관계에서 가장 어려운 사이가 '사돈지간'이라는데, 며느리나 사돈의 입장이 무척 곤란했을 것이다.

김대중은 망명 시절에 수많은 미국의 저명인사와 교분을 나누었다.

카터 전 대통령과 더불어 각별했던 또 한 사람이 닉슨 정부 때 국무장관을 지낸 키신저 박사였다. 김대중은 국제 정세에 정통한 키신저와 만나 국제문제 특히, 중국을 중심으로 한 아시아 미래에 관해 폭넓게 토론했다. 김대중은 키신저와 야당 시절부터 잘 알고 지내왔다.

7월 17일 김대중은 제36회 제헌절을 맞아 〈말살된 민주헌법을 소생시켜야 – 전 정권의 또 하나의 개헌 음모를 경계하면서〉라는 제목의 특별성명을 발표했다. 민주헌정질서를 위해 싸우다가 해외로 추방된 망명객의 처지에서 제헌절이 남다른 감회를 불러온 것이다. 김대중은 이 성명에서 지금까지 권력을 위한 수차례 개헌이 있었음을 개탄하면서, 전두환 정권의 개헌 음모를 고발하는 한편 진정한 민주주의 회복을 위해 유신 이전의 헌정체제로 개헌할 것을 촉구했다. 또 이제부터라도 현실을 직시하고 국민에게 권리를 되돌려주어 국민과 대화하면서 정치할 것을 제안했다.

7월 19일에는 미국 민주당전국위원회 미낫트 의장의 초청으로 샌프란시스코에서 열린 미국 민주당대회에 귀빈 자격으로 참석하여 전당대회를 지켜봤다.

1984년 5월 광주항쟁 4주년을 앞두고 워싱턴과 서울의 두 김씨 진영은 분주했다. 민추협을 조직하기로 양측에서 합의했기 때문이다. 동교동계는 김녹영·박성철·박종률·김상현·김윤식, 상도동계는 이민우·최형우·윤혁표·김명윤·김동영이 참여하는 10인 소위원회가 구성되었다.

김영삼의 단식투쟁이 민추협이 발족하는 하나의 계기가 되었지만, 출범하기까지 문익환·예춘호·이문영 등 재야 지도자들의 헌신적인 노력도 있었다. 70년대 민주화투쟁을 주도해온 재야 주류는 '국민연합'을 결성해 활동하던 중 5·17사태를 맞았고, 그 중심인물 상당수가 김대중내란음모사건에 연루되어 옥고를 치렀다. 1982년 말에 대부분 출옥한 이들은 1983년 초부터 다시 민주화투쟁의 전열을 가다듬고 있었다.

재야의 함석헌·홍남순·예춘호·이문영 등은 제2국민선언을 주도하고 김영삼 단식투쟁에 동참했다. 그러면서 두 김씨의 단합과 재야 정치인들의 결속을 촉구하고 연합전선 조직을 추진했다.

문익환·예춘호·이문영은 1984년 봄 8개 항의 합의서를 만들어 김영삼계와 접촉했다. 김대중내란음모사건으로 복역하다 풀려난 이문영이 직접 미국으로 건너가 김대중과 만났고, "1984년을 한국 민주화를 위한 전환의 해로 믿으면서 독재를 종식시키고 민주주의를 회복시키기 위해서는 범민주세력의 단합이 극히 필요하며, 이러한 뜻에서 재야 민주세력은 민주화를 위해 성실하고 책임 있게 투쟁하려는 정치인과의 협력 관계를 강화시켜야 한다."[324]는 데 김대중도 뜻을 함께했다.

이런 과정을 거쳐 1984년 5월 17일 광주항쟁 4주년에 즈음하여 서울 외교구락부에서 민추협이 결성되었다. 민추협은 두 김씨를 공동의장(김상현이 김대중 의장을 대리함)으로 하고 부의장 19명, 운영위원 452명, 16개국, 32개 부서를 갖춘 방대한 조직으로 구성되었다.

민추협은 1984년 5월 18일 김대중, 김영삼 공동의장 이름으로 발표된 〈민주화투쟁선언〉에서 "우리는 군인의 정치 개입이 민주헌정을

---

324   민주화추진협의회 편, 《민추사民推史》, 1987, 110쪽.

후퇴시키고 민족사의 불행과 안보상의 불안을 초래한다는 역사적 경험을 토대로 군인이 본연의 사명인 신성한 국방의무로 복귀할 것을 주장하고 시민민주주의를 실현시키기 위해서 투쟁한다."[325]는 등의 9개 항을 밝혔다.

국내에서는 전두환의 임기를 앞두고 권력 내부에서 개헌 공작이 은밀히 추진되었다. 재야와 야권의 움직임을 지켜보던 전두환 정권은 통치제제를 더욱 강화해나가면서 개헌을 추진했다.

이 무렵 서울에서 발간된 《김대중 옥중서신》(청사 출판사)이 서점에서 압수되었다. 국내 정세를 살피면서 조기에 귀국할 것을 결심한 김대중은 8월 22일 미 국무부 인권담당 차관보 에이브럼스를 다시 만나 자신의 귀국 문제를 포함한 한국의 인권 현황에 대해 의견을 나누었다. 이 자리에서 연내 귀국 의지를 밝히면서 조만간 한국과 미국 정부에 통지할 것이며 한국 정부가 원만히 승인해주기를 바란다고 말했다. 아울러 미국 체류 기간 동안 도와준 미국 정부와 지인들의 호의에 감사를 표했다.

그리고 9월 11일에 김대중은 12월에 한국으로 돌아갈 것이라고, 한국 정부와 미 국무장관 조지 슐츠에게 통보했다. 전두환에게는 등기우편으로, 슐츠에게는 비서 이근팔이 국무부를 방문해 전달했다.

그리고 다음 날 귀국의 뜻을 성명으로 발표했다. 며칠 뒤 국무부 전 한국과장 도널드 레이나드 국제정책센터 소장이 《뉴욕타임스》 기

---

325 김삼웅, 〈반독재투쟁의 전위기구 민주화추진협의회〉, 《한 권으로 보는 해방후 정치사 100장면》, 가람기획, 1994, 338쪽.

고문에서 김대중의 귀국을 지지한다고 밝혔다. 하버드대 벅 총장도 《뉴욕타임스》에 김대중의 안전 귀국을 촉구한 글을 기고한 데 이어 미국 정계, 지식인, 언론계 인사들도 이와 같은 성명을 발표했다.

김대중은 1985년 1월 18일 워싱턴에서 기자회견을 열고 2월 8일 귀국하겠다는 성명을 발표하여 귀국 일정을 분명히 했다. 2월 1일에는 바니 프랭크를 비롯한 미 하원의원 35명이 서명한 공문을 전두환에게 발송했다. 이들은 김대중의 안전 귀국을 보장하고 귀국 후에 정치활동의 자유를 보장하라고 촉구했다.

김대중은 귀국을 하루 앞둔 2월 5일 다시 성명을 통해, 국내의 민주화세력을 통합시키고 정치적 양극화를 막기 위해 귀국한다고 밝혔다. 또 전두환·김영삼·김종필과 4자회담을 열 것을 제의하고, 전두환 정권이 민주화를 지향한다면 협력할 것이며, 미국은 '열린 외교'를 펴서 한국의 민주화를 위해 도덕적으로 지원해주기를 바란다고 천명했다.

김대중은 미국으로 망명한 지 775일 만인 1985년 2월 6일 오전 10시 15분(현지 시각) 워싱턴 국제공항을 통해 귀국 길에 올랐다. 미국 하원의원을 비롯한 저명인사 37명과 기자단이 '신변 안전'을 위해 귀국 길에 동행했다. 한국 역사상 처음 있는 일이었다. 이를 두고 일부 국내 반대세력은 김대중을 "사대주의자"라고 몰아붙였다. 이에 김대중은 "내가 그들을 따라다녔으면 사대주의일지 몰라도, 그들이 나를 따라왔는데 왜 내가 사대주의자인가?"라고 반박했다.